青海省圖書館
古籍普查登記目錄

全國古籍普查登記目錄

國家圖書館出版社
National Library of China Publishing House

圖書在版編目（CIP）數據

青海省圖書館古籍普查登記目録/青海省圖書館編. --北京:國家圖書館出版社,2014. 10
ISBN 978 - 7 - 5013 - 5456 - 6

Ⅰ.①青…　Ⅱ.①青…　Ⅲ.①古籍—圖書館目録—青海省　Ⅳ.①Z838

中國版本圖書館 CIP 數據核字（2014）第 211915 號

書　　名　青海省圖書館古籍普查登記目録
編　　者　青海省圖書館　編
索引編製
責任編輯　宋志英　趙　嫄

出　　版　國家圖書館出版社（100034　北京市西城區文津街 7 號）
　　　　　（原書目文獻出版社　北京圖書館出版社）
發　　行　010 - 66114536　66126153　66151313　66175620
　　　　　66121706（傳真）,66126156（門市部）
E-mail　btsfxb@ nlc. gov. cn（郵購）
Website　www. nlcpress. com ——→投稿中心
經　　銷　新華書店
印　　裝　河北三河弘翰印務有限公司
版　　次　2014 年 10 月第 1 版第 1 次印刷

開　　本　787×1092 毫米　1/16
印　　張　23
字　　數　440 千字

書　　號　ISBN 978 - 7 - 5013 - 5456 - 6
定　　價　210.00 圓

《全國古籍普查登記目録》

工作委員會

主　任：周和平

副主任：張永新　詹福瑞　劉小琴　李致忠　張志清

委　員（按姓氏筆畫排序）：

于立仁　王水喬　王　沛　王紅蕾　王筱雯

方自今　尹壽松　包菊香　任　競　全　勤

李西寧　李　彤　李忠昊　李春來　李　培

李曉秋　吳建中　宋志英　努　木　林世田

易向軍　周建文　洪　琰　倪曉建　徐欣禄

徐　蜀　高文華　郭向東　陳荔京　陳紅彦

張　勇　韓　彬　湯旭巖　楊　揚　賈貴榮

趙　嫄　鄭智明　劉洪輝　歷　力　鮑盛華

魏存慶　謝冬榮　謝　林　應長興　鍾海珍

《全國古籍普查登記目録》

序　言

　　全國古籍普查登記工作是"中華古籍保護計劃"的首要任務,是全面開展古籍搶救、保護和利用工作的基礎,也是有史以來第一次由政府組織、參加收藏單位最多的全國性古籍普查登記工作。

　　2007年國務院辦公廳發佈《關於進一步加强古籍保護工作的意見》(國辦發[2007]6號),明確了古籍保護工作的首要任務是對全國公共圖書館、博物館和教育、宗教、民族、文物等系統的古籍收藏和保護狀況進行全面普查,建立中華古籍聯合目録和古籍數字資源庫。2011年12月,文化部下發《文化部辦公廳關於加快推進全國古籍普查登記工作的通知》(文辦發[2011]518號),進一步落實了全國古籍普查登記工作。根據文化部2011年518號文件精神,國家古籍保護中心擬訂了《全國古籍普查登記工作方案》,進一步規範了古籍普查登記工作的範圍、内容、原則、步驟、辦法、成果和經費。目前進行的全國古籍普查登記工作的中心任務是通過每部古籍的身份證——"古籍普查登記編號"和相關信息,建立古籍總臺賬,全面瞭解全國古籍存藏情況,開展全國古籍保護的基礎性工作,加强各級政府對古籍的管理、保護和利用。

　　《全國古籍普查登記工作方案》規定了全國古籍普查登記工作的三個主要步驟:一、開展古籍普查登記工作;二、在古籍普查登記基礎上,編纂出版館藏古籍普查登記目録,形成《全國古籍普查登記目録》;三、在古籍普查登記工作基本完成的前提下,由省級古籍保護中心負責編纂出版本省古籍分類聯合目録《中華古籍總目》分省卷,由國家古籍保護中心負責編纂出版《中華古籍總目》統編卷。

　　在党和政府領導下,在各地區、各有關部門和全社會共同努力下,古籍普查登記工作得以扎實推進。古籍普查已在除臺灣、港澳之外的全國各省級行政區域開展,普查内容除漢文古籍外,還包括各少數民族文字古籍,特别是於2010年分别啓動了新疆古籍保護和西藏古籍保護專項,因地制宜,開展古籍普查登記工作;國家古籍保護中心研製的"全國古籍普查登記平臺"已覆蓋到全國各省級古籍保護中心,並進一步研發了"中華古籍索引庫",爲及時展現古籍普查成果提供有力支持;截至目前,已有11375部古籍進入《國家珍貴古籍名録》,浙江、江蘇、山東、河北等省公佈了省級《珍貴古籍名録》，古籍分級保護機制初步形成。

　　《全國古籍普查登記目録》是古籍普查工作的階段性成果，旨在摸清家底，揭示館藏，反映古籍的基本信息。原則上每申報單位獨立成冊，館藏量少不能獨立成冊者，則在本省範圍内幾個館目合併成冊。無論獨立成冊還是合併成冊，均編製獨立的書名筆畫索引附於書後。著録的必填基本項目有：古籍普查登記編號、索書號、題名卷數、著者（含著作方式）、版本、冊數及存缺卷數。其他擴展項目有：分類號、批校題跋、版式、裝幀形式、叢書子目、書影、破損狀況等。有條件的收藏單位多著録的一些擴展項目，也反映在《全國古籍普查登記目録》上。目録編排按古籍普查登記編號排序，内在順序給予各古籍收藏單位較大自由度，可按分類排列古籍普查登記編號，也可按排架號、按同書名等排列古籍普查登記編號，以反映各館特色。

　　此次全國古籍普查登記工作，克服了古籍數量多、普查人員少、普查難度大等各種困難，也得到了全國古籍保護工作者的極大支持。在古籍普查登記過程中，國家古籍保護中心、各省古籍保護中心爲此舉辦了多期古籍普查、古籍鑒定、古籍普查目録審校等培訓班，全國共 1600 餘家單位參加了培訓，爲古籍普查登記工作培養了大量人才。同時在古籍普查登記工作中，也鍛煉了普查員的實踐能力，爲將來古籍保護事業發展奠定了良好的基礎。

　　《全國古籍普查登記目録》的出版，將摸清我國古籍家底，爲古籍保護和利用工作提供依據，也將是古籍保護長期工作的一個里程碑。

國家古籍保護中心

2013 年 10 月

《全國古籍普查登記目録》

編纂凡例

一、收録範圍爲我國境内各收藏機構或個人所藏,産生於 1912 年以前,具有文物價值、學術價值和藝術價值的文獻典籍,包括漢文古籍和少數民族文字古籍以及甲骨、簡帛、敦煌遺書、碑帖拓本、古地圖等文獻。其中,部分文獻的收録年限適當延伸。

二、以各收藏機構爲分冊依據,篇幅較小者,適當合併出版。

三、一部古籍一條款目,複本亦單獨著録。

四、著録基本要求爲客觀登記、規範描述。

五、著録款目包括古籍普查登記編號、索書號、題名卷數、著者、版本、冊數、存缺卷等。古籍普查登記編號的組成方式是:省級行政區劃代碼—單位代碼—古籍普查登記順序號。

六、以古籍普查登記編號順序排序。

七、編製各館藏目録書名筆畫索引附於書後,以便檢索。

《青海省圖書館古籍普查登記目録》

編委會

主　　編：于立仁

副主編：王建福

編　　委：于立仁　周志强　謝　平　王建福　柴秋香　陳　蘭

《青海省圖書館古籍普查登記目録》

前　言

　　青海地處中國西部，是一個多民族省份，各民族團結友愛，共同創造了悠久的歷史和燦爛的文化。

　　青海省圖書館前身爲青海省省立圖書館，成立於 1935 年。作爲青海省古籍收藏最多、最豐富的圖書館，古籍保護工作得到了青海省歷届政府的重視。新中國成立以來，青海省各級政府組織人力，投入資金，通過多種形式，搜集、保存了大量的古籍，加上館際互贈，古籍藏書初具規模。至目前爲止古籍總數達 1 萬部 13 萬餘冊，其中古籍善本 673 部 10125 冊。

　　歷年來，青海省圖書館有多部古籍先後入選了《中國叢書綜録》《中國古籍善本書目》《中國家譜總目》《中國少數民族古籍總目提要·青海卷》《國家珍貴古籍名録》等大型古籍收藏書目之中。其中不乏珍本佳槧，有明正統元年何瑢金筆寫本《金剛般若波羅蜜經》，甚爲珍貴；明徐焴覆宋本《重校正唐文粹》，密行小字，精整古樸；明隆慶本《文苑英華》，原刻初印，千卷巨秩，書品完好，爲莫友芝舊藏；汲古閣本《中州集》《中州樂府》，刻印如寫，令人愛不釋手，是馬笏齋舊物；清康熙内府本《御製文集》、揚州詩局本《全唐詩》，初印原裝，寫刻精妙。還有如清林佶寫刻的《漁洋山人精華録》《堯峰文鈔》和《午亭文編》、清碧筠草堂本《笠澤叢書》等；又有多部明吳興閔、凌二家的套印本，版式疏朗，紙瑩色艷，套版技術巧奪天工；清初抄本《徂徠文集》二十卷，字體大方自然，竹紙無格，爲梁蕉林舊藏；《性命雙修萬神圭旨》，收有三版，一爲明天啓二年（1622）程于廷滌玄閣刻本，一爲清康熙棣鄂堂刻本，一爲清一山房刻本。前兩者入館藏善本，明天啓版插圖精美，可窺明末歙刻版畫藝術之一斑，傳世很少；清康熙版乃翻刻前本，雖版式相同，而插圖、字體已非原刻之舊，此集流傳尚夥，各家多有著録。

　　另外，青海省圖書館所藏善本曾被收入多部大型叢書之中，其中《夢月巖詩集》等三部清代文集被《四庫全書存目叢書》收入，《明鑑會纂》被收入《四庫禁燬書目叢刊》

中;《水經注》等13種善本古籍被全國公共圖書館縮微複製中心縮微拍攝;本館還先後參與了第一批至第四批國家珍貴古籍名録的申報工作,有26部古籍被收入《國家珍貴古籍名録》之中;《欽定詩經傳説彙纂》和《御選唐宋詩醇》還參加了首屆"國家珍貴古籍特展"。

經過多年的努力,青海省圖書館參與編製了《青海省古籍善本書目》,該書是青海省第一部古籍善本書目,社會反响良好。

自2007年開始,在國家古籍保護中心的大力关心和支持下,青海省古籍保護中心和青海省古籍修復中心相繼在青海省圖書館成立,這標志着青海省圖書館古籍保護工作已正式進入了科學化、規範化的軌道。

在國家古籍保護中心和青海省古籍保護中心鼎力相助下,青海省圖書館古籍部工作人員克服種種困難,在人員少、任務急的情況下,歷時三年,對館藏古籍進行了詳細的摸底登記和審校,編輯而成的《青海省圖書館古籍普查登記目録》一書即將出版。該書的編纂宗旨如下:

一、遵循簡明扼要、客觀著録原則,遵循《全國古籍普查登記手冊》要求。

二、收録範圍是1912年以前,具有文物價值、學術價值和藝術價值的文獻典籍,包括漢文古籍和少數民族文字古籍。

三、著録款目内容有:古籍普查登記編號、館藏索書號、題名卷數、著者(含著作方式)、版本、冊數、存缺卷數。

由於我們編輯經驗不足,加之時間倉促,不免有遺漏之處,恳請專家和讀者批評指正。

編者
2014 年 8 月

目　録

1

630000－1301－0000001　00001

五經五十八卷　（□）□□□撰　清康熙八年(1669)朱氏崇道堂刻本　二十五冊

630000－1301－0000002　00002

詩緝三十六卷　（宋）嚴粲撰　明趙府味經堂刻本　三冊　存九卷（十九至二十一、二十五至三十）

630000－1301－0000003　00003

詩緝三十六卷　（宋）嚴粲撰　明仁壽館刻本　十四冊

630000－1301－0000004　00004

春秋胡傳三十卷綱領一卷諸國興廢說一卷提要一卷　（宋）胡安國傳　明毛氏汲古閣刻本　六冊

630000－1301－0000005　00005

春秋左傳十五卷　（明）閔齊伋編次　（明）孫鑛批點　明萬曆四十四年(1616)吳興閔氏刻朱墨印本　十冊

630000－1301－0000006　00006

春秋四傳三十八卷綱領一卷諸國興廢說一卷提要一卷二十國年表一卷　（明）孫鑛批點　明嘉靖刻本　六冊

630000－1301－0000007　00007

經典釋文三十卷　（唐）陸德明撰　清康熙成德刻通志堂經解本　八冊

630000－1301－0000008　00008

翰林筆削字義韻律鰲頭海篇心鏡二十卷　（明）蕭良有撰　明萬曆十一年(1583)書林吳氏三友堂刻本　十二冊

630000－1301－0000009　00009

隸辨八卷　（清）顧藹吉撰　清乾隆八年(1743)黃晟刻本　八冊

630000－1301－0000010　00010

大明正德乙亥重刊改併五音集韻十五卷　（金）韓道昭撰　明正德十年(1515)刻本　五冊

630000－1301－0000011　00011

洪武正韻十六卷　（明）樂韶鳳　（明）宋濂等撰　明正德十年(1515)張淮刻本　五冊

630000－1301－0000012　00012

洪武正韻十六卷　（明）樂韶鳳　（明）宋濂等撰　明嘉靖二十七年(1548)衡藩刻藍印本　三冊　存十卷（四至六、十至十六）

630000－1301－0000013　00013

音韻日月燈韻母五卷同文鐸三十卷韻鑰二十五卷首四卷　（明）呂維祺撰　（明）呂維祐銓　明崇禎七年(1634)石渠閣刻本　十七冊

630000－1301－0000014　00014

廣金石韻府五卷字略一卷　（清）林尚葵輯　清康熙刻朱墨印本　五冊

630000－1301－0000015　00015

史記一百三十卷　（漢）司馬遷撰　（南朝宋）裴駰集解　（唐）司馬貞索隱　（唐）張守節正義　明萬曆三年(1575)南京國子監刻本　二十四冊

630000－1301－0000016　00016

史記一百三十卷　（漢）司馬遷撰　（南朝宋）裴駰集解　（唐）司馬貞索隱　（唐）張守節正義　（明）陳仁錫評點　明崇禎元年(1628)刻本　三十六冊

630000－1301－0000017　00017

史記索隱三十卷　（唐）司馬貞撰　明毛氏汲古閣刻本　四冊

630000－1301－0000018　00018

藏書六十八卷　（明）李贄撰　明萬曆刻本　十六冊

630000－1301－0000019　00019

藏書六十八卷　（明）李贄撰　明刻本　十九冊

630000－1301－0000020　00020

續藏書二十七卷　（明）李贄撰　明刻本　十一冊

630000－1301－0000021　00021

後漢書九十卷　（南朝宋）范曄撰　（唐）李賢

注　志三十卷　（晉）司馬彪撰　（南朝梁）劉昭注　明崇禎十六年（1643）毛氏汲古閣刻本　十九冊　存一百十三卷（一至十四、二十二至九十，志三十卷）

630000－1301－0000022　00022
漢書評林一百卷　（明）凌稚隆輯　明萬曆九年（1581）凌稚隆刻本　八冊　存三十三卷（一至四、十三至十六、二十至二十八、三十二至三十九、四十至四十七）

630000－1301－0000023　00023
東都事略一百三十卷　（宋）王偁撰　清康熙刻本　十冊

630000－1301－0000024　00024
續弘簡錄元史類編四十二卷　（清）邵遠平撰　清康熙四十五年（1706）刻本　四十冊

630000－1301－0000025　00025
明史三百三十二卷目錄四卷　（清）張廷玉等修　清乾隆四年（1739）武英殿刻本　一百二十四冊

630000－1301－0000026　00026
甲子會紀五卷附邵康節先生觀化詩一卷　（明）薛應旂輯　明陳仁錫刻本　四冊

630000－1301－0000027　00027
資治通鑑綱目發明五十九卷　（元）尹起莘撰　明內府刻本　二冊　存二十六卷（一至十三、三十二至四十四）

630000－1301－0000028　00028
新刊翰林考證綱目批點音釋少微節要通鑑大全二十卷外紀二卷總論一卷首一卷　（宋）江贄輯　（明）唐順之刪定　明萬曆十六年（1588）張氏新賢堂刻正德四年（1509）京兆劉弘毅慎獨齋本　三十冊

630000－1301－0000029　00029
宋元通鑑一百五十七卷　（明）薛應旂撰　明嘉靖四十五年（1566）薛應旂刻本　五十冊

630000－1301－0000030　00030
三藩紀事本末四卷　（清）楊陸榮撰　清康熙五十六年（1717）刻本　六冊

630000－1301－0000031　00031
國語二十一卷　（明）吳勉學校　明萬曆吳勉學刻本　二冊

630000－1301－0000032　00032
聖學宗傳十八卷　（明）周汝登編　（明）陶望齡訂正　明萬曆三十三年（1605）刻本　六冊　存十一卷（一至二、五至六、九至十五）

630000－1301－0000033　00033
列女傳十六卷　（漢）劉向撰　（明）汪氏增輯　（明）仇英繪圖　明萬曆刻清乾隆鮑氏印本　十六冊

630000－1301－0000034　00034
歐陽文忠公新唐書抄二卷五代史抄二十卷　（明）茅坤輯　明刻本　六冊

630000－1301－0000035　00035
讀史漫錄十四卷　（明）于慎行撰　明萬曆二十七年（1599）于緯刻本　六冊

630000－1301－0000036　00036
皇明名臣經濟錄十八卷　（明）陳九德輯　明嘉靖刻本　五冊　存八卷（十一至十八）

630000－1301－0000037　00037
于清端公政書八卷首編一卷外集一卷續集一卷　（清）于成龍撰　（清）蔡方炳輯　清乾隆二十六年（1761）于大榳刻本　十冊

630000－1301－0000038　00038
彙輯輿圖備考全書十八卷　（明）潘光祖撰　（明）李雲翔參訂　清順治七年（1650）刻本　十六冊

630000－1301－0000039　00039
[順治]河南通志五十卷　（清）賈漢復修　（清）沈荃纂　清順治十七年（1660）刻本　十六冊

630000－1301－0000040　00040
[雍正]陝西通志一百卷首一卷　（清）劉於義　（清）史貽直修　（清）沈青崖纂　清雍正十三年（1735）刻本　一百冊

630000 – 1301 – 0000041　00041

[光緒]丹邑新志不分卷　（清）楊景昇纂修

清光緒三十一年(1905)稿本　一冊

630000 – 1301 – 0000042　00042

金山龍遊禪寺志略四卷首一卷　（清）釋鐵舟輯　（清）釋超智編　清康熙二十年(1681)刻本　四冊

630000 – 1301 – 0000043　00043

西湖志四十八卷　（清）李衛修　（清）傅王露纂　清雍正十三年(1735)刻本　三十冊

630000 – 1301 – 0000044　00044

西湖志纂十五卷首一卷　（清）梁詩正等撰

清乾隆二十七年(1762)賜經堂刻本　六冊

630000 – 1301 – 0000045　00045

水道提綱二十八卷　（清）齊召南撰　清乾隆四十一年(1776)傳經書屋刻本　八冊

630000 – 1301 – 0000046　00046

水道提綱二十八卷　（清）齊召南撰　清乾隆四十一年(1776)傳經書屋刻本　八冊

630000 – 1301 – 0000047　00047

名山勝槩記四十八卷名山圖一卷目錄一卷

（明）何鏜輯　明崇禎四年(1631)墨繪齋刻本　五十冊

630000 – 1301 – 0000048　00048

亦政堂重修考古圖十卷　古玉圖二卷　（元）朱德潤撰　（宋）呂大臨撰　清乾隆十七年(1752)黃氏亦政堂刻本　十冊

630000 – 1301 – 0000049　00049

亦政堂重修宣和博古圖錄三十卷　（宋）王黼等撰　考古圖十卷　（宋）呂大臨撰　古玉圖二卷　（元）朱德潤撰　清乾隆十七年(1752)黃氏亦政堂刻本　十六冊　存三十三卷(博古圖錄一至十、二十至三十,考古圖十卷,古玉圖二卷)

630000 – 1301 – 0000050　00050

泊如齋重修宣和博古圖錄三十卷　（宋）王黼等撰　明萬曆十六年(1588)泊如齋刻本　三十冊

630000 – 1301 – 0000051　00051

石墨鐫華六卷附錄二卷　（明）趙崡撰　明萬曆四十六年(1618)趙崡刻本　八冊

630000 – 1301 – 0000052　00052

荀子二十卷　（戰國）荀況撰　（唐）楊倞注

明桐陰書屋刻六子全書本　十五冊

630000 – 1301 – 0000053　00053

中說十卷　（隋）王通撰　（宋）阮逸注　明桐陰書屋刻六子全書本　四冊

630000 – 1301 – 0000054　00054

新纂門目五臣音註揚子法言十卷　（漢）揚雄撰　（晉）李軌　（唐）柳宗元　（宋）宋咸　（宋）吳秘　（宋）司馬光註　明桐陰書屋刻六子全書本　二冊

630000 – 1301 – 0000055　00055

邵文莊公經史全書五種二十八卷　（明）邵寶撰　（明）曹荃重編　明崇禎曹荃刻本　五冊

630000 – 1301 – 0000056　00056

沖虛至德眞經八卷　（戰國）列禦寇撰　（晉）張湛注　（唐）殷敬順釋文　明刻本　四冊

630000 – 1301 – 0000057　00057

道言內外六卷　（明）彭好古輯　明黃之宷刻本　六冊　存三卷(外三卷)

630000 – 1301 – 0000058　00058

管子二十四卷　（戰國）管仲撰　（明）吳勉學校　明萬曆吳勉學刻二十子全書本　八冊

630000 – 1301 – 0000059　00059

洴澼百金方十四卷　（清）袁宮桂編　清乾隆抄本　二十冊

630000 – 1301 – 0000060　00060

薛氏醫按二十四種一百〇七卷　（明）吳琯輯　明萬曆刻本　二十三冊　存七種五十二卷(難經本義二卷,本草發揮四卷,平治薈萃三卷,內科摘要一上,婦人良方一至五、八至二十三,女科撮要下,保嬰撮要二十卷)

630000 – 1301 – 0000061　00061

醫經溯洄集一卷　（元）王履撰　明嘉靖八年

（1529）梅南書屋刻東垣十書本　一冊

630000－1301－0000062　00062
類經三十二卷圖翼十一卷附翼四卷　（明）張
介賓撰　明天啟四年（1624）刻本　三十六冊

630000－1301－0000063　00063
赤水玄珠三十卷醫旨緒餘二卷　（明）孫一奎
撰　明萬曆孫氏刻清印本　二十冊

630000－1301－0000064　00064
嬰童百問十卷　（明）魯伯嗣撰　（明）王肯堂
訂　明末刻本　五冊

630000－1301－0000065　00065
西京職官印錄二卷印箋說一卷　（清）徐堅輯
　清乾隆十九年（1754）徐氏裏新館刻本
二冊

630000－1301－0000066　00066
松絃館琴譜一卷　（明）嚴澂撰　明萬曆四十
二年（1614）刻本　三冊

630000－1301－0000067　00067
仙機武庫八卷　（明）陸玄宇等輯　明崇禎二
年（1629）刻本　六冊

630000－1301－0000068　00068
顏氏家訓二卷　（北齊）顏之推撰　明萬曆六
年（1578）顏志邦刻本　二冊

630000－1301－0000069　00069
夢溪筆談二十六卷補筆談三卷續筆談一卷
（宋）沈括撰　明崇禎四年（1631）馬元調刻本
四冊

630000－1301－0000070　00070
米元章不分卷　（明）毛晉輯　明毛氏綠君亭
刻本　一冊

630000－1301－0000071　00071
放光般若波羅蜜經三十卷　（晉）釋無羅叉
（晉）釋竺叔蘭譯　明萬曆至清康熙刻徑山藏
本　六冊

630000－1301－0000072　00072
大般涅槃經四十卷　（北涼）釋曇無讖譯　**大
般涅槃經後分二卷**　（唐）釋若那跋陀羅等譯

明萬曆至清康熙刻徑山藏本　七冊　存三
十五卷（一至二十五、三十一至四十）

630000－1301－0000073　00073
中阿含經六十卷　（晉）釋僧伽提婆譯　明萬
曆至清康熙刻徑山藏本　六冊　存三十卷
（一至三十）

630000－1301－0000074　00074
正法念處經七十卷　（北魏）釋般若流支譯
明萬曆至清康熙刻徑山藏本　一冊　存五卷
（三十六至四十）

630000－1301－0000075　00075
大正句王經一卷　（宋）釋法賢譯　明萬曆至
清康熙刻徑山藏本　一冊

630000－1301－0000076　00076
**佛說善樂長者經一卷佛說聖多羅菩薩經一卷
佛說大吉祥陀羅尼經一卷寶賢陀羅尼經一卷
佛說秘密八名陀羅尼經一卷觀自在菩薩母陀
羅尼經一卷佛說戒香經一卷**　（宋）釋法賢譯
　明萬曆至清康熙刻徑山藏本　與普查號
75、77、78 合冊

630000－1301－0000077　00077
**佛說妙吉祥菩薩陀羅尼一卷佛說無量壽大智
陀羅尼一卷佛說宿命陀羅尼一卷佛說慈氏菩
薩陀羅尼一卷佛說虛空藏菩薩陀羅尼一卷寶
授菩薩菩提行經一卷佛說延壽妙門陀羅尼經
一卷一切如來名號陀羅尼經一卷佛說息除賊
難陀羅尼經一卷佛說法身經一卷信佛功德經
一卷**　（宋）釋法賢譯　明萬曆至清康熙刻徑
山藏本　與普查號75、76、78 合冊

630000－1301－0000078　00078
佛說解夏經一卷佛說帝釋所問經一卷　（宋）
釋法賢譯　明萬曆至清康熙刻徑山藏本　與
普查號 75、76、77 合冊

630000－1301－0000079　00079
佛說未曾有正法經六卷　（宋）釋法賢譯　明
萬曆至清康熙刻徑山藏本　一冊

630000－1301－0000080　00080
佛說大方廣善巧方便經四卷　（宋）釋施護譯

明萬曆至清康熙刻徑山藏本　與普查號79
合冊

630000－1301－0000081　00081

佛母出生三法藏般若波羅蜜多經二十五卷
（宋）釋施護譯　明萬曆至清康熙刻徑山藏本
三冊

630000－1301－0000082　00082

佛說決定義經一卷佛說護國經一卷　（宋）釋
法賢譯　**佛說分別布施經一卷**　（宋）釋施護
譯）　明萬曆至清康熙刻徑山藏本　一冊

630000－1301－0000083　00083

佛說分別緣生經一卷　（宋）釋法天譯　明萬
曆至清康熙刻徑山藏本　與普查號82、84至
89合冊

630000－1301－0000084　00084

佛說法印經一卷　（宋）釋施護譯　明萬曆至
清康熙刻徑山藏本　與普查號82至83、85至
89合冊

630000－1301－0000085　00085

佛說大生義經一卷佛說發菩提心破諸魔經一
卷　（宋）釋施護譯　明萬曆至清康熙刻徑山
藏本　與普查號82至84、86至89合冊

630000－1301－0000086　00086

佛說聖佛母般若波羅蜜多經一卷　（宋）釋施
護譯　明萬曆至清康熙刻徑山藏本　與普查
號82至85、87至89合冊

630000－1301－0000087　00087

佛說大乘不思議神通境界經一卷　（宋）釋施
護譯　明萬曆至清康熙刻徑山藏本　與普查
號82至86、88至89合冊

630000－1301－0000088　00088

佛說給孤長者女得度因緣經一卷　（宋）釋施
護譯　明萬曆至清康熙刻徑山藏本　與普查
號82至87、89合冊

630000－1301－0000089　00089

佛說大集法門經一卷　（宋）釋施護譯　明萬曆
至清康熙刻徑山藏本　與普查號82至88合冊

630000－1301－0000090　00090

大乘理趣六波羅蜜多經十卷　（唐）釋般若譯
明萬曆至清康熙刻徑山藏本　二冊

630000－1301－0000091　00091

佛說大乘菩薩藏正法經四十卷　（宋）釋法護
譯　明萬曆至清康熙刻徑山藏本　四冊

630000－1301－0000092　00092

攝大乘論釋四十八卷　無性菩薩等造　（唐）
釋玄奘等譯　明萬曆至清康熙刻徑山藏本
十冊

630000－1301－0000093　00093

無相思塵論一卷　陳那菩薩造　（南朝陳）釋
真諦譯　**觀所緣緣論一卷**　陳那菩薩造
（唐）釋玄奘譯　**觀所緣緣論釋一卷**　護法菩
薩造　（唐）釋義淨譯　明萬曆至清康熙刻徑
山藏本　一冊

630000－1301－0000094　00094

大乘廣五蘊論一卷　安慧菩薩造　（唐）釋地
婆訶羅譯　**大乘五蘊論一卷**　世清菩薩造
（唐）釋玄奘譯　明萬曆至清康熙刻徑山藏本
與普查號93合冊

630000－1301－0000095　00095

顯揚聖教論二十卷　無著菩薩造　（唐）釋玄
奘譯　明萬曆至清康熙刻徑山藏本　四冊

630000－1301－0000096　00096

大乘阿毗達磨雜集論十六卷　安慧菩薩造
（唐）釋玄奘譯　明萬曆至清康熙刻徑山藏本
三冊

630000－1301－0000097　00097

中論六卷　龍樹菩薩造　（後秦）釋鳩摩羅什
譯　明萬曆至清康熙刻徑山藏本　一冊

630000－1301－0000098　00098

般若燈論十五卷　（唐）釋波羅頗迦羅蜜多羅
譯　明萬曆至清康熙刻徑山藏本　三冊

630000－1301－0000099　00099

十二門論一卷　龍樹菩薩造　（後秦）釋鳩摩
羅什譯　明萬曆至清康熙刻徑山藏本　一冊

630000－1301－0000100　00100

十八空論一卷　（南朝陳）釋真諦譯　明萬曆至清康熙刻徑山藏本　與普查號99、101合冊

630000－1301－0000101　00101

百論二卷　提婆菩薩造　婆藪釋　（後秦）釋鳩摩羅什譯　**廣百論本一卷**　聖天菩薩造（唐）釋玄奘譯　明萬曆至清康熙刻徑山藏本　與普查號99至100合冊

630000－1301－0000102　00102

大乘莊嚴經論十三卷　無著菩薩造　（唐）釋波羅頗迦羅蜜多羅譯　明萬曆至清康熙刻徑山藏本　三冊

630000－1301－0000103　00103

文殊師利菩薩問菩提經論二卷　天親菩薩造（北魏）釋菩提留支譯　明萬曆至清康熙刻徑山藏本　一冊

630000－1301－0000104　00104

金剛般若波羅蜜經破取著不壞假名論二卷　功德施菩薩造　（唐）釋地婆訶羅譯　明萬曆至清康熙刻徑山藏本　與普查號103、105合冊

630000－1301－0000105　00105

勝思惟梵天所問經論三卷　（北魏）釋菩提留支譯　明萬曆至清康熙刻徑山藏本　與普查號103至104合冊

630000－1301－0000106　00106

阿毗達磨順正理論八十卷　尊者衆賢造（唐）釋玄奘譯　明萬曆至清康熙刻徑山藏本　一冊　存五卷(三十六至四十)

630000－1301－0000107　00107

阿毗達磨俱舍論三十卷　尊者世親造　（唐）釋玄奘譯　明萬曆至清康熙刻徑山藏本　一冊　存五卷(十一至十五)

630000－1301－0000108　00108

阿毗達磨俱舍釋論二十二卷　婆藪盤豆造（南朝陳）釋真諦譯　明萬曆至清康熙刻徑山藏本　三冊　存十六卷(一至十六)

630000－1301－0000109　00109

阿毗達磨俱舍論本頌二卷　尊者世親造（唐）釋玄奘譯　明萬曆至清康熙刻徑山藏本　一冊

630000－1301－0000110　00110

三法度論三卷　尊者山賢造　（晉）釋僧伽提婆　（晉）釋慧遠譯　明萬曆至清康熙刻徑山藏本　與普查號109、111合冊

630000－1301－0000111　00111

三彌底部論三卷　（□）□□撰　明萬曆至清康熙刻徑山藏本　與普查號109至110合冊

630000－1301－0000112　00112

阿毗曇八犍度論三十卷　迦旃延子造　（晉）釋僧伽提婆　（晉）釋竺佛念譯　明萬曆至清康熙刻徑山藏本　三冊　存二十二卷(九至三十)

630000－1301－0000113　00113

成實論二十卷　訶梨跋摩造　（後秦）釋鳩摩羅什譯　明萬曆至清康熙刻徑山藏本　四冊

630000－1301－0000114　00114

阿毗達磨發智論二十卷　尊者迦多衍尼子造（唐）釋玄奘譯　明萬曆至清康熙刻徑山藏本　四冊

630000－1301－0000115　00115

阿毗達磨集異門足論二十卷　尊者舍利子說（唐）釋玄奘譯　明萬曆至清康熙刻徑山藏本　三冊

630000－1301－0000116　00116

阿毗達磨品類足論十八卷　尊者世友造（唐）釋玄奘譯　明萬曆至清康熙刻徑山藏本　四冊

630000－1301－0000117　00117

阿毗曇甘露味論二卷　尊者瞿沙造　（三國魏）□□譯　明萬曆至清康熙刻徑山藏本　與普查號116合冊

630000－1301－0000118　00118

鞞婆沙論四卷　迦旃延子造　（後秦）釋僧伽

跋澄譯　明萬曆至清康熙刻徑山藏本　四冊

630000－1301－0000119　00119

隋相論二卷　德慧法師造　（南朝陳）釋真諦譯　明萬曆至清康熙刻徑山藏本　與普查號118合冊

630000－1301－0000120　00120

阿毗達磨識身足論十六卷　提婆設摩阿羅漢造　（唐）釋玄奘譯　明萬曆至清康熙刻徑山藏本　三冊

630000－1301－0000121　00121

阿毗達磨界身足論二卷　尊者世友造　（唐）釋玄奘譯　明萬曆至清康熙刻徑山藏本　一冊

630000－1301－0000122　00122

五事毗婆沙論二卷　尊者法救造　（唐）釋玄奘譯　明萬曆至清康熙刻徑山藏本　與普查號121、123合冊

630000－1301－0000123　00123

十八部論一卷　（□）□□譯　**部執異論一卷**　天友菩薩造　（南朝陳）釋真諦譯　**異部宗輪論一卷**　世友菩薩造　（唐）釋玄奘譯　明萬曆至清康熙刻徑山藏本　與普查號121至122合冊

630000－1301－0000124　00124

尊婆須蜜菩薩所集論十五卷　（後秦）釋僧伽跋澄等譯　明萬曆至清康熙刻徑山藏本　三冊

630000－1301－0000125　00125

分別功德論三卷　（□）□□譯　明萬曆至清康熙刻徑山藏本　一冊

630000－1301－0000126　00126

入阿毗達磨論二卷　塞建地羅阿羅漢造　（唐）釋玄奘譯　明萬曆至清康熙刻徑山藏本　與普查號125合冊

630000－1301－0000127　00127

阿毗達磨法蘊足論十卷　尊者大目乾連造　（唐）釋玄奘譯　明萬曆至清康熙刻徑山藏本　二冊

630000－1301－0000128　00128

立世阿毗曇論十卷　（南朝陳）釋真諦譯　明萬曆至清康熙刻徑山藏本　二冊

630000－1301－0000129　00129

大乘集菩薩學論二十五卷　法稱菩薩造　（宋）釋法護等譯　明萬曆至清康熙刻徑山藏本　二冊

630000－1301－0000130　00130

大宗地玄文本論八卷　馬鳴菩薩造　（南朝陳）釋真諦譯　明萬曆至清康熙刻徑山藏本　一冊

630000－1301－0000131　00131

金七十論三卷　迦毗羅仙人說　（南朝陳）釋真諦譯　明萬曆至清康熙刻徑山藏本　一冊

630000－1301－0000132　00132

廣釋菩提心論四卷　蓮華戒菩薩造　（宋）釋施護譯　明萬曆至清康熙刻徑山藏本　與普查號131合冊

630000－1301－0000133　00133

集諸法寶最上義論二卷　善寂菩薩造　（宋）釋施護譯　明萬曆至清康熙刻徑山藏本　一冊

630000－1301－0000134　00134

金剛針論一卷　法稱菩薩造　（宋）釋法天譯　明萬曆至清康熙刻徑山藏本　與普查號133、135至137合冊

630000－1301－0000135　00135

菩提心離相論一卷大乘破有論一卷　龍樹菩薩造　（宋）釋施護譯　明萬曆至清康熙刻徑山藏本　與普查號133至134、136至137合冊

630000－1301－0000136　00136

集大乘相論二卷　覺吉祥智菩薩造　（宋）釋施護譯　**六十頌如理論一卷大乘二十頌論一卷**　龍樹菩薩造　（宋）釋施護譯　**佛母般若波羅蜜多圓集要義論一卷**　大域龍菩薩造　（宋）釋施護譯　明萬曆至清康熙刻徑山藏本　與普查號133至135、137合冊

630000－1301－0000137　00137

佛母般若波羅蜜多圓集要義釋論四卷　三寶尊菩薩造　（宋）釋施護譯　明萬曆至清康熙刻徑山藏本　與普查號133至136合冊

630000－1301－0000138　00138

大乘寶要義論十卷　（宋）釋法護等譯　明萬曆至清康熙刻徑山藏本　一冊

630000－1301－0000139　00139

大乘起信論疏四卷　（唐）釋法藏述　（唐）釋宗密錄　**起信論疏科文一卷**　（宋）釋子璿修定　明萬曆至清康熙刻徑山藏本　一冊

630000－1301－0000140　00140

起信論疏筆削記二十卷　（宋）釋子璿錄　明萬曆至清康熙刻徑山藏本　四冊

630000－1301－0000141　00141

佛祖歷代通載三十六卷　（元）釋念常輯　明萬曆至清康熙刻徑山藏續藏本　七冊

630000－1301－0000142　00142

禪林寶訓四卷　（宋）釋淨善輯　明萬曆至清康熙刻徑山藏續藏本　一冊

630000－1301－0000143　00143

緇門警訓十卷　（明）釋如巹輯　明萬曆至清康熙刻徑山藏續藏本　二冊

630000－1301－0000144　00144

大佛頂如來密因修證了義諸菩薩萬行首楞嚴經纂註十卷　（明）釋真界撰　明萬曆至清康熙刻徑山藏續藏本　五冊

630000－1301－0000145　00145

成唯識論俗詮十卷　（明）釋明昱撰　明萬曆至清康熙刻徑山藏續藏本　六冊

630000－1301－0000146　00146

歷代三寶紀十五卷　（隋）費長房撰　明萬曆至清康熙刻徑山藏續藏本　一冊　存五卷（十一至十五）

630000－1301－0000147　00147

秀野林禪師語錄三卷首一卷　（清）釋最正等輯　明萬曆至清康熙刻徑山藏續藏本　一冊

630000－1301－0000148　00148

東山破峰重禪師語錄二卷　（清）釋傅慧等輯　明萬曆至清康熙刻徑山藏續藏本　一冊

630000－1301－0000149　00149

破山禪師語錄二十卷　（清）釋印正等輯　明萬曆至清康熙刻徑山藏續藏本　二冊　存五卷（一至五）

630000－1301－0000150　00150

大潙五峰學禪師語錄一卷附大潙密印禪寺拙明禪師語錄一卷　（清）釋智海輯　**大潙四記一卷**　（唐）鄭愚等撰　明萬曆至清康熙刻徑山藏續藏本　一冊

630000－1301－0000151　00151

費隱禪師語錄十四卷　（清）釋隆琦等輯　**福嚴費隱容禪師紀年錄二卷**　（清）釋竹觀（清）王谷等纂修　明萬曆至清康熙刻徑山藏續藏本　四冊

630000－1301－0000152　00152

山西顓愚和尚紫竹林集三十卷　（明）釋音乘（明）釋音在輯　明萬曆至清康熙刻徑山藏續藏本　六冊　存二十卷（一至四、十五至三十）

630000－1301－0000153　00153

海北聰禪師住寧夏小石空禪院語錄□卷（清）釋清云記錄　明萬曆至清康熙刻徑山藏續藏本　一冊　存五卷（一至五）

630000－1301－0000154　00154

肇論新疏三卷　（元）釋文才撰　明萬曆刻本　三冊

630000－1301－0000155　00155

肇論新疏游刃三卷　（元）釋文才撰　明萬曆刻本　三冊

630000－1301－0000156　00156

成唯識論觀心法要十卷　（明）釋智旭撰　清順治四年(1647)刻本　六冊

630000－1301－0000157　00157

大佛頂如來密因修證了義諸菩薩萬行首楞嚴

經講錄十卷　(明)釋乘時撰　明天啟二年(1622)汪益源刻本　四冊

630000－1301－0000158　00158

大佛頂如來密因修證了義諸菩薩萬行首楞嚴經合轍十卷　(明)釋通潤撰　明天啟元年(1621)刻本　八冊　存八卷(一至四、七至十)

630000－1301－0000159　00159

弘戒法儀三十三卷　(明)釋法藏撰　明天啟三年(1623)刻本　二冊　存二十三卷(一至二十、二十四至二十六)

630000－1301－0000160　00160

成唯識論十卷　護法等菩薩造　(唐)釋玄奘譯　(明)釋通潤集解　明萬曆四十一年(1613)刻本　七冊　存七卷(一、三至八)

630000－1301－0000161　00161

成佛止觀不分卷　題攝山大師撰　明崇禎四年(1631)刻本　一冊

630000－1301－0000162　00162

林泉老人評唱投子青和尚頌古空谷傳聲集二卷　(□)釋義聰輯　明刻本　二冊

630000－1301－0000163　00163

御錄宗鏡大綱二十卷　(清)世宗胤禛錄　清雍正十二年(1734)武英殿刻本　四冊

630000－1301－0000164　00164

御錄經海一滴六卷　(清)世宗胤禛錄　清雍正十三年(1735)武英殿刻本　六冊

630000－1301－0000165　00165

初學記三十卷　(唐)徐堅等輯　明萬曆十五年(1587)刻嘉靖十年(1531)安國桂坡館本(卷二十抄配,二十一至二十三、二十六用徐守銘寧壽堂刻本補配)　十二冊

630000－1301－0000166　00166

新編古今事文類聚前集六十卷後集五十卷續集二十八卷別集三十二卷　(宋)祝穆編　新集三十六卷外集十五卷　(元)富大用編　明刻本(續集爲清刻本補配)　十四冊　存九十三卷(後集十七至五十、續集二十二至二十三、別集二十七至三十二、新集三十六卷、外集十五卷)

630000－1301－0000167　00167

左粹類纂十二卷　(明)施仁編　(明)孫應鰲批點　(明)任養心校閱　明刻本　六冊　存九卷(二至十)

630000－1301－0000168　00168

新增說文韻府群玉二十卷　(元)陰時夫輯　(元)陰中夫注　(明)王元貞校正　明萬曆刻本　十冊

630000－1301－0000169　00169

山堂肆考二百二十八卷補遺十二卷　(明)彭大翼撰　(明)張幼學編　明萬曆四十七年(1619)梅墅石渠閣刻本　六十四冊

630000－1301－0000170　00170

古今萬姓統譜一百四十卷歷代帝王姓系統譜六卷氏族博考十四卷　(明)凌迪知輯　明萬曆七年(1579)刻本　三十六冊

630000－1301－0000171　00171

增定二三場群書備考六卷　(明)袁黃撰　(明)袁儼注　(明)沈昌世增　明崇禎刻本　四冊

630000－1301－0000172　00172

增定二三場群書備考四卷　(明)袁黃撰　(明)袁儼注　(明)沈昌世增　(明)徐行敏訂　明崇禎十五年(1642)大觀堂刻本　八冊

630000－1301－0000173　00173

潛確居類書一百二十卷　(明)陳仁錫輯　明崇禎刻本　六十冊

630000－1301－0000174　00174

秦漢文懷二十卷　(明)鍾惺輯評　明刻本　十九冊　存十九卷(二至二十)

630000－1301－0000175　00175

漢魏六朝一百三家集一百十八卷　(明)張溥編　明張溥刻本　七十二冊

630000－1301－0000176　00176

文苑英華一千卷目錄一卷 （宋）李昉等輯
明隆慶元年（1567）胡維新等刻本 一百〇
一冊

630000－1301－0000177 00177
文編六十四卷 （明）唐順之輯 （明）陳元素
訂補 （□）□□批校抄補 明天啟元年
（1621）陳元素刻本 四十八冊

630000－1301－0000178 00178
古文類選十八卷 （明）鄭旻輯 （清）□□批
校並錄 （宋）樓昉 （宋）謝枋得 （宋）真
德秀 （清）方苞 （清）姚鼐評語 明隆慶六
年（1572）鄭旻刻本 十六冊

630000－1301－0000179 00179
正續名世文宗十六卷 （明）王世貞輯 （明）
陳繼儒校註 （明）錢允治參訂 明萬曆刻本
八冊

630000－1301－0000180 00180
古逸書三十卷首一卷末一卷 （明）潘基慶輯
註 明刻本 十六冊

630000－1301－0000181 00181
書記洞詮一百二十卷目錄十卷 （明）梅鼎祚
輯 明萬曆二十五年至二十七年（1597－
1599）梅氏玄白堂刻本 四十八冊

630000－1301－0000182 00182
宋元六十一家詩集二百七十三卷 （明）潘是
仁編 明萬曆四十三年（1615）潘是仁刻本
四十八冊 存十六種八十三卷（宋林和靖先
生詩六卷、王梅溪詩集六卷、白玉蟾詩集九
卷、陳後山詩集四卷、曾茶山詩集二卷、晞髮
集五卷、石屏詩集六卷、雪巖詩集三卷、戴東
埜詩集五卷、斷腸詩集四卷、元遺山詩集十
卷、劉靜修詩集三卷、馬西如詩集三卷、范錦
江詩集五卷、楊浦城詩集四卷、薩天錫詩集八
卷）

630000－1301－0000183 00183
詩所五十六卷歷代名氏爵里一卷目錄一卷
（明）臧懋循輯 明萬曆三十一年（1603）刻本
十二冊

630000－1301－0000184 00184
名媛詩歸三十六卷 （明）鍾惺輯 明崇禎刻
本 十六冊

630000－1301－0000185 00185
名媛詩歸三十六卷 （明）鍾惺輯 明崇禎刻
本 十二冊

630000－1301－0000186 00186
詩詞雜俎十二種二十五卷 （明）毛晉編 明
天啟至崇禎毛氏汲古閣刻本 十二冊 存十
一種二十四卷（眾妙集一卷、蓊絹集二卷、石
湖詩集一卷、月泉吟社一卷、谷音二卷、河汾
諸老詩集八卷、三家宮詞三卷、二家宮詞二
卷、漱玉詞一卷、斷腸詞一卷、龍輔女紅餘志
二卷）

630000－1301－0000187 00187
古文雅正十四卷 （清）蔡世遠輯評 清雍正
三年（1725）念修堂精刻本 六冊

630000－1301－0000188 00188
古文淵鑑六十四卷 （清）聖祖玄燁輯 （清）
徐乾學等編註 清康熙刻五色套印本 四十
八冊

630000－1301－0000189 00189
御定歷代題畫詩類一百二十卷 （清）陳邦彥
輯 清康熙四十六年（1707）內府刻本 二十
四冊

630000－1301－0000190 00190
御定歷代題畫詩類一百二十卷 （清）陳邦彥
輯 清康熙四十六年（1707）內府刻本 二十
四冊

630000－1301－0000191 00191
兩漢文選不分卷 （明）衛勳輯 （明）衛拱宸
校註 明刻本 四冊

630000－1301－0000192 00192
重校正唐文粹一百卷目錄一卷 （宋）姚鉉輯
明嘉靖三年（1524）徐焴萬竹山房刻本 三
十二冊

630000－1301－0000193 00193

全唐詩九百卷目錄十二卷 （清）曹寅等輯
清康熙四十六年(1707)揚州詩局刻本　一百二十冊

630000－1301－0000194　00194

中州集十卷中州樂府一卷 （金）元好問輯
明毛氏汲古閣刻本　二十一冊

630000－1301－0000195　00195

元詩選不分卷首一卷 （清）顧嗣立輯　清康熙三十三年(1694)顧氏秀野草堂刻本　十九冊

630000－1301－0000196　00196

盛明百家詩三百二十四卷 （明）俞憲編　明嘉靖隆慶刻本　九十八冊　存三百二十一卷（高陽張徐集上下、宋學士集一卷、劉誠意伯集一卷、林員外集一卷、袁海叟集一卷、王學士集一卷、王舍人集一卷、浦舍人集一卷、錢翰撰集一卷、李文正公集二卷、陳白沙集一卷、莊定山集一卷、邵文莊公集一卷、石閣老集一卷、夏赤城集一卷、秦修敬集一卷、李空同集二卷、沈石田集一卷、桑思玄集一卷、史山人集一卷、二杭詩集一卷、張伎陵集一卷、顧司寇集一卷、熊侍御集一卷、王渼陂集一卷、王陽明集一卷、二朱詩集一卷、左中川集一卷、孫山人集一卷、何大復集二卷、王浚川集一卷、康狀元集一卷、邊華泉集一卷、徐尚書集一卷、二俞詩集二卷、祝枝山集一卷、徐迪功集一卷、殷石川集一卷、孟有涯集一卷、王太僕集一卷、鄭少谷集一卷、韓參議集一卷、戴學憲集一卷、方棠陵集一卷、常評事集一卷、楊升菴集一卷、張禺山集一卷、薛考功集一卷、蔣南泠集一卷、李嵩渚集一卷、王夢澤集一卷、陳行卿集一卷、馬西玄集一卷續集一卷、許少華集一卷、許雲村集一卷、黃泰泉集一卷、二周詩集一卷、徐相公集一卷、高蘇門集一卷、栗太行集一卷、陸盧龍集一卷、傅夢求集一卷、蔡翰目集一卷、文翰詔集一卷續集一卷、唐伯虎集一卷、傅山人集一卷、王參政集一卷、華學士集一卷、樊南溟集一卷、王少泉集一卷、陸貞山集一卷、屠漸山集一卷、袁學憲集一卷、田豫陽集一卷、王履吉集一卷、二黃集二卷、唐中丞集二卷、羅贊善集一卷、沈鳳峰集一卷、陳后岡集一卷、任少海集一卷、宗室匡南詩集一卷、薛浮休集一卷、張崑崙集一卷、陳鳴野集一卷、皇甫昆季集二卷、續皇甫百泉集一卷、蔡白石集一卷續集一卷、朱鎮山集一卷、王巖潭集一卷、孔方伯集一卷、許銘山集一卷、王祭酒集一卷、薛憲副集一卷、陳參議集一卷、喬三石集一卷、王僉憲集一卷、馮少洲集一卷、侯二谷集一卷、孟衛源集一卷、吳霽寰集一卷、范中方集一卷、何刑侍集一卷、華比部集一卷、謝中丞集一卷、洪芳洲集一卷、萬履菴集一卷、施武陵集一卷、姚山人集一卷、鄧山人集一卷、宗室武岡王集一卷、許長史集一卷、張王屋集一卷、鄭石南集一卷、郭山人集一卷、羅山人集一卷、李學憲集一卷、王副使集一卷、李尚寶集一卷、徐龍灣集一卷、吳川樓集一卷、梁比部集一卷、宗子相集一卷、張居來集一卷、盧次楩集一卷、周山人集一卷、謝茂秦集一卷、俞仲蔚集一卷、史文學集一卷、王澄原集一卷、王上舍集一卷、張枚集一卷、梁國子生集一卷、淑秀總集一卷、俞繡峰集一卷、龔內監集一卷、周真人集一卷、釋雪江集一卷、釋魯山集一卷、釋半峰集一卷、釋同石集一卷、廣中四傑集一卷、汪右丞集一卷、吳主一集一卷、唐丹崖集一卷、王忠文公集一卷、趙鳴秋集一卷、郭子章集一卷、許士修集一卷、華氏黃楊集一卷、解學士集一卷、韓中允集一卷、二倪詩集一卷、練榜眼集一卷、姚少師集一卷、曾狀元集一卷、郭定襄伯集一卷、王翰檢集一卷、林登州集一卷、高漫士集一卷、王皆山集一卷、劉忠宣公集一卷、聶掌教集一卷、張東海集一卷、張白齋集一卷、薛檢討集一卷、謝文肅公集一卷、羅太守集一卷續集一卷、王古直集一卷、錢山人集一卷、湯將軍集一卷、顧東江集一卷、周草庭集一卷、秦端敏公集一卷、錢太守集一卷、王方伯集一卷、朱蕩南集一卷、孫鷺沙集一卷、楊通府集一卷、湛甘泉集一卷、周尚書集一卷、莫南沙集一卷、顧同府集一卷、陸文裕公集一卷、顧憲副集一卷、齊憲副集一卷、王僉事集一卷、鄒九峰集一卷、敬東谷集一卷、朱福州集一卷、錢逸人集一卷、二浦詩集一卷、張學士集一卷、顧廉訪集一卷、二謝詩集一卷、張通參集一卷、王止一集一卷、潘尚書集一卷、張司馬集一卷、續傅夢求集一卷、蘇督撫集一卷、孫漁人集一卷、續傅山人集一卷、馮三石集一卷、吳少參集一卷、田莘野集一卷、金子有集一卷、沈少參集一卷、續姚山人集一卷、唐山人集一卷、續沈鳳峰集一卷、薛兵憲集一卷、張臬副集一卷、姚本修集一卷、沈石灣集一卷、續黃五嶽集一卷、陳山人集一卷、岳山人集一卷、顧給舍集一卷、高光州集一卷、趙文學集一卷、周太僕集一卷、包侍御集一卷、秦封君集一卷、秦方伯集一卷、強德州集一卷、王侍御集一卷、黎瑤石集一卷、駱翰編集一卷、王禮部集一卷、王翰林集一卷、陸文學集一卷、陳隱士集一卷、許石城集一卷、舒東岡集一卷、林介山集一卷、尹洞山集一卷、溫大谷集一卷、續王僉憲集一卷、茅副使集一卷、二莫詩集一卷、曹于野集一卷、呂山人集一卷續集一卷、續萬履菴集一卷、何翰目集一卷、萬總戎集一卷、續皇甫理山集一卷、龔副使集一卷、劉魏比玉集一卷、王督撫集一卷、李青霞集一卷、續王鳳洲集二卷、續李滄溟集一卷、王儀部集一卷、胡苑卿集一卷、方員外集一卷、續吳川樓集一卷、李武選集一卷、張周田集一卷、續徐龍灣集一卷、余憲副集一卷、李內翰集一卷、范中吳集一卷、王氏松雲集一卷、沈青門集一卷、方侍御集一卷、沈嘉則集一卷、朱仲開集一卷、吳之山集一卷、張心父集一卷、陸客集一卷、歐司訓集一卷、丁少鶴集一卷、梁中舍集一卷、金白嶼集一卷、李千戶集一卷、馮海浮集一卷、徐文學集一卷、魯藩二宗室集一卷、顧山人集一卷、林公子集一卷、葉客集一卷、周東田集一卷、王逸人集一卷、李公子集一卷、王僅初集一卷、王貢士集一卷、潘象安集一卷、康裕卿集一卷、續王上舍集一卷、朱山人集一卷、莫公遠集一卷、顧伯子集一卷、張文學集一卷、童賈集一卷、黃趙客集一卷、釋全室集一卷、釋夢觀集一卷、釋方澤集一卷、盧羽士集一卷、章羽士集一卷、錢羽士

集一卷、楊狀元妻詩集一卷、馬氏芷居集一卷、孫夫人詩集一卷、潘氏詩集一卷、李生集一卷)

630000－1301－0000197　00197

明詩綜一百卷　(清)朱彝尊輯　(清)汪森等輯評　清康熙四十四年(1705)朱氏六峰閣刻本　四十一冊

630000－1301－0000198　00198

二家詩鈔二十卷　(清)邵長蘅編　清康熙三十四年(1695)精寫刻本　五冊

630000－1301－0000199　00199

感舊集十六卷　(清)王士禛輯　(清)盧見曾補傳　清乾隆十七年(1752)盧氏刻本　八冊

630000－1301－0000200　00200

江左三大家詩鈔九卷　(清)顧有孝　(清)趙澐編　清康熙七年(1668)桐葉山房刻本　八冊

630000－1301－0000201　00201

嶺南三大家詩選二十四卷　(清)王隼編　清康熙刻本　六冊

630000－1301－0000202　00202

寧都三魏全集三種五十九卷集首一卷附三種二十四卷　(清)林時益輯　清易堂刻本　三十六冊

630000－1301－0000203　00203

雙溪倡和詩六卷　(清)徐倬輯　清康熙五十年(1711)刻本　二冊

630000－1301－0000204　00204

韓江雅集十二卷　(清)全祖望等撰　清乾隆十二年(1747)刻本　六冊

630000－1301－0000205　00205

楚辭二卷　(戰國)屈原　(戰國)宋玉　(漢)賈誼等撰　明萬曆四十八年(1620)閔齊伋刻三色套印本　四冊

630000－1301－0000206　00206

集千家註杜工部詩集二十卷文集二卷　(唐)杜甫撰　明萬曆許自昌刻本　十冊

630000 – 1301 – 0000207　00207

杜詩闡三十三卷　（清）盧元昌撰　清康熙二十一年(1682)刻本　十六冊

630000 – 1301 – 0000208　00208

杜工部集二十卷諸家詩話一卷附錄一卷唱酬題詠附錄一卷畧例一卷　（唐）杜甫撰　（清）錢謙益箋註　清康熙六年(1667)季氏靜思堂刻本　八冊

630000 – 1301 – 0000209　00209

讀書堂杜工部詩集註解二十卷文集註解二卷杜工部編年詩史譜目一卷　（清）張溍注　清康熙三十七年(1698)張氏讀書堂刻本　六冊

630000 – 1301 – 0000210　00210

魯公文集十五卷　（唐）顏真卿撰　明萬曆二十四年(1596)顏胤祚刻本　四冊

630000 – 1301 – 0000211　00211

魯公文集十五卷　（唐）顏真卿撰　明萬曆二十四年(1596)顏胤祚刻本　四冊

630000 – 1301 – 0000212　00212

白香山詩長慶集二十卷後集十七卷別集一卷補遺二卷　（唐）白居易撰　（清）汪立名輯　年譜舊本一卷　（宋）陳振孫撰　年譜一卷（清）汪立名撰　清康熙汪氏一隅草堂刻本　十冊

630000 – 1301 – 0000213　00213

李長吉歌詩四卷外詩集一卷　（唐）李賀撰（宋）劉辰翁評　明凌濛初刻朱墨印本　二冊

630000 – 1301 – 0000214　00214

李義山文集十卷　（唐）李商隱撰　（清）徐樹穀箋　（清）徐炯註　清康熙四十七年(1708)徐氏花礬草堂刻本　六冊

630000 – 1301 – 0000215　00215

李義山文集十卷　（唐）李商隱撰　（清）徐樹穀箋　（清）徐炯註　清康熙四十七年(1708)徐氏花礬草堂刻本　六冊

630000 – 1301 – 0000216　00216

朱文公校昌黎先生文集四十卷外集十卷遺文一卷　（唐）韓愈撰　（宋）朱熹考異　（宋）王伯大音釋　（明）朱吾弼重編　集傳一卷（□）□□等撰　明萬曆朱崇沐刻本　十六冊

630000 – 1301 – 0000217　00217

昌黎先生集四十卷外集十卷遺文一卷　（唐）韓愈撰　（宋）廖瑩中校正　集傳一卷　（□）□□等撰　明嘉靖徐氏東雅堂刻本　十六冊

630000 – 1301 – 0000218　00218

韓文四十卷外集十卷集傳一卷遺集一卷（唐）韓愈撰　明嘉靖三十五年(1556)莫如士刻本　五冊　存四十五卷(韓文一至十二、二十至四十,外集十卷,集傳一卷,遺集一卷)

630000 – 1301 – 0000219　00219

柳文六卷　（唐）柳宗元撰　明刻朱墨印本六冊

630000 – 1301 – 0000220　00220

范文正公忠宣公全集七十三卷　（宋）范仲淹（宋）范純仁撰　清康熙四十六年(1707)范氏歲寒堂刻本　十一冊

630000 – 1301 – 0000221　00221

司馬溫公文集八十二卷　（宋）司馬光撰　明崇禎元年(1628)吳時亮刻本　二十四冊

630000 – 1301 – 0000222　00222

司馬文正公傳家集八十卷目錄二卷　（宋）司馬光撰　（清）陳弘謀輯　附錄一卷年譜一卷（清）陳弘謀輯　清乾隆六年(1741)陳氏培遠堂刻本　十二冊

630000 – 1301 – 0000223　00223

蘇文忠公策論選十二卷　（宋）蘇軾撰　（明）茅坤　（明）鍾惺評　明刻三色套印本　六冊

630000 – 1301 – 0000224　00224

石湖居士詩集三十四卷　（宋）范成大撰　清康熙二十七年(1688)吳郡顧氏依園刻本六冊

630000 – 1301 – 0000225　00225

周文忠公選□卷　（宋）周必大撰　（明）胡廷宴輯　明萬曆二十七年(1599)胡廷宴刻本

四冊　存五卷(一至五)

630000－1301－0000226　00226

絜齋集二十四卷　（宋）袁燮撰　清乾隆四十年(1775)武英殿聚珍版叢書本　十二冊

630000－1301－0000227　00227

宋李梅亭先生四六標準二十卷目錄四卷　（宋）李劉撰　明萬曆二十六年(1598)新安吳氏黃氏刻本　四冊

630000－1301－0000228　00228

鐵崖先生古樂府十卷　（元）楊維楨撰　（元）吳復編　明毛氏汲古閣刻本　一冊

630000－1301－0000229　00229

清閟閣全集十二卷　（元）倪瓚撰　清康熙五十二年(1713)曹氏城書室刻本　六冊

630000－1301－0000230　00230

袁中郎先生批評唐伯虎彙集四卷外集一卷畫譜三卷紀事一卷　（明）唐寅撰　（明）袁宏道評　明四美堂刻本　二冊

630000－1301－0000231　00231

梓溪文鈔外集十卷內集八卷首一卷　（明）舒芬撰　明萬曆四十八年(1620)舒璪刻本　十二冊

630000－1301－0000232　00232

馮少墟集二十二卷續集四卷　（明）馮從吾撰　清康熙十二年(1673)刻本　十八冊

630000－1301－0000233　00233

蒼霞草十二卷　（明）葉向高撰　明萬曆三十四年(1606)趙邦柱等刻本　八冊

630000－1301－0000234　00234

玄象山館詩草十五卷附錄一卷　（明）南師仲撰　明萬曆二十八年(1600)刻本　四冊　存十一卷(三至七、十一至十五,附錄一卷)

630000－1301－0000235　00235

鹿忠節公集二十一卷　（明）鹿善繼撰　清乾隆刻本　六冊

630000－1301－0000236　00236

駢枝別集二十卷　（明）黃道周撰　明沈氏大

來堂刻本　二冊

630000－1301－0000237　00237

御製文集四十卷目錄五卷二集五十卷目錄六卷　（清）聖祖玄燁輯　清康熙五十年(1711)內府刻本　五十冊

630000－1301－0000238　00238

梅村集四十卷　（清）吳偉業撰　清康熙刻本　十二冊

630000－1301－0000239　00239

寒松堂全集十二卷　（清）魏象樞撰　清康熙刻本　十二冊

630000－1301－0000240　00240

西堂全集十六種五十五卷附一種六卷　（清）尤侗撰　清康熙刻本　十六冊

630000－1301－0000241　00241

堯峰文鈔詩十卷文四十卷　（清）汪琬撰　（清）林佶編　清康熙三十二年(1693)刻本　六冊

630000－1301－0000242　00242

西陂類稿五十卷　（清）宋犖撰　（清）周龍藻等輯　清康熙五十年(1711)刻本　十二冊

630000－1301－0000243　00243

西陂類稿五十卷　（清）宋犖撰　（清）周龍藻等輯　清康熙五十年(1711)刻本(卷九之一至六頁、卷四十一爲抄補)　二十冊

630000－1301－0000244　00244

邵子湘全集三十卷　（清）邵長蘅撰　家錄二卷　（清）宋犖等撰　清康熙刻本　十冊

630000－1301－0000245　00245

遂初堂詩集十六卷文集二十卷別集四卷　（清）潘耒撰　清康熙四十九年(1710)刻本　十六冊

630000－1301－0000246　00246

夢月巖詩集二十卷詩餘一卷　（清）呂履恆撰　清雍正刻本　十冊

630000－1301－0000247　00247

宋名家詞六十一種八十九卷　（明）毛晉輯

明毛氏汲古閣刻本（竹坡詞、聖求詞爲抄補）
　　二十四冊

630000－1301－0000248　00248

花間集四卷　（唐）趙崇祚輯　（明）湯顯祖評
　　明萬曆文治堂刻本　四冊

630000－1301－0000249　00249

二太史樂府聯璧四卷　（明）康海　（明）王九
思撰　明刻本　二冊

630000－1301－0000250　00250

度曲須知二卷絃索辨訛二卷　（明）沈寵綏撰
　　明崇禎十二年（1639）自刻清順治六年
（1649）沈標修補本　六冊

630000－1301－0000251　00251

藥繪圖十回　（清）郭秀升撰　清抄本　二冊
　　存九回（一至九）

630000－1301－0000252　00252

古今說海一百三十五種一百十二卷　（明）陸
楫等編　明嘉靖二十三年（1544）雲間陸氏儼
山書院刻本　二十冊　存五十三種五十五卷
（默記一卷、宣政雜錄一卷、靖康朝野僉言一
卷、朝野遺記一卷、墨客揮犀一卷、續墨客揮
犀一卷、聞見雜錄一卷、山房隨筆一卷、諧史
一卷、昨夢錄一卷、三朝野史一卷、鐵圍山叢
談一卷、孔氏雜說一卷、瀟湘錄一卷、三水小
牘一卷、談藪一卷、清尊錄一卷、睽車志一卷、
話腴一卷、朝野僉載一卷、古杭雜記一卷、蒙
齋筆談一卷、文昌雜錄一卷、就日錄一卷、碧
湖雜記一卷、錢氏私誌一卷、遂昌山樵雜錄一
卷、高齋漫錄一卷、桐陰舊話一卷、霏雪錄一
卷、東園友聞一卷、拊掌錄一卷、漢武故事一
卷、艮嶽記一卷、青溪寇軌一卷、煬帝海山記
一卷、煬帝迷樓記一卷、煬帝開河記一卷、江
行雜錄一卷、行營雜錄一卷、避暑漫抄一卷、
養痾漫筆一卷、虛谷閒抄一卷、蓼花洲閒錄一
卷、樂府雜錄一卷、教坊記一卷、孫內翰北里
誌一卷、青樓集一卷、雜纂三卷、損齋備忘錄
一卷、復辟錄一卷、靖難功臣錄一卷、備遺錄
一卷）

630000－1301－0000253　00253

津逮秘書一百四十一種七百五十一卷　（明）
毛晉編　明崇禎十五年（1642）毛氏汲古閣刻
本　一百八十六冊　缺二卷（握奇經續圖一、
八陣總述一卷）

630000－1301－0000254　00254

津逮秘書一百四十一種七百五十一卷　（明）
毛晉編　明崇禎十五年（1642）毛氏汲古閣刻
本　一百八十六冊　缺二卷（握奇經續圖一、
八陣總述一卷）

630000－1301－0000255　00255

雅雨堂藏書十三種一百三十八卷　（清）盧見
曾編　清乾隆二十一年（1756）盧氏雅雨堂刻
本　二十二冊

630000－1301－0000256　00256

亭林遺書十種二十七卷　（清）顧炎武撰　清
蓬瀛閣刻本　十六冊

630000－1301－0000257　00257

皋鶴堂批評第一奇書金瓶梅一百回　（明）笑
笑生撰　（清）張竹坡批點　清康熙三十四年
（1695）皋鶴草堂刻本　二十冊

630000－1301－0000258　00258

皋鶴堂批評第一奇書金瓶梅一百回　（明）笑
笑生撰　（清）張竹坡批點　清康熙三十四年
（1695）皋鶴草堂刻本　十八冊

630000－1301－0000259　00259

性命雙脩萬神圭旨四卷　題尹眞人高弟撰
明天啟二年（1622）程于廷滁玄閣刻本　四冊

630000－1301－0000260　00260

御選唐詩三十二卷目錄三卷　（清）聖祖玄燁
輯　清康熙內府刻朱墨印本　十五冊

630000－1301－0000261　00261

文房肆考圖說八卷　（清）唐秉鈞撰　清乾隆
四十三年（1778）唐氏竹暎山莊刻本　四冊

630000－1301－0000262　00262

文昌帝君忠孝化書二卷　（□）□□撰　清乾
隆四十年（1775）西寧劉濟尚志堂刻本　二冊

630000－1301－0000263　00263

古文淵鑑六十四卷 （清）聖祖玄燁輯 （清）徐乾學等編註 清康熙刻五色套印本 四十八冊

630000－1301－0000264 00264
白香山詩長慶集二十卷後集十七卷別集一卷補遺二卷 （唐）白居易撰 （清）汪立名輯 年譜舊本一卷 （宋）陳振孫撰 年譜一卷 （清）汪立名撰 清康熙汪氏一隅草堂刻本 十二冊

630000－1301－0000265 00265
白香山詩長慶集二十卷後集十七卷別集一卷補遺二卷 （唐）白居易撰 （清）汪立名輯 年譜舊本一卷 （宋）陳振孫撰 年譜一卷 （清）汪立名撰 清康熙汪氏一隅草堂刻本 十二冊

630000－1301－0000266 00266
隸辨八卷 （清）顧藹吉撰 清乾隆八年（1743）黃晟刻本 八冊

630000－1301－0000267 00267
隸辨八卷 （清）顧藹吉撰 清乾隆八年（1743）黃晟刻本 四冊

630000－1301－0000268 00268
亭林遺書十種二十七卷 （清）顧炎武撰 清蓬瀛閣刻本 八冊

630000－1301－0000269 00269
壯悔堂文集十卷遺稿一卷 （清）侯方域撰 清順治十三年（1656）刻本 四冊

630000－1301－0000270 00270
雅趣藏書不分卷 （清）錢書撰 清康熙四十二年（1703）刻朱墨印本 四冊

630000－1301－0000271 00271
十三經注疏三百三十三卷 （□）□□編 明崇禎元年至十二年（1628－1639）毛氏汲古閣刻本 一百二十冊

630000－1301－0000272 00272
欽定中樞政考三十一卷 （清）鄂爾泰等撰 清乾隆武英殿刻本 十八冊

630000－1301－0000273 00273
性命雙脩萬神圭旨四卷 題尹眞人高弟撰 清康熙棣鄂堂刻本 四冊

630000－1301－0000274 00274
大廣益會玉篇三十卷 （南朝梁）顧野王撰 （唐）孫強增字 （宋）陳彭年等重修 清康熙四十三年（1704）張氏澤存堂刻本 三冊

630000－1301－0000275 00275
笠翁一家言全集十六卷 （清）李漁撰 清雍正八年（1730）芥子園刻本 二十冊

630000－1301－0000276 00276
江邨銷夏錄三卷 （清）高士奇輯 清康熙三十二年（1693）高氏朗潤堂刻本 六冊

630000－1301－0000277 00277
雪月梅傳十卷 （清）陳朗編 （清）董孟汾評釋 清乾隆四十年（1775）德華堂刻本 十冊

630000－1301－0000278 00278
唐詩百名家全集三百二十七卷 （清）席啟寓編 清康熙席氏琴川書屋刻本 四十冊

630000－1301－0000279 00279
大宋重修廣韻五卷 （宋）陳彭年等重修 清康熙四十三年（1704）張氏澤存堂刻本 四冊

630000－1301－0000280 00280
廿一史約編八卷首一卷 （清）鄭元慶撰 清康熙三十五年（1696）魚計亭刻本 四冊

630000－1301－0000281 00281
杜詩詳註二十五卷首一卷附編二卷 （清）仇兆鰲輯註 清康熙刻本 二十四冊

630000－1301－0000282 00282
箋註陶淵明集六卷總論一卷 （晉）陶潛撰 和陶一卷 （宋）蘇軾撰 律陶一卷 （明）王思任撰 敦好齋律陶纂一卷 （明）黃槐開撰 明崇禎敦化堂刻本 四冊

630000－1301－0000283 00283
文房肆考圖說八卷 （清）唐秉鈞撰 清乾隆四十三年（1778）唐氏竹映山莊刻本 四冊

630000－1301－0000284 00284

繪風亭評第七才子書琵琶記六卷寫情篇一卷
釋義一卷　（元）高明撰　（清）毛宗崗評　清
映秀堂刻本　八冊

630000－1301－0000285　00285

納書楹曲譜正集四卷續集四卷外集二卷補遺
四卷四夢全譜八卷　（清）葉堂撰　清乾隆五
十七年(1792)葉氏納書楹刻本　二十二冊

630000－1301－0000286　00286

韓昌黎詩集編年箋註十二卷　（清）方世舉撰
　清乾隆雅雨堂刻本　六冊

630000－1301－0000287　00287

史綱不分卷　（清）李名揚撰　清抄本　一冊

630000－1301－0000288　00288

吟風閣四卷　（清）楊潮觀撰　清乾隆三十九
年(1774)刻本　四冊

630000－1301－0000289　00289

唐詩鼓吹十卷　（金）元好問輯　（元）郝天挺
註　（明）廖文炳解　清康熙四十七年(1708)
崇玉堂刻本　六冊

630000－1301－0000290　00290

初唐四傑集三十七卷　（清）項家達編　清乾
隆四十六年(1781)星渚項氏刻本　六冊

630000－1301－0000291　00291

三魚堂文集十二卷附錄一卷外集六卷　（清）
陸隴其撰　清康熙四十年(1701)席氏琴川書
屋刻本　八冊

630000－1301－0000292　00292

抱經堂叢書十七種二百七十一卷　（清）盧文
弨編　清乾隆中盧氏抱經堂刻本　五十八冊

630000－1301－0000293　00293

千文六書統要二卷　（明）胡正言輯篆　篆法
偏旁正譌歌一卷　（明）李登訂　清康熙二年
(1663)胡氏十竹齋刻本　六冊

630000－1301－0000294　00294

字彙十二卷首一卷末一卷　（明）梅膺祚撰
明萬曆四十三年(1615)餘慶堂刻本　十四冊

630000－1301－0000295　00295

贅言存稿一卷　（清）吳杕撰　清稿本　一冊

630000－1301－0000296　00296

周禮註疏刪翼三十卷　（明）王志長輯　明崇
禎十二年(1639)天德堂刻本　十冊　存十三
卷(一至十三)

630000－1301－0000297　00297

水經注釋四十卷首一卷附錄二卷水經注箋刊
誤十二卷　（清）趙一清撰　清乾隆五十九年
(1794)趙氏小山堂刻本　二十冊

630000－1301－0000298　00298

重刊校正笠澤叢書四卷補遺一卷續補遺一卷
　（唐）陸龜蒙撰　清雍正顧氏碧筠草堂刻本
二冊

630000－1301－0000299　00299

徂徠文集二十卷　（宋）石介撰　（清）葉挺生
跋　清初抄本　四冊

630000－1301－0000300　00300

廿一史彈詞註十卷　（明）楊慎撰　（清）張三
異增定　（清）張仲璜註　明史彈詞註二卷
（清）張三異撰　清乾隆五十一年(1786)張氏
視履堂刻本　八冊

630000－1301－0000301　00301

四六法海十二卷　（明）王志堅輯　明天啟七
年(1627)載德堂刻清乾隆二十三年(1758)補
刻本　十二冊

630000－1301－0000302　00302

求古精舍金石圖初集四卷　（清）陳經撰　清
嘉慶二十三年(1818)陳氏說劍樓刻本　四冊

630000－1301－0000303　00303

稗海七十種四百四十九卷　（明）商濬編
（清）許瑤光跋　明萬曆商氏半埜堂刻清補修
本　八十冊

630000－1301－0000304　00304

春秋三十卷綱領一卷諸國興廢說一卷提要一
卷　（宋）胡安國撰　列國圖說一卷　（宋）蘇
軾撰　明京都文錦堂刻本　八冊

630000－1301－0000305　00305

硃批諭旨不分卷 （清）鄂爾泰 （清）張廷玉輯 清乾隆三年(1738)內府刻朱墨印本 一百十一冊

630000－1301－0000306　00306
欽定四庫全書簡明目錄二十卷 （清）紀昀等撰 清劉嶽雲抄本 十冊

630000－1301－0000307　00307
重刊校正笠澤叢書四卷補遺一卷續補遺一卷 （唐）陸龜蒙撰 清雍正顧氏碧筠草堂刻本 四冊

630000－1301－0000308　00308
范忠貞公集十卷 （清）范承謨撰 清康熙刻本 六冊

630000－1301－0000309　00309
千文六書統要二卷 （明）胡正言輯篹 清康熙二年(1663)胡氏十竹齋刻本 六冊

630000－1301－0000310　00310
國朝歷科題名碑錄初集不分卷附明歷科題名碑錄不分卷 （□）□□編 清康熙刻雍正、乾隆遞補本 十冊

630000－1301－0000311　00311
同聲千字文十集 （清）朱紫撰 清康熙四十年(1701)永慕堂刻本 四冊

630000－1301－0000312　00312
[雍正]敕修浙江通志二百八十卷首三卷 （清）嵇曾筠等修 （清）沈翼機等纂 清乾隆元年(1736)刻本 一百冊

630000－1301－0000313　00313
韓文類譜七卷 （宋）魏仲舉編 柳先生年譜一卷 （宋）文安禮撰 清雍正八年(1730)馬氏小玲瓏山館刻本 四冊

630000－1301－0000314　00314
述學內篇三卷外篇一卷補遺一卷別錄一卷 （清）汪中撰 清道光三年(1823)汪喜孫刻本 二冊

630000－1301－0000315　00315
國朝畫徵錄三卷續錄二卷附錄一卷 （清）張

庚撰 清乾隆四年(1739)蔣泰等刻本 二冊

630000－1301－0000316　00316
唐百家詩一百種一百七十一卷 （明）朱警編 明嘉靖十九年(1540)朱氏刻本 八冊 存二十種三十卷(盧僎集一卷、唐玄宗皇帝集二卷、崔顥詩集一卷、李頎詩集一卷、祖詠集一卷、唐李推官披沙集六卷、劉叉詩集三卷、蘇拯詩集一卷、章孝標詩集一卷、于濆詩集一卷、李丞相詩集二卷、唐貫休詩集一卷、唐齊己詩集一卷、僧無可詩集二卷、曹松詩集一卷、劉兼詩集一卷、鄭巢詩集一卷、王周詩集一卷、于鄴詩集一卷、儲嗣宗詩集一卷)

630000－1301－0000317　00317
李義山詩集十六卷 （唐）李商隱撰 （清）姚培謙箋註 清乾隆四年(1739)姚氏松桂讀書堂刻本 六冊

630000－1301－0000318　00318
泊如齋重修宣和博古圖錄三十卷 （宋）王黼等撰 明萬曆十六年(1588)泊如齋刻本 十冊

630000－1301－0000319　00319
濟陰綱目五卷 （明）武之望撰 明萬曆四十八年(1620)刻本 十冊

630000－1301－0000320　00320
倫彝法戒錄十四卷 （明）盧友輯 明刻本 十三冊 存十三卷(二至十四)

630000－1301－0000321　00321
金剛決疑一卷般若波羅蜜多心經直說一卷 （明）釋德清撰 明萬曆四十四年(1616)刻本 一冊

630000－1301－0000322　00322
[乾隆]兩當縣志四卷補一卷 （清）秦武域纂修 清乾隆三十二年(1767)刻本 一冊

630000－1301－0000323　00323
春秋世族譜一卷 （清）陳厚耀撰 清雍正三年(1725)刻本 一冊

630000－1301－0000324　00324

傅氏眼科審視瑤函六卷首一卷　（明）傅仁宇撰　（明）林長生校補　（明）傅維藩輯　明崇禎十七年（1644）醉畊堂刻本　六冊

630000－1301－0000325　00325
吳詩集覽二十卷　（清）吳偉業撰　（清）靳榮藩註　談藪二卷　（清）靳榮藩輯　清乾隆四十年（1775）靳氏凌雲亭刻本　十六冊

630000－1301－0000326　00326
幸魯盛典四十卷　（清）孔毓圻等撰　清康熙內府刻本　二十冊

630000－1301－0000327　00327
施註蘇詩四十二卷總目二卷　（宋）施元之（宋）顧禧撰　（清）邵長蘅等刪補　蘇詩續補遺二卷　（清）馮景補註　東坡先生年譜一卷　（宋）王宗稷撰　清康熙三十八年（1699）宋犖刻本　十六冊

630000－1301－0000328　00328
幸魯盛典四十卷　（清）孔毓圻等撰　清康熙內府刻本　十二冊

630000－1301－0000329　00329
重訂王鳳洲先生綱鑑會纂四十六卷續宋元紀二十三卷　（明）王世貞撰　（明）陳仁錫訂明文盛堂刻本　四十二冊

630000－1301－0000330　00330
重訂王鳳洲先生綱鑑會纂四十六卷續宋元紀二十三卷　（明）王世貞撰　（明）陳仁錫訂明文盛堂刻本　四十二冊

630000－1301－0000331　00331
明鑑會纂十五卷　（清）朱國標輯　清初刻本五冊　存十一卷（一至八、十三至十五）

630000－1301－0000332　00332
二十一史二千四百六十四卷　（□）□□編　明刻明遞修本（後漢書志二十五至三十爲補配，宋史三百〇八至三百十二爲抄補）　五百冊

630000－1301－0000333　00333
桃花扇傳奇二卷　（清）孔尚任撰　清康熙刻本　四冊

630000－1301－0000334　00334
石守道先生集二卷　（宋）石介撰　（清）張伯行訂　清康熙四十九年（1710）張氏正誼堂刻本　二冊

630000－1301－0000335　00335
十三經注疏三百三十三卷　（□）□□編　明崇禎元年至十二年（1628－1639）毛氏汲古閣刻本　六十八冊　存一百八十九卷（尚書注疏一至二、五至二十，周禮注疏三至八、二十至二十一、二十四至二十五、三十至三十四，儀禮注疏十七卷，禮記注疏一至三、二十八至五十四、六十至六十三，春秋左傳注疏一至二十，春秋公羊注疏二十八卷，春秋穀梁注疏二十卷，論語注疏解經六至二十，爾雅注疏四至十一，孟子注疏解經十四卷）

630000－1301－0000336　00336
周易函書別集十六卷　（清）胡煦撰　清雍正二年（1724）胡氏葆璞堂刻本　六冊

630000－1301－0000337　00337
易經揆一十四卷易學啓蒙補二卷　（清）梁錫璵撰　清乾隆刻本　十冊

630000－1301－0000338　00338
禹貢錐指二十卷圖一卷　（清）胡渭撰　清康熙漱六軒刻本　十二冊

630000－1301－0000339　00339
韓詩外傳十卷　（漢）韓嬰撰　（明）楊宗震閱明程榮刻漢魏叢書本　四冊

630000－1301－0000340　00340
詩所八卷　（清）李光地撰　清雍正五年（1727）李清植刻本　三冊

630000－1301－0000341　00341
欽定詩經傳說彙纂二十一卷詩序二卷首二卷（清）王鴻緒等撰　清雍正五年（1727）內府刻本　十六冊

630000－1301－0000342　00342
欽定儀禮義疏四十八卷首二卷　（清）任啟運等撰　清刻本　二十八冊

630000－1301－0000343　00343

欽定禮記義疏八十二卷首一卷　（清）任啟運
等撰　清刻本　三十一冊　存八十卷（一至
七十七、八十至八十二）

630000－1301－0000344　00344

禮俗權衡二卷　（清）趙執信撰　清康熙四十
八年（1709）刻本　一冊

630000－1301－0000345　00345

讀左補義五十卷首一卷　（清）姜炳璋輯　清
乾隆三十七年（1772）尊行堂刻本　十二冊

630000－1301－0000346　00346

春秋大事表五十卷輿圖一卷附錄一卷　（清）
顧棟高撰　清乾隆萬卷樓刻本　十六冊

630000－1301－0000347　00348

六經圖十二卷　（清）鄭之僑輯　清乾隆八年
（1743）述堂鄭氏刻本　六冊

630000－1301－0000348　00349

句讀敘述二卷經讀考異八卷　（清）武億編
清乾隆五十四年（1789）刻本　三冊

630000－1301－0000349　00350

埤雅二十卷　（宋）陸佃撰　清初刻本　六冊

630000－1301－0000350　00351

汲古閣說文訂一卷　（清）段玉裁撰　清嘉慶
二年（1797）袁氏五硯樓刻本　一冊

630000－1301－0000351　00351

釋拜一卷　（清）段玉裁撰　清嘉慶十二年
（1807）張敦仁刻本　與普查號 350 合冊

630000－1301－0000352　00352

草韻辨體五卷　（明）神宗朱翊鈞輯　清康熙
五十四年（1715）趙萬新刻本　五冊

630000－1301－0000353　00353

六書通不分卷　（明）閔齊伋撰　（清）畢弘述
篆訂　清乾隆六十年（1795）刻本　八冊

630000－1301－0000354　00354

字彙十二卷首一卷末一卷韻法直圖一卷
（明）梅膺祚撰　**橫圖一卷**　（明）李世澤撰
明萬曆四十二年（1614）梅氏刻本　一冊　存

三卷（末一卷、韻法直圖一卷、橫圖一卷）

630000－1301－0000355　00355

音學五書三十八卷　（清）顧炎武撰　清康熙
六年（1667）張弨符山堂刻本　十九冊　存四
種三十四卷（音論三卷、詩本音十卷、易音三
卷、唐韻正一至十八）

630000－1301－0000356　00356

十七史一千五百七十四卷　（明）毛晉編　明
崇禎元年至十七年（1628－1644）毛氏汲古閣
刻本　二百九十三冊　存十六史一千四百二
十一卷（史記八至四十六、六十七至八十四、
一百〇六至一百三十，漢書一百卷，後漢書九
十卷志三十卷，三國志八至二十五、三十一至
三十八、四十六至六十五，晉書一百三十卷，
宋書一百卷，南齊書一至十四、十九至五十
二、五十四至五十九，梁書五十六卷，陳書三
十六卷，魏書一至四十三、四十六至一百〇八
之一、一百十至一百十四，周書五十卷，隋書
八十五卷，南史八十卷，北史一百卷，唐書一
至四十五、七十四至二百二十五，五代史七十
四卷）

630000－1301－0000357　00357

二十一史二千四百六十一卷　（□）□□編
明南京國子監刻明清遞修本（漢書一至十三、
十五下至十七、二十一至二十九，後漢書三至
十、志一至十爲明崇禎毛氏汲古閣本補配）
四百六十七冊　存二千四百三十一卷（史記
一百三十卷，漢書一百卷，後漢書九十卷志
一至二十，三國志一至十一、十六至三十八、四
十九至五十四、六十至六十五，晉書一百三十
卷附音義一卷，宋書一百卷，南齊書五十九
卷，梁書五十六卷，陳書三十六卷，魏書一百
十四卷，北齊書五十卷，周書五十卷，南史八
十卷，北史一百卷，隋書八十五卷，唐書一百
二十五卷附音釋二十五卷，五代史七十四卷，
宋史四百九十六卷目錄三卷，遼史一百十六
卷，金史一百三十五卷，元史二百十卷目錄一
卷）

630000－1301－0000358　00358

史記一百三十卷　（漢）司馬遷撰　（南朝宋）

裴駰集解　（唐）司馬貞索隱　（唐）張守節正
義　（明）陳仁錫評　**補一卷**　（唐）司馬貞撰
　明崇禎程正揆刻本　三十二冊

630000－1301－0000359　00359
史記評林一百三十卷補一卷世系圖一卷讀史
總評一卷史記短長說一卷　（明）凌稚隆輯
（明）李光縉增補　明劉素堂刻本　二十四冊
　存一百十八卷（一至十九、四十五至一百三
十，世系圖一卷，讀史總評一卷，史記長說一
卷）

630000－1301－0000360　00360
史記評林一百三十卷　（明）凌稚隆輯　明刻
本　十九冊　存八十六卷（十八至六十三、七
十至八十二、九十六至一百二十二）

630000－1301－0000361　00361
通志略五十二卷　（宋）鄭樵撰　（明）陳宗夔
校　清乾隆十三年（1748）金匱山房刻本　十
二冊（合訂四冊）

630000－1301－0000362　00362
後漢書九十卷　（南朝宋）范曄撰　（唐）李賢
注　**志三十卷**　（晉）司馬彪撰　（南朝梁）劉
昭注　明崇禎十六年（1643）毛氏汲古閣刻本
　二十三冊　存一百十六卷（一至八十六、志
一至三十）

630000－1301－0000363　00363
晉書一百三十卷　（唐）房玄齡等撰　**音義三**
卷　（唐）何超撰　明刻明清遞修本　三十
八冊

630000－1301－0000364　00364
宋書一百卷　（南朝梁）沈約撰　明萬曆二十
二年（1594）南京國子監刻清順治、康熙遞修
本　二十四冊

630000－1301－0000365　00365
宋書一百卷　（南朝梁）沈約撰　明崇禎七年
（1634）毛氏汲古閣刻本　二十冊

630000－1301－0000366　00366
魏書一百十四卷　（北齊）魏收撰　明萬曆二
十四年（1596）南京國子監刻清順治、康熙遞

修本　二十四冊

630000－1301－0000367　00367
西魏書二十四卷附錄一卷　（清）謝啟昆撰
清乾隆六十年（1795）謝氏樹經堂刻本　六冊

630000－1301－0000368　00368
北齊書五十卷　（唐）李百藥撰　明萬曆十六
年至十七年（1588－1589）南京國子監刻清順
治、康熙遞修本　八冊

630000－1301－0000369　00369
遼史一百十六卷　（元）脫脫等撰　明嘉靖八
年（1529）南京國子監刻明清遞修本　八冊

630000－1301－0000370　00370
金史一百三十五卷目錄二卷　（元）脫脫等撰
　明嘉靖八年（1529）南京國子監刻清順治、
康熙遞修本　二十冊

630000－1301－0000371　00371
元史二百十卷目錄二卷　（明）宋濂等撰　明
洪武三年（1370）內府刻明清遞修本　五十冊

630000－1301－0000372　00372
明史藁三百十卷目錄三卷　（清）王鴻緒撰
清雍正王氏敬慎堂刻本　一百冊

630000－1301－0000373　00373
鼎鍥葉太史彙纂官板鑑綱七十二卷　（明）葉
向高纂撰　明末坊刻本　二十一冊　存三十
八卷（六至九、十二至十五、十八至二十三、三
十六至三十七、四十至四十四、四十九至六十
一、六十三至六十五、七十）

630000－1301－0000374　00374
王鳳洲先生綱鑑正史全編二十四卷　（明）于
慎行　（明）顧錫疇摘　（明）陳仁錫評
（明）陳臣忠纂　（明）張睿卿輯　**續鳳洲綱鑑**
七卷　（明）郭彥博輯　**綱鑑圖略一卷**　（□）
□□等編　清友益齋刻本　十七冊　存十七
卷（六、八至十一、十三、十八、二十至二十二、
二十四，續鳳洲綱鑑一至二、五至七，圖略一
卷）

630000－1301－0000375　00375

皇明通紀直解十六卷　（明）張嘉和撰　清順治刻本　六冊

630000－1301－0000376　00376

通鑑紀事本末二百三十九卷　（宋）袁樞撰（明）張溥論正　明正雅堂刻本　四十二冊　存一百三十一卷（一至三十三、一百四十二至二百三十九）

630000－1301－0000377　00377

繹史一百六十卷　（清）馬驌撰　清康熙九年（1670）刻本　四十八冊

630000－1301－0000378　00378

路史四十七卷　（宋）羅泌撰　（宋）羅苹注（明）吳弘基訂　（清）羅大振重輯　清乾隆元年（1736）羅氏進修書院刻本　十六冊

630000－1301－0000379　00379

東觀奏記三卷　（唐）裴庭裕撰　明萬曆商氏半埜堂刻稗海本　二冊

630000－1301－0000380　00380

三垣筆記六卷　（清）李清撰　清抄本　六冊

630000－1301－0000381　00381

安危注四卷　（明）吳甡輯　清刻本　四冊

630000－1301－0000382　00382

聖賢像贊不分卷　（清）路建義輯　清康熙六十年（1721）路氏三希堂刻本　一冊

630000－1301－0000383　00383

雲菴關中年譜一卷顧氏譜略一卷　（清）顧森撰　清抄本　一冊

630000－1301－0000384　00384

明晉階通奉大夫四川左布政使四奉勅監軍前南京江西道監察御史李公暨誥封太夫人昝氏合葬墓誌銘一卷　（明）焦源溥撰　明崇禎刻本　一冊

630000－1301－0000385　00385

汪氏學行記六卷　（清）汪喜孫撰　清道光六年（1826）精刻本　三冊

630000－1301－0000386　00386

明歷科題名碑錄不分卷　（□）□□編　清康

熙刻本　六冊

630000－1301－0000387　00387

史系彙要歌四卷　（清）劉有恆撰　清乾隆二年（1737）種玉堂刻本　四冊

630000－1301－0000388　00389

刻歷朝捷錄大成二卷　（明）顧充撰　明刻本　二冊

630000－1301－0000389　00390

通典二百卷　（唐）杜佑撰　清乾隆十二年（1747）武英殿刻本　四十冊

630000－1301－0000390　00391

通志二百卷　（宋）鄭樵撰　清乾隆十二年（1747）武英殿刻本　一百二十冊

630000－1301－0000391　00392

文獻通考三百四十八卷　（元）馬端臨撰　明刻本　五十四冊　存一百六十八卷（一至二十三、四十到四十二、七十二至一百〇二、二百〇二至二百八十七、二百九十一至二百九十六、三百〇六至三百二十四）

630000－1301－0000392　00393

文獻通考三百四十八卷　（元）馬端臨撰　清乾隆十二年（1747）武英殿刻本　一百冊

630000－1301－0000393　00394

欽定歷代職官表七十二卷首一卷　（清）紀昀等撰　清乾隆四十五年（1780）武英殿刻本　三十六冊

630000－1301－0000394　00395

國朝翰詹源流編年二卷國朝館選爵里諡法考二卷國朝館職補選爵里諡法考一卷　（清）吳鼎雯撰　清乾隆刻本　四冊

630000－1301－0000395　00396

河東鹽法備覽十二卷　（清）蔣兆奎輯　清乾隆五十五年（1790）刻本　八冊

630000－1301－0000396　00397

大清律集解附例三十卷大清律例總類六卷（清）剛林等纂修　清雍正刻本　二十冊

630000－1301－0000397　00398

撫豫宣化錄四卷 （清）田文鏡撰 清雍正五年(1727)田文鏡刻本 九冊

630000－1301－0000398 00399

諭旨錄十卷 （□）□□編 清雍正七年(1729)岳鍾琪等刻本 十冊

630000－1301－0000399 00400

歷代名臣奏議三百五十卷 （明）張溥刪正 明末刻本 三十七冊 存一百二十六卷(七十一至七十五、七十九至八十二、一百五十五至一百五十八、一百六十七至一百七十二、一百八十至一百八十四、二百〇六至二百五十、二百九十四至三百五十)

630000－1301－0000400 00401

靳文襄公奏疏八卷 （清）靳輔撰 （清）靳治豫編 清靳治豫刻本 八冊

630000－1301－0000401 00402

元豐九域志十卷 （宋）王存等撰 清乾隆四十九年(1784)馮氏刻本 二冊

630000－1301－0000402 00403

廣輿記二十四卷 （明）陸應陽撰 明刻清修本 十二冊

630000－1301－0000403 00404

廣輿記二十四卷 （明）陸應陽撰 （清）蔡方炳增輯 清康熙四十六年(1707)吳郡寶翰樓刻本 十二冊

630000－1301－0000404 00405

大清一統志表不分卷 （清）陳蘭森撰 清乾隆五十八年(1793)刻本 八冊

630000－1301－0000405 00406

乾隆府廳州縣圖志五十卷 （清）洪亮吉撰 清嘉慶八年(1803)刻本 十二冊

630000－1301－0000406 00408

[雍正]揚州府志四十卷 （清）尹會一修 （清）程夢星等纂 清雍正十一年(1733)刻本 四十冊

630000－1301－0000407 00409

[康熙]陝西通志三十二卷圖一卷 （清）賈漢

復修 （清）李楷纂 清康熙六年(1667)刻五十年(1711)補刻本 二十四冊 存三十一卷(一至二十九、三十二,圖一卷)

630000－1301－0000408 00410

[康熙]岷州志二十卷 （清）汪元絅修 （清）田而秘纂 清康熙四十一年(1702)刻本 六冊

630000－1301－0000409 00411

[乾隆]皋蘭縣志二十卷 （清）吳鼎新修 （清）黃建中纂 清乾隆四十三年(1778)刻本 四冊

630000－1301－0000410 00412

[乾隆]中衛縣志十卷 （清）黃恩錫纂修 清乾隆二十六年(1761)刻本 三冊 存八卷(二至十)

630000－1301－0000411 00413

[乾隆]西寧府新志四十卷 （清）楊應琚纂修 清乾隆刻本 十二冊

630000－1301－0000412 00414

[乾隆]西寧府新志四十卷 （清）楊應琚纂修 清乾隆刻本 十二冊

630000－1301－0000413 00415

[雍正]敕修浙江通志二百八十卷首三卷 （清）嵇曾筠等修 （清）沈翼機等纂 清乾隆元年(1736)刻本 六十冊

630000－1301－0000414 00416

塔爾巴哈臺事宜 （清）永保纂修 清抄本 四冊

630000－1301－0000415 00417

帝京景物略八卷 （明）劉侗 （明）于奕正修 清乾隆三十一年(1766)崇德堂刻本 六冊

630000－1301－0000416 00418

日下舊聞四十二卷 （清）朱彝尊撰 清康熙二十七年(1688)朱氏六峰閣刻本 二十四冊

630000－1301－0000417 00419

西域瑣談四卷 （清）七十一撰 清抄本 四冊

630000－1301－0000418　00420

居濟一得八卷 （清）張伯行撰 （清）張師栻
（清）張師載編 清康熙四十七年(1708)張
氏正誼堂刻本 四冊

630000－1301－0000419　00421

山東運河備覽十二卷 （清）陸燿撰 清乾隆
四十年(1775)切問齋刻本 六冊

630000－1301－0000420　00422

金石文鈔八卷續鈔二卷 （清）趙紹祖輯 清
嘉慶七年(1802)刻本 十冊

630000－1301－0000421　00423

孔子家語十卷 （三國魏）王肅注 明嘉靖三
十三年(1554)黃魯曾刻本 四冊 存七卷
（一至二、四至五、八至十）

630000－1301－0000422　00424

鹽鐵論十卷 （漢）桓寬撰 **考證一卷** （清）
張敦仁撰 清嘉慶十二年(1807)張氏刻本
四冊

630000－1301－0000423　00425

河南二程全書六十四卷附錄三卷 （宋）程顥
（宋）程頤撰 清康熙呂氏寶誥堂刻本 二
十冊

630000－1301－0000424　00426

張子全書十五卷 （宋）張載撰 （宋）朱熹注
釋 （清）朱軾 （清）段志熙校 清康熙朱軾
刻本 四冊

630000－1301－0000425　00427

小學集註六卷 （宋）朱熹撰 （明）陳選集註
清雍正五年(1727)八旗官學刻本 二冊

630000－1301－0000426　00428

大學衍義四十三卷 （宋）真德秀撰 （明）陳
仁錫評 **補一百六十首一卷** （明）丘濬撰
（明）陳仁錫評 明京都文錦堂刻本 二十七
冊 存一百〇八卷(大學衍義四十三卷,補一
至二十三、九十五至一百二十七、一百四十五
至一百五十二,首一卷)

630000－1301－0000427　00429

大學衍義四十三卷 （宋）真德秀撰 （明）陳
仁錫評 **一百六十卷首一卷** （明）丘濬撰
（明）陳仁錫評 明京都文錦堂刻本 九
冊 存三十卷(大學衍義一至二十一,補五至七、
十一至十三、十六至十八)

630000－1301－0000428　00430

性理大全書七十卷 （明）胡廣等撰 （明）鍾
人傑訂正 明刻本 九冊 存三十七卷(三
十四至七十)

630000－1301－0000429　00431

性理大全會通七十卷 （明）胡廣等撰 （明）
鍾人傑訂正 明光裕堂、聚錦堂刻本 二十
六冊 存五十四卷(一至四、六至十、二十至
二十二、二十五至五十一、五十三至五十八、
六十至六十一、六十三至六十六、六十八至七
十)

630000－1301－0000430　00432

讀書錄十一卷續錄十二卷 （明）薛瑄撰 清
康熙呂氏刻本 四冊

630000－1301－0000431　00433

御纂性理精義十二卷 （清）李光地等撰 清
康熙內府刻本 五冊

630000－1301－0000432　00434

榕村語錄三十卷 （清）李光地撰 （清）徐用
錫 （清）李清植輯 清乾隆刻本 十三冊

630000－1301－0000433　00435

聖諭像解二十卷 （清）梁延年撰 清康熙二
十年(1681)梁氏承宣堂刻本(卷十至二十配
清章廷瑎刻本) 十冊

630000－1301－0000434　00436

列子八卷 （唐）盧重元注 清嘉慶九年
(1804)秦恩復石研齋刻本 一冊

630000－1301－0000435　00437

鶡子一卷 （戰國）鶡熊撰 **抱朴子外篇二卷**
（晉）葛洪撰 明萬曆六年(1578)吉藩崇德
書院刻二十家子書本 一冊

630000－1301－0000436　00438

虎鈐經二十卷 （宋）許洞撰 明抄本 一冊

630000－1301－0000437 00439

武備志二百四十卷 （明）茅元儀撰 明天啟刻本 四十冊 存一百五十六卷（四十二至一百二十、一百六十四至二百四十）

630000－1301－0000438 00440

金湯借箸十二籌十二卷 （明）李盤撰 清抄本 六冊

630000－1301－0000439 00441

農桑衣食撮要二卷 （元）魯明善撰 清抄本 二冊

630000－1301－0000440 00442

徐氏醫書六種十六卷 （清）徐大椿撰 清乾隆中半松齋刻本 八冊

630000－1301－0000441 00443

醫經原旨六卷 （清）薛雪集註 清乾隆十九年(1754)刻本 六冊

630000－1301－0000442 00444

素問靈樞類纂約註三卷 （清）汪昂撰 清康熙刻本 四冊

630000－1301－0000443 00445

醫壘元戎一卷 （元）王好古撰 （明）吳中珩校 明萬曆吳勉學刻古今醫統正脈全書本 一冊

630000－1301－0000444 00446

絳雪園古方選註三卷附得宜本草一卷 （清）王子接撰 清雍正介景樓刻本 四冊

630000－1301－0000445 00447

醫無閭子醫貫六卷 （明）趙獻可撰 （明）薛三才訂正 清初三多齋刻本 二冊

630000－1301－0000446 00448

脾胃論三卷 （金）李杲撰 （明）吳中珩校 明萬曆吳勉學刻古今醫統正脈全書本 一冊

630000－1301－0000447 00449

傷寒論後條辨十五卷 （清）程應旄撰 清乾隆九年(1744)文明閣刻本 十冊

630000－1301－0000448 00450

溫熱暑疫全書四卷 （清）周揚俊輯 清乾隆十九年(1754)庸德堂刻本 一冊

630000－1301－0000449 00451

外科精義二卷 （元）齊德之撰 （明）吳勉學校 明萬曆吳勉學刻古今醫統正脈全書本 二冊

630000－1301－0000450 00452

外科大成四卷 （清）祁坤撰 清乾隆六十年(1795)金閶函三堂刻本 八冊

630000－1301－0000451 00453

丹溪先生胎產秘書三卷 （元）朱震亨撰 清乾隆懷生堂刻本 一冊

630000－1301－0000452 00454

濟陰綱目十四卷 （明）武之望撰 （清）汪淇箋釋 清金閶書業堂刻本 四冊

630000－1301－0000453 00455

胎產新書二卷續貂集二卷 （清）張正文撰 清乾隆五十五年(1790)畊心堂刻本 四冊

630000－1301－0000454 00456

活幼心法大全九卷 （明）聶尚恆撰 清抄本 一冊

630000－1301－0000455 00457

鼎鍥幼幼集成六卷 （清）陳復正輯訂 清乾隆十六年(1751)金裕堂刻本 六冊

630000－1301－0000456 00459

梅氏叢書輯要六十二卷首一卷 （清）梅文鼎撰 （清）梅㲄成重編 清乾隆二十六年(1761)梅氏承學堂刻本 十六冊

630000－1301－0000457 00460

鐵網珊瑚二十卷 （明）都穆撰 清乾隆二十三年(1758)刻本 十二冊

630000－1301－0000458 00461

鐵網珊瑚二十卷 （明）都穆撰 清乾隆二十三年(1758)刻本 四冊

630000－1301－0000459 00462

墨池編二十卷 （宋）朱長文撰 **印典八卷**

（清）朱象賢編　清雍正十一年（1733）朱氏就閒堂刻本　八冊

630000－1301－0000460　00463

竹雲題跋四卷虛舟題跋十卷虛舟題跋原三卷　（清）王澍撰　（清）溫純訂　清乾隆溫純墨妙樓刻本　十二冊

630000－1301－0000461　00464

字學大全四卷　（清）熊士伯等撰　清嘉慶二十四年（1819）張謙益會心書舍抄本　四冊

630000－1301－0000462　00465

漢溪書法通解八卷　（清）戈守智撰　清乾隆十五年（1750）刻本　四冊

630000－1301－0000463　00466

圖繪寶鑑八卷　（元）夏文彥撰　（明）毛大倫　（清）藍瑛　（清）謝彬等補撰　清康熙二十二年（1683）借綠草堂刻本　四冊

630000－1301－0000464　00467

圖繪寶鑑八卷　（元）夏文彥撰　（明）毛大倫　（清）藍瑛　（清）謝彬等補撰　清康熙二十二年（1683）借綠草堂刻本　四冊

630000－1301－0000465　00468

芥子園畫傳初集五卷二集八卷　（清）王槩等摹　清乾隆四十七年（1782）金閶書業堂刻本　九冊

630000－1301－0000466　00469

芥子園畫傳三集四卷　（清）王槩等摹　清康熙四十年（1701）金陵芥子園刻本　四冊

630000－1301－0000467　00470

鶴灘山房印譜不分卷　（清）張利川撰　清乾隆四十一年（1776）鈐印本　四冊

630000－1301－0000468　00471

大還閣琴譜六卷萬峰閣指法閟牋一卷雞山琴況一卷　（清）徐祺撰　**學琴說一卷**　（清）徐愈撰　清康熙徐氏大還閣刻本　七冊

630000－1301－0000469　00472

松風閣琴譜二卷指法一卷抒懷操一卷　（清）程雄撰　清康熙程氏松風閣刻本　四冊

630000－1301－0000470　00473

二如亭群芳譜二十八卷首一卷　（明）王象晉纂輯　（明）陳繼儒　（明）毛鳳苞校　明末刻本　十冊　存二十二卷（穀譜一卷、蔬譜二卷、果譜四卷、木譜二卷、棉譜一卷、藥譜三卷、茶譜一卷、竹譜一卷、桑麻葛譜一卷、花譜二卷、卉譜三卷、鶴魚譜一卷）

630000－1301－0000471　00474

墨子十五卷目一卷篇目考一卷　（清）畢沅校注　清乾隆四十九年（1784）畢氏靈巖山館刻本　四冊

630000－1301－0000472　00475

天祿閣外史八卷　（漢）黃憲撰　明萬曆刻廣漢魏叢書本　四冊

630000－1301－0000473　00476

困學紀聞二十卷　（宋）王應麟撰　（清）閻若璩校勘　清乾隆三年（1738）馬氏叢書樓刻本　六冊

630000－1301－0000474　00477

義門讀書記五十八卷　（清）何焯撰　（清）蔣維鈞輯　清乾隆三十四年（1769）刻本　十二冊

630000－1301－0000475　00478

欽定四庫全書考證一百卷　（清）王太岳等纂輯　清乾隆武英殿聚珍版叢書本　四十八冊　存八十三卷（一至八十三）

630000－1301－0000476　00479

世說新語三卷　（南朝宋）劉義慶撰　（南朝梁）劉峻注　（明）凌濛初訂　**補四卷**　（明）何良俊撰補　（明）王世貞刪定　（明）張文柱校注　（明）凌濛初考訂　明刻清康熙承德堂補修本　十冊

630000－1301－0000477　00480

世說新語補二十卷　（南朝宋）劉義慶撰　（南朝梁）劉峻注　（明）何良俊增　（明）王世貞刪定　（清）黃汝琳補訂　清乾隆二十七年（1762）茂清書屋刻本　四冊

630000－1301－0000478　00481

讀書樂趣八卷　（清）伍涵芬撰　清康熙伍氏華日堂刻本　六冊

630000－1301－0000479　00482

讀書樂趣八卷　（清）伍涵芬撰　清康熙伍氏華日堂刻本　六冊

630000－1301－0000480　00483

墨餘便錄不分卷　（清）董文煥輯　清稿本　二冊

630000－1301－0000481　00485

新鐫評注諸子寶藏□卷　（明）郭偉輯　（明）項煜校　明末楊日際刻本　一冊　存四卷（二至三、五、七）

630000－1301－0000482　00486

古學彙纂十卷　（明）周時雍輯　（清）錢謙益等評　明崇禎十五年（1642）周氏愛日齋刻本（卷七補配）　二十三冊　卷六缺儒術至威儀

630000－1301－0000483　00487

新鐫玉茗堂批選王弇洲先生豔異編四十卷續十九卷　（明）王世貞輯　（明）湯顯祖評　明末刻本　四冊　存三十三卷（一至五、二十五至四十,續八至十九）

630000－1301－0000484　00488

山海經廣注十八卷　（清）吳任臣撰　清康熙刻本　四冊

630000－1301－0000485　00489

西青散記不分卷　（清）史震林撰　清嘉慶二十二年（1817）楊文叔抄本　二冊

630000－1301－0000486　00490

西青散記不分卷　（清）史震林撰　清抄本　二冊

630000－1301－0000487　00491

寄園寄所寄十二卷　（清）趙吉士撰　清康熙刻本　十六冊

630000－1301－0000488　00492

選擇天鏡三卷　（清）任端書輯　清乾隆十三年（1748）錫山寶綸堂刻本　五冊

630000－1301－0000489　00493

張宗道先生地理全書四卷　（明）張亙撰　清康熙三多齋刻本　四冊

630000－1301－0000490　00494

大般若波羅蜜多經六百卷　（唐）釋玄奘譯　明萬曆至清康熙刻徑山藏本　一冊　存五卷（一百〇六至一百十）

630000－1301－0000491　00495

十誦律六十五卷　（後秦）釋弗若多羅　（後秦）釋鳩摩羅什譯　明萬曆至清康熙刻徑山藏本　五冊　存二十五卷（十六至二十五、三十一至三十五、五十一至五十五、六十一至六十五）

630000－1301－0000492　00496

四分律藏六十卷　（後秦）釋佛陀耶舍　（後秦）釋竺佛念譯　明萬曆至清康熙刻徑山藏本　一冊　存五卷（二十六至三十）

630000－1301－0000493　00497

摩訶僧祇律四十六卷　（晉）釋佛陀跋陀羅　（晉）釋法顯譯　明萬曆至清康熙刻徑山藏本　二冊　存八卷（十至十三、三十一至三十四）

630000－1301－0000494　00498

大方廣華嚴經疏六十卷　（唐）釋澄觀撰　明萬曆至清康熙刻徑山藏本　一冊　存五卷（十六至二十）

630000－1301－0000495　00499

維摩詰所說經註十卷　（後秦）釋鳩摩羅什譯　（後秦）釋僧肇註　明萬曆至清康熙刻徑山藏續藏本　一冊

630000－1301－0000496　00500

金剛般若波羅蜜經不分卷　（後秦）釋鳩摩羅什譯　明正統元年（1436）何璿金筆寫本　一冊

630000－1301－0000497　00501

金剛般若波羅蜜經集註一卷　（明）成祖朱棣輯　明刻本　一冊

630000－1301－0000498　00501

大佛頂如來密因修證了義諸菩薩萬行首楞嚴
經四依解懸敘一卷　（明）釋觀衡撰　明崇禎
五年(1632)刻本　與普查號 497 合冊

630000－1301－0000499　00502
金剛般若波羅蜜經直解一卷　（後秦）釋鳩摩
羅什譯　（明）釋袾宏輯　明刻本　一冊

630000－1301－0000500　00503
金剛蒙引不分卷　（明）釋明善撰　清順治六
年(1649)刻本　一冊

630000－1301－0000501　00504
佛說盂蘭盆經一卷　（晉）釋竺法護譯　佛說
盂蘭盆經疏二卷　（唐）釋宗密撰　明崇禎刻
本　一冊

630000－1301－0000502　00505
大方廣圓覺修多羅了義經一卷　（唐）釋佛陀多
羅譯　真歇了禪師頌圓覺經一卷　（宋）釋清了
頌　明萬曆二十八年(1600)澄照寺刻本　一冊

630000－1301－0000503　00506
維摩詰所說經三卷　（後秦）釋鳩摩羅什譯
明包炳如刻本　一冊

630000－1301－0000504　00507
無量義經不分卷　（南朝齊）釋曇摩伽陀耶舍
譯　明萬曆三十二年(1604)刻本　一冊

630000－1301－0000505　00508
大佛頂如來密因修證了義諸菩薩萬行首楞嚴
經十卷　（唐）釋般剌密帝譯　明萬曆三十九
年(1611)徑山寂照庵刻本　二冊

630000－1301－0000506　00509
大佛頂如來密因修證了義諸菩薩萬行首楞
嚴經十卷　（唐）釋般剌密帝譯　明刻本
一冊

630000－1301－0000507　00510
大佛頂首楞嚴經正脈疏十卷懸示一卷科分一
卷　（明）釋真鑑述　明萬曆二十八年(1600)
智旨明通刻本　十一冊　存十一卷(二至十、
懸示一卷、科分一卷)

630000－1301－0000508　00511

楞嚴經正脈疏音義十卷　（□）□□撰　清乾
隆三十九年(1774)覺澄抄本　一冊

630000－1301－0000509　00512
楞伽阿跋多羅寶經四卷　（南朝宋）釋求那跋
陀羅譯　明天啟五年(1625)刻本　一冊

630000－1301－0000510　00513
傳授三壇弘戒法儀三卷　（明）釋法藏撰
（清）釋超遠檢錄　清康熙二十七年(1688)海
聰抄本　一冊

630000－1301－0000511　00514
般若照真論不分卷　（明）釋鎮澄撰　明萬曆
二十五年(1597)刻本　一冊

630000－1301－0000512　00515
瑜伽師地論一百卷　彌勒菩薩說　（唐）釋玄
奘譯　明正統五年(1440)刻北藏本　八十九
冊　存八十九卷(一至四十六、四十九至六十
八、七十一至八十、八十八至一百)

630000－1301－0000513　00516
成唯識論十卷　護法等菩薩造　（唐）釋玄奘
譯　明正統五年(1440)刻北藏本　十冊

630000－1301－0000514　00517
原人論一卷　（唐）釋宗密撰　明隆慶三年
(1569)五臺山房刻本　一冊

630000－1301－0000515　00518
金剛演二卷　（清）釋大璸述　清順治十七年
(1660)沈洪瑞等刻本　一冊

630000－1301－0000516　00519
萬松老人評唱天童覺和尚拈古請益錄二卷
（宋）釋正覺拈古　（元）行秀評唱　明生生道
人刻本　一冊　存一卷(上)

630000－1301－0000517　00520
雲巖寶鏡三昧一卷　（明）釋鎮澄撰　明抄本
一冊

630000－1301－0000518　00521
應菴和尚語錄十卷　（宋）釋應菴撰　（□）釋
守銓等編　明萬曆二十年(1592)妙德庵刻本
二冊

630000 – 1301 – 0000519　00522

廣濟野舌明禪師語錄二卷　（清）釋定南等錄
清康熙二十四年(1685)刻本　一冊

630000 – 1301 – 0000520　00523

大覺普濟能仁國師語錄不分卷　（清）釋能仁
撰　清抄本　一冊

630000 – 1301 – 0000521　00523

少室單傳世譜一卷　（清）洪霈　（清）洪亮述
清刻本　與普查號520合冊

630000 – 1301 – 0000522　00524

古佛寺語錄不分卷　（□）□□撰　清抄本
一冊

630000 – 1301 – 0000523　00525

山房雜錄不分卷　（明）釋袾宏撰　明刻本
一冊

630000 – 1301 – 0000524　00526

水月齋指月錄三十二卷　（明）瞿汝稷撰
（明）嚴澂校　明萬曆二十九年(1601)吳郡嚴
氏刻本　九冊　存二十九卷(一至二十七、三
十一至三十二)

630000 – 1301 – 0000525　00527

指月錄三十二卷　（明）瞿汝稷撰　（明）嚴澂
校　明崇禎三年(1630)釋海明刻本　四冊
存二十二卷(一至十六、二十三至二十八)

630000 – 1301 – 0000526　00528

異方便淨土傳燈歸元鏡三祖實錄二卷　（清）
釋智達拈頌　（清）釋德日錄　清康熙四十八
年(1709)成悟刻本　二冊

630000 – 1301 – 0000527　00529

**參同契闡幽七卷悟真篇闡幽三卷附悟真篇正
文一卷雜著一卷拾遺一卷**　（清）朱元育撰
清康熙六十年(1721)天德堂刻本　八冊

630000 – 1301 – 0000528　00530

一化元宗十二卷　（明）高時明編　明天啟刻
本　十冊　存十卷(寅至亥)

630000 – 1301 – 0000529　00531

太上感應篇注一卷　（清）惠棟箋注　清乾隆

十四年(1749)楊石漁刻本　一冊

630000 – 1301 – 0000530　00532

太平御覽一千卷　（宋）李昉等輯　清嘉慶鮑
氏刻本　一百二十冊

630000 – 1301 – 0000531　00533

精選故事黃眉十卷　（明）鄧志謨輯　明萃香
閣刻本　二冊　存五卷(一至二、八至十)

630000 – 1301 – 0000532　00534

蘭雪堂古事苑定本十二卷　（明）鄧志謨輯
清康熙二十五年(1686)蘭雪堂刻本　八冊
存十一卷(一至三、五至十二)

630000 – 1301 – 0000533　00535

讀書紀數略五十四卷　（清）宮夢仁輯　清康
熙四十八年(1709)刻本　十二冊

630000 – 1301 – 0000534　00536

杜韓詩句集韻三卷　（清）汪文柏輯　清康熙
四十六年(1707)汪氏古香樓刻本　五冊　存
三卷(上、中、下之上下)

630000 – 1301 – 0000535　00537

省軒考古類編十二卷　（清）柴紹炳撰　（清）
姚培謙評　清雍正刻本　四冊

630000 – 1301 – 0000536　00538

通俗編三十八卷　（清）翟灝輯　清乾隆十六
年(1751)翟氏無不宜齋刻本　十二冊

630000 – 1301 – 0000537　00539

史姓韻編六十四卷　（清）汪輝祖輯　清乾隆
五十五年(1790)雙節堂刻本　十四冊

630000 – 1301 – 0000538　00540

碎金不分卷　（□）□□撰　清小匏莽抄本
四冊

630000 – 1301 – 0000539　00541

漢魏六朝一百三家集一百十八卷　（明）張溥
編　明張溥刻本　六十九冊

630000 – 1301 – 0000540　00542

漢魏六朝諸名家集二十二種一百二十八卷
（明）汪士賢編　明萬曆汪氏刻本　七冊　存
五種十六卷(董仲舒集一卷、東方先生集一

卷、潘黃門集六卷、任彥升集六卷、陶真白集二卷）

630000－1301－0000541　00544

合刻三先生老泉文十卷東坡文四十卷潁濱文十卷　（宋）蘇洵　（宋）蘇軾　（宋）蘇轍撰　（明）茅坤等評　明刻本　十八冊　存四十四卷(老泉文四至十,東坡文一至十一、十六至三十四,潁濱文一至七)

630000－1301－0000542　00545

晉兩徵君詩鈔不分卷　（清）蘇爾詒　（清）劉贊輯評　清乾隆三十二年(1767)劉贊刻本　六冊

630000－1301－0000543　00546

文選六十卷　（南朝梁）蕭統輯　（唐）李善註　明毛氏汲古閣刻本　十三冊　存五十三卷(五至八、十三至四十、四十至六十)

630000－1301－0000544　00547

文選六十卷　（南朝梁）蕭統輯　（唐）李善註　**考異十卷**　（清）胡克家撰　清嘉慶十四年(1809)胡克家刻本　三十二冊

630000－1301－0000545　00548

文選六十卷　（南朝梁）蕭統輯　（唐）李善註　（清）何焯評點　（清）葉樹藩參訂　清乾隆三十七年(1772)葉氏海錄軒刻朱墨印本　十二冊

630000－1301－0000546　00549

文苑英華選雋二十八卷　（明）傅振商選　明崇禎尹三錫等刻本　十冊　存九卷(一、四至五、八至十一、十四至十五)

630000－1301－0000547　00550

詩禪不分卷　（明）石萬程選　明崇禎八年(1635)刻本　九冊　存詩雋、詩所、詩歸、歷代詩選、宋名家、元名家、宋王半山、邵康節、蘇潁濱、蘇子瞻、文文山、陸放翁

630000－1301－0000548　00551

御定歷代題畫詩類一百二十卷　（清）陳邦彥輯　清康熙四十六年(1707)內府刻本　三十二冊

630000－1301－0000549　00552

悅心集四卷　（清）世宗胤禛輯　清雍正四年(1726)內府刻本　四冊

630000－1301－0000550　00553

榕村詩選八卷首一卷目錄一卷　（清）李光地輯　清雍正八年(1730)方觀刻本　三冊

630000－1301－0000551　00554

御選唐宋詩醇四十七卷目錄二卷　（清）高宗弘曆輯　清乾隆二十五年(1760)兩儀堂刻朱墨印本　二十四冊

630000－1301－0000552　00555

闈式堂古文選釋八卷　（清）臧岳輯　清雍正十年(1732)三樂齋刻本　八冊

630000－1301－0000553　00556

切問齋文鈔三十卷　（清）陸燿輯　清乾隆四十年(1775)刻本　八冊

630000－1301－0000554　00557

古今四六古集七卷今集六卷　（明）張應泰輯　明萬曆刻本　四冊　存八卷(古集三至七、今集一至三)

630000－1301－0000555　00558

秦文歸十卷　（明）鍾惺選評　明古香齋刻本　六冊

630000－1301－0000556　00559

西漢文二十卷東漢文二十卷　（明）張采輯　明崇禎刻本　九冊　存二十一卷(西漢文十至二十、東漢文十一至二十)

630000－1301－0000557　00560

應試唐詩類釋十九卷　（清）臧岳編　清乾隆三樂齋刻本　四冊

630000－1301－0000558　00561

唐詩類苑二百卷　（明）張之象輯　（明）王徹補訂　明萬曆刻本　二十冊　存六十六卷(一百〇一至一百十五、一百十九至一百三十三、一百四十五至一百四十八、一百五十六至一百七十七、一百八十五至一百九十二、一百九十九至二百)

630000－1301－0000559　00562

唐賢三昧集三卷　（清）王士禎輯　（清）吳煊
（清）胡棠輯註　清乾隆五十二年(1787)吳
煊聽雨齋刻本　三冊

630000－1301－0000560　00563

唐人萬首絕句選七卷　（清）王士禎輯　清康
熙洪氏刻雍正十年(1732)印本　二冊

630000－1301－0000561　00564

唐文粹詩選六卷　（清）王士禎輯　清康熙刻
本　六冊

630000－1301－0000562　00565

重訂唐詩別裁集二十卷　（清）沈德潛選　清
乾隆二十八年(1763)教忠堂刻本　十冊

630000－1301－0000563　00566

宋四六選二十四卷　（清）彭元瑞選　（清）曹
振鏞輯　清乾隆四十二年(1777)曹氏刻本
六冊

630000－1301－0000564　00567

明詩綜一百卷　（清）朱彝尊輯　（清）汪森等
輯評　清康熙四十四年(1705)吳氏來堂刻本
三十二冊

630000－1301－0000565　00568

明詩別裁集十二卷　（清）沈德潛　（清）周準
輯　清乾隆四年(1739)刻本　六冊

630000－1301－0000566　00569

明文奇賞四十卷　（明）陳仁錫評選　明天啟
三年(1623)刻本　十六冊　存三十二卷(一
至三十二)

630000－1301－0000567　00570

捷用雲箋六卷　（明）陳繼儒輯　明刻本　一
冊　存三卷(四至六)

630000－1301－0000568　00571

新刊國朝歷科翰林文選經濟宏猷十六卷
（明）沈一貫輯　（明）朱之蕃評　明廣慶堂刻
本　四冊　存九卷(四、八至十二、十四至十
六)

630000－1301－0000569　00572

630000－1301－0000569　00572

停驂吟不分卷　（清）關彪輯　清康熙二十四
年(1685)刻本　一冊

630000－1301－0000570　00573

秦州公餘偶吟一卷　（清）焦爾厚撰　清乾隆
三十七年(1772)西寧學署學古堂刻本　一冊

630000－1301－0000571　00573

樂育園詩草一卷　（清）□□撰　清乾隆刻本
與普查號570合冊

630000－1301－0000572　00574

淮海同聲集二十卷　（清）汪之選輯　清嘉慶
二十二年(1817)汪氏小詩龕刻本　八冊

630000－1301－0000573　00575

庾子山全集十卷　（北周）庾信撰　（清）吳兆
宜箋註　清康熙刻本　十冊

630000－1301－0000574　00576

李太白文集三十卷　（唐）李白撰　清康熙五
十六年(1717)繆曰芑雙泉草堂刻宋本　六冊

630000－1301－0000575　00577

分類補註李太白詩二十五卷　（唐）李白撰
（宋）楊齊賢集註　（元）蕭士贇補註　年譜一
卷　（宋）薛中邕撰　明書林汪復初刻本　十
七冊　存二十四卷(一至二十四)

630000－1301－0000576　00578

杜工部集二十卷首一卷　（唐）杜甫撰　（明）
王世貞　（明）王慎中　（清）王士禎　（清）
邵長蘅　（清）宋犖評點　清道光十四年
(1834)芸葉盦刻六色套印本　八冊

630000－1301－0000577　00579

杜工部集二十卷首一卷　（唐）杜甫撰　（明）
王世貞　（明）王慎中　（清）王士禎　（清）
邵長蘅　（清）宋犖評點　清道光十四年
(1834)芸葉盦刻六色套印本　二十冊

630000－1301－0000578　00580

杜詩詳註二十五卷首一卷附編二卷　（清）仇
兆鰲輯註　清康熙刻本　二十四冊

630000－1301－0000579　00581

讀杜心解六卷首二卷　（清）浦起龍撰　清雍

正二年(1724)浦氏寧我齋刻本　十二冊

630000－1301－0000580　00582

讀杜心解六卷首二卷　(清)浦起龍撰　清雍正二年(1724)浦氏寧我齋刻本　六冊

630000－1301－0000581　00583

杜詩偶評四卷　(清)沈德潛撰　清乾隆十二年(1747)潘承松賦閒草堂刻本　四冊

630000－1301－0000582　00584

唐陸宣工集二十二卷　(唐)陸贄撰　(清)年羹堯重訂　清雍正元年(1723)年羹堯刻本　六冊

630000－1301－0000583　00585

韓文起十二卷　(唐)韓愈撰　(清)林雲銘評註　**韓文公年譜一卷**　(清)林雲銘撰　清康熙刻本　四冊

630000－1301－0000584　00586

重訂唐李義山詩集箋註三卷集外詩箋註一卷目錄一卷　(唐)李商隱撰　(清)朱鶴齡箋註　(清)程夢星刪補　**詩話一卷重訂李義山年譜一卷**　(清)程夢星輯　清乾隆九年(1744)東柯草堂刻本　八冊

630000－1301－0000585　00587

李義山文集十卷　(唐)李商隱撰　(清)徐樹穀箋　(清)徐炯註　清康熙四十七年(1708)徐氏花谿草堂刻本　四冊

630000－1301－0000586　00588

樊南文集詳註八卷　(唐)李商隱撰　(清)馮浩編　清乾隆四十五年(1780)德聚堂刻本　六冊

630000－1301－0000587　00589

白香山詩長慶集二十卷後集十七卷別集一卷補遺二卷　(唐)白居易撰　(清)汪立名輯　**年譜舊本一卷**　(宋)陳振孫撰　**年譜一卷**　(清)汪立名撰　清康熙汪氏一隅草堂刻本　十二冊

630000－1301－0000588　00590

宋大家歐陽文忠公鈔三十二卷　(宋)歐陽修

撰　(明)茅坤評　明刻本　七冊　存二十卷(一至五、十八至三十二)

630000－1301－0000589　00591

范忠宣公集二十五卷　(宋)范純仁撰　清康熙四十六年(1707)范氏歲寒堂刻本　十冊

630000－1301－0000590　00592

東坡詩選十二卷　(宋)蘇軾撰　(明)譚元春選　**年譜一卷**　(宋)王宗稷撰　明末文盛堂刻本　八冊

630000－1301－0000591　00593

東坡先生編年詩五十卷　(宋)蘇軾撰　(清)查慎行補註　清乾隆二十六年(1761)查開香雪齋刻本　十五冊

630000－1301－0000592　00594

山谷詩內集注二十卷外集注十七卷別集注二卷外集補四卷別集補一卷　(宋)黃庭堅撰　(宋)任淵注　**重刻山谷先生年譜十四卷**　(宋)黃𥔾編　清乾隆五十三年(1788)樹經堂刻本　二十冊

630000－1301－0000593　00595

呂東萊先生文集二十卷首一卷　(宋)呂祖謙撰　(清)王崇炳輯　清雍正陳思臚敬勝堂刻本　八冊

630000－1301－0000594　00596

劍南詩鈔不分卷　(宋)陸游撰　(清)楊大鶴選　清康熙二十四年(1685)楊氏刻本　十二冊

630000－1301－0000595　00597

白石道人詩集二卷集外詩二卷附錄諸賢酬唱詩一卷詩說一卷歌曲四卷歌曲別集一卷詩詞評論一卷逸事一卷　(宋)姜夔撰　清乾隆鮑氏知不足齋刻本　四冊

630000－1301－0000596　00598

廬陵宋丞相信國公文忠烈先生全集十六卷　(宋)文天祥撰　(清)文有煥編輯　清雍正三年(1725)五桂堂刻乾隆印本　十二冊

630000－1301－0000597　00599

趙文敏公松雪齋全集十卷外集一卷續集一卷　（元）趙孟頫撰　清康熙五十二年(1713)曹氏城書室刻本　六冊

630000－1301－0000598　00600
許文正公遺書十二卷首一卷末二卷　（元）許衡撰　清乾隆五十五年(1790)家刻本　八冊

630000－1301－0000599　00601
九靈山房集三十卷補編二卷　（元）戴良撰　清乾隆三十六年(1771)傳經書屋刻本　八冊

630000－1301－0000600　00602
太師誠意伯劉文成公集二十卷首一卷　（明）劉基撰　清雍正八年(1730)劉標刻本　十冊

630000－1301－0000601　00603
白沙子全集十卷白沙子古詩教解二卷首一卷末一卷　（明）陳獻章撰　清乾隆三十六年(1771)陳氏澤碧玉樓刻本　十冊

630000－1301－0000602　00604
白沙子全集十卷白沙子古詩教解二卷首一卷末一卷　（明）陳獻章撰　清乾隆三十六年(1771)陳氏澤碧玉樓刻本　十冊

630000－1301－0000603　00605
陽明先生要書八卷附錄五卷　（明）王守仁撰　（明）陳龍正　（明）葉紹顒纂輯　明崇禎刻本　五冊　存九卷(一至三、六至八,附錄三下至五)

630000－1301－0000604　00606
苑落集二十二卷　（明）韓邦奇撰　清乾隆刻本　十冊

630000－1301－0000605　00607
大司馬鳳岡沈先生文集四卷　（明）沈良才撰　清抄本　四冊

630000－1301－0000606　00608
王弇州集十卷　（明）王世貞輯　（清）張汝瑚輯評　清康熙二十一年(1682)刻本　四冊

630000－1301－0000607　00609
歊菴集二十卷　（明）陶望齡撰　（明）喬時敏校　明萬曆三十九年(1611)喬時敏刻本　九

冊　存九卷(一至二、十一至十二、十六至二十)

630000－1301－0000608　00610
史忠正公集四卷首一卷末一卷　（明）史可法撰　（清）史山清輯　清乾隆五十三年(1788)教忠堂刻本　二冊

630000－1301－0000609　00611
吳詩集覽二十卷補註二十卷　（清）吳偉業撰　（清）靳榮藩註並補　談藪二卷　（清）靳榮藩輯　清乾隆靳氏凌雲亭刻本　十六冊

630000－1301－0000610　00612
施愚山先生學餘文集二十八卷詩集五十卷史傳七卷別集四卷　（清）施閏章撰　隨村先生遺集六卷　（清）施琇撰　清康熙四十七年(1708)曹寅刻乾隆四年(1739)續刻本　十八冊

630000－1301－0000611　00613
午亭文編五十卷　（清）陳廷敬撰　（清）林佶輯　清康熙林佶寫刻乾隆印本　十六冊　存四十五卷(一至二十九、三十五至五十)

630000－1301－0000612　00614
魏伯子文集十卷首一卷　（清）魏際瑞撰　清康熙易堂刻本　六冊

630000－1301－0000613　00615
魏季子文集十六卷　（清）魏禮撰　清康熙易堂刻本　十一冊

630000－1301－0000614　00616
御製詩集十卷二集十卷　（清）聖祖玄燁撰　（清）高士奇等輯　清康熙四十二年(1703)內府刻本　四冊

630000－1301－0000615　00617
南畇文稿十二卷　（清）彭定求撰　清雍正四年(1726)飛雲閣刻本　四冊

630000－1301－0000616　00618
榕村全集四十卷　（清）李光地撰　清乾隆元年(1736)李清植刻本　十二冊

630000－1301－0000617　00619

有懷堂詩稿六卷文藁十六卷 （清）韓菼撰
清康熙四十二年(1703)刻本 四冊

630000－1301－0000618 00620

湖海樓全集詩集十二卷補遺一卷詞集二十卷
文集六卷儷體文集十二卷目錄一卷 （清）陳
維崧撰 清乾隆六十年(1795)浩然堂刻本
二十四冊

630000－1301－0000619 00621

曝書亭集八十卷附錄一卷目錄一卷 （清）朱
彝尊撰 笛漁小稿十卷 （清）朱昆田撰 清
康熙刻本 二十四冊

630000－1301－0000620 00622

曝書亭集八十卷附錄一卷目錄一卷 （清）朱
彝尊撰 笛漁小稿十卷 （清）朱昆田撰 清
康熙刻本 十二冊

630000－1301－0000621 00623

歸田集不分卷 （清）喬萊撰 清康熙刻本
一冊

630000－1301－0000622 00624

飴山詩集二十卷聲調前譜一卷後譜一卷續譜
一卷談龍錄一卷 （清）趙執信撰 清乾隆刻
本 五冊

630000－1301－0000623 00625

飴山文集十二卷附錄一卷 （清）趙執信撰
清乾隆三十九年(1774)因園刻本 四冊

630000－1301－0000624 00626

白田草堂存稿二十四卷附一卷 （清）王懋竑
撰 清乾隆十七年(1752)刻本 六冊

630000－1301－0000625 00627

香屑集十八卷首一卷末一卷 （清）黃之雋撰
清陳氏遂初園刻本 四冊

630000－1301－0000626 00628

棟亭詩別集四卷詩鈔八卷 （清）曹寅撰 清
康熙刻本 二冊 存八卷(詩別集四卷、詩鈔
五至八)

630000－1301－0000627 00629

蓮洋集十二卷補遺一卷附錄一卷 （清）吳雯

撰 清乾隆夢雀草堂刻本 六冊

630000－1301－0000628 00630

城北集八卷 （清）高士奇撰 清康熙高氏朗
潤堂刻本 一冊

630000－1301－0000629 00631

苑西集十二卷 （清）高士奇撰 清康熙高氏
朗潤堂刻本 四冊

630000－1301－0000630 00632

苑西集十二卷 （清）高士奇撰 清康熙高氏
朗潤堂刻本 四冊

630000－1301－0000631 00633

樂善堂全集定本三十卷 （清）高宗弘曆撰
清乾隆二十四年(1759)武英殿刻本 八冊

630000－1301－0000632 00634

御製詩初集四十四卷目錄四卷二集九十卷目
錄十卷三集一百卷目錄十二卷 （清）高宗弘
曆撰 （清）蔣溥等輯 清乾隆十三年至三十
六年(1748－1771)內府刻本 一百〇八冊
存二百十七卷(初集四十四卷目錄四卷,二集
九十卷目錄十卷,三集三至六十四、目錄二至
八)

630000－1301－0000633 00635

御製文初集三十卷目錄二卷 （清）高宗弘曆
撰 （清）于敏中等輯 清乾隆二十八年
(1763)內府刻本 十六冊

630000－1301－0000634 00636

板橋詩鈔三卷詞鈔一卷小唱一卷題畫一卷家
書一卷 （清）鄭燮撰 清乾隆司徒文膏刻本
四冊

630000－1301－0000635 00637

鮚埼亭集三十八卷經史問答十卷外編五十卷
（清）全祖望撰 世譜一卷年譜一卷 （清）
董秉純撰 清嘉慶九年(1804)借樹山房刻本
十六冊

630000－1301－0000636 00638

沈歸愚詩文全集 （清）沈德潛撰 清乾隆教
忠堂刻本 三十二冊

630000－1301－0000637　00639

增訂今雨堂詩墨注四卷　（清）金蝷撰　（清）洪鍾註　清乾隆三十四年（1769）金氏刻本　四冊

630000－1301－0000638　00640

懶殘集不分卷　（清）文師大撰　清乾隆十四年（1749）刻本　一冊

630000－1301－0000639　00641

百美新詠一卷圖傳一卷　（清）顏希源撰　集詠一卷　（清）袁枚等撰　題詞一卷　（清）呂燕昭等撰　清嘉慶十年（1805）集腋軒刻本　二冊

630000－1301－0000640　00642

悔存詩鈔八卷　（清）黃景仁撰　清嘉慶元年（1796）劉大觀刻本　一冊

630000－1301－0000641　00643

皇考聖德神功全韻詩四卷　（清）仁宗顒琰撰　清嘉慶武英殿刻本　四冊

630000－1301－0000642　00644

贅言存稿一卷　（清）吳杕撰　清嘉慶刻本　一冊

630000－1301－0000643　00645

心嚮往齋詩集用陶韻詩二卷　（清）孔繼鑅撰　清道光二十九年（1849）吳熙載寫刻本　一冊

630000－1301－0000644　00646

半个菴初藁不分卷　（清）徐菜撰　清稿本　一冊

630000－1301－0000645　00647

詞苑英華七種四十三卷　（明）毛晉編　明毛氏汲古閣刻清因樹樓本　八冊　存五種二十一卷（花菴絕妙詞選十卷、中興以來絕妙詞選一至二、尊前集二卷、詞林萬選四卷、詩餘圖譜三卷）

630000－1301－0000646　00648

熙朝詠物雅詞十二卷　（清）馮金伯輯　清嘉慶十三年（1808）馮氏墨香居刻本　八冊

630000－1301－0000647　00649

山谷詞一卷　（宋）黃庭堅撰　淮海詞一卷　（宋）秦觀撰　明毛氏汲古閣刻宋名家詞本　一冊

630000－1301－0000648　00650

耶溪漁隱詞二卷　（清）屠倬撰　清嘉慶二十三年（1818）刻本　一冊

630000－1301－0000649　00651

明珠記二卷　（明）陸采撰　明毛氏汲古閣刻六十種曲本　二冊

630000－1301－0000650　00652

紅雪樓九種曲（清容外集）十三卷　（清）蔣士銓撰　清乾隆紅雪樓刻本　十冊

630000－1301－0000651　00653

紅雪樓九種曲（清容外集）十三卷　（清）蔣士銓撰　清乾隆紅雪樓刻本　十二冊

630000－1301－0000652　00654

紅雪樓傳奇二卷　題紅豆邨樵撰　清嘉慶四年（1799）綠雲紅雨山房刻本　二冊

630000－1301－0000653　00655

沜東樂府二卷　（明）康海撰　明刻二太史聯璧本　一冊

630000－1301－0000654　00656

秋水菴花影集五卷　（明）施紹莘撰　清順治刻本　二冊　存四卷（二至五）

630000－1301－0000655　00657

全唐詩話八卷　（宋）尤袤輯　（清）孫濤訂　清乾隆三十九年（1774）清芬堂刻本　八冊

630000－1301－0000656　00658

漁隱叢話前集六十卷後集四十卷　（宋）胡仔輯　清乾隆六年（1741）楊氏耘經樓刻本　八冊

630000－1301－0000657　00659

漁隱叢話前集六十卷後集四十卷　（宋）胡仔輯　清乾隆六年（1741）楊氏耘經樓刻本（序及卷一爲抄補）　六冊

630000－1301－0000658　00660

唐宋叢書六十八種一百十六卷 （明）鍾人傑
（明）張遂辰編　清經德堂刻本　三十六冊

630000 - 1301 - 0000659　00661

五朝小說 （明）□□撰　明刻本　十四冊
存一百七十六種一百七十八卷［魏晉小說二
十九種三十一卷（海内十洲記一卷、拾遺名山
記一卷、洛陽伽藍記一卷、佛國記一卷、梁京
寺記一卷、三齊略記一卷、輶軒絕代語一卷、
荊楚歲時記一卷、刀劍錄一卷、神異經一卷、
金樓子一卷、袖中記一卷、南方草木狀三卷、
風后握奇經一卷附握奇經續圖一卷八陣總述
一卷、相貝經一卷、相手板經一卷、相兒經一
卷、相鶴經一卷、相牛經一卷、禽經一卷、龜經
一卷、襄陽耆舊傳一卷、益都耆舊傳一卷、汝
南先賢傳一卷、楚國先賢傳一卷、會稽先賢傳
一卷、零陵先賢傳一卷、英雄記鈔一卷、東林
蓮社十八高賢傳一卷），唐人百家小說四種四
卷（夢書一卷、鼎錄一卷、尤射一卷、儒棋格一
卷），宋人百家小說一百四十三種一百四十三
卷（錢氏私誌一卷、家王故事一卷、家世舊聞
一卷、玉堂逢辰錄一卷、澠水燕談錄一卷、大
中遺事一卷、紹熙行禮記一卷、御塞行程一
卷、茅亭客話一卷、幙府燕閒錄一卷、洛中記
異錄一卷、熙豐日曆一卷、上壽拜舞記一卷、
太清樓侍宴記一卷、高宗幸張府節次略一卷、
從駕記一卷、東巡記一卷、涑水記聞一卷、異
聞記一卷、白獺髓一卷、清夜錄一卷、梁溪漫
志一卷、暘谷謾錄一卷、春渚紀聞一卷、曲洧
舊聞一卷、摭青雜說一卷、玉壺清話一卷、儒
林公議一卷、友會談叢一卷、閒燕常談一卷、
桯史一卷、默記一卷、談藪一卷、江南野錄一
卷、談淵一卷、話腴一卷、聞見雜錄一卷、東軒
筆錄一卷、陶朱新錄一卷、倦游雜錄一卷、東
皋雜錄一卷、行都紀事一卷、彭蠡小龍記一
卷、虛谷閒抄一卷、蓼花洲閒錄一卷、傳載略
一卷、該聞錄一卷、洞微志一卷、芝田錄一卷、
啽囈集一卷、吹劍錄一卷、碧雲騢一卷、投轄
錄一卷、忘懷錄一卷、對雨編一卷、軒渠錄一
卷、中山狼傳一卷、清尊錄一卷、昨夢錄一卷、
拊掌錄一卷、調謔編一卷、艾子雜說一卷、仇
池筆記一卷、暌車志一卷、玉澗襍書一卷、石

林燕語一卷、巖下放言一卷、避暑錄話一卷、
避暑漫抄一卷、席上腐談一卷、游宦紀聞一
卷、悅生隨抄一卷、嬾真子錄一卷、豹隱紀談
一卷、東谷所見一卷、讀書隅見一卷、齊東埜
語一卷、野人閒話一卷、西溪蓄語一卷、植杖
閒譚一卷、道山清話一卷、深雪偶談一卷、船
窗夜話一卷、葦航紀談一卷、雲谷雜記一卷、
東齋紀事一卷、澹山雜識一卷、楊文公談苑
一卷、老學庵筆記一卷、三柳軒雜識一卷、雞肋
編一卷、泊宅編一卷、暇日記一卷、隱窟雜志
一卷、韋居聽輿一卷、雞林類事一卷、坦齋通
編一卷、臆乘一卷、雞肋一卷、鑑戒錄一卷、事
原一卷、續釋常談一卷、乾到庚寅奏事錄一
卷、艮嶽記一卷、登西臺慟哭記一卷、于役志
一卷、六朝事迹一卷、錢塘瑣記一卷、古杭夢
遊錄一卷、汴都平康記一卷、侍兒小名錄一
卷、侍兒小名錄一卷、侍兒小名錄一卷、侍兒
小名錄一卷、思陵書畫記一卷、琴曲譜錄一
卷、本朝茶法一卷、宣和北苑貢茶錄一卷、北
苑別錄一卷、品茶要錄一卷、茶錄一卷、酒名
記一卷、蔬食譜一卷、麗情集一卷、花經一卷、
禪本草一卷、耕祿藁一卷、水族加恩簿一卷、
感應經一卷、土牛經一卷、物類相感志一卷、
雜纂續一卷、雜纂二續一卷、遊仙夢記一卷、
龍壽丹記一卷、惠民藥局記一卷、鬼國記一
卷、鬼國續記一卷、海外怪洋記一卷、閩海蟲
毒記一卷、福州猴王神記一卷、鳴鶴山記一
卷、韓奉議鸚歌傳一卷）］

630000 - 1301 - 0000660　00662

**檀几叢書初集五十種五十卷二集五十種五十
卷餘集四十七種二卷附政十種不分卷** （清）
王晫 （清）張潮編 （清）費伯緣題跋　清康
熙三十四年至三十六年(1695 - 1697)張氏霞
舉堂刻本　十四冊

630000 - 1301 - 0000661　00663

**檀几叢書初集五十種五十卷二集五十種五十
卷餘集四十七種二卷附政十種不分卷** （清）
王晫 （清）張潮編 （清）費伯緣題跋　清康
熙三十四年至三十六年(1695 - 1697)張氏霞
舉堂刻本　十二冊

630000 – 1301 – 0000662　00664

龍威秘書十集一百六十九種三百二十六卷
（清）馬俊良編　清乾隆五十九年（1794）馬氏
大西山房刻本　八十冊　缺二種二卷（楊娟
傳一卷、小娥傳一卷）

630000 – 1301 – 0000663　00665

貸園叢書初集十二種四十九卷　（清）周永年
編　清乾隆五十四年（1789）歷城周氏竹西書
屋根據李文藻刻本　八冊

630000 – 1301 – 0000664　00666

**知不足齋叢書三十集一百九十七種八百二十
二卷**　（清）鮑廷博編　清乾隆至道光鮑氏刻
本　二百四十冊

630000 – 1301 – 0000665　00668

守山閣叢書一百〇二種五百九十八卷　（清）
錢熙祚編　清道光二十四年（1844）錢氏刻本
一百二十冊

630000 – 1301 – 0000666　00669

古逸叢書二十六種二百〇四卷　（清）黎庶昌
編　清光緒十年（1884）黎庶昌日本東京使署
刻美濃紙印本　六十二冊

630000 – 1301 – 0000667　00670

袁中郎先生集十集十六卷　（明）袁宏道撰
（明）周應麐校　明周應麐刻本　一冊　存五
種五卷（廣莊一卷、瓶史一卷、廣陵集一卷、觴
政一卷、桃源詠一卷）

630000 – 1301 – 0000668　00671

呂新吾先生遺集九種二十一卷　（明）呂坤撰
清康熙呂氏刻本　十四冊

630000 – 1301 – 0000669　00672

安雅堂全集七種二十卷　（清）宋琬撰　清順
治至乾隆刻本　十六冊

630000 – 1301 – 0000670　00673

甌北全集七種一百七十二卷　（清）趙翼撰
清乾隆至嘉慶湛貽堂刻本　四十八冊

630000 – 1301 – 0000671　00674

蓮洋集補遺一卷附錄一卷　（清）吳雯撰　清

乾隆夢崔草堂刻本　一冊

630000 – 1301 – 0000672　00675

東方先生集一卷　（漢）東方朔撰　明刻本
一冊

630000 – 1301 – 0000673　00001

**春秋十六卷綱領一卷提要一卷年表一卷王朝
列國世次一卷王朝列國興廢說一卷列國爵姓
一卷名號歸一圖二卷附陸氏三傳釋文音義不
分卷**　（□）□□撰　清光緒十六年（1890）蘭
州刻本　十六冊

630000 – 1301 – 0000674　00002

麗廔叢書九種二十四卷　葉德輝輯　清光緒
中長沙葉氏刻本　七冊　存八種十七卷（南
嶽總勝集三卷、古今書刻二卷、古局象棋圖一
卷、投壺新格一卷、譜雙五卷附錄一卷、打馬
圖經一卷、除紅譜一卷、唐女郎魚玄機詩一卷
附錄一卷）

630000 – 1301 – 0000675　00003

**春秋十六卷綱領一卷提要一卷年表一卷王朝
列國世次一卷王朝列國興廢說一卷列國爵姓
一卷名號歸一圖二卷附陸氏三傳釋文音義不
分卷**　（□）□□撰　清同治十年（1871）刻本
十四冊

630000 – 1301 – 0000676　00004

**國朝漢學師承記八卷國朝經師經義目錄一卷
國朝宋學淵源記二卷附記一卷**　（清）江藩撰
清光緒二十三年（1897）長沙周大文堂刻本
四冊

630000 – 1301 – 0000677　00005

正字略揭要不分卷　（清）徐宗幹撰　清同治
元年（1862）刻本　二冊

630000 – 1301 – 0000678　00009

敘異齋文草三卷　（清）趙衡撰　清光緒三十
四年（1908）北新書局鉛印本　二冊

630000 – 1301 – 0000679　00010

胡氏書畫攷三種八卷　（清）胡敬撰　清嘉慶
二十一年（1816）刻本　四冊

630000 － 1301 － 0000680　00012

邵武徐氏叢書二十三種一百五十一卷　（清）
徐榦輯　清光緒中刻本　四十冊

630000 － 1301 － 0000681　00013

光緒三十年甲辰恩科會試闈墨不分卷　（清）
□□編　清光緒三十年(1904)河南闈文明堂
刻本　二冊

630000 － 1301 － 0000682　00014

南雷文定前集十一卷後集四卷三集三卷四集
四卷附錄一卷　（清）黃宗羲撰　清黃氏家塾
刻本　八冊

630000 － 1301 － 0000683　00019

長恩書室叢書十九種六十四卷　（清）莊肇麟
輯　清咸豐四年(1854)新昌莊氏過客軒刻本
十冊　存十種四十卷(神機制敵太白陰經
十卷、何博士備論一卷、守城錄四卷、歷代兵
制八卷、陣紀四卷、救荒活民書三卷拾遺一
卷、農桑衣食撮要二卷、旅舍備要方一卷、傷
寒微旨論二卷、全生指迷方四卷)

630000 － 1301 － 0000684　00023

重校拜經樓叢書十種三十三卷　（清）吳騫輯
（清）朱記榮補輯　清光緒二十年(1894)吳
縣朱氏校經堂刻本　十二冊

630000 － 1301 － 0000685　00024

聖門禮誌一卷樂誌一卷　（清）孔傳鐸撰　清
光緒十三年(1887)曲阜刻本　二冊

630000 － 1301 － 0000686　00025

左繡三十卷　（清）馮李驊　（清）陸浩評輯
清嘉慶七年(1802)華川書屋刻本　十二冊

630000 － 1301 － 0000687　00028

焦山志二十六卷首一卷　（清）吳雲撰　清同
治十三年(1874)刻京口三山志本　八冊

630000 － 1301 － 0000688　00029

迪吉錄八卷首一卷　（明）顏茂猷輯　（明）顧
錫疇評　清光緒八年(1882)長沙遐齡精舍刻
本　八冊

630000 － 1301 － 0000689　00030

安陽集五十卷家傳十卷別錄三卷遺事一卷
（宋）韓琦撰　**附錄一卷**　（清）黃邦寧輯　清
乾隆四年(1739)書錦堂刻三十七年(1772)黃
邦寧增刻本　十冊

630000 － 1301 － 0000690　00031

春秋經傳集解三十卷　（晉）杜預撰　（唐）陸
德明音義　**春秋名號歸一圖二卷**　（五代）馮
繼先撰　**春秋年表一卷**　（□）□□撰　清道
光十六年(1836)揚郡二郎廟惜字局刻本　十
二冊

630000 － 1301 － 0000691　00032

晨風閣叢書二十三種四十七卷　沈宗畸輯
清宣統元年(1909)番禺沈氏刻本　十六冊

630000 － 1301 － 0000692　00033

評點春秋綱目左傳句解彙雋六卷　（清）韓葵
重訂　清光緒二年(1876)大道堂刻本　六冊

630000 － 1301 － 0000693　00034

小學鉤沈十九卷　（清）任大椿輯　清光緒十
年(1884)龍氏刻本　四冊

630000 － 1301 － 0000694　00036

春秋全經左傳句解八卷　（宋）朱申注釋
（明）孫鑛批點　清同治八年(1869)刻本
八冊

630000 － 1301 － 0000695　00037

石笥山房文集六卷補遺一卷詩集十二卷補遺
二卷續補遺二卷　（清）胡天游撰　（清）高均
儒校輯　清咸豐二年(1852)胡鳴泰刻本
十冊

630000 － 1301 － 0000696　00038

欽定春秋傳說彙纂三十八卷首二卷　（清）王
掞等撰　清刻本　二十冊

630000 － 1301 － 0000697　00039

欽定春秋傳說彙纂三十八卷首二卷　（清）王
掞等撰　清光緒二十六年(1900)煥文書局石
印本　三冊

630000 － 1301 － 0000698　00041

宋丞相文山先生全集二十卷　（宋）文天祥撰

清康熙十二年（1673）曾弘刻本　十二冊

630000－1301－0000699　00043

京口三山志七十二卷　（清）□□輯　清同治
至光緒刻本　二十六冊

630000－1301－0000700　00044

欽定春秋傳說彙纂三十八卷首二卷　（清）王
掞等撰　清刻康熙内府本　二十四冊

630000－1301－0000701　00048

附釋音春秋左傳注疏六十卷　（晉）杜預注
（唐）孔穎達疏　（唐）陸德明音義　校勘記六
十卷　（清）阮元撰　（清）盧宣旬摘錄　清嘉
慶二十年（1815）南昌府學刻重刊宋本十三經
注疏附校勘記本　三十冊

630000－1301－0000702　00049

附釋音春秋左傳注疏六十卷　（晉）杜預注
（唐）孔穎達疏　（唐）陸德明音義　校勘記六
十卷　（清）阮元撰　（清）盧宣旬摘錄　清道
光六年（1826）南昌府學刻重刊宋本十三經注
疏附校勘記本　三十二冊

630000－1301－0000703　00050

左傳選十四卷　（清）儲欣評　清乾隆三十八
年（1773）謙牧堂刻本　八冊

630000－1301－0000704　00051

御纂春秋直解十二卷　（清）傅恆等撰　清刻
乾隆二十三年(1758)内府本　八冊

630000－1301－0000705　00052

御纂春秋直解十二卷　（清）傅恆等撰　清致
和堂刻乾隆二十三年(1758)内府本　六冊

630000－1301－0000706　00053

行素草堂金石叢書十六種一百五十四卷
（清）朱記榮輯　清光緒中吳縣朱氏刻十四年
（1888）彙印本　四十冊

630000－1301－0000707　00054

春秋體注四卷　（清）范翔參訂　清乾隆四十
年（1775）刻本　四冊

630000－1301－0000708　00055

春秋體注四卷　（清）范翔參訂　清天德堂刻

本　四冊

630000－1301－0000709　00056

靖節先生集十卷首一卷末一卷　（晉）陶潛撰
（清）陶澍集注　清光緒九年（1883）江蘇書
局刻本　四冊

630000－1301－0000710　00057

花甲閒談十六卷　（清）張維屏撰　（清）葉夢
草繪圖　清道光二十年（1840）粵東富文齋刻
本　四冊

630000－1301－0000711　00058

監本附音春秋穀梁注疏二十卷　（晉）范甯集
解　（唐）楊士勛疏　（唐）陸德明音義　校勘
記二十卷　（清）阮元撰　（清）盧宣旬摘錄
清嘉慶二十年（1815）南昌府學刻重刊宋本十
三經注疏附校勘記本　六冊

630000－1301－0000712　00059

慶祝表文不分卷　（□）□□輯　清光緒八年
（1882）松雲書屋刻本　一冊

630000－1301－0000713　00061

評點春秋綱目左傳句解彙雋六卷　（清）韓菼
重訂　清光緒二年（1876）大道堂刻本　六冊

630000－1301－0000714　00062

春秋左傳補注六卷　（清）惠棟撰　清乾隆三
十七年（1772）胡亦常刻三十八年（1773）張錦
芳續刻本　二冊

630000－1301－0000715　00063

五體書豳風七月詩一卷論書偶存一卷　（清）
李朝棟書並撰　清同治九年（1870）刻本
一冊

630000－1301－0000716　00064

寄傲山房塾課纂輯春秋備旨十二卷　（清）鄒
聖脈纂輯　清善成堂刻本　四冊

630000－1301－0000717　00065

評點春秋綱目左傳句解彙雋六卷　（清）韓菼
重訂　清末奎光堂刻光緒二年（1876）大道堂
本　六冊

630000－1301－0000718　00066

評點春秋綱目左傳句解彙雋六卷 （清）韓菼
重訂 清光緒二年（1876）大道堂刻本 六冊

630000－1301－0000719 00067

評點春秋綱目左傳句解彙雋六卷 （清）韓菼
重訂 清末文林堂覆刻光緒二年（1876）大道
堂本 六冊

630000－1301－0000720 00069

元遺山先生集四十卷首一卷新樂府四卷續夷
堅志四卷 （金）元好問撰 （元）張德輝類次
附錄一卷 （清）儲瓘輯 補載一卷年譜一
卷 （清）施國祁輯撰 年譜二卷 （清）凌廷
堪撰 年譜一卷附錄一卷 （清）翁方綱撰
清道光三十年（1850）張穆陽泉山莊刻光緒八
年（1882）京都翰文齋書坊印本 十六冊

630000－1301－0000721 00071

春秋左傳五十卷列國圖說一卷提要一卷
（晉）杜預 （宋）林堯叟注 （唐）陸德明音
義 （明）孫鑛等評點 清致和堂刻本 十
六冊

630000－1301－0000722 00072

左繡三十卷 （清）馮李驊 （清）陸浩評輯
清刻華川書屋本 八冊

630000－1301－0000723 00075

律賦採新集不分卷 （清）蕭應槭 （清）鄭伯
壎輯 清謙益堂刻本 四冊

630000－1301－0000724 00076

急就篇四卷 （漢）史游撰 （唐）顏師古註
（宋）王應麟補注 清光緒五年（1879）王懿榮
刻天壤閣叢書本 二冊

630000－1301－0000725 00078

冠悔堂楹語三卷附錄一卷 （清）楊浚撰 清
光緒二十年（1894）刻本 三冊

630000－1301－0000726 00080

則古昔齋算學十三種二十四卷 （清）李善蘭
撰 清同治六年（1867）金陵刻本 六冊

630000－1301－0000727 00081

御纂春秋直解十二卷 （清）傅恆等撰 清刻

乾隆二十三年（1758）内府本 八冊

630000－1301－0000728 00082

宋邵康節先生伊川擊壤集十卷 （宋）邵雍撰
（明）吳瀚摘注 （明）吳泰增注 清康熙八
年（1669）邵養醇等刻乾隆、道光增補本
六冊

630000－1301－0000729 00083

欽定書經圖說五十卷 （清）孫家鼐等撰 清
光緒三十一年（1905）學務處編書局石印本
十六冊

630000－1301－0000730 00084

欽定書經圖說五十卷 （清）孫家鼐等撰 清
光緒三十一年（1905）學務處編書局石印本
十六冊

630000－1301－0000731 00085

欽定書經圖說五十卷 （清）孫家鼐等撰 清
光緒三十一年（1905）學務處編書局石印本
十六冊

630000－1301－0000732 00086

欽定書經圖說五十卷 （清）孫家鼐等撰 清
光緒三十一年（1905）學務處編書局石印本
十六冊

630000－1301－0000733 00090

范文正公忠宣公全集七十三卷 （宋）范仲淹
（宋）范純仁撰 清康熙四十六年（1707）范
氏歲寒堂刻乾隆四十八年（1783）補刻道光十
年（1830）印本 十六冊

630000－1301－0000734 00091

曾惠敏公遺集四種十七卷 （清）曾紀澤撰
清光緒十九年（1893）江南製造總局鉛印本
八冊

630000－1301－0000735 00092

黃勉齋先生文集八卷 （宋）黃榦撰 清同治
五年（1866）福州正誼書院刻正誼堂全書本
五冊

630000－1301－0000736 00093

春秋大旨提綱表四卷 劉爾炘撰 清光緒三

十四年(1908)甘肅高等學堂刻本　四冊

630000－1301－0000737　00095
南華眞經解內篇一卷外篇一卷雜篇一卷
(清)宣穎撰　清大經堂刻本　六冊

630000－1301－0000738　00096
海峰先生精選八家文鈔不分卷　(清)劉大櫆
輯　清光緒二年(1876)劉繼刻本　二冊

630000－1301－0000739　00097
南華眞經解內篇一卷外篇一卷雜篇一卷
(清)宣穎撰　清經國堂刻本　六冊

630000－1301－0000740　00098
南華眞經解內篇一卷外篇一卷雜篇一卷
(清)宣穎撰　清大經堂刻郁文堂印本　六冊

630000－1301－0000741　00100
莊子獨見三十三卷　(清)胡文英評釋　清乾
隆十七年(1752)三多齋刻本　六冊

630000－1301－0000742　00102
**定盦文集三卷續集四卷續錄一卷古今體詩二
卷己亥雜詩一卷別集五卷文集補編四卷**
(清)龔自珍撰　清光緒二十三年(1897)粵東
萬本書堂刻本　八冊

630000－1301－0000743　00111
聖賢像贊不分卷　(明)呂元善撰　(清)孔憲
蘭等增輯　清光緒四年(1878)曲阜孔氏會文
堂刻本　四冊

630000－1301－0000744　00116
通志堂經解一百四十種一千八百六十卷
(清)納蘭性德輯　清同治十二年(1873)粵東
書局刻本　四百八十冊

630000－1301－0000745　00124
湖北叢書三十種二百九十一卷　(清)趙尚輔
輯　清光緒十七年(1891)三餘草堂刻本　一
百冊

630000－1301－0000746　00125
資治通鑑二百九十四卷　(宋)司馬光撰
(元)胡三省音注　清光緒二十六年(1900)上
海圖書集成局鉛印本　三十九冊　存二百八

十五卷(一至一百五十二、一百六十二至二百
九十四)

630000－1301－0000747　00126
資治通鑑二百九十四卷　(宋)司馬光撰
(元)胡三省音註　**資治通鑑外紀十卷**　(宋)
劉恕撰　(清)胡克家注補　**通鑑釋文辯誤十
二卷**　(元)胡三省撰　清光緒十四年(1888)
積山書局石印本　二十六冊

630000－1301－0000748　00129
左繡三十卷　(清)馮李驊　(清)陸浩評輯
清嘉慶七年(1802)華川書屋刻本　十六冊

630000－1301－0000749　00130
胡文忠公遺集八十六卷首一卷　(清)胡林翼
撰　(清)鄭敦謹　(清)曾國荃輯　清同治六
年(1867)刻本　三十冊　存七十二卷(一至
四十五、五十四至五十五、六十至七十六、八
十至八十六,首一卷)

630000－1301－0000750　00131
胡文忠公遺集八十六卷首一卷　(清)胡林翼
撰　(清)鄭敦謹　(清)曾國荃輯　清光緒二
十七年(1901)上海圖書集成印書局鉛印本
八冊

630000－1301－0000751　00132
胡文忠公遺集八十六卷首一卷　(清)胡林翼
撰　(清)鄭敦謹　(清)曾國荃輯　清光緒二
十七年(1901)上海圖書集成印書局鉛印本
八冊

630000－1301－0000752　00133
增補春秋左傳易讀六卷　(清)司徒修輯　清
光緒二十年(1894)文淵書坊刻本　六冊

630000－1301－0000753　00134
歷朝紀事本末九種六百六十卷　(清)陳如升
　(清)朱記榮輯　清光緒十四年(1888)上海
書業公所鉛印本　五十六冊

630000－1301－0000754　00136
評點春秋綱目左傳句解彙雋六卷　(清)韓菼
重訂　清光緒二年(1876)大道堂刻本　六冊

630000－1301－0000755　00137

如酉所刻諸名家評點春秋綱目左傳句解六卷
（清）韓菼重訂　清全義堂刻本　六冊

630000－1301－0000756　00138

繹志十九卷　（清）胡承諾撰　清光緒十七年
（1891）三餘草堂刻湖北叢書本　四冊　存八
卷（一至八）

630000－1301－0000757　00141

柳河東詩集二卷　（唐）柳宗元撰　清宣統二
年（1910）時中書局石印本　四冊

630000－1301－0000758　00143

佩文韻府一百〇六卷　（清）張玉書等撰　清
刻康熙五十年（1711）內府本　九十五冊

630000－1301－0000759　00144

佩文韻府一百〇六卷　（清）張玉書等撰　**韻
府拾遺一百〇六卷**　（清）汪灝等撰　清光緒
十三年（1887）上海點石齋石印本　六十冊

630000－1301－0000760　00145

李文忠公全集七種一百六十六卷　（清）李鴻
章撰　（清）吳汝綸輯　清光緒三十一年
（1905）金陵刻本　一百冊

630000－1301－0000761　00147

李文忠公奏議二十卷　（清）李鴻章撰　（清）
吳汝綸　（清）章洪鈞輯　清光緒蓮池書院石
印本　二十冊

630000－1301－0000762　00148

李文忠公奏議二十卷　（清）李鴻章撰　（清）
吳汝綸　（清）章洪鈞輯　清光緒蓮池書院石
印本　二十冊

630000－1301－0000763　00149

李文忠公奏議二十卷　（清）李鴻章撰　（清）
吳汝綸　（清）章洪鈞輯　清光緒蓮池書院石
印本　十六冊　存十六卷（一至九、十一、十
三至十四、十六、十八至二十）

630000－1301－0000764　00151

二十四史三千二百四十一卷　（□）□□編　清
乾隆四年（1739）武英殿刻本　六百六十一冊

630000－1301－0000765　00152

[光緒]江西通志一百八十卷首五卷　（清）劉
坤一等修　（清）劉鐸　（清）趙之謙等纂　清
光緒七年（1881）刻本　一百二十冊

630000－1301－0000766　00155

史記一百三十卷附考證　（漢）司馬遷撰
（南朝宋）裴駰集解　（唐）司馬貞索隱
（唐）張守節正義　清同治十一年（1872）成都
書局刻本　二十六冊

630000－1301－0000767　00156

漢書一百卷　（漢）班固撰　（唐）顏師古注
清光緒十三年（1887）金陵書局仿汲古閣刻本
二十四冊

630000－1301－0000768　00157

劉武愼公遺書二十五卷　（清）劉長佑撰　**年
譜三卷**　（清）鄧輔綸編　清光緒二十六年
（1900）劉思訓刻本　二十八冊

630000－1301－0000769　00158

漢書一百卷　（漢）班固撰　（唐）顏師古注
清同治八年（1869）金陵書局仿汲古閣刻本
二十四冊

630000－1301－0000770　00159

漢書一百卷　（漢）班固撰　（唐）顏師古注
清光緒九年（1883）上海點石齋石印本　六冊

630000－1301－0000771　00163

漢書一百卷　（漢）班固撰　（唐）顏師古注
清光緒十三年（1887）金陵書局仿汲古閣刻本
十五冊　存九十一卷（一至六十三、七十三
至一百）

630000－1301－0000772　00164

前漢書一百卷附考證　（漢）班固撰　（唐）顏
師古注　清光緒二十三年（1897）味經刊書處
刻本　三十八冊　存八十卷（一至十八、二十
一至二十七、三十一至四十一、五十七至一
百）

630000－1301－0000773　00169

夢綠草堂詩鈔續集四卷　（清）蔡壽祺撰　清
同治五年（1866）京師刻本　二冊

630000－1301－0000774　00171

史記一百三十卷附考證　（漢）司馬遷撰
（南朝宋）裴駰集解　（唐）司馬貞索隱
（唐）張守節正義　清光緒二十年（1894）陝甘
味經書院刻武英殿本　三十冊　存一百二十
三卷（一至十三、十五至八十、八十七至一百
三十）

630000－1301－0000775　00172

前漢書一百卷附考證　（漢）班固撰　（唐）顏
師古注　清光緒十八年（1892）武林竹簡齋石
印二十四史本　六冊　存四十四卷（一至四
十四）

630000－1301－0000776　00176

後漢書九十卷附考證　（南朝宋）范曄撰
（唐）李賢注　**志三十卷**　（晉）司馬彪撰
（南朝梁）劉昭注　清光緒十八年（1892）武林
竹簡齋石印二十四史本　八冊

630000－1301－0000777　00177

後漢書九十卷　（南朝宋）范曄撰　（唐）李賢
注　**志三十卷**　（晉）司馬彪撰　（南朝梁）劉
昭注　清同治八年（1869）金陵書局仿汲古閣
刻本　十八冊

630000－1301－0000778　00179

後漢書九十卷　（南朝宋）范曄撰　（唐）李賢
注　**志三十卷**　（晉）司馬彪撰　（南朝梁）劉
昭注　清光緒九年（1883）上海點石齋石印本
四冊

630000－1301－0000779　00185

**鼎鍥趙田了凡袁先生編纂古本歷史大方綱鑑
補三十九卷首一卷**　（明）袁黃編纂　清怡古
堂刻明萬曆三十八年（1610）建安書林余象斗
雙峰堂本　二十四冊

630000－1301－0000780　00189

史記一百三十卷附考證　（漢）司馬遷撰
（南朝宋）裴駰集解　（唐）司馬貞索隱
（唐）張守節正義　清光緒十八年（1892）武林
竹簡齋影印武英殿二十四史本　八冊

630000－1301－0000781　00190

史記一百三十卷附考證　（漢）司馬遷撰
（南朝宋）裴駰集解　（唐）司馬貞索隱
（唐）張守節正義　清光緒二十年（1894）陝甘
味經書院刻武英殿本　三十二冊

630000－1301－0000782　00191

子書百家五百十卷　（清）崇文書局編　清光
緒元年（1875）湖北崇文書局刻本　四十冊
存九十九種四百七十四卷（孔子家語十卷、孔
子集語二卷、荀子三卷、孔叢子二卷、新語二
卷、忠經一卷、新書十卷、鹽鐵論二卷、新序十
卷、說苑二十卷、揚子法言一卷、方言十三卷、
潛夫論十卷、申鑒五卷、中論二卷、傅子一卷、
文中子中說一卷、續孟子二卷、伸蒙子三卷、
素履子三卷、胡子知言六卷附錄一卷疑義一
卷、薛子道論三卷、海樵子一卷、風后握奇經
一卷附握奇經續圖一卷八陣總述一卷、六韜
三卷、孫子三卷、吳子二卷、司馬法一卷、尉繚
子二卷、素書一卷、心書一卷、何博士備論二
卷、宋丞相李忠定公輔政本末一卷、管子二十
四卷、晏子春秋八卷、商子五卷、鄧子一卷、尸
子二卷、韓非子二十卷、齊民要術十卷雜說一
卷、焦氏易林四卷、鬻子一卷補一卷、計倪子
一卷、於陵子一卷、子華子一卷、墨子十六卷
附篇目考一卷、尹文子一卷、慎子一卷、公孫
龍子一卷、鬼谷子一卷、鶡冠子三卷、淮南鴻
烈解二十一卷、金樓子六卷、劉子二卷、顏氏
家訓二卷、獨斷一卷、論衡三十卷、白虎通德
論四卷、風俗通義十卷、牟子一卷、古今注三
卷、聲隅子歔欷瑣微論二卷、懶真子五卷、廣
成子解一卷、叔苴子八卷、郁離子一卷、空洞
子一卷、海沂子五卷、燕丹子三卷、玉泉子一
卷、金華子雜編二卷、山海經十八卷、山海經
圖讚一卷、山海經補註一卷、神異經一卷、海
內十洲記一卷、別國洞冥記四卷、穆天子傳六
卷、拾遺記十卷、搜神記二十卷、搜神後記十
卷、博物志十卷、續博物志十卷、述異記二卷、
陰符經一卷、關尹子一卷、老子道德經二卷、
道德真經註四卷、莊子南華真經三卷札記一
卷、莊子闕誤一卷、列子二卷、抱朴子內篇四
卷外篇四卷、亢倉子一卷、玄真子一卷、天隱
子一卷、无能子三卷、胎息經疏一卷、胎息經

043

一卷、至游子二卷)

630000－1301－0000783　00193
駁呂留良四書講義八卷　(清)朱軾等撰　清雍正十二年(1734)甘肅官刻本　八冊

630000－1301－0000784　00194
古春軒詩鈔二卷詞鈔一卷文鈔一卷　(清)梁德繩撰　清咸豐二年(1852)鳳城刻本　一冊

630000－1301－0000785　00196
駁呂留良四書講義八卷　(清)朱軾等撰　清雍正十二年(1734)甘肅官刻本　八冊

630000－1301－0000786　00198
駁呂留良四書講義八卷　(清)朱軾等撰　清雍正十二年(1734)甘肅官刻本　八冊

630000－1301－0000787　00199
海國圖志一百卷　(清)魏源撰　清光緒二年(1876)平慶涇固道署刻本　二十四冊

630000－1301－0000788　00200
海國圖志一百卷　(清)魏源撰　清光緒六年(1880)邵陽急當務齋刻本　二十七冊　存六十九卷(一至四十五、七十七至一百)

630000－1301－0000789　00203
[乾隆]西寧府新志四十卷　(清)楊應琚纂修　清乾隆十二年(1747)刻二十七年(1762)增補本　十二冊

630000－1301－0000790　00206
[乾隆]西寧府新志四十卷　(清)楊應琚纂修　清乾隆十二年(1747)刻二十七年(1762)增補本　十二冊

630000－1301－0000791　00207
[乾隆]西寧府新志四十卷　(清)楊應琚纂修　清乾隆十二年(1747)刻二十七年(1762)增補清末印本(卷一至八、二十至二十一配乾隆本)　十二冊

630000－1301－0000792　00208
[乾隆]西寧府新志四十卷　(清)楊應琚纂修　清乾隆十二年(1747)刻二十七年(1762)增補本　十二冊

630000－1301－0000793　00212
全唐詩九百卷目錄十二卷　(清)曹寅等編　清刻康熙四十六年(1707)揚州詩局本　一百二十冊

630000－1301－0000794　00213
校訂困學紀聞集證二十卷　(宋)王應麟撰　(清)閻若璩等箋注　(清)萬希槐輯　清嘉慶二十四年(1819)胡氏山壽齋刻本　十二冊

630000－1301－0000795　00214
困學紀聞註二十卷　(宋)王應麟撰　(清)翁元圻注　清道光五年(1825)餘姚守福堂刻本　十六冊

630000－1301－0000796　00215
困學紀聞集證二十卷首一卷末一卷　(宋)王應麟撰　(清)閻若璩等箋注　(清)萬希槐輯　清嘉慶八年(1803)會友堂刻本　十二冊

630000－1301－0000797　00216
困學紀聞集證二十卷首一卷末一卷　(宋)王應麟撰　(清)閻若璩等箋注　(清)萬希槐輯　清嘉慶八年(1803)會友堂刻本　十六冊

630000－1301－0000798　00218
[道光]廣東通志三百三十四卷首一卷　(清)阮元修　(清)陳昌齊等纂　清道光二年(1822)刻本　一百六十冊

630000－1301－0000799　00219
[道光]重纂福建通志二百七十八卷輿圖一卷首六卷補採福建全省列女附志一卷　(清)孫爾準等修　(清)陳壽祺纂　(清)程祖洛等續修　(清)魏敬中續纂　清同治十年(1871)正誼書院刻本　一百七十九冊

630000－1301－0000800　00220
洪北江全集二十三種二百二十三卷　(清)洪亮吉撰　清光緒三年至四年(1877－1878)洪用懃授經堂刻本　五十六冊　存二十種一百五十九卷(洪北江先生年譜一卷、卷施閣文甲集十卷續一卷乙集八卷詩二十卷、更生齋文甲集四卷乙集四卷續集二卷詩八卷續集十卷、附鮚軒詩八卷、更生齋詩餘二卷、擬兩晉

南北史樂府二卷、附鮎軒外集唐宋小樂府一卷、北江詩話六卷、曉讀書齋初錄二卷二錄二卷三錄二卷四錄二卷、六書轉注錄十卷、弟子職箋釋一卷、史目表二卷、春秋左傳詁二十卷、漢魏音四卷、補三國疆域志二卷、東晉疆域志四卷、十六國疆域志十六卷、遣戌伊犁日記一卷、天山客話一卷、外家紀聞一卷）

630000－1301－0000801　00221

分類字錦六十四卷 （清）何焯等輯　清刻康熙六十一年(1722)內府本　六十二冊

630000－1301－0000802　00222

分類字錦六十四卷 （清）何焯等輯　清刻康熙六十一年(1722)內府本　六十二冊

630000－1301－0000803　00223

洗冤錄詳義四卷首一卷 （清）許槤撰　**洗冤錄撫遺二卷** （清）葛元煦輯　清光緒二年(1876)葛元煦刻本　五冊

630000－1301－0000804　00224

重刊補註洗冤錄集證六卷 （清）阮其新撰　清道光二十四年至二十七年(1844－1847)廣東翰墨園刻四色套印本（卷六下洗冤錄解爲清代同治哈密軍裝局本補配）　六冊

630000－1301－0000805　00225

重刊補註洗冤錄集證五卷附刊檢骨圖格一卷寶鑑編一卷急救方一卷石香秘錄一卷 （清）王又槐增輯　（清）李觀瀾補輯　（清）阮其新補注　清道光十七年(1837)刻十三年(1833)本　四冊

630000－1301－0000806　00226

全謝山文鈔十六卷 （清）全祖望撰　清宣統二年(1910)上海國學扶輪社鉛印本　八冊

630000－1301－0000807　00227

全謝山文鈔十六卷 （清）全祖望撰　清宣統二年(1910)上海國學扶輪社鉛印本　八冊

630000－1301－0000808　00228

全謝山文鈔十六卷 （清）全祖望撰　清宣統二年(1910)上海國學扶輪社鉛印本　八冊

630000－1301－0000809　00229

沈氏尊生書五種七十二卷 （清）沈金鰲撰　清光緒二十一年(1895)上海圖書集成局鉛印本　二十四冊

630000－1301－0000810　00230

福惠全書三十二卷 （清）黃六鴻輯　清坊刻本　十二冊

630000－1301－0000811　00231

九通分類總纂二百四十卷 （清）汪鍾霖輯　清光緒二十八年(1902)上海文瀾書局石印本　八十冊

630000－1301－0000812　00234

史記評林一百三十卷 （明）凌稚隆輯　清光緒十五年(1889)山西濬文書局刻本　三十六冊

630000－1301－0000813　00235

漢書評林一百卷 （明）凌稚隆輯　清光緒十四年(1888)山西濬文書局刻本　四十八冊

630000－1301－0000814　00236

四印齋所刻詞二十種六十七卷 （清）王鵬運輯　清光緒十四年(1888)臨桂王氏家塾刻本　十三冊

630000－1301－0000815　00237

湖海樓叢書續編十四種五十六卷 （清）張之洞編　清光緒九年(1883)刻本　二十四冊

630000－1301－0000816　00239

呂新吾先生去偽齋文集十卷 （明）呂坤撰　清康熙十三年(1674)河南呂氏刻本　八冊

630000－1301－0000817　00240

姜堯章先生集十卷 （宋）姜夔撰　（清）姜熙輯　清道光二十三年(1843)姜氏宗祠刻本　四冊

630000－1301－0000818　00242

新刻平治館評釋蕭曹致君術六卷首一卷 題臥龍子輯　清坊刻本　四冊

630000－1301－0000819　00243

康熙字典十二集三十六卷總目一卷檢字一卷

辨似一卷等韻一卷補遺一卷備考一卷　（清）
張玉書等撰　清康熙山東官刻本　四十冊

630000 – 1301 – 0000820　00244
康熙字典十二集三十六卷總目一卷檢字一卷
辨似一卷等韻一卷補遺一卷備考一卷　（清）
張玉書等撰　清刻本　四十冊

630000 – 1301 – 0000821　00245
康熙字典十二集三十六卷總目一卷檢字一卷
辨似一卷等韻一卷補遺一卷備考一卷　（清）
張玉書等撰　清刻康熙本　四十冊

630000 – 1301 – 0000822　00246
康熙字典十二集三十六卷總目一卷檢字一卷
辨似一卷等韻一卷補遺一卷備考一卷　（清）
張玉書等撰　清道光十七年（1837）刻七年
（1827）本　四十冊

630000 – 1301 – 0000823　00247
康熙字典十二集三十六卷總目一卷檢字一卷
辨似一卷等韻一卷補遺一卷備考一卷　（清）
張玉書等撰　清道光七年（1827）刻本　三十
六冊

630000 – 1301 – 0000824　00248
康熙字典十二集三十六卷總目一卷檢字一卷
辨似一卷等韻一卷補遺一卷備考一卷　（清）
張玉書等撰　清刻康熙本　三十四冊　存三
十六卷（子至未、戌至亥、總目一卷、檢字一
卷、辨似一卷、等韻一卷、補遺一卷、備考一
卷）

630000 – 1301 – 0000825　00249
御批歷代通鑑輯覽一百二十卷　（清）傅恆等
撰　清同治十年（1871）浙江書局刻朱墨印本
四十八冊

630000 – 1301 – 0000826　00250
茗柯文初編一卷二編二卷三編一卷四編一卷
（清）張惠言撰　清光緒七年（1881）刻本
二冊

630000 – 1301 – 0000827　00252
康熙字典十二集三十六卷總目一卷檢字一卷
辨似一卷等韻一卷補遺一卷備考一卷　（清）

張玉書等撰　清光緒十三年（1887）上海積山
書局石印本　六冊

630000 – 1301 – 0000828　00253
康熙字典十二集三十六卷總目一卷檢字一卷
辨似一卷等韻一卷補遺一卷備考一卷　（清）
張玉書等撰　清光緒十六年（1890）鴻寶齋石
印本　六冊

630000 – 1301 – 0000829　00254
康熙字典十二集三十六卷總目一卷檢字一卷
辨似一卷等韻一卷補遺一卷備考一卷　（清）
張玉書等撰　清光緒十六年（1890）鴻寶齋石
印本　六冊

630000 – 1301 – 0000830　00255
康熙字典十二集三十六卷總目一卷檢字一卷
辨似一卷等韻一卷補遺一卷備考一卷　（清）
張玉書等撰　清光緒三十二年（1906）上海商
務印書館石印本　六冊

630000 – 1301 – 0000831　00256
康熙字典十二集三十六卷總目一卷檢字一卷
辨似一卷等韻一卷補遺一卷備考一卷　（清）
張玉書等撰　清道光七年（1827）刻本　三十
一冊　存三十三卷（子至卯、未至亥，總目一
卷，檢字一卷，辨似一卷，等韻一卷，補遺一
卷，備考一卷）

630000 – 1301 – 0000832　00258
潛研堂全書二十一種二百六十六卷　（清）錢
大昕撰　清光緒十年（1884）長沙龍氏家塾刻
本　六十九冊　存十九種二百四十卷（聲類
四卷，廿二史攷異一百卷，三史拾遺五卷，諸
史拾遺五卷，元史氏族表三卷，元史藝文志四
卷，宋遼金元四史朔閏攷二卷，通鑑注辯正二
卷，洪文惠公年譜一卷，洪文敏公年譜一卷，
陸放翁先生年譜一卷，深寧先生年譜一卷，弇
州山人年譜一卷，疑年錄四卷，潛研堂金石文
跋尾二十卷，十駕齋養新錄一卷、餘錄三卷，
風俗通逸文一卷，恆言錄六卷，潛研堂文集五
十卷詩集十卷詩續集十卷）

630000 – 1301 – 0000833　00259
[光緒]重修安徽通志三百五十卷補遺十卷

（清）沈葆楨修　（清）何紹基等纂　清光緒七年(1881)馮焞校補本　一百二十冊

630000－1301－0000834　00261
[光緒]湘潭縣志十二卷　（清）陳嘉榆等修　王闓運等纂　清光緒十五年(1889)刻本　十冊

630000－1301－0000835　00269
約章分類輯要三十八卷首一卷　蔡乃煌纂　清光緒二十六年(1900)湖南商務局刻本　三十冊

630000－1301－0000836　00270
約章分類輯要三十八卷首一卷　蔡乃煌纂　清光緒二十六年(1900)湖南商務局刻本　三十冊

630000－1301－0000837　00271
約章成案匯覽甲篇十卷乙篇四十二卷　（清）北洋洋務局纂輯　清光緒三十一年(1905)上海點石齋石印本　四十六冊

630000－1301－0000838　00272
朱子語類一百四十卷　（宋）朱熹撰　清刻本　三十三冊　存一百十五卷(十三至七十、七十八至九十四、九十八至一百二十四、一百二十八至一百四十)

630000－1301－0000839　00273
印度史攬要三卷　（英國）亨德衛良撰　（清）任廷旭譯　清光緒二十七年(1901)上海廣學會鉛印本　三冊

630000－1301－0000840　00275
秘傳花鏡六卷圖一卷　（清）陳淏子撰　清大德堂刻本　六冊

630000－1301－0000841　00276
西學軍政全書十二種三十八卷　（清）□□編　清光緒上海石印本　八冊

630000－1301－0000842　00277
守意龕詩集二十八卷　（清）百齡撰　南陔遺草附刻一卷　（清）扎拉芬撰　清道光二十六年(1846)讀書樂室刻本　八冊

630000－1301－0000843　00278
[光緒]太平縣志十四卷首一卷　（清）勞文慶（清）朱光綬修　（清）婁道南纂　清光緒八年(1882)刻本　十冊

630000－1301－0000844　00279
憑山閣增輯留青新集三十卷　（清）陳枚輯　清聯墨堂刻本　二十冊

630000－1301－0000845　00280
憑山閣增定留青全集二十四卷　（清）陳枚輯　清刻本　二十四冊

630000－1301－0000846　00281
憑山閣增輯留青新集三十卷　（清）陳枚輯　清積秀堂刻本　二十四冊

630000－1301－0000847　00282
憑山閣增輯留青新集三十卷　（清）陳枚輯　清積秀堂刻本　十八冊　存二十二卷(一至十四、二十三至三十)

630000－1301－0000848　00284
憑山閣增訂留青廣集三十卷　（清）陳枚輯　清雲林郁郁堂刻本　十四冊　存十二卷(一至二、四至八、十至十四)

630000－1301－0000849　00286
重編留青新集二十四卷　（清）陳枚輯　（清）伊秉綬重編　清光緒三十四年(1908)上海廣益書局錫活字印本　十一冊　存二十二卷(一至十、十三至二十四)

630000－1301－0000850　00287
重編留青新集二十四卷　（清）陳枚輯　（清）伊秉綬重編　清光緒十六年(1890)上海錫活字印本　八冊　存十三卷(一至四、十、十三、十五、十九至二十四)

630000－1301－0000851　00288
泰西各國名人言行錄十六卷　（清）張兆蓉編纂　清光緒明遼聖教會石印本　六冊

630000－1301－0000852　00289
留茹盒尺牘叢殘四卷　（清）嚴籀撰　清咸豐八年(1858)孫鑄刻本　二冊

630000－1301－0000853　00290
植物名實圖考三十八卷長編二十二卷　（清）
吳其濬撰　清道光二十八年（1848）陸應穀校
刻本　二十九冊　存二十九卷（十七至二十
六、二十八至三十二，長編三至十、十七至二
十二）

630000－1301－0000854　00291
康熙字典十二集三十六卷總目一卷檢字一卷
辨似一卷等韻一卷補遺一卷備考一卷　（清）
張玉書等撰　清道光七年（1827）刻本　四
十冊

630000－1301－0000855　00294
康熙字典十二集三十六卷總目一卷檢字一卷
辨似一卷等韻一卷補遺一卷備考一卷　（清）
張玉書等撰　清宣統元年（1909）章福記書局
石印本　六冊

630000－1301－0000856　00295
康熙字典十二集三十六卷總目一卷檢字一卷
辨似一卷等韻一卷補遺一卷備考一卷　（清）
張玉書等撰　清光緒十九年（1893）上海同文
書局石印本　六冊

630000－1301－0000857　00296
文選六十卷　（南朝梁）蕭統輯　（唐）李善注
　（清）何焯評　（清）葉樹藩參訂　清學庫山
房刻本　十六冊

630000－1301－0000858　00297
重訂文選集評十五卷首一卷末一卷　（清）于
光華輯　清同治十一年（1872）江蘇書局刻本
　十六冊

630000－1301－0000859　00298
文選六十卷　（南朝梁）蕭統輯　（唐）李善注
　（清）葉樹藩參訂　清光緒十八年（1892）京
都琉璃廠刻朱墨印本　十二冊

630000－1301－0000860　00299
文選六十卷　（南朝梁）蕭統輯　（唐）李善注
　（清）葉樹藩參訂　清光緒十八年（1892）京
都琉璃廠刻朱墨印本　十二冊

630000－1301－0000861　00300

文選六十卷　（南朝梁）蕭統輯　（唐）李善注
　清初江南省書林王氏三多齋刻汲古閣本
十二冊

630000－1301－0000862　00301
文選六十卷　（南朝梁）蕭統輯　（唐）李善注
　（清）葉樹藩參訂　清光緒元年（1875）四川
尊經書院刻本　十冊

630000－1301－0000863　00302
文選六十卷　（南朝梁）蕭統輯　（唐）李善注
　（清）葉樹藩參訂　清光緒元年（1875）四川
尊經書院刻本　八冊

630000－1301－0000864　00303
文選五卷首一卷　（南朝梁）蕭統輯　（唐）李
善注　**考異一卷**　（清）胡克家撰　清光緒十
四年（1888）上海同文書局石印本　六冊

630000－1301－0000865　00304
文選六十卷　（南朝梁）蕭統輯　（唐）李善注
　考異一卷　（清）胡克家撰　清光緒上海鴻
文書局石印本　六冊

630000－1301－0000866　00305
文選五卷首一卷　（南朝梁）蕭統輯　（唐）李
善注　**考異一卷**　（清）胡克家撰　清光緒二
十五年（1899）蛟川朱氏石印本　六冊

630000－1301－0000867　00306
文選六十卷　（南朝梁）蕭統輯　（唐）李善注
　考異一卷　（清）胡克家撰　清光緒十八年
（1892）上海古香閣石印本　六冊

630000－1301－0000868　00307
文選六十卷　（南朝梁）蕭統輯　（唐）李善注
　考異一卷　（清）胡克家撰　清光緒上海鴻
文書局石印本　六冊

630000－1301－0000869　00308
文選六十卷　（南朝梁）蕭統輯　（唐）李善注
　考異一卷　（清）胡克家撰　清宣統三年
（1911）上海會文堂石印本　十六冊

630000－1301－0000870　00309
文選六十卷　（南朝梁）蕭統輯　（唐）李善注

考異一卷　（清）胡克家撰　清宣統三年（1911）上海會文堂石印本　十六冊

630000－1301－0000871　00312

文選六十卷　（南朝梁）蕭統輯　（唐）李善注　考異一卷　（清）胡克家撰　清光緒上海鴻文書局石印本　十冊

630000－1301－0000872　00313

文選六十卷　（南朝梁）蕭統輯　（唐）李善註　（清）何焯評　（清）葉樹藩參訂　清學庫山房刻本　十六冊

630000－1301－0000873　00316

文選六十卷　（南朝梁）蕭統輯　（唐）李善注　考異十卷　（清）胡克家撰　清宣統三年（1911）上海會文堂石印本　十六冊

630000－1301－0000874　00318

文選六十卷　（南朝梁）蕭統輯　（唐）李善注　清乾隆三十三年（1768）雲林周氏光霽堂刻汲古閣本　十五冊　存五十六卷（一至五十六）

630000－1301－0000875　00320

重訂文選集評十五卷首一卷末一卷　（清）于光華輯　清嘉慶十二年（1807）懷德堂刻本　十三冊　存十四卷（一、五至十五，首一卷，末一卷）

630000－1301－0000876　00321

插花窗詩草六卷補遺一卷賦草二卷　（清）楊昌光撰　清道光二十三年（1843）致盛堂刻本　四冊

630000－1301－0000877　00322

天岳山館文鈔四十卷　（清）李元度撰　清光緒六年（1880）爽谿精舍刻本　二十冊

630000－1301－0000878　00323

柳子藏書九卷　（清）柳榮撰　清道光十三年（1833）雲怡堂刻本　四冊

630000－1301－0000879　00325

分類詩腋八卷　（清）李槙輯　清道光十三年（1833）大道堂刻本　四冊（合訂一冊）

630000－1301－0000880　00326

分類詩腋八卷　（清）李槙輯　清桂月樓刻本　四冊

630000－1301－0000881　00327

南華眞經旁注五卷　（戰國）莊周撰　（晉）郭象評　（晉）向秀注　清嘉慶十一年（1806）文盛堂刻本　六冊

630000－1301－0000882　00329

李太白全集十六卷　（唐）李白撰　（清）李調元　（清）鄧在珩編訂　清乾隆二十九年（1764）綿州青廉學社刻道光十八年（1838）彰明縣學署印本　六冊

630000－1301－0000883　00332

李太白文集三十六卷　（唐）李白撰　（清）王琦輯注　清光緒三十四年（1908）上海掃葉山房石印本　二十冊

630000－1301－0000884　00334

昌黎先生集四十卷外集十卷遺文一卷　（唐）韓愈撰　（宋）廖瑩中校正　集傳一卷　（□）□□撰　清同治八年（1869）江蘇書局刻明嘉靖徐氏東雅堂本　十冊

630000－1301－0000885　00335

昌黎先生集四十卷外集十卷遺文一卷　（唐）韓愈撰　（宋）廖瑩中校正　集傳一卷　（□）□□撰　清同治八年（1869）江蘇書局刻明嘉靖徐氏東雅堂本　十冊

630000－1301－0000886　00338

昌黎先生集四十卷外集十卷遺文一卷　（唐）韓愈撰　（宋）廖瑩中校正　集傳一卷　（□）□□撰　韓集點勘四卷　（清）陳景雲撰　清宣統三年（1911）上海鴻文書局石印本　十冊

630000－1301－0000887　00345

杜詩鏡銓二十卷年譜一卷附錄一卷　（清）楊倫編　附讀書堂杜工部文集註解二卷　（清）張溍評註　清同治十一年（1872）望三益齋刻本　十冊

630000－1301－0000888　00346

杜詩鏡銓二十卷年譜一卷附錄一卷　（清）楊

倫編　附讀書堂杜工部文集註解二卷　（清）張潧評註　清光緒十八年（1892）上海著易堂鉛印本　六冊

630000－1301－0000889　00350
杜工部集二十卷附錄一卷唱酬題詠附錄一卷諸家詩話一卷　（唐）杜甫撰　（清）錢謙益箋注　清宣統二年（1910）上海神州國光社鉛印康熙靜思堂本　八冊

630000－1301－0000890　00351
杜工部集二十卷附錄一卷唱酬題詠附錄一卷諸家詩話一卷　（唐）杜甫撰　（清）錢謙益箋注　清宣統二年（1910）上海神州國光社鉛印康熙靜思堂本　八冊

630000－1301－0000891　00357
有正味齋騈文十六卷　（清）吳錫麒撰　（清）葉聯芬箋注　清同治七年（1868）慈北葉氏刻本　八冊

630000－1301－0000892　00358
有正味齋詞集八卷　（清）吳錫麒撰　清宣統元年（1909）上海掃葉山房石印本　三冊

630000－1301－0000893　00359
有正味齋詩集十六卷外集五卷詞集八卷騈體文二十四卷　（清）吳錫麒撰　清刻本　十三冊　存四十三卷（詩集七至十六、外集五卷、詞集一至四、騈體文二十四卷）

630000－1301－0000894　00360
有正味齋詩集十六卷詩續集八卷騈體文續集八卷詞續集二卷外集二卷　（清）吳錫麒撰　清文德堂刻本　十冊

630000－1301－0000895　00373
陽明先生文集十六卷　（明）王守仁撰　（清）陶潯霍批注　清道光六年（1826）文德厚等刻本　十六冊　存十五卷（一至七、九至十六）

630000－1301－0000896　00374
陽明先生集要三編十六卷　（明）王守仁撰　（明）施邦曜編　清光緒五年（1879）貴州陽明祠刻本　十六冊

630000－1301－0000897　00378
春秋經傳集解三十卷　（晉）杜預撰　（唐）陸德明音義　春秋名號歸一圖二卷　（五代）馮繼先撰　春秋年表一卷　（□）□□撰　清刻乾隆武英殿仿宋相臺五經本　十八冊

630000－1301－0000898　00379
王陽明先生文鈔二十卷　（明）王守仁撰　（清）張問達輯　清康熙四十七年（1708）金陵映旭齋刻本　十五冊　存十九卷（一、三至二十）

630000－1301－0000899　00380
周官精義十二卷　（清）連斗山撰　清嘉慶十八年（1813）經餘堂刻本　六冊

630000－1301－0000900　00381
船山遺書五十六種二百九十一卷附一種二卷　（清）王夫之撰　清同治四年（1865）湘鄉曾國荃金陵刻本　一百冊

630000－1301－0000901　00382
古泉匯六十四卷　（清）李佐賢撰　清同治三年（1864）李氏石泉書屋刻本　十六冊

630000－1301－0000902　00389
柳河東詩集二卷　（唐）柳宗元撰　清康熙三十四年（1695）汪立名刻唐四家詩本　二冊

630000－1301－0000903　00394
淮壖小記四卷　（清）范以煦撰　清咸豐五年（1855）自刻本　二冊

630000－1301－0000904　00395
絕妙好詞箋七卷　（宋）周密輯　（清）查爲仁（清）厲鶚箋　續鈔二卷　（清）余集（清）徐楙輯　清宣統上海掃葉山房石印道光徐氏本　四冊

630000－1301－0000905　00398
白香詞譜箋四卷　（清）舒夢蘭輯　（清）謝朝徵箋　清宣統二年（1910）上海掃葉山房石印本　四冊

630000－1301－0000906　00405
王臨川全集二十四卷　（宋）王安石撰　清宣

統三年（1911）上海掃葉山房石印本　十二冊

630000－1301－0000907　00407
王臨川全集一百卷目錄二卷　（宋）王安石撰
　　清光緒九年（1883）聽香館刻本　二十四冊

630000－1301－0000908　00408
王船山先生經史論八種七十三卷　（清）王夫
之撰　清光緒二十七年（1901）簡青書局石印
本　六冊　存六種二十八卷（周易外傳七卷、
尚書引義六卷、詩廣傳五卷、春秋家說三卷、
春秋世論五卷、續春秋左氏傳博議二卷）

630000－1301－0000909　00413
漁洋山人古詩選三十二卷　（清）王士禛選
清同治五年（1866）金陵書局刻本　八冊

630000－1301－0000910　00414
十種唐詩選十七卷　（清）王士禛選　清光緒
上海詩畫會社石印本　四冊

630000－1301－0000911　00415
漁洋山人精華錄十卷　（清）王士禛撰　（清）
林佶編　清宣統二年（1910）上海嘉尚廬石印
本　六冊

630000－1301－0000912　00418
漁洋文集十四卷　（清）王士禛撰　清康熙程
哲七略書堂刻帶經堂全集本　三冊　存十卷
（一至四、九至十四）

630000－1301－0000913　00419
三科墨卷從風不分卷　（清）顧椿年輯　清嘉
慶四年（1799）致和堂刻本　一冊　存前半卷

630000－1301－0000914　00420
蘭山課業風騷補編唐詩一卷楚辭一卷古逸詩
一卷　（清）周樽輯評　（清）吳鎮參訂　清乾
隆五十七年（1792）蘭州刻本　二冊

630000－1301－0000915　00421
蘭山課業松厓詩錄二卷　（清）吳鎮撰　（清）
楊芳燦選　清乾隆五十七年（1792）蘭州刻本
二冊

630000－1301－0000916　00422
古文雅正十四卷　（清）蔡世遠輯　清嘉慶九

年（1804）陝甘學政康綸鈞刻本　四冊

630000－1301－0000917　00423
古文雅正十四卷　（清）蔡世遠輯　清嘉慶九
年（1804）陝甘學政康綸鈞刻本　四冊

630000－1301－0000918　00425
王笥山房要集四卷文附一卷　（清）顧廷綸撰
　　清光緒十二年（1886）顧家相刻本　一冊

630000－1301－0000919　00431
楚辭十七卷　（漢）王逸注　（宋）洪興祖補注
　　清光緒九年（1883）長沙書堂山館刻本
六冊

630000－1301－0000920　00432
楚辭十七卷　（漢）王逸注　（宋）洪興祖補注
　　清光緒九年（1883）長沙書堂山館刻本
四冊

630000－1301－0000921　00435
劍南詩鈔不分卷　（宋）陸游撰　（清）楊大鶴
選　清宣統二年（1910）上海掃葉山房石印本
六冊

630000－1301－0000922　00438
劍南詩鈔不分卷　（宋）陸游撰　（清）楊大鶴
選　清愛日堂刻本　八冊

630000－1301－0000923　00448
忠武侯諸葛孔明先生全集五種二十卷　（清）
張澍編　清同治元年（1862）聚珍齋木活字印
本　十二冊

630000－1301－0000924　00449
諸葛忠武侯全集二十卷首三卷　（清）胡昇猷
纂　清光緒十四年（1888）岐山縣署刻本　六
冊　存十一卷（一至二、十三至十八，首三卷）

630000－1301－0000925　00451
牧齋初學集一百十卷　（清）錢謙益撰　（清）
錢曾箋注　清宣統二年（1910）邃漢齋鉛印牧
齋全集本　二十四冊

630000－1301－0000926　00452
初學集二十卷　（清）錢謙益撰　（清）錢曾箋
注　牧齋先生年譜一卷　（清）葛萬里撰　清

宣統三年(1911)上海國學扶輪社石印本　十二冊

630000－1301－0000927　00453

初學集二十卷　(清)錢謙益撰　(清)錢曾箋注　**牧齋先生年譜一卷**　(清)葛萬里撰　清宣統三年(1911)上海國學扶輪社石印本　十二冊

630000－1301－0000928　00454

錢牧齋文鈔不分卷　(清)錢謙益撰　(清)黃人選　清宣統元年(1909)上海國學扶輪社鉛印本　四冊

630000－1301－0000929　00455

錢牧齋文鈔不分卷　(清)錢謙益撰　(清)黃人選　清宣統元年(1909)上海國學扶輪社鉛印本　四冊

630000－1301－0000930　00456

投筆集箋註二卷　(清)錢謙益撰　(清)錢曾箋註　清宣統二年(1910)鄧氏風雨樓鉛印本　一冊

630000－1301－0000931　00460

涵芬樓古今文鈔一百卷　吳曾祺輯　清宣統三年(1911)商務印書館鉛印本　一百冊

630000－1301－0000932　00465

古玉圖考不分卷　(清)吳大澂撰　清光緒十五年(1889)上海同文書局石印本　四冊

630000－1301－0000933　00486

文章正宗復刻三十卷續十二卷　(宋)眞德秀輯　清同治三年(1864)刻本　二十九冊

630000－1301－0000934　00487

古文淵鑑六十四卷　(清)徐乾學等編注　清宣統二年(1910)學部圖書局石印本　二十四冊

630000－1301－0000935　00490

石笥山房文集六卷補遺一卷詩集十二卷補遺二卷續補遺二卷　(清)胡天游撰　(清)高均儒校輯　清咸豐二年(1852)胡鳴泰刻本　十冊

630000－1301－0000936　00491

松桂堂全集三十七卷南泩集三卷延露詞三卷　(清)彭孫遹撰　清宣統三年(1911)上海掃葉山房石印本　十二冊

630000－1301－0000937　00492

松桂堂全集三十七卷南泩集三卷延露詞三卷　(清)彭孫遹撰　清宣統三年(1911)上海掃葉山房石印本　六冊　存三十三卷(二至三十四)

630000－1301－0000938　00494

山谷詩內集注二十卷外集注十七卷別集注二卷外集補四卷別集補一卷　(宋)黃庭堅撰　(宋)任淵等注　**重刻山谷先生年譜十四卷**　(宋)黃𥊍編　清乾隆五十三年(1788)樹經堂刻本　二十三冊　缺首冊目錄

630000－1301－0000939　00500

漁洋山人精華錄訓纂十卷總目二卷　(清)王士禎撰　(清)惠棟編　清同治十二年(1873)京都寶華堂刻惠氏紅豆齋本　十一冊

630000－1301－0000940　00501

方望溪先生文集十八卷集外文十卷補遺二卷　(清)方苞撰　(清)戴鈞衡重編　**方望溪先生年譜一卷附錄一卷**　(清)蘇惇元輯　清宣統二年(1910)上海集成圖書公司鉛印本　十冊

630000－1301－0000941　00504

疑雨集四卷　(明)王彥泓撰　**重刊疑雨集題詞一卷**　(清)王謝家等撰　清宣統元年(1909)江都吳仲鉛印本　五冊

630000－1301－0000942　00505

元遺山詩集箋注十四卷附錄一卷補載一卷　(金)元好問撰　(元)張德輝編　(清)施國祁箋　**元遺山年譜一卷**　(清)施國祁撰　清宣統三年(1911)上海掃葉山房石印本　八冊

630000－1301－0000943　00509

陶淵明集八卷首一卷末一卷　(晉)陶潛撰　清光緒五年(1879)廣州翰墨園刻朱墨印本　二冊

630000 – 1301 – 0000944　00510

陶淵明集八卷首一卷末一卷　（晉）陶潛撰
清光緒五年(1879)廣州翰墨園刻朱墨印本
二冊

630000 – 1301 – 0000945　00515

水經注四十卷　（漢）桑欽撰　（北魏）酈道元
注　王先謙校　**附錄二卷**　（清）趙一清錄
清光緒十八年(1892)長沙王氏思賢講舍刻本
十五冊　存三十四卷（一至五、十二至十
九、二十二至四十,附錄二卷）

630000 – 1301 – 0000946　00516

水經注四十卷首一卷　（北魏）酈道元撰　清
同治十三年(1874)江西書局仿刻武英殿本
八冊　存二十七卷（一至九、十七至三十、三
十八至四十,首一卷）

630000 – 1301 – 0000947　00518

[光緒]甘肅新通志一百卷首五卷　（清）昇允
等修　（清）安維峻等纂　清宣統刻本　七十
四冊

630000 – 1301 – 0000948　00520

[光緒]甘肅新通志一百卷首五卷　（清）昇允
等修　（清）安維峻等纂　清宣統刻本　七十
九冊

630000 – 1301 – 0000949　00528

史通通釋二十卷附錄一卷　（清）浦起龍釋
清光緒二十五年(1899)上海寶文書局石印本
八冊

630000 – 1301 – 0000950　00532

史通通釋二十卷附錄一卷　（清）浦起龍釋
清廣東翰墨園刻本　八冊

630000 – 1301 – 0000951　00533

史通通釋二十卷附錄一卷　（清）浦起龍釋
清乾隆十七年(1752)浦氏求放書齋刻本
八冊

630000 – 1301 – 0000952　00534

內則衍義十六卷　（清）世祖福臨撰　清刻本
八冊

630000 – 1301 – 0000953　00535

內則衍義十六卷　（清）世祖福臨撰　清刻本
八冊

630000 – 1301 – 0000954　00536

內則衍義十六卷　（清）世祖福臨撰　清刻本
八冊

630000 – 1301 – 0000955　00538

天下郡國利病書一百二十卷　（清）顧炎武撰
（清）龍萬育訂　清光緒上海慎記書莊石印
本　二十四冊

630000 – 1301 – 0000956　00539

天下郡國利病書一百二十卷　（清）顧炎武撰
（清）龍萬育訂　清光緒二十七年(1901)上
海圖書集成局鉛印本　二十八冊

630000 – 1301 – 0000957　00540

天下郡國利病書一百二十卷　（清）顧炎武撰
（清）龍萬育訂　清光緒二十七年(1901)上
海圖書集成局鉛印本　二十八冊

630000 – 1301 – 0000958　00543

歷代名臣言行錄二十四卷　（清）朱桓編輯
清光緒十八年(1892)務本書局刻本　三十一
冊　存二十三卷（一、三至二十四）

630000 – 1301 – 0000959　00544

[光緒]焦山續志八卷　（清）陳任暘撰　清光
緒三十年(1904)刻京口三山志本　二冊

630000 – 1301 – 0000960　00545

月令粹編二十四卷圖說一卷　（清）秦嘉謨編
清嘉慶十七年(1812)秦氏琳琅仙館刻本
八冊　存二十二卷（原刻一至二十一、圖說一
卷）

630000 – 1301 – 0000961　00550

文心雕龍十卷　（南朝梁）劉勰撰　（清）黃叔
琳注　（清）紀昀評　清光緒二十年(1894)麟
書閣刻朱墨印本　四冊

630000 – 1301 – 0000962　00554

文心雕龍十卷　（南朝梁）劉勰撰　（清）黃叔
琳注　（清）紀昀評　清光緒十九年(1893)湖

南思賢講舍刻本　四冊

630000－1301－0000963　00555
文心雕龍十卷　（南朝梁）劉勰撰　（清）黃叔琳注　（清）紀昀評　清京都聚奎堂刻本　四冊

630000－1301－0000964　00557
日涉編十二卷　（明）陳堦輯　清康熙二十七年（1688）紀元鞏昌府刻乾隆三十四年（1769）清畏堂補刻本　十二冊

630000－1301－0000965　00558
日涉編十二卷　（明）陳堦輯　清康熙二十七年（1688）紀元鞏昌府刻乾隆三十四年（1769）清畏堂補刻本　十二冊

630000－1301－0000966　00559
友松吟館詩鈔十五卷　（清）毓俊撰　清光緒二十五年（1899）歷下刻本　四冊

630000－1301－0000967　00560
重訂唐詩別裁集二十卷宋詩別裁集八卷元詩別裁集八卷補遺一卷明詩別裁集十二卷欽定國朝詩別裁集三十二卷　（清）沈德潛選　清元新堂等刻本　三十九冊

630000－1301－0000968　00564
太上感應篇圖說八卷　（清）黃正元輯　大清刑律圖說一卷　（清）莫炳琪輯　清光緒刻本　七冊　存八卷（二至八、大清刑律圖說一卷）

630000－1301－0000969　00565
太上十三經註解十四卷附老子真傳一卷（清）李西月輯註　清道光二十七年（1847）李道育等岳陽樓純陽宮刻本　五冊

630000－1301－0000970　00570
忠武誌十卷　（清）張鵬翮輯　（清）周畹蘭增　清嘉慶十九年（1814）麻城周氏刻本　六冊

630000－1301－0000971　00574
蘇文忠公詩集五十卷目錄二卷　（宋）蘇軾撰　（清）紀昀評點　清同治八年（1869）廣州韞玉山房刻朱墨印本　十二冊

630000－1301－0000972　00575
蘇文忠公詩合註五十卷首一卷目錄一卷（宋）蘇軾撰　（清）馮應榴輯訂　清踵息齋刻本　二十四冊

630000－1301－0000973　00576
蘇文忠公詩編註集成四十六卷附總案四十五卷諸家雜綴酌存一卷蘇海識餘四卷　（宋）蘇軾撰　（清）王文誥輯訂　清光緒十四年（1888）浙江書局刻本　二十四冊

630000－1301－0000974　00580
安吳四種三十六卷　（清）包世臣撰　清同治十一年（1872）包誠刻本　十六冊

630000－1301－0000975　00582
友竹山房詩草七卷補遺一卷　（清）蘇履吉撰　清道光刻本　三冊　存六卷（三至七、補遺一卷）

630000－1301－0000976　00589
佛說阿彌陀經疏鈔四卷　（明）釋袾宏述（明）程應衢校　明刻本　三冊　存三卷（一、三至四）

630000－1301－0000977　00590
古文眉詮七十九卷首一卷　（清）浦起龍論次　清靜寄東軒刻乾隆九年（1744）三吳書院刻本　三十冊

630000－1301－0000978　00591
詠雪堂纂定古文必讀直解八卷　（明）張居正選注　（明）張蕭　（明）鍾惺評正　清順治十四年（1657）刻本　一冊　存五卷（一至五）

630000－1301－0000979　00592
廣輿記二十四卷　（明）陸應陽輯　明萬曆刻清初版築居補修本　一冊　存三卷（一至三）

630000－1301－0000980　00593
儒門事親十五卷　（金）張從正撰　（明）吳勉學校　清朱文震刻醫統正脈全書本　三冊存九卷（七至十五）

630000－1301－0000981　00594
古文啗鳳新編八卷　（清）汪基輯　清學庫山

房刻本　八冊

630000－1301－0000982　00595

唐人選唐詩八種二十三卷　（明）毛晉輯　清康熙三十二年(1693)南海黃虞學稼草堂刻本　一冊　存四種八卷(河嶽英靈集三卷、中興閒氣集二卷、搜玉小集一卷、極玄集二卷)

630000－1301－0000983　00596

教乘法數十二卷　（明）釋圓瀞撰　明刻本　二冊　存六卷(四至九)

630000－1301－0000984　00597

甲子會紀五卷附邵康節先生觀化詩一卷　（明）薛應旂輯　明陳仁錫刻本　一冊　存一卷(二)

630000－1301－0000985　00598

大學衍義四十三卷　（宋）眞德秀撰　（明）陳仁錫評　明崇禎五年(1632)陳仁錫刻本　二冊　存七卷(八至十四)

630000－1301－0000986　00599

楞伽阿跋多羅寶經四卷　（南朝宋）釋求那跋陀羅譯　清雍正十三年(1735)刻本　一冊　存二卷(一至二)

630000－1301－0000987　00600

存素堂集續編奏疏四卷　（清）錢寶琛撰　清光緒六年(1880)錢溯耆刻本　四冊

630000－1301－0000988　00602

幾何原本十五卷　（希臘）歐几里得撰　（意大利）利瑪竇　（英國）偉烈亞力口譯　（明）徐光啟　（清）李善蘭筆受　清同治四年(1865)金陵刻本　八冊

630000－1301－0000989　00603

禮記十卷　（元）陳澔集說　清康熙刻五經本　十冊

630000－1301－0000990　00604

笠翁一家言全集十六卷　（清）李漁撰　清雍正八年(1730)芥子園刻本　七冊　存七卷(二至八)

630000－1301－0000991　00605

容齋詩集二十八卷補遺一卷古香詞一卷文鈔十卷　（清）茹綸常撰　清乾隆三十五年至嘉慶十三年(1770－1808)刻本　九冊　存三十八卷(詩集二十八卷、補遺一卷、古香詞一卷、文鈔一至八)

630000－1301－0000992　00606

聯經堂詳訂古文評註全集十卷　（清）過珙　（清）黃越評選　清道光十九年(1839)廣州刻本　九冊　存九卷(一至四、六至十)

630000－1301－0000993　00607

說說草一卷　（清）李協中撰　清光緒二年(1876)廣州以文堂刻本　一冊

630000－1301－0000994　00608

漢書評林一百卷　（明）凌稚隆輯　明刻本　二十冊　存五十五卷(一至二十四、四十七至七十七)

630000－1301－0000995　00610

韋蘇州詩集二卷　（唐）韋應物撰　清康熙三十四年(1695)汪立名刻唐四家詩本　四冊

630000－1301－0000996　00611

潛夫論十卷　（漢）王符撰　清乾隆十九年(1754)張鎮等鎮原刻本　四冊

630000－1301－0000997　00613

文貴堂古文十二卷　（清）吳乘權　（清）吳大職輯　清文發堂刻本　六冊

630000－1301－0000998　00614

剡源集一卷　（元）戴表元撰　**札記一卷**（清）郁松年撰　清道光二十年(1840)刻宜稼堂叢書本　十冊

630000－1301－0000999　00615

南園詩存二卷補遺一卷　（清）錢灃撰　清嘉慶八年(1803)小停雲館刻本　三冊

630000－1301－0001000　00616

古文析義六卷二編八卷　（清）林雲銘評註　清宏道堂刻本　十四冊

630000－1301－0001001　00617

諸子品節五十卷　（明）陳深輯　明萬曆刻本

六冊　存十五卷(一至六、十至十八)

630000－1301－0001002　00618

泊如齋重修宣和博古圖錄三十卷　（宋）王黼
等撰　明萬曆十六年(1588)泊如齋刻本　十
二冊　存十五卷(十六至三十)

630000－1301－0001003　00619

古文析義十四卷二編十六卷　（清）林雲銘評
註　清乾隆三十一年(1766)致和堂刻本　十
二冊　存十八卷(一至二、二編十六卷)

630000－1301－0001004　00620

四庫書目略二十卷首一卷附錄一卷　（清）費
莫文良輯　清同治九年(1870)刻本　十二冊

630000－1301－0001005　00621

古詩源十四卷　（清）沈德潛選　清宣統上海
商務印書館鉛印本　四冊

630000－1301－0001006　00622

欽定四庫全書簡明目錄二十卷　（清）紀昀等
纂　清同治七年(1868)廣東書局刻本　八冊

630000－1301－0001007　00623

**古文分編集評初集五卷二集五卷三集八卷四
集四卷**　（清）于光華編輯　清嘉慶六年
(1801)敦怡堂刻本　十九冊

630000－1301－0001008　00624

古文快筆貫通解三卷　（清）杭永年評解　清
道光二十二年(1842)文興堂刻本　三冊

630000－1301－0001009　00626

評選古詩源四卷　（清）沈德潛選　清光緒二
十年(1894)上海圖書集成局鉛印本　四冊

630000－1301－0001010　00627

古詩源十四卷　（清）沈德潛選　清宣統上海
商務印書館鉛印本　四冊

630000－1301－0001011　00628

古詩源十四卷　（清）沈德潛選　清宣統上海
商務印書館鉛印本　四冊

630000－1301－0001012　00630

古詩源十四卷　（清）沈德潛選　清光緒十七
年(1891)湖南經濟書局刻本　六冊

630000－1301－0001013　00631

古詩源十四卷　（清）沈德潛選　清光緒十七
年(1891)湖南經濟書局刻本　四冊

630000－1301－0001014　00639

庚訂箋釋批評古詩直解十二卷首一卷　（明）
葉羲昂選解　（明）鍾惺　（明）譚元春評
（清）詹廷對箋釋　清刻本　二冊

630000－1301－0001015　00640

六書音均表五卷　（清）段玉裁撰　清嘉慶十
三年(1808)經韻樓刻本　二冊

630000－1301－0001016　00641

帶經堂詩話三十卷首一卷　（清）王士禛撰
（清）張宗柟彙纂　清光緒上海掃葉山房石印
本　十冊

630000－1301－0001017　00642

帶經堂詩話三十卷首一卷　（清）王士禛撰
（清）張宗柟彙纂　清同治十二年(1873)廣州
藏脩堂刻本　十二冊

630000－1301－0001018　00643

六書分類十二卷首一卷　（清）傅世垚撰　清
乾隆五十四年(1789)傅應奎聽松閣刻本　七
冊　存七卷(一至六、首一卷)

630000－1301－0001019　00644

六書通十卷　（明）閔齊伋撰　（清）畢弘述篆
訂　清光緒二十一年(1895)上海鴻寶齋石印
本　五冊

630000－1301－0001020　00645

六書通十卷　（明）閔齊伋撰　（清）畢弘述篆
訂　清刻本　十冊

630000－1301－0001021　00646

漁洋山人古詩選三十二卷　（清）王士禛選
清同治五年(1866)金陵書局刻本　七冊　存
二十八卷(五言詩十七卷、七言詩一至十一)

630000－1301－0001022　00647

六書通十卷　（明）閔齊伋撰　（清）畢弘述篆
訂　清乾隆六十年(1795)刻本　四冊　存五
卷(一至五)

630000－1301－0001023　00648

讀杜心解六卷首二卷　（清）浦起龍撰　清刻
寧我齋本　十二冊

630000－1301－0001024　00649

浪跡叢談十一卷續談八卷　（清）梁章鉅撰
清道光二十七年至二十八年（1847－1848）亦
東園刻本　八冊

630000－1301－0001025　00650

駢體文鈔三十一卷　（清）李兆洛輯　清光緒
八年（1882）上海刻合河康氏本　十二冊

630000－1301－0001026　00651

駢體文鈔三十一卷　（清）李兆洛輯　清同治
六年（1867）婁江徐氏刻合河康氏本　六冊
存二十六卷（一至二十一、二十七至三十一）

630000－1301－0001027　00652

歷代名臣言行錄二十四卷　（清）朱桓編輯
清同治四年（1865）寶仁堂刻本　三十四冊

630000－1301－0001028　00653

日知錄集釋三十二卷　（清）顧炎武撰　（清）
黃汝成集釋　**日知錄刊誤二卷續刊誤二卷**
（清）黃汝成撰　清同治十一年（1872）湖北崇
文書局刻本　十六冊

630000－1301－0001029　00654

歷代名臣言行錄二十四卷　（清）朱桓編輯
清光緒二十六年（1900）湖南書局刻本　二十
四冊

630000－1301－0001030　00655

復初齋文集三十五卷　（清）翁方綱撰　清道
光十六年（1836）李彥章刻光緒四年（1878）校
補本　八冊

630000－1301－0001031　00656

通鑑類纂二十卷　（清）松椿纂　清光緒二十
三年（1897）濰縣實雅書局鉛印本　二十四冊

630000－1301－0001032　00660

漁洋山人精華錄訓纂十卷總目二卷　（清）王
士禎撰　（清）惠棟編　**自撰年譜二卷附錄一
卷**　（清）惠棟註補　**金氏精華錄箋註辯訛一**

卷　（清）惠棟撰　清光緒十七年（1891）南皮
張氏校刻本　十二冊

630000－1301－0001033　00662

龍文鞭影四卷　（明）蕭良有撰　（清）楊臣諍
增訂　清光緒十八年（1892）同州興文堂刻本
四冊

630000－1301－0001034　00663

焦山六上人詩十八卷　（清）陳任暘編　清道
光九年（1829）刻光緒三十二年（1906）續刻本
六冊

630000－1301－0001035　00664

青草堂集十二卷二集十六卷　（清）趙國華撰
清同治十一年至光緒八年（1872－1882）濟
南自刻本　十冊

630000－1301－0001036　00666

龍文鞭影二卷　（明）蕭良有撰　（清）楊臣諍
增訂　清同治十二年（1873）鐵筆齋刻本
四冊

630000－1301－0001037　00667

龍文鞭影四卷　（明）蕭良有撰　（清）楊臣諍
增訂　清光緒十三年（1887）江南埽葉山房校
本　二冊

630000－1301－0001038　00667

龍文鞭影二集二卷　（清）李暉吉　（清）徐瓚
輯　清光緒三年（1877）埽葉山房刻本　與普
查號1037合函

630000－1301－0001039　00668

尺木堂綱鑑易知錄二十卷　（清）吳乘權等輯
清光緒十三年（1887）上海點石齋石印本
十冊

630000－1301－0001040　00669

龍虎黌集十六卷虎黌遺集二卷　題（清）愛日
居主人輯　清同治八年（1869）愛日居刻本
十二冊

630000－1301－0001041　00675

龍岡山人詩鈔十八卷　（清）洪良品撰　清光
緒四年（1878）刻本　六冊

630000 – 1301 – 0001042　00676

龍岡山人古文鈔十卷　（清）洪良品撰　清光緒十七年(1891)刻本　二冊

630000 – 1301 – 0001043　00677

龍岡山人古文鈔十卷　（清）洪良品撰　清光緒十七年(1891)刻本　二冊

630000 – 1301 – 0001044　00681

漢魏六朝名家集初刻四十種一百七十九卷
丁福保編　清宣統三年(1911)無錫丁氏鉛印本　二十八冊　存三十九種一百六十七卷（枚叔集一卷、司馬長卿集二卷、司馬子長集一卷、揚子雲集四卷、班孟堅集三卷、王叔師集一卷、鄭康成集一卷、蔡中郎集十二卷、劉公幹集一卷、應德璉集一卷、阮元瑜集一卷、孔文舉集一卷、王仲宣集三卷、陳孔璋集一卷、徐偉長集一卷、魏武帝集四卷、魏文帝集六卷、阮嗣宗集四卷、嵇叔夜集七卷、左太沖集一卷、潘安仁集五卷、陸士衡集十卷、陸士龍集十卷、陶淵明集八卷首一卷末一卷、謝康樂集五卷、謝法曹集二卷、謝希逸集三卷、鮑明遠集三卷、顏延年集四卷、謝宣城集五卷、梁武帝集八卷、梁簡文帝集八卷、梁元帝集五卷、梁昭明太子集四卷、沈休文集九卷、江文通集八卷、任彥升集五卷、陳後主集二卷、隋煬帝集五卷）

630000 – 1301 – 0001045　00682

欽定四庫全書總目二百卷首一卷　（清）紀昀等撰　清同治七年(1868)廣東書局刻本　一百二十冊

630000 – 1301 – 0001046　00684

碧山舍詩集二十卷　（清）陳子簡撰　清道光二十七年(1847)陳氏蘭州刻本　六冊

630000 – 1301 – 0001047　00685

翰苑分書七種十四卷　（清）□□輯　清光緒六年至八年(1880 – 1882)本齋刻本　七冊

630000 – 1301 – 0001048　00686

碧城僊館詩鈔十卷附錄一卷岱游集一卷
(清)陳文述撰　清宣統三年(1911)上海國學扶輪社鉛印本　五冊

630000 – 1301 – 0001049　00687

疑年錄四卷　（清）錢大昕撰　（清）吳修校
續疑年錄四卷　（清）吳修撰　清嘉慶二十三年(1818)吳修刻本　二冊

630000 – 1301 – 0001050　00691

唐陸宣公集二十二卷　（唐）陸贄撰　清光緒二十四年(1898)上海著易堂石印本　四冊

630000 – 1301 – 0001051　00692

唐陸宣公集二十二卷　（唐）陸贄撰　**陸宣公年譜輯畧一卷**　（□）□□撰　清同治五年(1866)楊氏問竹軒家塾刻本　八冊

630000 – 1301 – 0001052　00693

唐陸宣公集二十四卷　（唐）陸贄撰　（清）耆英重訂　清道光二十七年(1847)刻本　八冊

630000 – 1301 – 0001053　00694

唐陸宣公集二十二卷　（唐）陸贄撰　**陸宣公年譜輯畧一卷**　（□）□□撰　清咸豐元年(1851)閬中縣署刻雍正本　八冊

630000 – 1301 – 0001054　00695

唐陸宣公奏議讀本四卷　（唐）陸贄撰　（清）汪銘謙編輯　（清）馬傳庚評點　清光緒二十六年(1900)會稽馬氏石印本　二冊

630000 – 1301 – 0001055　00696

唐陸宣公奏議讀本四卷　（唐）陸贄撰　（清）汪銘謙編輯　（清）馬傳庚評點　清光緒二十六年(1900)會稽馬氏石印本　二冊

630000 – 1301 – 0001056　00697

唐陸宣公奏議讀本四卷　（唐）陸贄撰　（清）汪銘謙編輯　（清）馬傳庚評點　清光緒二十六年(1900)會稽馬氏石印本　二冊

630000 – 1301 – 0001057　00698

唐陸宣公奏議讀本四卷　（唐）陸贄撰　（清）汪銘謙編輯　（清）馬傳庚評點　清光緒二十六年(1900)會稽馬氏石印本　二冊

630000 – 1301 – 0001058　00699

小謨觴館全集四種二十六卷　（清）彭兆蓀撰　（清）孫元培　（清）孫長熙注　清光緒中鎮

洋繆朝荃刻三十二年（1906）彙印本　十一冊
　存三種十三卷（文集四卷續集二卷、潘瀾筆
記二卷、附錄四卷補遺一卷）

630000－1301－0001059　00700

經義述聞三十二卷　（清）王引之撰　清道光
七年（1827）京師壽藤書屋刻本　十六冊

630000－1301－0001060　00702

船山詩草二十卷　（清）張問陶撰　清宣統二
年（1910）上海掃葉山房石印本　六冊

630000－1301－0001061　00705

惜抱軒全集十種八十八卷　（清）姚鼐撰　清
同治五年（1866）省心閣刻本　十三冊　存八
種七十卷（惜抱軒文集十六卷文後集十卷詩
集十卷詩後集一卷詩外集一卷、惜抱軒法帖
題跋三卷、左傳補注一卷、國語補注一卷、公
羊傳補注一卷、穀梁傳補注一卷、惜抱軒筆記
八卷、惜抱軒九經說十七卷）

630000－1301－0001062　00718

陳檢討集二十卷　（清）陳維崧撰　（清）程師
恭注　清康熙刻本　八冊

630000－1301－0001063　00719

陳檢討集二十卷　（清）陳維崧撰　（清）程師
恭注　清康熙刻本　六冊

630000－1301－0001064　00720

陳檢討集二十卷　（清）陳維崧撰　（清）程師
恭注　清同治十三年（1874）大文堂刻本
六冊

630000－1301－0001065　00722

陳臥子先生安雅堂稿十五卷　（明）陳子龍撰
　清宣統元年（1909）上海時中書局鉛印本
六冊

630000－1301－0001066　00725

史記一百三十卷附評點史記例意一卷　（漢）
司馬遷撰　（明）歸有光評點　**方望溪評點史
記四卷**　（清）方苞撰　清光緒二年（1876）武
昌張氏刻本　三十二冊

630000－1301－0001067　00727

淮南子二十一卷　（漢）劉安撰　（漢）高誘注
　清嘉慶九年（1804）姑蘇聚文堂刻乾隆莊氏
本　十二冊

630000－1301－0001068　00728

山谷詩鈔五卷　（宋）黃庭堅撰　（清）姚鼐選
　清光緒十一年（1885）皖省聚文堂刻本
四冊

630000－1301－0001069　00730

理學宗傳二十六卷　（清）孫奇逢輯　清光緒
六年（1880）浙江書局刻本　十二冊

630000－1301－0001070　00731

陳文恭公手札節要三卷　（清）陳弘謀撰　清
光緒三十二年（1906）刻本　一冊

630000－1301－0001071　00732

陳文恭公手札節要三卷　（清）陳弘謀撰　清
光緒三十二年（1906）刻本　一冊

630000－1301－0001072　00734

古事比五十二卷　（清）方中德輯　清光緒十
三年（1887）上海點石齋石印本　六冊

630000－1301－0001073　00736

章譚合鈔六卷　（清）國學扶輪社編　清宣統
二年（1910）上海國學扶輪社鉛印本　五冊

630000－1301－0001074　00738

附釋音毛詩注疏二十卷　（漢）毛萇傳　（漢）
鄭玄箋　（唐）陸德明音義　（唐）孔穎達疏
校勘記二十卷　（清）阮元撰　（清）盧宣旬摘
錄　清嘉慶二十年（1815）南昌府學刻重刊宋
本十三經注疏附校勘記本　十六冊

630000－1301－0001075　00739

**納書楹曲譜正集四卷續集四卷外集二卷補遺
四卷四夢全譜八卷**　（清）葉堂撰　清道光二
十八年（1848）納書楹刻本　二十冊

630000－1301－0001076　00740

四述奇十六卷　（清）張德彝撰　清光緒九年
（1883）著易堂鉛印本　八冊

630000－1301－0001077　00741

卅史疑年錄七卷　（清）劉文如撰　清宣統元

年(1909)刻本　四冊

630000－1301－0001078　00742

北洋公牘類纂二十五卷　（清）甘厚慈輯　清
光緒三十三年（1907）北京益森公司鉛印本
二十冊

630000－1301－0001079　00743

史緯三百三十卷　（清）陳允錫刪修　清光緒
二十九年（1903）文來書局石印本　六十冊

630000－1301－0001080　00744

唐陸宣公集二十二卷　（唐）陸贄撰　陸宣公
年譜輯畧一卷　（□）□□撰　清嘉慶二十三
年（1818）春暉堂刻本　六冊

630000－1301－0001081　00745

史論正鵠初集四卷二集四卷三集八卷四集八
卷　（清）王樹敏評點　清光緒二十七年至三
十年（1901－1904）上海久敬齋石印本　二十
四冊

630000－1301－0001082　00748

國朝書畫家筆錄四卷　（清）竇鎮輯　清宣統
三年（1911）蘇州文學山房木活字印本　八冊

630000－1301－0001083　00749

蔡中郎集十卷外紀一卷外集四卷末一卷
（漢）蔡邕撰　清光緒十六年（1890）番禺陶氏
愛廬校刻海源閣仿宋本　五冊

630000－1301－0001084　00750

楊龜山先生集四十二卷首一卷　（宋）楊時撰
　清光緒九年（1883）張國正延平郡署刻本
十冊

630000－1301－0001085　00751

欽定國朝詩別裁集三十二卷　（清）沈德潛纂
評　清乾隆刻本　十一冊　存二十九卷（一
至十七、二十一至三十二）

630000－1301－0001086　00752

欽定國朝詩別裁集三十二卷　（清）沈德潛纂
評　清乾隆刻本　十二冊

630000－1301－0001087　00753

龍岡山人古今體詩鈔二卷　（清）洪良品撰

清光緒四年（1878）刻本　一冊

630000－1301－0001088　00754

紫藤花室駢體文鈔四卷　（清）洪良品撰　清
光緒十八年（1892）刻本　一冊

630000－1301－0001089　00756

唐陸宣公集二十二卷　（唐）陸贄撰　陸宣公
年譜輯畧一卷　（□）□□撰　清光緒二十九
年（1903）揚州益智印書社鉛印本　六冊

630000－1301－0001090　00757

唐陸宣公集二十二卷　（唐）陸贄撰　陸宣公
年譜輯畧一卷　（□）□□撰　清咸豐元年
（1851）閬中縣署刻雍正本　四冊

630000－1301－0001091　00758

唐陸宣公集二十二卷　（唐）陸贄撰　陸宣公
年譜輯畧一卷　（□）□□撰　清咸豐元年
（1851）閬中縣署刻雍正本　七冊

630000－1301－0001092　00760

杜工部草堂詩箋二十二卷　（唐）杜甫撰
（宋）蔡夢弼會箋　年譜二卷　（宋）趙子櫟撰
　詩話二卷　（宋）蔡夢弼集錄　清光緒元年
（1875）方氏碧琳琅館廣東刻本　四冊

630000－1301－0001093　00761

說文通訓定聲十八卷分部檢韻一卷說雅一卷
古今韻準一卷首一卷附行述一卷　（清）朱駿
聲撰　清道光三十年（1850）朱氏刻同治九年
（1870）朱孔彰補刻本　三十二冊

630000－1301－0001094　00762

說文古籀補十四卷補遺一卷附錄一卷　（清）
吳大澂撰　清光緒七年（1881）刻本　二冊

630000－1301－0001095　00767

說文楬原二卷　（清）張行孚撰　清光緒十年
（1884）後知不足齋刻本　二冊

630000－1301－0001096　00768

說文通訓定聲十八卷分部檢韻一卷說雅一卷
古今韻準一卷首一卷附行述一卷　（清）朱駿
聲撰　清道光三十年（1850）朱氏刻同治九年
（1870）朱孔彰補刻本　三十二冊

630000 – 1301 – 0001097　00769

說文解字句讀三十卷句讀補正三十卷說文釋例二十卷釋例補正二十卷說文繫傳校錄三十卷文字蒙求四卷　（清）王筠撰　清同治四年（1865）王彥侗印本　三十一冊

630000 – 1301 – 0001098　00774

說文解字通釋四十卷　（南唐）徐鍇撰　清光緒九年（1883）江蘇書局刻本　八冊

630000 – 1301 – 0001099　00775

說文解字注三十卷六書音均表五卷　（清）段玉裁撰　**說文部目分韻一卷**　（清）陳煥撰　**說文通檢十四卷首一卷末一卷**　（清）黎永椿撰　**說文解字注匡謬八卷**　（清）徐承慶撰　清光緒三十四年（1908）上海江左書林石印本　八冊

630000 – 1301 – 0001100　00777

說文解字注三十卷六書音均表五卷　（清）段玉裁撰　**說文部目分韻一卷**　（清）陳煥撰　**說文通檢十四卷首一卷末一卷**　（清）黎永椿撰　**說文解字注匡謬八卷**　（清）徐承慶撰　清光緒三十四年（1908）上海江左書林石印本　八冊

630000 – 1301 – 0001101　00779

說文解字注三十卷　（清）段玉裁撰　清乾隆至嘉慶段氏經韻樓刻本　十二冊　存八卷（五下至十二下）

630000 – 1301 – 0001102　00780

說文解字注三十卷六書音均表五卷汲古閣說文訂一卷　（清）段玉裁撰　**說文部目分韻一卷**　（清）陳煥撰　清光緒元年（1875）湖北崇文書局刻本　十八冊

630000 – 1301 – 0001103　00781

說文解字注三十卷六書音均表五卷　（清）段玉裁撰　清乾隆至嘉慶段氏經韻樓刻本　十四冊　存三十一卷（一至二十四、二十七至二十八,表五卷）

630000 – 1301 – 0001104　00782

說文解字注三十卷六書音均表五卷汲古閣說

文訂一卷　（清）段玉裁撰　**說文部目分韻一卷**　（清）陳煥撰　清同治十一年（1872）湖北崇文書局刻本　十七冊　存三十六卷（說文解字注二至三十、六書音韻表五卷、汲古閣說文訂一卷、說文部目分韻一卷）

630000 – 1301 – 0001105　00784

國朝先正事略六十卷　（清）李元度撰　清同治五年（1866）循陔草堂刻本　二十四冊

630000 – 1301 – 0001106　00786

國朝先正事略六十卷　（清）李元度撰　清光緒二十二年（1896）上海文盛書局石印本　八冊（合訂二冊）

630000 – 1301 – 0001107　00789

國朝先正事略六十卷　（清）李元度撰　清光緒二十五年（1899）上海圖書集成印書局鉛印本　八冊

630000 – 1301 – 0001108　00791

中興名臣事略八卷　（清）朱孔彰撰　清光緒二十五年（1899）上海圖書集成印書局鉛印本　二冊

630000 – 1301 – 0001109　00792

東坡七集一百十卷　（宋）蘇軾撰　**東坡先生年譜一卷**　（宋）王宗稷撰　**東坡集校記二卷**　繆荃孫撰　清宣統元年（1909）端方寶華盦刻明成化本　四十四冊　存一百○一卷（東坡集一、五至十、十四至十九、二十六至四十,後集二十卷,内制集十卷,外制集三卷,應詔集十卷,奏議十五卷,續集十二卷;東坡先生年譜一卷;東坡集校記二卷）

630000 – 1301 – 0001110　00793

三長物齋叢書二十七種二百六十四卷　（清）黃本驥輯　清道光蔣瓊刻本　六十四冊

630000 – 1301 – 0001111　00794

正誼堂全書六十三種四百八十卷續刻五種四十六卷　（清）張伯行輯　（清）楊浚重輯　清同治五年（1866）福州正誼書院刻八年至光緒十三年（1869 – 1887）續刻本　二百冊

630000 – 1301 – 0001112　00796

潛夫論十卷　（漢）王符撰　清乾隆十九年(1754)張鎮等鎮原刻本　四冊

630000－1301－0001113　00797

清綺軒詞選十三卷　（清）夏秉衡輯　清光緒二十一年(1895)榮勳刻本　四冊

630000－1301－0001114　00802

梅村詩集箋注十八卷　（清）吳偉業撰　（清）吳翌鳳箋注　清光緒二十二年(1896)新化三味堂刻本　十冊

630000－1301－0001115　00803

華嶽志八卷首一卷　（清）李榕纂修　清道光十一年(1831)清白別墅刻光緒三十年(1904)仙姑觀補刻本　四冊

630000－1301－0001116　00804

華嶽志八卷首一卷　（清）李榕纂修　清道光十一年(1831)清白別墅刻本　四冊

630000－1301－0001117　00805

華嶽志八卷首一卷　（清）李榕纂修　清道光十一年(1831)清白別墅刻光緒九年(1883)玉泉院補刻本　四冊

630000－1301－0001118　00807

菜根譚一卷　（明）洪應明撰　清光緒三年(1877)皋蘭顏學謙刻本　一冊

630000－1301－0001119　00808

菜根譚一卷　（明）洪應明撰　清光緒三年(1877)皋蘭顏學謙刻本　一冊

630000－1301－0001120　00812

龍川文集三十卷首一卷　（宋）陳亮撰　辨偽考異二卷　（清）胡鳳丹撰　清宣統三年(1911)上海掃葉山房石印本　八冊

630000－1301－0001121　00815

西河合集一百二十種四百九十七卷　（清）毛奇齡撰　清康熙刻乾隆三十五年(1770)陸體元修補嘉慶元年(1796)陸氏凝瑞堂印本　一百冊

630000－1301－0001122　00827

淮南鴻烈解二十一卷　（漢）劉安撰　（漢）高誘注　清光緒六年(1880)三餘堂刻增訂漢魏叢書本　四冊

630000－1301－0001123　00828

荀子二十卷首一卷　（戰國）荀況撰　（唐）楊倞注　王先謙集解　清光緒十七年(1891)王氏刻本　六冊

630000－1301－0001124　00829

荀子二十卷　（戰國）荀況撰　（唐）楊倞注　（清）謝墉輯校　校勘補遺一卷　（清）謝墉輯校　清嘉慶九年(1804)姑蘇聚文堂刻乾隆五十一年(1786)嘉善謝氏本　八冊

630000－1301－0001125　00830

荀子二十卷首一卷　（戰國）荀況撰　（唐）楊倞注　王先謙集解　清光緒十七年(1891)王氏刻本　六冊

630000－1301－0001126　00835

[道光]蘭州府志十二卷首一卷　（清）陳士楨修　（清）涂鴻儀纂　清道光十三年(1833)蘭州府署刻本　八冊

630000－1301－0001127　00836

巢經巢詩鈔九卷　（清）鄭珍撰　清光緒二十三年(1897)遵義黎氏廣州刻本　二冊

630000－1301－0001128　00852

韓集點勘四卷　（清）陳景雲撰　清同治九年(1870)江蘇書局刻本　一冊

630000－1301－0001129　00854

太平廣記五百卷目錄十卷　（宋）李昉等輯　清嘉慶元年(1796)天都黃氏槐蔭草堂刻本　五十九冊　存四百六十二卷(一至三十一、四十至一百八十二、一百九十三至四百十五、四百二十四至四百五十六、四百七十九至五百,目錄十卷)

630000－1301－0001130　00855

太平廣記五百卷目錄十卷　（宋）李昉等輯　清道光二十六年(1846)三讓睦記刻本　四十冊　存三百十二卷(一至五十五、一百十七至一百七十七、三百十五至五百,目錄十卷)

630000 – 1301 – 0001131　　00862

唐詩選六卷　王闓運輯　清光緒二年(1876)
成都尊經書局刻本　　六冊

630000 – 1301 – 0001132　　00863

韓非子集解二十卷首一卷　(清)王先慎集解
清光緒二十二年(1896)長沙刻本　　六冊

630000 – 1301 – 0001133　　00866

韓非子二十卷　(戰國)韓非撰　(明)王世貞
評註　清嘉慶九年(1804)姑蘇聚文堂刻本
六冊

630000 – 1301 – 0001134　　00869

孫子十家註十三卷附敘錄一卷　(宋)吉天保
輯　清光緒十九年(1893)上海鴻文書局石印
本　　一冊

630000 – 1301 – 0001135　　00873

小腆紀年坿考二十卷　(清)徐鼒撰　清咸豐
十一年(1861)刻本　　十二冊

630000 – 1301 – 0001136　　00876

二曲集二十六卷　(清)李顒撰　清嘉慶十五
年(1810)楊春和等蘭山書院刻本　　八冊

630000 – 1301 – 0001137　　00877

二曲集二十六卷　(清)李顒撰　清嘉慶十五
年(1810)楊春和等蘭山書院刻本　　八冊

630000 – 1301 – 0001138　　00879

紀事本末五種五百〇八卷　(清)□□編　清
同治十二年(1873)江西書局刻本　　一百三十
六冊

630000 – 1301 – 0001139　　00881

**忠雅堂詩集二十七卷補遺二卷銅絃詞二卷文
集十二卷**　(清)蔣士銓撰　清嘉慶二十二年
(1817)蔣志伊廣州刻本　　十六冊

630000 – 1301 – 0001140　　00882

李義山集三卷　(唐)李商隱撰　清宣統二年
(1910)上海木石居石印明汲古閣仿宋本
四冊

630000 – 1301 – 0001141　　00885

四書經註集證十九卷　(清)吳昌宗輯　清嘉

慶三年(1798)汪廷機揚州刻本　　十六冊

630000 – 1301 – 0001142　　00886

李義山文集十卷　(唐)李商隱撰　(清)徐樹
穀箋　(清)徐炯註　清康熙四十七年(1708)
徐氏花谿草堂刻本　　一冊　存六卷(五至十)

630000 – 1301 – 0001143　　00887

天籟軒詞選六卷　(清)葉申薌選　清道光刻
本　　六冊

630000 – 1301 – 0001144　　00889

庾子山集十六卷總釋一卷　(北周)庾信撰
(清)倪璠注釋　**庾子山年譜一卷**　(清)倪璠
編　清光緒二十年(1894)儒雅堂刻本　　十
二冊

630000 – 1301 – 0001145　　00890

庾子山集十六卷總釋一卷　(北周)庾信撰
(清)倪璠注釋　**庾子山年譜一卷**　(清)倪璠
編　清道光十九年(1839)同文堂刻本　　十
二冊

630000 – 1301 – 0001146　　00891

庾子山集十六卷總釋一卷　(北周)庾信撰
(清)倪璠注釋　**庾子山年譜一卷**　(清)倪璠
編　清光緒二十年(1894)儒雅堂刻本　　十
二冊

630000 – 1301 – 0001147　　00898

樊山判牘續編四卷　(清)樊增祥撰　清宣統
三年(1911)上海大同書局石印本　　四冊

630000 – 1301 – 0001148　　00899

樊山批判十五卷公牘二卷　(清)樊增祥撰
清光緒二十年至二十三年(1894 – 1897)自刻
本　　九冊

630000 – 1301 – 0001149　　00900

**欽定大清會典一百卷首一卷事例一千二百二
十卷首一卷**　(清)崑岡等纂修　清光緒三十
四年(1908)上海商務館石印本　　一百六十冊

630000 – 1301 – 0001150　　00902

陶菴集二十二卷首一卷末一卷　(明)黃淳耀
撰　清光緒七年(1881)嘉定刻本　　八冊

630000 - 1301 - 0001151   00904

樊山集二十四卷　（清）樊增祥撰　清光緒二十年（1894）樊氏渭南縣署刻本　五冊　存十九卷（一至十二、十八至二十四）

630000 - 1301 - 0001152   00907

庾子山集十六卷總釋一卷　（北周）庾信撰　（清）倪璠注釋　庾子山年譜一卷　（清）倪璠編　清刻本　十二冊

630000 - 1301 - 0001153   00911

南華眞經解三卷　（清）宣穎撰　清郁文堂刻本　五冊　存二卷半（一至二、三上半）

630000 - 1301 - 0001154   00912

莊子集釋十卷　（清）郭慶藩輯　清光緒二十年（1894）思賢講舍刻本　十冊

630000 - 1301 - 0001155   00919

莊子因六卷　（清）林雲銘撰　清康熙五十五年（1716）挹奎樓刻本　六冊

630000 - 1301 - 0001156   00921

墨林今話十八卷　（清）蔣寶齡撰　續編一卷　（清）蔣茞生撰　清宣統三年（1911）上海掃葉山房石印本　六冊

630000 - 1301 - 0001157   00931

御選唐宋詩醇四十七卷目錄二卷　（清）高宗弘曆選　清光緒十八年（1892）學庫山房刻本　二十四冊

630000 - 1301 - 0001158   00932

御選唐宋文醇五十八卷　（清）高宗弘曆選　清光緒二十三年（1897）湖南經綸元記刻本　二十四冊

630000 - 1301 - 0001159   00933

戰國策選不分卷　（清）儲欣評選　清嘉慶十八年（1813）靜遠堂刻本　三冊　存三冊（一、三至四）

630000 - 1301 - 0001160   00934

戰國策十卷　（宋）鮑彪校注　（元）吳師道重校　清刻本　四冊

630000 - 1301 - 0001161   00935

戰國策十卷　（宋）鮑彪校注　（元）吳師道重校　清乾隆二十七年（1762）文盛堂刻本　八冊

630000 - 1301 - 0001162   00937

綱鑑正史約三十六卷　（明）顧錫疇輯　（清）陳弘謀增訂　甲子紀元一卷　（清）陳弘謀輯　清乾隆二年（1737）陳氏培遠堂刻本　二十冊

630000 - 1301 - 0001163   00938

清真指南十卷　（清）馬注撰　清光緒十一年（1885）成都寶眞堂刻本　十冊

630000 - 1301 - 0001164   00939

國朝六家詩鈔八卷　（清）劉執玉選　清光緒九年（1883）汗青簃刻本　八冊

630000 - 1301 - 0001165   00941

黎文肅公遺書八種六十九卷　（清）黎培敬撰　清光緒十七年（1891）湘潭黎氏刻本　二十冊

630000 - 1301 - 0001166   00942

黎文肅公遺書八種六十九卷　（清）黎培敬撰　清光緒十七年（1891）湘潭黎氏刻本　二十冊

630000 - 1301 - 0001167   00943

黎文肅公遺書八種六十九卷　（清）黎培敬撰　清光緒十七年（1891）湘潭黎氏刻本　十九冊　存八種六十六卷（首一卷，竹閒道人自述年譜一卷，黎文肅公奏議十六卷，黎文肅公公牘十卷，黎文肅公書札一至十五、十九至三十，黔軺紀程一卷，黎文肅公雜著二卷，求補拙齋文略二卷詩略二卷外集四卷）

630000 - 1301 - 0001168   00945

皇朝經世文編一百二十卷　（清）賀長齡輯　清光緒二十五年（1899）上海中西書局石印本　十二冊

630000 - 1301 - 0001169   00946

皇朝經世文編一百二十卷　（清）賀長齡輯　清光緒二十一年（1895）上海蜚英書局石印本　十二冊

630000 – 1301 – 0001170　00947

皇朝經世文編一百二十卷　（清）賀長齡輯
清刻本　五十八冊　存八十五卷（二至三、五
至八、十二至十八、二十一至二十四、二十七
至二十八、三十至三十三、三十六至五十七、
六十二至六十三、六十六至六十八、八十三至
九十六、九十八至一百十三、一百十六至一百
二十）

630000 – 1301 – 0001171　00948

皇朝經世文編一百二十卷　（清）賀長齡輯
清光緒十四年（1888）藝芸書局刻本　七十四
冊　存一百十一卷（二至十、十三至十七、十
九至三十六、三十九至七十一、七十四至九十
八、一百至一百二十）

630000 – 1301 – 0001172　00949

皇朝經世文編初續一百二十卷　（清）□□編
　清末刻本　三十四冊　存一百〇七卷（二
至二十五、二十八至五十、五十二至六十五、
七十四至七十五、七十七至一百二十）

630000 – 1301 – 0001173　00950

皇朝經世文續編一百二十卷　（清）葛士濬輯
　清光緒二十二年（1896）寶善書局石印本
十冊

630000 – 1301 – 0001174　00951

皇朝經世文續編一百二十卷　（清）葛士濬輯
　清光緒二十二年（1896）寶善書局石印本
十九冊　存一百十四卷（七至一百二十）

630000 – 1301 – 0001175　00952

皇朝經世文續編一百二十卷　（清）葛士濬輯
　清光緒十四年（1888）上海圖書集成局鉛印
本　三十一冊　存一百十六卷（一至十四、十
九至一百二十）

630000 – 1301 – 0001176　00953

皇朝經世文新增時務續編四十卷洋務八卷
題（清）三魚堂主人輯　清光緒二十三年
（1897）上海掃葉山房鉛印本　六冊

630000 – 1301 – 0001177　00954

皇朝經世文四編五十二卷　（清）何良棟輯

清光緒二十八年（1902）上海鴻寶書局石印本
　十二冊

630000 – 1301 – 0001178　00955

皇朝經世文新編二十二卷　（清）麥仲華輯
清光緒二十七年（1901）上海寶善書局石印本
　十六冊

630000 – 1301 – 0001179　00956

皇朝經世文新編三十二卷　（清）麥仲華輯
清光緒二十七年（1901）上海書局石印本　十
六冊

630000 – 1301 – 0001180　00957

皇朝經世文新編二十一卷　（清）麥仲華輯
清光緒二十四年（1898）上海大同譯書局石印
本　二十四冊

630000 – 1301 – 0001181　00958

皇朝經世文新編二十一卷　（清）麥仲華輯
清光緒二十四年（1898）上海大同譯書局石印
本　二十二冊　存二十卷（一至十三、十五至
二十上、二十一）

630000 – 1301 – 0001182　00960

皇清開國方略三十二卷首一卷　（清）阿桂等
撰　清光緒十三年（1887）廣百宋齋鉛印本
六冊

630000 – 1301 – 0001183　00966

東洲艸堂詩鈔三十卷詩餘一卷　（清）何紹基
撰　清同治六年（1867）長沙無園刻本　七冊
　存二十七卷（一至十二、十七至三十，詩餘
一卷）

630000 – 1301 – 0001184　00976

墨子十五卷目一卷篇目考一卷　（清）畢沅校
注　清光緒二年（1876）浙江書局刻畢氏靈巖
山館本　四冊

630000 – 1301 – 0001185　00978

東三省政略十二卷　徐世昌編　清宣統三年
（1911）鉛印本　三十五冊　缺第一、四、二十
至二十一、三十三冊

630000 – 1301 – 0001186　00981

徐孝穆全集六卷　（南朝陳）徐陵撰　（清）吳
兆宜箋注　**徐孝穆備考一卷**　（清）徐文炳補
輯　清善化經濟書堂刻吳氏本　六冊

630000－1301－0001187　00982
燕遊草一卷　（清）李灝漫撰　清嘉慶刻本
一冊

630000－1301－0001188　00984
爐餘詩彙一卷詩餘一卷　（清）徐清華撰　清
同治十三年(1874)楊氏甘肅刻本　一冊

630000－1301－0001189　00986
淵鑑齋御纂朱子全書六十六卷　（宋）朱熹撰
（清）李光地編校　清刻康熙殿本　三十
二冊

630000－1301－0001190　00987
淵鑑齋御纂朱子全書六十六卷　（宋）朱熹撰
（清）李光地編校　清刻康熙殿本　三十
二冊

630000－1301－0001191　00988
淵鑑齋御纂朱子全書六十六卷　（宋）朱熹撰
（清）李光地編校　清刻康熙殿本　三十
二冊

630000－1301－0001192　00989
淵鑑齋御纂朱子全書六十六卷　（宋）朱熹撰
（清）李光地編校　清刻康熙殿本　三十
二冊

630000－1301－0001193　00993
籀書詩詞集蟬蛻集四卷無盡鐙詞一卷　（清）
曹金籀撰　清同治十二年(1873)名山堂刻石
屋書本　二冊

630000－1301－0001194　00994
綴白裘新集合編十二集四十八卷　題（清）玩
花主人輯　（清）錢德蒼增輯　清乾隆五十二
年(1787)嘉興增利堂刻本　十二冊　存三集
十二卷(初集四卷、二集四卷、三集四卷)

630000－1301－0001195　00996
庸庵全集六種二十一卷　（清）薛福成撰　清光
緒二十三年(1897)上海醉六堂石印本　十二冊

630000－1301－0001196　00999
國朝名文約編不分卷　（清）陳詩輯　清乾隆
四十七年(1782)受祉堂刻本　五冊

630000－1301－0001197　01000
國朝名文約編不分卷　（清）陳詩輯　清嘉慶
四年(1799)敦化堂刻本　四冊

630000－1301－0001198　01001
彙刻書目二十卷　（清）朱記榮增訂　（清）福
瀛書局重編　清光緒十五年(1889)上海福瀛
書局刻本　十九冊　存十九卷(一至四、六至
二十)

630000－1301－0001199　01003
國朝文錄八十二卷　（清）姚椿輯　清光緒二
十六年(1900)上海掃葉山房石印本　八冊
存三十五卷(一至三十五)

630000－1301－0001200　01006
曝書亭集八十卷附錄一卷目錄一卷　（清）朱
彝尊撰　**笛漁小稾十卷**　（清）朱昆田撰　清
光緒十五年(1889)會稽陶闛刻本　十六冊

630000－1301－0001201　01007
嶺南雜事詩鈔八卷　（清）陳坤撰　清光緒三
年(1877)廣州藝苑樓刻本　六冊

630000－1301－0001202　01025
果齋一隙記四卷　劉爾炘撰　清宣統二年
(1910)隴右樂善書局刻本　二冊

630000－1301－0001203　01026
果齋一隙記四卷　劉爾炘撰　清宣統二年
(1910)隴右樂善書局刻本　二冊

630000－1301－0001204　01033
兩當軒集二十二卷附錄四卷　（清）黃景仁撰
攷異二卷　（清）黃志述撰　清宣統二年
(1910)上海掃葉山房石印本　六冊

630000－1301－0001205　01034
和州集一卷　（清）羅錫疇撰　**皇清誥授朝議
大夫安徽和州直隸州知州先考羅公紀年錄一
卷**　（清）羅春駬撰　清光緒羅氏刻本　一冊

630000－1301－0001206　01035

芙蓉山館詩鈔續刻一卷　（清）楊芳燦撰　清嘉慶三年（1798）松花菴刻本　一冊

630000－1301－0001207　01038

卓廬初草不分卷別草二卷　（清）陳墉撰　清道光刻本　三冊

630000－1301－0001208　01040

懷潞園叢刊十四種四十八卷　（清）李嘉績輯　清光緒李氏代耕堂西安刻本　四冊　存八種十六卷（羹秀堂詩鈔四卷、惜心書屋詩鈔一卷、懶雲山莊詩鈔一卷、桐屋遺槀一卷、蘭谷遺槀一卷附聽春館殘槀一卷、味蔗軒詩鈔一卷、雙桐書屋賸槀二卷、江上草堂前槀四卷）

630000－1301－0001209　01041

味蘭軒百篇賦鈔四卷　（清）張世燾　（清）彭克惠輯　清乾隆三十八年（1773）刻本　四冊

630000－1301－0001210　01043

門存倡和詩鈔十卷續刻三卷　（清）□□輯　清光緒刻本　二冊

630000－1301－0001211　01045

拙圃詩草二卷　（清）崔應階撰　清雍正刻本　一冊

630000－1301－0001212　01048

二銘艸堂金石聚十六卷　（清）張德容輯　清同治十一年（1872）衢州張氏二銘艸堂刻本　十六冊

630000－1301－0001213　01049

金石萃編一百六十卷目錄一卷　（清）王昶撰　清嘉慶十年（1805）王氏經訓堂刻同治十一年（1872）修補本　八十一冊

630000－1301－0001214　01051

金石續編二十一卷首一卷　（清）陸耀遹輯　清光緒十九年（1893）上海醉六堂石印本　六冊

630000－1301－0001215　01052

金石萃編補正四卷　（清）方履籛輯　清光緒二十年（1894）上海醉六堂石印本　四冊

630000－1301－0001216　01053

皇朝經世文編一百二十卷　（清）賀長齡輯　清光緒十三年（1887）上海廣百宋齋鉛印本　十八冊　存九十卷（一至二十九、三十五至五十六、六十八至七十三、八十八至一百二十）

630000－1301－0001217　01056

新鍥葛稚川內篇四卷外篇四卷　（晉）葛洪撰　（清）張大可　（清）盧舜治評校　清柏筠堂刻本　十六冊

630000－1301－0001218　01064

呻吟語六卷補遺一卷首一卷　（明）呂坤撰　清道光二年（1822）鄂山陝西刻二十七年（1847）曹曉霞補修光緒二十一年（1895）西安味經刊書處印本　六冊

630000－1301－0001219　01065

呂子節錄四卷補遺二卷　（明）呂坤撰　（清）陳弘謀評輯　清乾隆五十一年（1786）渭南蔣兆奎刻本　二冊

630000－1301－0001220　01067

兩漢策要十二卷　（宋）陶叔獻等輯　清光緒十三年（1887）上海同文書局石印本　八冊

630000－1301－0001221　01068

[乾隆]甘州府志十六卷首一卷　（清）鍾賡起纂修　清乾隆四十四年（1779）刻本　十冊

630000－1301－0001222　01069

[乾隆]甘州府志十六卷首一卷　（清）鍾賡起纂修　清乾隆四十四年（1779）刻本　十冊

630000－1301－0001223　01078

經史百家雜鈔二十六卷　（清）曾國藩纂　清光緒二十年（1894）金城刻本　二十六冊

630000－1301－0001224　01079

經史百家雜鈔二十六卷　（清）曾國藩纂　清光緒二十年（1894）金城刻本　二十六冊

630000－1301－0001225　01080

經史百家雜鈔二十六卷　（清）曾國藩纂　清光緒二年（1876）傳忠書局刻本　二十三冊

630000－1301－0001226　01087

經史百家雜鈔二十六卷　（清）曾國藩纂　清

光緒三十二年（1906）上海商務印書館鉛印本
　十一冊　存二十三卷（一至十九、二十三至
　二十六）

630000－1301－0001227　01088
金石圖說四卷　（清）褚峻摹　（清）牛運震集
說　（清）劉世珩編補　清光緒二十一年
（1895）貴池劉氏聚學軒刻本　四冊

630000－1301－0001228　01091
隸辨八卷　（清）顧藹吉撰　清同治十二年
（1873）江西漁古山房刻乾隆黃晟本　八冊

630000－1301－0001229　01092
隸辨八卷　（清）顧藹吉撰　清乾隆八年
（1743）天都黃晟刻康熙項氏玉淵堂本　八冊

630000－1301－0001230　01093
慎盦文鈔二卷詩鈔二卷　（清）左宗植撰　清
光緒元年（1875）湖北刻本　四冊

630000－1301－0001231　01094
慎盦文鈔二卷詩鈔二卷　（清）左宗植撰　清
光緒元年（1875）湖北刻本　四冊

630000－1301－0001232　01095
慎盦文鈔二卷詩鈔二卷　（清）左宗植撰　清
光緒元年（1875）湖北刻本　四冊

630000－1301－0001233　01096
慎盦文鈔二卷詩鈔二卷　（清）左宗植撰　清
光緒元年（1875）湖北刻本　四冊

630000－1301－0001234　01097
慎盦文鈔二卷詩鈔二卷　（清）左宗植撰　清
光緒元年（1875）湖北刻本　四冊

630000－1301－0001235　01111
史鑑節要便讀六卷　（清）鮑東里撰　清光緒
二十六年（1900）復邠學舍刻本　二冊

630000－1301－0001236　01112
史通削繁四卷　（清）紀昀撰　清光緒元年
（1875）湖北崇文書局刻本　四冊

630000－1301－0001237　01115
皇朝謚法考五卷　（清）鮑康輯　續編五卷
（清）王鵬運輯　**皇朝謚法編年備攷一卷**

（清）薛浚輯　清同治三年（1864）刻光緒續補
本　一冊

630000－1301－0001238　01116
皇朝謚法表十卷　（清）楊樹輯　清光緒二十
八年（1902）劉振鏞刻本　二冊

630000－1301－0001239　01119
近人詩錄一卷　（清）陳詩輯　清光緒二十九
年（1903）上海商務印書館鉛印本　一冊

630000－1301－0001240　01120
東國觀學記不分卷　（清）朱錦綬撰　清宣統
元年（1909）江蘇學務公所鉛印本　一冊

630000－1301－0001241　01121
虎鈐經二十卷　（宋）許洞撰　清刻本　六冊

630000－1301－0001242　01122
東塾讀書記二十五卷　（清）陳澧撰　清末刻
本　五冊　存二十四卷（一至十二、十五至十
六，十三至十四、十七至二十、二十二至二十
五未刻）

630000－1301－0001243　01123
東國觀學記不分卷　（清）朱錦綬撰　清宣統
元年（1909）江蘇學務公所鉛印本　一冊

630000－1301－0001244　01124
東國觀學記不分卷　（清）朱錦綬撰　清宣統
元年（1909）江蘇學務公所鉛印本　一冊

630000－1301－0001245　01125
東國觀學記不分卷　（清）朱錦綬撰　清宣統
元年（1909）江蘇學務公所鉛印本　一冊

630000－1301－0001246　01139
四裔編年表四卷　（美國）林樂知　（清）嚴良
勳譯　（清）李鳳苞編　清光緒二十三年
（1897）石印本　四冊

630000－1301－0001247　01140
呻吟語六卷補遺一卷首一卷　（明）呂坤撰
清咸豐十年（1860）稽古堂刻本　六冊

630000－1301－0001248　01143
入雲編四卷　（清）趙世鉞撰　清光緒二十三
年（1897）常熟趙氏承啟堂刻本　一冊

630000－1301－0001249　01144

邵子湘全集三十卷　（清）邵長蘅撰　清康熙刻本　八冊

630000－1301－0001250　01146

國語二十一卷　（三國吳）韋昭解　**校刊明道本韋氏解國語札記一卷**　（清）黃丕烈撰　**國語明道本攷異四卷**　（清）汪遠孫撰　清同治八年(1869)湖北崇文書局刻本　五冊

630000－1301－0001251　01153

繹史一百六十卷　（清）馬驌撰　清光緒三十年(1904)浙江書局刻本　四十九冊　存一百五十八卷(一至十八、二十一至一百六十)

630000－1301－0001252　01154

繹史一百六十卷　（清）馬驌撰　清光緒三十年(1904)浙江書局刻本　五十冊

630000－1301－0001253　01155

古文辭類纂七十四卷　（清）姚鼐輯　清光緒十八年(1892)湖南文章書局刻本　十二冊

630000－1301－0001254　01158

古文辭類纂七十四卷　（清）姚鼐輯　**續古文辭類纂三十四卷**　王先謙輯　清光緒三十三年(1907)上海商務印書館鉛印本　十二冊

630000－1301－0001255　01159

古文辭類纂七十四卷　（清）姚鼐輯　**續古文辭類纂三十四卷**　王先謙輯　清光緒三十三年(1907)上海商務印書館鉛印本　十二冊

630000－1301－0001256　01160

續古文辭類纂三十四卷　王先謙輯　清光緒八年(1882)長沙王氏刻本　八冊

630000－1301－0001257　01168

續古文辭類纂三十四卷　王先謙輯　清光緒八年(1882)長沙王氏刻本　八冊

630000－1301－0001258　01171

古文辭類纂三編二十八卷　（清）黎庶昌輯　清光緒二十六年(1900)山西書業昌石印本　八冊

630000－1301－0001259　01175

賦鈔箋略十五卷　（清）雷琳　（清）張杏濱箋　清嘉慶二十年(1815)刻乾隆本　八冊

630000－1301－0001260　01177

賦學指南十卷　（清）余丙照輯　清道光九年(1829)余氏醉經堂刻本　四冊

630000－1301－0001261　01178

番禺陳氏東塾叢書五種三十四卷　（清）陳澧撰　清咸豐至光緒廣州富文齋刻本　八冊

630000－1301－0001262　01179

孟塗前集十卷後集二十二卷文集十卷駢體文二卷　（清）劉開撰　清道光六年(1826)同里姚氏檗山草堂刻本　八冊

630000－1301－0001263　01180

分類賦學雞跖集三十卷附錄一卷　（清）張維城輯　清道光十七年(1837)蘇州葆生堂刻本　八冊(合訂二冊)

630000－1301－0001264　01181

賦學正鵠集釋十一卷　（清）李元度輯　清光緒十八年(1892)上海煥文局石印本　二冊(合訂一冊)

630000－1301－0001265　01182

賦學正鵠集釋十一卷　（清）李元度輯　清光緒十八年(1892)上海煥文局石印本　二冊

630000－1301－0001266　01183

述學內篇三卷外篇一卷補遺一卷別錄一卷附錄一卷　（清）汪中撰　**校勘記一卷**　（清）方濬頤撰　清同治八年(1869)揚州書局刻本　二冊

630000－1301－0001267　01184

賈履上榮哀錄一卷　（清）賈勛輯　清光緒刻本　一冊

630000－1301－0001268　01185

鳳飛樓傳奇二卷　（清）李文瀚撰　清道光二十七年(1847)李氏味塵軒刻本　二冊

630000－1301－0001269　01186

劍南詩鈔不分卷　（宋）陸游撰　（清）楊大鶴選　清敬業齋刻康熙楊氏本　八冊

630000－1301－0001270　01187

雲水集二卷 （清）劉元機撰　清光緒楚北余永慶刻本　二冊

630000－1301－0001271　01188

吳徵君蓮洋詩鈔不分卷 （清）吳雯撰　（清）蘇爾詁　（清）劉贊輯評　清乾隆三十二年(1767)劉贊刻晉兩徵君詩抄本　四冊

630000－1301－0001272　01191

滄溟先生集三十卷附錄一卷 （明）李攀龍撰　清道光二十七年(1847)李氏景福堂刻本　八冊

630000－1301－0001273　01200

左文襄公書牘節要二十六卷 （清）左宗棠撰　（清）楊道霖選　清光緒二十八年(1902)楊氏刻本　十二冊

630000－1301－0001274　01201

史記一百三十卷 （漢）司馬遷撰　（南朝宋）裴駰集解　清光緒四年(1878)金陵書局刻本　十六冊

630000－1301－0001275　01202

四聖懸樞五卷 （清）黃元御撰　清同治七年(1868)成都刻黃氏醫書八種本　一冊

630000－1301－0001276　01203

三通序三卷 （清）康綸鈞輯　清嘉慶九年(1804)康氏陝甘學署刻本　二冊

630000－1301－0001277　01204

三通序三卷 （清）康綸鈞輯　清嘉慶九年(1804)康氏陝甘學署刻本　二冊

630000－1301－0001278　01206

文獻通考詳節二十四卷 （清）嚴虞惇錄　清乾隆二十九年(1764)繩武堂刻本　十冊

630000－1301－0001279　01207

三通考輯要七十六卷 湯壽潛編輯　清光緒二十五年(1899)上海圖書集成局鉛印本　三十冊

630000－1301－0001280　01208

三通考輯要七十六卷 湯壽潛編輯　清光緒二十五年(1899)上海圖書集成局鉛印本　三十冊

630000－1301－0001281　01209

三通考纂要七十卷 （清）郎星等編輯　清光緒二十八年(1902)上海鴻文書局石印本　十六冊

630000－1301－0001282　01210

三通考纂要七十卷 （清）郎星等編輯　清光緒二十八年(1902)上海鴻文書局石印本　十六冊

630000－1301－0001283　01211

文獻通考三百四十八卷 （元）馬端臨撰　欽定通考考證三卷　（□）□□撰　清光緒二十八年(1902)上海鴻寶書局石印九通本　三十一冊　存三百四十卷(一至二百六十八、二百八十至三百四十八,考證三卷)

630000－1301－0001284　01212

欽定續文獻通考二百五十卷 （清）曹仁虎等撰　清光緒二十八年(1902)上海鴻寶書局石印九通本　二十四冊

630000－1301－0001285　01214

三通考輯要七十六卷 湯壽潛編輯　清末刻本　二十一冊　存五十五卷(文獻通考輯要十四至二十四,續文獻通考輯要五至九、十二至二十六,皇朝文獻通考輯要三至二十六)

630000－1301－0001286　01219

大清一統志四百二十四卷 （清）和珅等撰　清光緒二十八年(1902)上海寶善齋石印本　六十冊

630000－1301－0001287　01220

大清一統志四百二十四卷 （清）和珅等撰　清光緒二十七年(1901)上海寶善齋石印本　五十三冊　存三百七十九卷(一至二十三、四十三至一百九十六,二百一十九至二百三十二、二百三十七至四百二十四)

630000－1301－0001288　01221

大清中外壹統輿圖三十一卷首一卷 （清）胡林翼編　（清）官文　（清）嚴樹森續纂　清同

治二年（1863）湖北撫署刻本　十二冊

630000－1301－0001289　01223

欽定大清會典一百卷　（清）崑岡等纂　清光緒三十四年（1908）上海商務印書館石印本
十冊

630000－1301－0001290　01224

欽定大清會典一百卷　（清）允祹等撰　清光緒十九年（1893）上海圖書集成局鉛印本
八冊

630000－1301－0001291　01225

欽定大清會典一百卷　（清）允祹等撰　清光緒十九年（1893）上海圖書集成局鉛印本
八冊

630000－1301－0001292　01227

欽定大清會典事例一千二百二十卷首一卷
（清）崑岡等纂　清光緒三十四年（1908）上海商務印書館石印本　六十七冊　存六百十卷
（一至六、五百八十三至九百六十二、九百九十八至一千二百二十,首一卷）

630000－1301－0001293　01228

通典二百卷　（唐）杜佑撰　**欽定通典考證一卷**　（□）□□撰　清光緒二十八年（1902）上海鴻寶書局石印九通本　十二冊

630000－1301－0001294　01229

欽定續通典一百五十卷　（清）曹仁虎等撰　清光緒二十八年（1902）上海鴻寶書局石印九通本　八冊

630000－1301－0001295　01230

皇朝通典一百卷　（清）曹仁虎等撰　清光緒二十八年（1902）上海鴻寶書局石印九通本
八冊

630000－1301－0001296　01231

通志二百卷　（宋）鄭樵撰　**欽定通志考證三卷**　（□）□□撰　清光緒二十八年（1902）上海鴻寶書局石印九通本　三十八冊　存一百九十二卷（一至一百七十、一百八十二至二百,欽定通志考證三卷）

630000－1301－0001297　01232

欽定續通志六百四十卷　（清）曹仁虎等撰　清光緒二十八年（1902）上海鴻寶書局石印九通本　三十九冊　存六百十五卷（一至五百九十三、六百十九至六百四十）

630000－1301－0001298　01233

皇朝通志一百二十六卷　（清）曹仁虎等撰　清光緒二十八年（1902）上海鴻寶書局石印九通本　七冊　存一百〇九卷（十八至一百二十六）

630000－1301－0001299　01234

皇朝通志一百二十六卷　（清）曹仁虎等撰　清光緒二十七年（1901）上海圖書集成局鉛印九通本　十八冊　存一百十二卷（一至四十七、六十二至一百二十六）

630000－1301－0001300　01236

試帖玉芙蓉集四卷　題（清）同文書局主人輯　清光緒十年（1884）上海同文書局石印本
四冊

630000－1301－0001301　01237

楊園先生全集五十四卷　（清）張履祥撰　（清）姚璉輯　（清）萬斛泉編　**張楊園先生年譜一卷附錄一卷**　（清）蘇惇元重編　清同治十年（1871）江蘇書局刻本　八冊　存二十八卷（一至二十七、年譜一卷）

630000－1301－0001302　01238

增廣正續試帖玉芙蓉七卷韻目一卷類目一卷　題（清）願學廬主人輯　清光緒二十二年（1896）上海積山書局石印本　八冊

630000－1301－0001303　01239

東坡題跋二卷　（宋）蘇軾撰　（清）溫一貞錄　**山谷題跋三卷**　（宋）黃庭堅撰　（清）溫一貞錄　清光緒二十年（1894）上海石印本
五冊

630000－1301－0001304　01240

試帖玉芙蓉集四卷　題（清）同文書局主人輯　清光緒十年（1884）上海同文書局石印本
四冊

630000 – 1301 – 0001305　01244

散原精舍詩二卷 （清）陳三立撰　清宣統二
年(1910)上海商務印書館鉛印本　二冊

630000 – 1301 – 0001306　01245

粵東三子詩鈔十四卷 （清）黃玉階輯　清道
光二十二年(1842)廣州刻本　五冊

630000 – 1301 – 0001307　01248

會心集內集二卷外集二卷 （清）劉一明撰
清嘉慶六年(1801)榆中棲雲山刻道光元年
(1821)補刻本　五冊

630000 – 1301 – 0001308　01249

會心集內集二卷外集二卷 （清）劉一明撰
清嘉慶二十三年(1818)夏復恆常州刻本
二冊

630000 – 1301 – 0001309　01250

飲月軒詩鈔六卷文鈔二卷 （清）唐廷詔撰
清道光二十一年（1841）三水唐麒序刻本
五冊

630000 – 1301 – 0001310　01251

飲月軒詩鈔六卷文鈔二卷 （清）唐廷詔撰
清道光二十一年（1841）三水唐麒序刻本
五冊

630000 – 1301 – 0001311　01259

說文測議四卷二徐說文同異附攷一卷 （清）
董詔撰　清道光四年(1824)謝玉玕校刻本
四冊

630000 – 1301 – 0001312　01260

說文引經考證八卷 （清）陳瑑撰　清同治十
三年(1874)湖北崇文書局刻本　二冊

630000 – 1301 – 0001313　01261

春秋繁露十七卷 （漢）董仲舒撰　（明）孫鑛
評　漢廣川董子集一卷 （漢）董仲舒撰　下
馬陵詩文集二卷題跋附錄一卷 清康熙二十
八年(1689)董氏刻乾隆四十四年(1779)董國
輔守醇堂補刻本　六冊

630000 – 1301 – 0001314　01262

甌北詩話十卷續詩話二卷 （清）趙翼撰　清

宣統元年(1909)上海掃葉山房石印本　四冊

630000 – 1301 – 0001315　01265

賦學正鵠集釋四卷 （清）李元度輯　清光緒
二十三年(1897)上海文寶閣石印本　四冊

630000 – 1301 – 0001316　01266

銀漢槎傳奇二卷考據一卷 （清）李文瀚撰
清道光二十五年(1845)李氏風笛樓刻本
二冊

630000 – 1301 – 0001317　01268

二徐詩二卷 （清）徐惺　（清）徐嗣曾撰　清
刻本　一冊

630000 – 1301 – 0001318　01272

橋水文集四卷 （清）李宏志撰　清道光十七
年(1837)李彷梧寶豐縣署刻本　四冊

630000 – 1301 – 0001319　01273

思綺堂文集十卷 （清）章藻功撰　清三餘堂
刻本　十冊

630000 – 1301 – 0001320　01274

楊忠愍公集四卷 （明）楊繼盛撰　清光緒九
年(1883)魏光燾周漢甘肅藩署刻本　四冊
(合訂二冊)

630000 – 1301 – 0001321　01275

楊忠愍公集四卷 （明）楊繼盛撰　清光緒九
年(1883)魏光燾周漢甘肅藩署刻本　四冊

630000 – 1301 – 0001322　01276

楊忠愍公集四卷 （明）楊繼盛撰　清光緒九
年(1883)魏光燾周漢甘肅藩署刻本　四冊

630000 – 1301 – 0001323　01277

楊忠愍公集四卷 （明）楊繼盛撰　清光緒九
年(1883)魏光燾周漢甘肅藩署刻本　四冊

630000 – 1301 – 0001324　01278

楊忠愍公集四卷 （明）楊繼盛撰　清光緒九
年(1883)魏光燾周漢甘肅藩署刻本　四冊

630000 – 1301 – 0001325　01279

楊忠愍公集四卷 （明）楊繼盛撰　清光緒九
年(1883)魏光燾周漢甘肅藩署刻本　四冊

630000 – 1301 – 0001326　01283

國語二十一卷　（三國吳）韋昭解　校刊明道
本韋氏解國語札記一卷　（清）黃丕烈撰　戰
國策三十三卷　（漢）高誘注　重刻剡川姚氏
本戰國策札記三卷　（清）黃丕烈撰　清光緒
二十二年(1896)上海鴻寶齋石印本　八冊
（合訂二冊）

630000 – 1301 – 0001327　01288

國語二十一卷　（三國吳）韋昭解　（宋）宋庠
補音　清嘉慶二十年(1815)鱣飛刻本　四冊

630000 – 1301 – 0001328　01297

國朝駢體正宗十二卷　（清）曾燠輯　清光緒
十三年(1887)上海蜚英館石印本　二冊　存
四卷(一至二、七至八)

630000 – 1301 – 0001329　01298

國朝駢體正宗續編八卷　（清）張鳴珂輯　清
光緒十四年(1888)寒松閣刻本　四冊

630000 – 1301 – 0001330　01301

酌雅堂駢體文集十三卷　（清）徐壽基撰　清
光緒十一年(1885)桓臺官舍刻本　二冊

630000 – 1301 – 0001331　01302

晨風閣叢書二十三種四十七卷　沈宗畸輯
清宣統元年(1909)番禺沈氏刻本　十六冊

630000 – 1301 – 0001332　01314

雲菴文集四種四卷　（清）吳栻撰　清乾隆吳
氏洗心齋自刻本　四冊

630000 – 1301 – 0001333　01315

雲菴文集四種四卷　（清）吳栻撰　清乾隆吳
氏洗心齋自刻本　四冊

630000 – 1301 – 0001334　01316

雲菴文集四種四卷　（清）吳栻撰　清乾隆吳
氏洗心齋自刻本　四冊

630000 – 1301 – 0001335　01317

敦古堂集唐五律一卷七律一卷　（清）潘性敏
撰　（清）趙宜勉選　清嘉慶十二年(1807)臨
洮松花菴刻本　二冊

630000 – 1301 – 0001336　01318

庸菴內外編六種二十一卷　（清）薛福成撰
清光緒二十四年(1898)長沙鑄新齋刻本
九冊

630000 – 1301 – 0001337　01321

述聞齋詩草三卷　（清）宋家蒸撰　清光緒八
年(1882)宋氏刻本　二冊

630000 – 1301 – 0001338　01322

蕭亭詩選六卷　（清）張寶居撰　（清）王士禛
選　清刻王漁洋遺書本　一冊　存三卷(一
至三)

630000 – 1301 – 0001339　01326

鄦冰壑先生全書十三種十三卷　（清）鄦成撰
清光緒十一年(1885)東雍書院刻本　二冊

630000 – 1301 – 0001340　01327

缾水齋詩集十七卷詩別集二卷詩話一卷
（清）舒位撰　清光緒十二年(1886)宗山邊保
樞杭州刻十七年(1891)續刻本　六冊

630000 – 1301 – 0001341　01332

國朝文匯甲前集二十卷甲集六十卷乙集七十
卷丙集三十卷丁集二十卷　（清）王文濡等輯
清宣統元年(1909)上海國學扶輪社石印本
九十九冊　存一百九十六卷(甲前集二十
卷,甲集一至四十二、四十五至六十,乙集七
十卷,丙集三十卷,丁集一至十六、十九至二
十)

630000 – 1301 – 0001342　01333

國朝二十四家文鈔二十四卷　（清）徐斐然輯
評　清道光十年(1830)文光堂刻本　十冊

630000 – 1301 – 0001343　01337

救刦回生四卷　（□）□□撰　清光緒十六年
(1890)碾伯縣文昌閣刻本　四冊

630000 – 1301 – 0001344　01341

救刦回生四卷　（□）□□撰　清光緒十六年
(1890)碾伯縣文昌閣刻本　四冊

630000 – 1301 – 0001345　01342

小檀欒室彙刻閨秀詞一百種一百十二卷　徐
乃昌輯　清光緒二十一年至二十二年(1895

-1896）南陵徐氏刻本　十八冊

630000－1301－0001346　01343

救生船四卷新增卷末一卷　（□）□□撰　清
光緒二年（1876）北京養玉齋刻本　四冊

630000－1301－0001347　01345

救生船四卷　（□）□□撰　清光緒三十二年
（1906）上海宏大善書局石印本　四冊

630000－1301－0001348　01346

救生船四卷　（□）□□撰　清光緒三十二年
（1906）上海宏大善書局石印本　四冊

630000－1301－0001349　01353

南宋雜事詩七卷　（清）沈嘉轍等撰　清刻本
四冊

630000－1301－0001350　01354

保赤新編二卷　（清）任贊撰　清光緒十年
（1884）新會伍學乾刻本　二冊

630000－1301－0001351　01356

東坡詞不分卷　（宋）蘇軾撰　山谷詞不分卷
（宋）黃庭堅撰　清宣統元年（1909）上海二
友堂石印本　三冊

630000－1301－0001352　01358

詞學全書五種十七卷　（清）查培繼輯　清乾
隆十一年（1746）序世德堂刻本　十二冊

630000－1301－0001353　01359

皕宋樓藏書志一百二十卷　（清）陸心源撰
清光緒八年（1882）陸氏十萬卷樓刻本　三十
二冊

630000－1301－0001354　01361

搜地靈二卷　（□）□□撰　清宏道堂刻本
二冊

630000－1301－0001355　01363

三家詞鈔四卷　（清）袁枚輯　清乾隆至嘉慶
刻隨園三十種本　一冊

630000－1301－0001356　01366

硯林詩集四卷附錄一卷　（清）丁敬撰　北墅
金先生遺集一卷　（清）金淳撰　清嘉慶十二
年（1807）魏成憲杭州刻本　一冊

630000－1301－0001357　01369

［同治十三年甲戌科］會試硃卷　（清）馬中律
撰　清同治十三年（1874）刻本　一冊

630000－1301［0001358　01370

善卷堂四六［文集］十卷　（清）陸繁弨撰
（清）吳自高注　清同治十二年（1873）濟經堂
刻本　五冊

630000－1301－0001359　01371

南陵無雙譜一卷　（清）金史繪　清刻賞奇軒
四種合編本　二冊

630000－1301－0001360　01373

鶴儔詩鈔四卷附眉壽堂隨筆一卷　陳天錫撰
清光緒三十三年至宣統三年（1907－1911）
陳氏西安自刻本　二冊

630000－1301－0001361　01374

鶴山文鈔三十二卷周禮折衷四卷師友雅言一
卷（晁炳卷）　（宋）魏了翁撰　清同治十三年
（1874）望三益齋刻本　十二冊

630000－1301－0001362　01377

續二十家文稿不分卷　（清）李涵輯　清道光
十年（1830）文德堂刻本　四冊

630000－1301－0001363　01378

蘭泉雜詠一卷　（清）魏椿撰　（清）吳福鍾評
清光緒十年（1884）刻本　一冊

630000－1301－0001364　01380

靈芬館詩四集十二卷　（清）郭麐撰　清道光
三年（1823）馬洵刻本　二冊

630000－1301－0001365　01381

驥尾集四卷　（清）王璿撰　清嘉慶十三年
（1808）康大鵬飲月軒甘肅刻本　一冊

630000－1301－0001366　01382

聽雨山房應制賦鈔一卷　（清）秦維嶽撰　清
嘉慶蘭州刻本　一冊

630000－1301－0001367　01383

蘇鄰遺詩續集一卷　（清）李鴻裔撰　清光緒
十七年（1891）中江李氏石印本　一冊

630000－1301－0001368　01384

元豐九域志十卷 　(宋)王存撰　清乾隆五十三年(1788)馮氏校刻本　四冊

630000－1301－0001369　01385

聽雨山房應制賦鈔一卷 　(清)秦維嶽撰　清嘉慶蘭州刻本　一冊

630000－1301－0001370　01386

四書十九卷 　(宋)朱熹集注　清嘉慶十年(1805)揚州鮑氏樗園刻五經四書讀本本　六冊

630000－1301－0001371　01387

韻蘭集賦鈔不分卷 　(清)金鎮輯注　清嘉慶二十五年(1820)維新堂刻本　四冊

630000－1301－0001372　01388

雙榆草堂詩一卷 　(清)李協中撰　清光緒二年(1876)廣東以文堂刻本　一冊

630000－1301－0001373　01389

瀆訂聯詞二卷 　(清)孔廣安編輯　清道光二十一年(1841)刻本　二冊

630000－1301－0001374　01397

[咸豐八年戊午科]陝甘鄉試硃卷(晁炳卷) 　(清)晁炳撰　清咸豐八年(1858)刻本　一冊

630000－1301－0001375　01398

[咸豐十一年辛酉科]陝甘鄉試硃卷(宋芳椿卷) 　(清)宋芳椿撰　清咸豐十一年(1861)刻本　一冊

630000－1301－0001376　01399

[光緒元年乙亥恩科並帶補壬戌恩科]甘肅鄉試硃卷(劉永椿卷) 　(清)劉永椿撰　清光緒元年(1875)刻本　一冊

630000－1301－0001377　01403

香祖筆記十二卷 　(清)王士禎撰　清宣統二年(1910)上海掃葉山房石印本　四冊

630000－1301－0001378　01404

度嶺草一卷 　(清)許振禕撰　清光緒二十三年(1897)廣州節署刻本　一冊

630000－1301－0001379　01405

南皮張宮保政書奏議初編十二卷 　(清)張之洞撰　題(清)仰止廬主輯　清光緒二十七年(1901)上海圖書集成局鉛印本　六冊

630000－1301－0001380　01406

春在堂全書三十四種四百九十卷 　(清)俞樾撰　清末石印本　二十四冊　存二十七種三百十九卷(曲園雜纂五十卷、俞樓雜纂五十卷、賓萌集六卷外集四卷、春在堂雜文二卷續編五卷三編四卷四編八卷、春在堂詩編一至十五詞錄三卷、春在堂隨筆十卷、春在堂尺牘六卷、楹聯錄存上中下、四書文一卷、右台仙館筆記十六卷、茶香室叢鈔二十三卷續鈔二十五卷三鈔二十九卷、茶香室經說十六卷、經課續編一至七、金剛般若波羅蜜經注二卷、太上感應篇纘義二卷、游藝錄六卷、小蓬萊謠一卷、袖中書二卷、東瀛詩記二卷、新定牙牌數一卷、慧福樓幸草一卷、春在堂全書錄要一卷、春在堂全書校勘記一卷、曲園自述詩一卷、曲園墨戲一卷、瓊英小錄一卷、九九銷夏錄十四卷)

630000－1301－0001381　01413

補天石傳奇八種八卷 　(清)周樂清撰　清道光十年(1830)靜遠草堂刻本　四冊

630000－1301－0001382　01414

詒燁集五卷附侍香集一卷 　(清)許振禕輯　清光緒二十三年(1897)許氏廣州節署刻本　二冊

630000－1301－0001383　01415

七十家賦鈔六卷 　(清)張惠言輯　清光緒八年(1882)廣東經史閣刻道光合河康氏本　四冊

630000－1301－0001384　01440

弘明集十四卷 　(南朝梁)釋僧祐撰　清光緒二十二年(1896)金陵刻經處刻本　四冊

630000－1301－0001385　01442

六也曲譜初集十四種十四卷 　(清)張芬編　清光緒三十四年(1908)蘇州振新書社石印本　四冊

630000－1301－0001386　01443

六也曲譜初集十四種十四卷　（清）張芬編
清光緒三十四年（1908）蘇州振新書社石印本
　四冊

630000－1301－0001387　01444

呂祖年譜海山奇遇七卷　（清）李西月述　清
道光峨眉空青洞天刻本　三冊

630000－1301－0001388　01447

資治新書初集十四卷首一卷二集二十卷
（清）李漁輯　清敬業堂刻本　二十冊

630000－1301－0001389　01448

隨盦徐氏叢書初集十種五十二卷　徐乃昌輯
　清光緒南陵徐氏影宋刻本　八冊

630000－1301－0001390　01450

午陰清舍詩草十六卷　（清）何福堃撰　清光
緒三十一年（1905）蘭州官書局鉛印本　四冊

630000－1301－0001391　01452

元遺山先生集四十卷首一卷　（金）元好問撰
　清光緒七年（1881）沂州讀書山房刻道光張
氏陽泉山莊本　八冊　存三十卷（一至二十
九、首一卷）

630000－1301－0001392　01455

舊雨集十四種二十九卷　（清）何家琪編
（清）宮本昱增輯　清光緒六年（1880）泰州宮
氏刻本　四冊　存十三種二十八卷（天全詩
鈔一卷、味蓼軒詩鈔十卷、澤雅堂詩鈔一卷、
志遠堂詩鈔一卷、大風樓詩鈔一卷、春谷詩鈔
一卷、子羽詩鈔一卷、尺壼山人百一草一卷、
豔秋閣詩鈔三卷、閱音山館詩鈔一卷補遺一
卷、聽綠山房詩鈔一卷、栗仲遺詩一卷、東山
草堂詩鈔四卷）

630000－1301－0001393　01457

明大司馬盧公集十二卷首一卷　（明）盧象昇
撰　清光緒元年（1875）施惠宜興縣署刻本
十冊

630000－1301－0001394　01458

弇山堂別集一百卷　（明）王世貞撰　清光緒
廣雅書局刻本　二十冊

630000－1301－0001395　01459

頻羅庵遺集十六卷　（清）梁同書撰　清嘉慶
二十二年（1817）仁和陸貞一刻本　二十四冊

630000－1301－0001396　01460

二十五子彙函三百四十四卷　（清）鴻文書局
編　清光緒十九年（1893）上海鴻文書局石印
本　十五冊　存二十三子三百二十六卷（老
子道德經二卷附音義一卷、管子二十四卷、墨
子十六卷、列子八卷、尸子二卷存疑一卷、莊
子十卷、晏子春秋七卷附音義二卷校勘記二
卷、鶡冠子三卷、孫子十家注十三卷附敘錄一
卷遺說一卷、荀子二十卷附校勘補遺一卷、文
子纘義十二卷、商君書五卷附考一卷、呂氏春
秋二十六卷附考一卷、韓非子二十卷附識誤
三卷、尉繚子二卷、竹書紀年統箋十二卷前編
一卷雜述一卷、淮南子二十一卷、董子春秋繁
露十七卷附錄一卷、揚子法言十三卷附音義
一卷、賈子新書十卷、文中子中說十卷、黃帝
內經素問二十四卷素問遺篇一卷靈樞十二
卷、山海經十八卷）

630000－1301－0001397　01461

二十二子合刻三百三十九卷　（清）浙江書局
編　清光緒二十二年（1896）上海積山書局石
印本　十六冊

630000－1301－0001398　01462

十子全書一百二十九卷　（清）王子興輯　清
嘉慶九年（1804）姑蘇聚文堂刻本　二十四冊

630000－1301－0001399　01463

大元聖政國朝典章六十卷附新集不分卷
（□）□□編　清光緒三十四年（1908）修訂法
律館據杭州丁氏藏抄本刻本　二十冊

630000－1301－0001400　01464

十三經注疏三百三十四卷　（□）□□編　清
嘉慶三年（1798）金閶書業堂刻汲古閣本　一
百六十冊

630000－1301－0001401　01465

十三經注疏三百三十四卷　（□）□□編　清
嘉慶三年（1798）金閶書業堂刻汲古閣本　一
百三十七冊　存十一經二百九十二卷（周易

兼義三至八、尚書注疏二十卷、毛詩注疏一至十六卷之一、周禮注疏四十二卷、儀禮注疏十七卷、禮記注疏六十三卷、春秋左傳注疏六十卷、春秋公羊注疏二十八卷、春秋穀梁注疏二十卷、孝經注疏九卷、爾雅注疏十一卷）

630000－1301－0001402　01466

重刊宋本十三經注疏四百十六卷附校勘記四百十六卷附一種四卷　校勘記(清)阮元撰（清)盧宣旬摘錄　清嘉慶二十年(1815)南昌府學刻重刊宋本十三經注疏附校勘記道光六年(1826)校印本　一百三十三冊　存七百八十六卷附一種四卷(周易兼義九卷附音義一卷注疏校勘記九卷釋文校勘記一卷,附釋音尚書注疏二十卷附校勘記二十卷,附釋音毛詩注疏七十卷附校勘記七十卷,附釋音周禮注疏四十二卷附校勘記四十二卷,儀禮注疏五十卷附校勘記五十卷,附釋音禮記注疏六十三卷附校勘記六十三卷,附釋音春秋左傳注疏一至四十、附校勘記一至四十、監本附釋音春秋公羊注疏一至二十五、附校勘記一至二十五、監本附音春秋穀梁注疏二十卷附校勘記二十卷,論語注疏解經二十卷附校勘記二十卷,孝經注疏九卷附校勘記九卷,爾雅注疏十卷附校勘記十卷,孟子注疏解經十四卷附校勘記十四卷;附十三經注疏校勘記識語四卷）

630000－1301－0001403　01467

宋本十三經注疏四百十六卷附校勘記四百十六卷附一種四卷　校勘記(清)阮元撰　（清)盧宣旬摘錄　清光緒十三年(1887)上海脈望仙館石印本　四十冊

630000－1301－0001404　01468

宋本十三經注疏四百十六卷附校勘記四百十六卷附一種四卷　校勘記(清)阮元撰　（清)盧宣旬摘錄　清光緒十三年(1887)上海脈望仙館石印本　三十二冊

630000－1301－0001405　01469

宋本十三經注疏四百十六卷附校勘記四百十六卷附一種四卷　校勘记(清)阮元撰　（清)盧宣旬摘錄　清光緒十三年(1887)上海脈望仙館石印本　三十一冊　存八百十二卷附一種四卷(周易兼義九卷附音義一卷注疏校勘記九卷釋文校勘記一卷、附釋音尚書注疏二十卷附校勘記二十卷、附釋音毛詩注疏七十卷附校勘記七十卷、附釋音周禮注疏四十二卷附校勘記四十二卷、儀禮注疏五十卷附校勘記五十卷、附釋音禮記注疏六十三卷附校勘記六十三卷、附釋音春秋左傳注疏六十卷附校勘記六十卷、監本附釋音春秋公羊注疏二十八卷附校勘記二十八卷、監本附音春秋穀梁注疏二十卷附校勘記二十卷、論語注疏解經二十卷附校勘記二十卷、孝經注疏九卷附校勘記九卷、孟子注疏解經十四卷附校勘記十四卷、附十三經注疏校勘記識語四卷）

630000－1301－0001406　01470

水經注不分卷　(漢)桑欽撰　(北魏)酈道元注　(清)戴震校正　清乾隆孔氏微波榭刻本　十三冊　存十二冊(一至十一、十三)

630000－1301－0001407　01471

四書約旨十九卷　(清)任啟運撰　清光緒二十一年(1895)任錫汾浙江書局刻本　十冊

630000－1301－0001408　01472

禮記章句十卷　(清)任啟運編　清光緒二十一年(1895)任錫汾浙江書局刻本　十冊

630000－1301－0001409　01474

欽定詩經傳說彙纂二十一卷詩序二卷首二卷　(清)王鴻緒等撰　清雍正至乾隆刻武英殿本　二十四冊

630000－1301－0001410　01475

欽定詩經傳說彙纂二十一卷詩序二卷首二卷　(清)王鴻緒等撰　清雍正十一年(1733)陝甘官署刻殿本　二十四冊

630000－1301－0001411　01476

欽定詩經傳說彙纂二十一卷詩序二卷首二卷　(清)王鴻緒等撰　清刻雍正五年(1727)武英殿本　十八冊

630000－1301－0001412　01477

欽定詩經傳說彙纂二十一卷詩序二卷首二卷

（清）王鴻緒等撰　清光緒二十六年（1900）煥文書局石印本　三冊

630000－1301－0001413　01483
詩經八卷　（宋）朱熹集傳　清同治十年（1871）刻康熙五經本　四冊

630000－1301－0001414　01487
詩經八卷　（宋）朱熹集傳　清光緒十六年（1890）蘭州刻康熙五經本　四冊

630000－1301－0001415　01489
詩經八卷　（宋）朱熹集傳　清同治十三年（1874）蘭州府署刻五經本　四冊

630000－1301－0001416　01498
詩經八卷　（宋）朱熹集傳　清光緒三十四年（1908）學部圖書局石印本　四冊

630000－1301－0001417　01507
詩經八卷　（宋）朱熹集傳　清怒堂刻五經四書本　四冊

630000－1301－0001418　01508
綴白裘新集十二編四十八卷　題（清）玩花主人輯　（清）錢德蒼增輯　清道光十年（1830）嘉興吟樨山房刻本　十二冊　存三編十二卷（七編四卷、八編四卷、九編四卷）

630000－1301－0001419　01509
詩經古譜二卷　（清）學部圖書局編　清光緒三十四年（1908）學部圖書局石印本　一冊

630000－1301－0001420　01510
詩經古譜二卷　（清）學部圖書局編　清光緒三十四年（1908）學部圖書局石印本　一冊

630000－1301－0001421　01511
詩經古譜二卷　（清）學部圖書局編　清光緒三十四年（1908）學部圖書局石印本　一冊

630000－1301－0001422　01512
詩經古譜二卷　（清）學部圖書局編　清光緒三十四年（1908）學部圖書局石印本　一冊

630000－1301－0001423　01513
詩經古譜二卷　（清）學部圖書局編　清光緒三十四年（1908）學部圖書局石印本　一冊

630000－1301－0001424　01514
詩經古譜二卷　（清）學部圖書局編　清光緒三十四年（1908）學部圖書局石印本　一冊

630000－1301－0001425　01515
詩經古譜二卷　（清）學部圖書局編　清光緒三十四年（1908）學部圖書局石印本　一冊

630000－1301－0001426　01516
詩經古譜二卷　（清）學部圖書局編　清光緒三十四年（1908）學部圖書局石印本　一冊

630000－1301－0001427　01517
詩經古譜二卷　（清）學部圖書局編　清光緒三十四年（1908）學部圖書局石印本　一冊

630000－1301－0001428　01518
詩經古譜二卷　（清）學部圖書局編　清光緒三十四年（1908）學部圖書局石印本　一冊

630000－1301－0001429　01519
［光緒十六年庚寅恩科］會試硃卷（涼州任于正卷）　（清）□□編　清光緒刻本　一冊

630000－1301－0001430　01520
［光緒十八年壬辰科］欽定朝考卷一卷（寧鄉洪汝源卷）　（清）□□編　清光緒刻本　一冊

630000－1301－0001431　01521
［光緒十七年辛卯科］甘肅鄉試硃卷（固原直隸州黃璋卷）　（清）□□編　清光緒刻本　一冊

630000－1301－0001432　01522
［光緒十七年辛卯科］甘肅鄉試硃卷（靈州鍾考松卷）　（清）□□編　清光緒刻本　一冊

630000－1301－0001433　01523
［光緒十一年乙酉科］順天鄉試硃卷（錢塘陳忠偉卷）　（清）□□編　清光緒刻本　一冊

630000－1301－0001434　01524
［光緒十四年戊子科］湖南鄉試硃卷（寧鄉王世琪卷）　（清）□□編　清光緒刻本　一冊

630000－1301－0001435　01525
［光緒十九年癸巳恩科］湖南鄉試硃卷（湘鄉

王禮培卷） （清）□□編 清光緒刻本
一冊

630000－1301－0001436 01526

[光緒十一年乙酉科]湖北鄉試同懷硃卷（孝
感余聯澧、余聯潢卷） （清）□□編 清光緒
刻本 一冊

630000－1301－0001437 01527

嘯雨草堂集十卷 （清）盛徵璵撰 清道光六
年(1826)刻本 六冊

630000－1301－0001438 01528

河東先生全集錄六卷外集錄一卷 （唐）柳宗
元撰 （清）儲欣錄 清光緒八年(1882)江蘇
書局刻唐宋十大家全集錄本 五冊

630000－1301－0001439 01529

庾子山集十六卷總釋一卷 （北周）庾信撰
（清）倪璠注釋 庾子山年譜一卷 （清）倪璠
撰 清道光善成堂刻本 十一冊 存十七卷
(一、三至十六,總釋一卷,年譜一卷)

630000－1301－0001440 01535

詩經融註大全體要八卷 （清）高朝瓔撰
（清）沈世楷輯 清光緒十一年(1885)經畬齋
刻本 四冊

630000－1301－0001441 01536

董方立遺書九種十六卷 （清）董祐誠撰 清
道光九年(1829)張成孫京都文德齋刻本
三冊

630000－1301－0001442 01537

山海經十八卷 （晉）郭璞傳 （清）郝懿行箋
疏 圖讚一卷訂譌一卷敍錄一卷 （清）郝懿
行撰 清嘉慶十四年(1809)阮氏琅環仙館刻
本 四冊

630000－1301－0001443 01540

詩經體註大全合參八卷 （清）高朝纓撰
（清）沈世楷輯 清關中五車樓刻本 四冊

630000－1301－0001444 01541

四六法海十二卷 （明）王志堅輯 明天啟刻
本 五冊 存五卷(一至三、五至六)

630000－1301－0001445 01543

人生必讀書十二卷 （清）唐彪撰錄 清康熙
四美堂刻本 五冊 存十卷(一至十)

630000－1301－0001446 01544

新訂詩經備旨附攷八卷 （清）陳抒孝撰
（清）汪基增訂 清崇順堂刻本 四冊

630000－1301－0001447 01551

詩經精華十卷 （清）薛悟郴輯 清光緒十年
(1884)新都魏朝俊古香閣刻本 五冊

630000－1301－0001448 01552

宋學士全集三十二卷補遺八卷附錄二卷
（明）宋濂撰 清同治十三年(1874)胡氏退補
齋刻金華叢書本 二十七冊 存二十九卷
(一至十一、十三至二十三、二十六至三十二)

630000－1301－0001449 01553

五使瀛環畧一卷 題愛東氏撰 清光緒三十
一年(1905)鉛印本 一冊

630000－1301－0001450 01554

唐陸宣公翰苑集二十四卷 （唐）陸贄撰
（清）張佩芳注釋 清乾隆三十三年(1768)張
氏刻光緒平潭李氏師竹堂印本 八冊

630000－1301－0001451 01555

唐陸宣公翰苑集二十四卷 （唐）陸贄撰
（清）張佩芳注釋 清乾隆三十三年(1768)張
氏刻光緒平潭李氏師竹堂印本 八冊

630000－1301－0001452 01557

辟疆園宋文選三十卷 （清）顧宸輯 清順治
十八年(1661)顧氏辟疆園刻康熙二十八年
(1689)吳璉十琴堂修本 十九冊 存十九卷
(一至九、十二至二十一)

630000－1301－0001453 01558

子史精華一百六十卷 （清）吳士玉等輯 清
雍正五年(1727)武英殿刻本 四十八冊

630000－1301－0001454 01559

子史精華一百六十卷 （清）吳士玉等輯 清
刻雍正武英殿本 四十八冊

630000－1301－0001455 01560

子史精華一百六十卷 （清）吳士玉等輯 清刻雍正武英殿本 四十八冊

630000－1301－0001456 01561
子史精華一百六十卷 （清）吳士玉等輯 清刻雍正武英殿本 四十二冊

630000－1301－0001457 01563
經苑二十五種二百五十一卷 （清）錢儀吉輯 清道光至咸豐大梁書院刻同治七年(1868)王儒行等印本 八十冊

630000－1301－0001458 01564
資治通鑑綱目五十九卷首一卷 （宋）朱熹撰 （明）陳仁錫輯評 前編二十五卷 （明）南軒編 （明）陳仁錫輯評 續資治通鑑綱目二十七卷 （明）商輅等撰 （明）陳仁錫輯評 清康熙四十年(1701)王公行刻郁郁堂印本 一百二十冊

630000－1301－0001459 01565
資治通鑑綱目五十九卷首一卷 （宋）朱熹撰 （明）陳仁錫輯評 續編一卷 （元）陳樫撰 （明）陳仁錫輯評 前編二十五卷 （明）南軒編 （明）陳仁錫輯評 續資治通鑑綱目二十七卷 （明）商輅等撰 （明）陳仁錫輯評 清嘉慶九年(1804)姑蘇聚文堂刻本 一百四十二冊 存一百十三卷(資治通鑑綱目前編二十五卷;資治通鑑綱目一至九、十下至四十七上、四十八至五十九,首一卷;續編一卷;續資治通鑑綱目二十七卷)

630000－1301－0001460 01566
資治通鑑綱目五十九卷首一卷 （宋）朱熹撰 （明）陳仁錫輯評 續編一卷 （元）陳樫撰 （明）陳仁錫輯評 前編二十五卷 （明）南軒編 （明）陳仁錫輯評 續資治通鑑綱目二十七卷 （明）商輅等撰 （明）陳仁錫輯評 清崇道堂刻本 九十七冊

630000－1301－0001461 01567
資治通鑑綱目五十九卷首一卷 （宋）朱熹撰 （明）陳仁錫輯評 續編一卷 （元）陳樫撰 （明）陳仁錫輯評 前編二十五卷 （明）南軒編 （明）陳仁錫輯評 續資治通鑑綱目二

十七卷 （明）商輅等撰 （明）陳仁錫輯評 清嘉慶八年(1803)敬書堂刻本 一百三十二冊

630000－1301－0001462 01568
資治通鑑綱目五十九卷首一卷 （宋）朱熹撰 （明）陳仁錫輯評 續編一卷 （元）陳樫撰 （明）陳仁錫輯評 前編二十五卷 （明）南軒編 （明）陳仁錫輯評 續資治通鑑綱目二十七卷 （明）商輅等撰 （明）陳仁錫輯評 清春明堂刻本 一百三十九冊

630000－1301－0001463 01569
爾雅郭注義疏十九卷 （清）郝懿行撰 清光緒十年(1884)榮縣蜀南閣刻本 十冊

630000－1301－0001464 01570
柏梘山房文集十六卷文續集一卷詩集十卷詩續集二卷駢體文二卷 （清）梅曾亮撰 清光緒二十七年(1901)朱慶元刻本 四冊 存二十五卷(文集一至十三、詩集十卷、詩續集二卷)

630000－1301－0001465 01571
詩經正解三十三卷深柳堂詩經圖考一卷 (清)姜文燦 （清）吳荃輯 清康熙二十三年(1684)姜氏深柳堂刻本 十二冊(合訂九冊) 存十五卷(一至十四、圖考一卷)

630000－1301－0001466 01572
爾雅疏十卷 （晉）郭璞注 （宋）邢昺疏 校勘記十卷 （清）阮元撰 （清）盧宣旬摘錄 清嘉慶二十年(1815)南昌府學刻重刊宋本十三經注疏附校勘記本 四冊

630000－1301－0001467 01573
爾雅疏十卷 （晉）郭璞注 （宋）邢昺疏 校勘記十卷 （清）阮元撰 （清）盧宣旬摘錄 清光緒二十年(1894)陝甘味經刊書處刻本 八冊

630000－1301－0001468 01580
爾雅疏十卷 （晉）郭璞注 （宋）邢昺疏 校勘記十卷 （清）阮元撰 （清）盧宣旬摘錄 清嘉慶二十年(1815)南昌府學刻重刊宋本十

三經注疏附校勘記本　　六冊

630000－1301－0001469　01581

孝經注疏九卷　（唐）玄宗李隆基注　（宋）邢昺疏　**校勘記九卷**　（清）阮元撰　（清）盧宣旬摘錄　清嘉慶二十年(1815)南昌府學刻道光六年(1826)校正本　　二冊

630000－1301－0001470　01582

道古堂文集四十八卷詩集二十六卷集外詩一卷文一卷軼事一卷　（清）杭世駿撰　清乾隆五十五年(1790)刻光緒十四年(1888)錢塘汪氏振綺堂增補本　　十六冊

630000－1301－0001471　01583

書經六卷　（宋）蔡沈集傳　清同治十年(1871)刻五經四書本　　四冊

630000－1301－0001472　01590

張宣公全集三種六十一卷　（宋）張栻撰　清咸豐四年(1854)縣邑南軒祠刻本　　十二冊

630000－1301－0001473　01591

書經六卷　（宋）蔡沈集傳　清光緒十六年(1890)蘭州刻本　　四冊

630000－1301－0001474　01595

書經六卷　（宋）蔡沈集傳　清同治十年(1871)刻五經四書本　　四冊

630000－1301－0001475　01596

文貞公集十二卷首一卷　（清）張玉書撰　清光緒二十七年(1901)木活字印本　　十二冊

630000－1301－0001476　01598

孟塗前集十卷後集二十二卷文集十卷駢體文二卷　（清）劉開撰　清道光六年(1826)同里姚氏檗山草堂刻本　　八冊

630000－1301－0001477　01599

柳文四十三卷別集二卷外集二卷附錄一卷　（唐）柳宗元撰　（唐）劉禹錫編　清咸豐楊氏永州刻同治七年(1868)廷桂補刻本　　十冊

630000－1301－0001478　01600

朱文端公文集四卷補編四卷　（清）朱軾撰　**朱文端公年譜一卷**　（清）朱瀚撰　（清）朱齡

訂補　清同治十二年(1873)朱齡古懽齋刻本　八冊

630000－1301－0001479　01601

書經六卷　（宋）蔡沈集傳　清末漢南同盛堂刻本　　六冊

630000－1301－0001480　01602

書經六卷　（宋）蔡沈集傳　清文會堂刻本　四冊

630000－1301－0001481　01603

欽定書經傳說彙纂二十一卷首二卷書序一卷　（清）王頊齡等撰　清光緒二十六年(1900)煥文書局石印本　　二冊

630000－1301－0001482　01604

欽定書經傳說彙纂二十一卷首二卷書序一卷　（清）王頊齡等撰　清刻雍正八年(1730)武英殿本　　十四冊

630000－1301－0001483　01605

欽定書經傳說彙纂二十一卷首二卷書序一卷　（清）王頊齡等撰　清雍正乾隆間刻武英殿本　十五冊　存二十二卷(一至二、四至二十一,首二卷)

630000－1301－0001484　01612

新刻書經備旨善本輯要六卷　（清）馬大猷輯　清正益堂刻本　　四冊

630000－1301－0001485　01613

寄傲山房塾課纂輯書經備旨蔡註捷錄七卷　（清）鄒聖脈纂輯　清芸生堂刻本　　四冊

630000－1301－0001486　01620

書經體註大全合參六卷　（清）錢希祥輯　**書經六卷**　（宋）蔡沈集傳　清聚魁堂刻本四冊

630000－1301－0001487　01622

書經體註大全合參六卷　（清）錢希祥輯　**書經六卷**　（宋）蔡沈集傳　清大道堂刻本四冊

630000－1301－0001488　01625

尚書離句六卷　（清）錢在培輯解　清大道堂

刻本　四冊

630000－1301－0001489　01626

附釋音尚書注疏二十卷　（漢）孔安國傳
（唐）陸德明音義　（唐）孔穎達疏　**校勘記二十卷**　（清）阮元撰　（清）盧宣旬摘錄　清嘉慶二十年（1815）南昌府學刻重刊宋本十三經注疏附校勘記本　十冊

630000－1301－0001490　01627

附釋音尚書注疏二十卷　（漢）孔安國傳
（唐）陸德明音義　（唐）孔穎達疏　**校勘記二十卷**　（清）阮元撰　（清）盧宣旬摘錄　清嘉慶二十年（1815）南昌府學刻重刊宋本十三經注疏附校勘記本　十冊

630000－1301－0001491　01629

增補事類統編九十三卷首一卷　（清）黃葆真增輯　清光緒十四年（1888）上海積山書局石印本　十二冊

630000－1301－0001492　01632

增補事類統編九十三卷首一卷　（清）黃葆真增輯　清光緒四年（1878）學文堂刻本　四十冊

630000－1301－0001493　01636

重訂事類賦三十卷　（宋）吳淑撰　（明）華麟祥校　清光緒三年（1877）三義會刻本　五冊

630000－1301－0001494　01637

事類賦補遺十四卷　（清）張均編撰　清光緒三義會刻本　五冊

630000－1301－0001495　01642

事類賦三十卷　（宋）吳淑撰併注　（明）華麟祥擇校　清乾隆二十九年（1764）劍光閣刻本　四冊

630000－1301－0001496　01643

事類賦三十卷　（宋）吳淑撰併注　（明）華麟祥擇校　清乾隆二十九年（1764）劍光閣刻本　四冊

630000－1301－0001497　01644

事類賦三十卷　（宋）吳淑撰併注　（明）華麟

祥擇校　清乾隆二十九年（1764）劍光閣刻本　四冊

630000－1301－0001498　01645

籜廊璅記九卷　（清）王濟宏撰　清咸豐四年（1854）晉文齋刻本　四冊

630000－1301－0001499　01646

廣事類賦四十卷　（清）華希閔輯　清劍光閣刻本　八冊

630000－1301－0001500　01651

六朝文絜四卷　（清）許槤撰　清光緒三年（1877）馮焌光上海刻朱墨印本　四冊

630000－1301－0001501　01652

音學五書三十八卷　（清）顧炎武撰　清光緒十一年（1885）湘陰郭氏岵瞻堂刻本　十六冊

630000－1301－0001502　01653

佩文齋書畫譜一百卷　（清）孫岳頒等撰　清光緒九年（1883）上海同文書局石印本　十六冊

630000－1301－0001503　01655

八編類纂二百八十五卷六經圖六卷地類圖二卷　（明）陳仁錫輯　清光緒七年（1881）三畏堂刻本　一百二十冊

630000－1301－0001504　01656

御纂周易折中二十二卷首一卷　（清）李光地等撰　清康熙五十四年（1715）武英殿刻本　十六冊

630000－1301－0001505　01657

御纂周易折中二十二卷首一卷　（清）李光地等撰　清乾隆初川陝總督查郎阿、鄂彌達等刻康熙武英殿本　十二冊

630000－1301－0001506　01667

周易四卷　（宋）朱熹注　清光緒十六年（1890）蘭州刻本　二冊

630000－1301－0001507　01686

來瞿唐先生易註十五卷首一卷末一卷　（明）來知德撰　清志遠堂刻嘉慶四川梁山寧遠堂本　十冊

630000－1301－0001508　01690

岑構堂易解十二卷　（清）胡積善撰　清道光十二年(1832)胡會禮岑構堂刻本　八冊

630000－1301－0001509　01698

孔易註畧總論二卷傳七卷　（清）劉一明撰注　清嘉慶十六年(1811)湟中張志遠刻本　十冊

630000－1301－0001510　01699

漢魏二十一家易注三十四卷　（清）孫堂編　清嘉慶四年(1799)孫氏映雪草堂刻本　五冊

630000－1301－0001511　01705

周易函書約存十五卷首三卷　（清）胡煦撰　清乾隆三十八年(1773)胡氏葆璞堂刻本　八冊

630000－1301－0001512　01710

攻易錄四卷　（清）羅信北撰　清光緒十八年(1892)湘鄉羅氏刻本　一冊

630000－1301－0001513　01713

周易闡真四卷孔易二卷首一卷　（清）劉一明撰　清嘉慶榆中棲雲山刻本　六冊　存五卷（周易闡真四卷、首一卷）

630000－1301－0001514　01714

周易八卷首一卷末一卷　（宋）程頤傳　（宋）朱熹本義　（宋）呂祖謙音訓　清同治六年(1867)吳棠望三益齋刻本　六冊

630000－1301－0001515　01715

御纂周易述義十卷　（清）傅恆等撰　清刻乾隆武英殿本　六冊

630000－1301－0001516　01730

曾文正公全集十八種一百八十六卷　（清）曾國藩撰　清光緒十四年(1888)上海鴻文書局鉛印本　四十八冊

630000－1301－0001517　01731

曾文正公全集十八種一百八十六卷　（清）曾國藩撰　清光緒十四年(1888)上海鴻文書局鉛印本　四十八冊

630000－1301－0001518　01732

曾文正公全集十六種一百八十三卷　（清）曾國藩撰　清同治至光緒傳忠書局刻本　一百四十六冊

630000－1301－0001519　01736

曾文正公奏稿三十卷首一卷　（清）曾國藩撰　清光緒二年(1876)傳忠書局刻曾文正公全集本　三十九冊

630000－1301－0001520　01737

曾文正公手書日記不分卷（清道光二十一年至同治十一年）　（清）曾國藩撰　清宣統元年(1909)上海中國圖書公司石印本　三十八冊　存(道光二十一年至二十五年,咸豐八年六月初五至同治六年四月十四日、九月初一至八年五月二十三日、十月二十五日至十一年二月初三)

630000－1301－0001521　01751

御製文二集十四卷首一卷　（清）仁宗顒琰撰　清嘉慶二十年(1815)陝甘總督先福刻內府本　四冊

630000－1301－0001522　01752

御製詩初集四十四卷目錄四卷　（清）高宗弘曆撰　（清）蔣溥等輯　清乾隆刻內府本　十八冊　存三十六卷(一至三十二、目錄四卷)

630000－1301－0001523　01754

御製詩二集九十卷目錄十卷　（清）高宗弘曆撰　（清）蔣溥等輯　清乾隆刻內府本　三十五冊　存八十二卷(十四至九十、目錄六至十)

630000－1301－0001524　01758

東華錄三十二卷　（清）蔣良騏編　清京都琉璃廠文聚堂刻本　八冊　存八卷(一至八)

630000－1301－0001525　01759

東華錄四十五卷續錄七十五卷　王先謙編　清光緒石印本　二十冊　存十九卷續錄六十三卷(天命一卷、天聰崇德三卷、順治七卷、康熙一至二、雍正八至十三;續錄:乾隆一至四、十七至四十八,嘉慶十四卷,道光十三卷)

630000－1301－0001526　01760

同治東華續錄一百卷　王先謙編　清光緒二十四年(1898)上海文瀾書局石印本　十冊

630000－1301－0001527　01761

咸豐東華續錄六十九卷　（清）潘頤福編　清光緒二十五年(1899)上海書局石印本　十六冊

630000－1301－0001528　01762

曾文正公全集十六種一百五十五卷　（清）曾國藩撰　清光緒二十九年(1903)鴻寶書局石印本　四十冊

630000－1301－0001529　01763

皇清經解一百八十種一千四百〇八卷　（清）阮元編　清光緒十八年(1892)上海古香閣石印本　六十四冊

630000－1301－0001530　01764

皇清經解縮本編目十六卷　（清）凌忠照編　清光緒十八年(1892)上海古香閣石印本　四冊

630000－1301－0001531　01765

湯文正公全集四種三十九卷　（清）湯斌撰　清同治九年(1870)蘇廷魁等刻本　三十二冊

630000－1301－0001532　01770

陝甘試牘不分卷　（清）金國均選評　清道光二十五年(1845)金氏三原學署刻本　三冊　存前三冊四書文

630000－1301－0001533　01771

皇朝經世文四編五十二卷　（清）何良棟輯　清光緒二十八年(1902)上海鴻寶書局石印本　十二冊

630000－1301－0001534　01772

定盦文集三卷續集四卷續錄一卷古今體詩二卷己亥雜詩一卷別集五卷文集補編四卷　（清）龔自珍撰　清宣統二年(1910)上海掃葉山房石印本　六冊

630000－1301－0001535　01776

趙氏三集三卷　（清）趙宗建編　清咸豐五年(1855)常熟趙氏木活字印本　一冊

630000－1301－0001536　01777

皇朝蓄艾文編八十卷　（清）于寶軒輯　清光緒二十九年(1903)上海官書局鉛印本　四十冊

630000－1301－0001537　01778

懷齒雜俎十二種十七卷　徐乃昌輯　清光緒至宣統南陵徐氏刻本　六冊

630000－1301－0001538　01779

元文類七十卷目錄三卷　（元）蘇天爵輯　清光緒十五年(1889)江蘇書局刻本　十冊

630000－1301－0001539　01780

濂亭文集八卷　（清）張裕釗撰　清光緒八年(1882)查氏木漸齋蘇州刻本　二冊

630000－1301－0001540　01780

濂亭遺詩二卷遺文五卷　（清）張裕釗撰　清宣統二年(1910)武昌刻本　與普查號1539合冊

630000－1301－0001541　01781

歷代輿地沿革險要圖說不分卷　楊守敬　饒敦秩撰　王尚德重繪　清光緒二十四年(1898)上海石印本　一冊

630000－1301－0001542　01782

皇朝藩屬輿地叢書二十八種一百四十六卷　（清）浦□輯　清光緒二十九年(1903)浦氏靜寄東軒石印本　三十九冊　存二十八種一百二十二卷(西藏圖考八卷首一卷,西招圖略一卷,越史略三卷,吉林外記十卷,黑龍江外記八卷,塞北紀行一卷,西北域記一卷,寧古塔紀略一卷,西遊記金山以東釋一卷,帕米爾圖說一卷,帕米爾輯略一卷,澳大利亞洲志譯本一卷,蒙古游牧記十六卷,長春真人西遊記二卷,新疆要略四卷,漢西域圖考一至二、六七、首一卷,西域水道記一至三、五,新疆賦一卷,漢書西域傳補注二卷,東北邊防輯要二卷,東三省輿地圖說一卷附錄一卷,滇緬劃界圖說一卷,平定羅刹方略一卷,元朝征緬錄一卷,元朝秘史十五卷,元史譯文證補七至八、十三、十六至十七、十九至二十一、二十五、二十八,職方外紀五卷首一卷,元秘史山川地名考十二卷)

630000－1301－0001543　01784

皇朝輿地通考二十三卷　題（清）通文書局主人輯　清光緒二十九年（1903）上海通文書局石印本　四十冊

630000－1301－0001544　01789

養知書屋遺集三種五十五卷　（清）郭嵩燾撰　清光緒十八年（1892）湘陰郭氏刻本　二十八冊

630000－1301－0001545　01798

湘綺樓箋啟八卷　王闓運撰　清光緒三十三年（1907）墨莊劉氏長沙刻湘綺樓全集本　四冊

630000－1301－0001546　01800

湘綺樓詩八卷附夜雪集一卷　王闓運撰　清光緒二十六年（1900）東州講舍刻本　四冊

630000－1301－0001547　01802

小芋香館遺集十二卷　（清）李杭撰　清光緒二年（1876）刻本　四冊

630000－1301－0001548　01806

國朝湖州詩錄三十四卷續錄十六卷附編後感舊雜詩一卷補編二卷　（清）陳焯　（清）鄭佶續輯　（清）鄭祖琛補輯　清道光十年至十一年（1830－1831）小谷口刻本　十四冊

630000－1301－0001549　01807

子書二十八種三百四十六卷　（清）文瑞樓編　清光緒至宣統上海文瑞樓鉛印本　四十七冊　存二十八種三百三十六卷（老子道德經二卷附音義一卷、孔子集語十七卷、莊子十卷、晏子春秋七卷附音義二卷校勘記二卷、管子二十四卷、呂氏春秋二十六卷附考一卷、荀子二十卷附校勘補遺一卷、新書十卷、列子八卷、董子春秋繁露一至八、韓非子二十卷附識誤三卷、文子纘義十二卷、鬼谷子一卷、尉繚子二卷、淮南子二十一卷、補注黃帝內經素問二十四卷素問遺篇一卷黃帝內經靈樞十二卷、文中子中說十卷、竹書紀年統箋十二卷、揚子法言十三卷附音義一卷、尸子二卷存疑一卷、鶡冠子三卷、商君書五卷附考一卷、墨子十五卷、孫子十家註十三卷附遺說一卷、山

海經十八卷、關尹子一卷、吳子二卷、六韜三卷）

630000－1301－0001550　01810

雍正上諭一百五十九卷　（清）允祿等輯　清刻武英殿本　三十一冊　存（康熙六十一年至雍正十二年）

630000－1301－0001551　01813

後山詩十二卷　（宋）陳師道撰　（宋）任淵注　清刻武英殿本　六冊

630000－1301－0001552　01814

西堂全集十六種五十五卷附一種六卷　（清）尤侗撰　清道光長洲尤氏刻本　二十四冊

630000－1301－0001553　01815

樂府詩集一百卷目錄二卷　（宋）郭茂倩輯　清同治十三年（1874）南海張陰桓刻本　十六冊

630000－1301－0001554　01816

九靈山房集十九卷　（元）戴良撰　清同治九年（1870）胡鳳丹退補齋刻本　六冊

630000－1301－0001555　01817

鹿洲全集八種四十三卷　（清）藍鼎元撰　清雍正十年（1732）刻光緒五年（1879）藍謙修補本　二十四冊

630000－1301－0001556　01818

大學衍義四十三卷　（宋）眞德秀撰　明崇禎十一年（1638）楊鶚等浦城刻清乾隆補修本　十冊

630000－1301－0001557　01819

廣雅疏證十卷　（清）王念孫撰　（清）王引之續注　**博雅音十卷**　（隋）曹憲撰　（清）王念孫校　清光緒五年（1879）淮南書局刻本　八冊

630000－1301－0001558　01820

刪除律例二卷　（清）沈家本等編　清光緒三十一年（1905）法律館石印本　一冊

630000－1301－0001559　01821

邃懷堂文集四卷詩集前編六卷後編六卷小清

容山館詞鈔二卷駢文箋註十六卷補箋一卷哀忠集三卷 （清）袁翼撰　駢文　（清）朱舲箋注　清光緒十三年至十四年(1887－1888)袁鎮嵩等浙江刻本　十六册

630000－1301－0001560　01822
大清律例增修統纂集成四十卷督捕則例附纂二卷 （清）沈之奇輯注　（清）姚潤重輯　（清）任彭年補輯　（清）陶駿　（清）陶念霖增修　清光緒二十五年(1899)上海文淵山房鉛印本　二十四册

630000－1301－0001561　01823
大清現行刑律案語三十九卷核訂現行刑律六卷 （清）沈家本等編　清宣統元年(1909)法律館鉛印本　三十九册　存四十卷(刑律案語六至三十九、現行刑律六卷)

630000－1301－0001562　01824
大清律例四十七卷 （清）三泰等纂　清嘉慶刻乾隆本　十四册　存三十二卷(十一至三十六、四十至四十五)

630000－1301－0001563　01825
大清律例通纂四十卷末一卷附督捕則例附纂二卷 （清）沈之奇輯注　（清）胡肇楷等增輯　清嘉慶二十五年(1820)蘇州友益齋刻本　二十四册

630000－1301－0001564　01826
十朝聖訓九百二十二卷 （清）□□編　清光緒石印本　一百册

630000－1301－0001565　01828
學統五十六卷 （清）熊賜履撰　清康熙二十四年(1685)熊氏下學堂刻本　十五册　存四十六卷(一至九、二十至五十六)

630000－1301－0001566　01829
普通學歌訣一卷 （清）張一鵬撰　清光緒二十六年(1900)鉛印本　一册

630000－1301－0001567　01830
普通學歌訣一卷 （清）張一鵬撰　清光緒二十六年(1900)鉛印本　一册

630000－1301－0001568　01831
普通學歌訣一卷 （清）張一鵬撰　清光緒二十六年(1900)鉛印本　一册

630000－1301－0001569　01832
普通學歌訣一卷 （清）張一鵬撰　清光緒二十六年(1900)鉛印本　一册

630000－1301－0001570　01833
普通學歌訣一卷 （清）張一鵬撰　清光緒二十六年(1900)鉛印本　一册

630000－1301－0001571　01834
普通學歌訣一卷 （清）張一鵬撰　清光緒二十六年(1900)味經官書局鉛印本　一册

630000－1301－0001572　01835
普通學歌訣一卷 （清）張一鵬撰　清光緒二十六年(1900)味經官書局鉛印本　一册

630000－1301－0001573　01836
普通學歌訣一卷 （清）張一鵬撰　清光緒二十六年(1900)味經官書局鉛印本　一册

630000－1301－0001574　01838
普通學歌訣一卷 （清）張一鵬撰　清光緒二十六年(1900)味經官書局鉛印本　一册

630000－1301－0001575　01844
普通學歌訣一卷 （清）張一鵬撰　清光緒二十六年(1900)味經官書局鉛印本　一册

630000－1301－0001576　01861
周官說約六卷 （清）劉方璿撰　清嘉慶十七年(1812)安國堂刻本　六册

630000－1301－0001577　01862
韓非子集解二十卷首一卷 （清）王先慎集解　清光緒二十二年(1896)長沙刻本　六册

630000－1301－0001578　01863
莊子集釋十卷 （清）郭慶藩輯　清光緒二十年(1894)思賢講舍刻本　八册

630000－1301－0001579　01864
欽定周官義疏四十八卷首一卷 （清）鄂爾泰等撰　清乾隆陝西刻武英殿本　三十六册

630000－1301－0001580　01865

漢學商兌三卷　（清）方東樹撰　清光緒八年（1882）四明花雨樓刻本　四冊

630000－1301－0001581　01866

欽定周官義疏四十八卷首一卷　（清）鄂爾泰等撰　清乾隆刻武英殿本　四十九冊

630000－1301－0001582　01868

唐陸宣公奏議讀本四卷　（唐）陸贄撰　（清）汪銘謙編輯　（清）馬傳庚評點　清光緒二十六年（1900）會稽馬氏石印本　二冊

630000－1301－0001583　01873

羣書拾補初編三十九卷　（清）盧文弨撰　清乾隆盧氏刻抱經堂叢書本　六冊

630000－1301－0001584　01874

經籍籑詁一百〇六卷補遺一百〇六卷首一卷　（清）阮元撰集　清嘉慶十七年（1812）阮氏琅嬛僊館刻本　五十六冊

630000－1301－0001585　01877

戡定新疆記八卷　（清）魏光燾撰　清光緒二十五年（1899）鉛印本　二冊

630000－1301－0001586　01878

欽定新疆識略十二卷首一卷　（清）徐松原撰　（清）松筠纂　清道光元年（1821）武英殿刻本　十冊

630000－1301－0001587　01879

[宣統]新疆圖志一百十六卷首一卷　袁大化修　王樹枏　王學曾纂　清宣統三年（1911）木活字印本　八十五冊　存八十五卷（一至二十一、二十八至四十五、五十二、七十三至一百十六，首一卷）

630000－1301－0001588　01881

六朝唐賦讀本不分卷　（清）馬傳庚選注　清光緒二年（1876）馬家芬京都琉璃廠青雲齋刻本　二冊

630000－1301－0001589　01882

大學衍義輯要六卷補輯要十二卷首一卷　（宋）真德秀撰　（明）丘濬補　（清）陳弘謀輯　清道光二十二年（1842）寶恕堂刻本　十六冊

630000－1301－0001590　01883

讀史方輿紀要一百三十卷輿圖要覽四卷　（清）顧祖禹撰　清嘉慶龍萬育成都敷文閣刻光緒五年（1879）蜀南桐華書屋薛氏家塾修補本　四十六冊　存一百三十卷

630000－1301－0001591　01884

讀史方輿紀要一百三十卷方輿全圖總說五卷　（清）顧祖禹撰　清光緒二十七年（1901）圖書集成局鉛印本　三十二冊

630000－1301－0001592　01885

讀史方輿紀要一百三十卷方輿全圖總說五卷　（清）顧祖禹撰　清光緒二十七年（1901）圖書集成局鉛印本　三十二冊

630000－1301－0001593　01886

讀史方輿紀要十卷　（清）顧祖禹撰　清光緒二十八年（1902）湖南書局刻本　五冊

630000－1301－0001594　01888

欽定儀禮義疏四十八卷首二卷　（清）任啟運等撰　清乾隆陝西刻武英殿本　三十六冊

630000－1301－0001595　01890

郝文忠公陵川文集三十九卷附錄一卷　（元）郝經撰　郝文忠公年譜一卷　（清）秦萬壽（清）王汝楫輯　（清）張燾補編　清乾隆三年（1738）王鏐澤州刻道光八年至十六年（1828－1836）增補本　十冊

630000－1301－0001596　01891

元豐類稿五十卷　（宋）曾鞏撰　清乾隆二十八年（1763）查溪曾氏刻本　八冊

630000－1301－0001597　01892

欽定儀禮義疏四十八卷首二卷　（清）任啟運等撰　清光緒二十六年（1900）煥文書局石印本　四冊

630000－1301－0001598　01893

儀禮注疏五十卷　（漢）鄭玄注　（唐）陸德明音義　（唐）賈公彥疏　校勘記五十卷　（清）阮元撰　（清）盧宣旬摘錄　清嘉慶二十年

（1815）南昌府學重刻宋本十三經注疏附校勘記本　十八冊

630000－1301－0001599　01894

儀禮注疏五十卷　（漢）鄭玄注　（唐）陸德明音義　（唐）賈公彥疏　**校勘記五十卷**　（清）阮元撰　（清）盧宣旬摘錄　清嘉慶二十年（1815）南昌府學重刻宋本十三經注疏附校勘記本　十六冊

630000－1301－0001600　01895

儀禮鄭註句讀十七卷　（清）張爾岐撰　清乾隆三十八年（1773）胡德琳刻本　六冊

630000－1301－0001601　01896

儀禮釋官九卷首一卷　（清）胡匡衷撰　清嘉慶二十一年（1816）江蘇研六閣刻本　二冊

630000－1301－0001602　01897

周禮精華六卷　（清）陳龍標輯　清嘉慶十八年（1813）泉州三益堂刻本　六冊

630000－1301－0001603　01899

附釋音周禮注疏四十二卷　（漢）鄭玄注（唐）陸德明釋文　（唐）賈公彥疏　**校勘記四十二卷**　（清）阮元撰　（清）盧宣旬摘錄　清嘉慶二十年（1815）南昌府學重刻宋本十三經注疏附校勘記本　十六冊

630000－1301－0001604　01900

周禮六卷　（漢）鄭玄注　（唐）陸德明音義　清同治十三年（1874）湖南書局刻本　六冊

630000－1301－0001605　01903

禮記十卷　（元）陳澔集說　清光緒十六年（1890）蘭州刻本　十冊

630000－1301－0001606　01904

禮記十卷　（元）陳澔集說　清同治十年（1871）刻本　十冊

630000－1301－0001607　01905

禮記十卷　（元）陳澔集說　清同治十年（1871）刻本　十冊

630000－1301－0001608　01906

禮記十卷　（元）陳澔集說　清同治十年（1871）刻本　十冊

630000－1301－0001609　01907

禮記十卷　（元）陳澔集說　清同治十年（1871）刻本　十冊

630000－1301－0001610　01908

禮記十卷　（元）陳澔集說　清同治十年（1871）刻本　十冊

630000－1301－0001611　01910

欽定禮記義疏八十二卷首一卷　（清）任啟運等撰　清乾隆陝西刻武英殿本　四十八冊

630000－1301－0001612　01911

欽定禮記義疏八十二卷首一卷　（清）任啟運等撰　清乾隆陝西刻武英殿本　八十三冊

630000－1301－0001613　01912

欽定禮記義疏八十二卷首一卷　（清）任啟運等撰　清光緒二十六年（1900）煥文書局石印本　六冊

630000－1301－0001614　01913

附釋音禮記注疏六十三卷　（漢）鄭玄注（唐）陸德明釋文　（唐）孔穎達疏　**校勘記六十三卷**　（清）阮元撰　（清）盧宣旬摘錄　清嘉慶二十年（1815）南昌府學重刻宋本十三經注疏附校勘記本　三十二冊

630000－1301－0001615　01914

禮記旁訓辨體合訂六卷　（清）徐立綱輯　清孝思堂刻五經旁訓辨體讀本本　六冊

630000－1301－0001616　01916

漱芳軒合纂禮記體註四卷　（清）范翔輯　清道光二十年（1840）刻本　四冊

630000－1301－0001617　01932

[光緒]蔚州志二十卷首一卷　（清）慶之金修　（清）楊篤纂　清光緒三年（1877）蘿川公廨刻本　八冊

630000－1301－0001618　01935

[道光]汾陽縣志十四卷首一卷　（清）周貽纓修　（清）曹樹穀纂　清咸豐元年（1851）刻本　八冊

630000－1301－0001619　01936

[嘉慶]介休縣志十四卷　（清）徐品山（清）陸元鏸修　（清）熊兆占等纂　清嘉慶二十四年(1819)刻本　八冊

630000－1301－0001620　01937

[光緒]山西通志一百八十四卷首一卷　（清）曾國荃等修　（清）王軒等纂　清光緒十八年(1892)刻本　九十六冊

630000－1301－0001621　01940

[光緒]吉林通志一百二十二卷圖一卷　（清）長順　（清）訥欽修　（清）李桂林　（清）顧雲纂　清光緒十七年(1891)刻本　四十九冊

630000－1301－0001622　01961

[光緒]丹徒縣志六十卷首四卷圖一卷　（清）何紹章　（清）馮壽鏡修　（清）呂耀斗纂　清光緒五年(1879)刻本　三十二冊

630000－1301－0001623　01964

[光緒]通州直隸州志十六卷首一卷末一卷（清）梁悦馨　（清）莫祥芝修　（清）季念詒（清）沈鑅纂　清光緒元年(1875)刻本　十六冊

630000－1301－0001624　01966

翻譯名義集二十卷　（宋）釋法雲撰　清光緒四年(1878)金陵刻經處刻本　六冊

630000－1301－0001625　01967

重訂王鳳洲先生綱鑑會纂四十六卷　（明）王世貞纂　（明）陳仁錫訂　明末文盛堂刻本二十一冊　存三十三卷(一至十、十五至十六、十八至三十八)

630000－1301－0001626　01968

駢體文鈔三十一卷　（清）李兆洛輯　清道光合河康氏家塾刻本　八冊

630000－1301－0001627　01970

江蘇詩徵一百八十三卷　（清）王豫輯　清道光元年(1821)阮元廣州刻本　四十冊

630000－1301－0001628　01971

鼎鍥趙田了凡袁先生編纂古本歷史大方綱鑑補四十卷首一卷　（明）袁黃編纂　御撰資治通鑑綱目三編二十卷　（清）張廷玉等撰　清光緒二十八年(1902)玉尺山房刻本　三十六冊

630000－1301－0001629　01972

新刊趙田了凡袁先生編纂古本歷史大方綱鑑補三十九卷　（明）袁黃編纂　清光緒六年(1880)奎光樓刻本　三十六冊

630000－1301－0001630　01973

新刊趙田了凡袁先生編纂古本歷史大方綱鑑補三十九卷首一卷　（明）袁黃編纂　御撰資治通鑑綱目三編二十卷　（清）張廷玉等撰　清同治五年(1866)宏道堂刻本　四十二冊

630000－1301－0001631　01974

鼎鍥趙田了凡袁先生編纂古本歷史大方綱鑑補三十九卷首一卷　（明）袁黃編纂　御撰資治通鑑綱目三編二十卷　（清）張廷玉等撰　清恆言堂刻本　四十二冊

630000－1301－0001632　01975

鼎鍥趙田了凡袁先生編纂古本歷史大方綱鑑補三十九卷首一卷　（明）袁黃編纂　御撰資治通鑑綱目三編二十卷　（清）張廷玉等撰　清宏道堂刻本　三十六冊

630000－1301－0001633　01976

鼎鍥趙田了凡袁先生編纂古本歷史大方綱鑑補四十卷首一卷　（明）袁黃編纂　御撰資治通鑑綱目三編二十卷末一卷　（清）張廷玉等撰　清光緒十三年至十五年(1887－1889)善成堂刻本　三十五冊

630000－1301－0001634　01980

鼎鍥趙田了凡袁先生編纂古本歷史大方綱鑑補九卷首一卷　（明）袁黃編纂　御撰資治通鑑綱目三編二卷　（清）張廷玉等撰　清光緒二十五年(1899)益記書局石印本　十冊

630000－1301－0001635　01981

鼎鍥趙田了凡袁先生編纂古本歷史大方綱鑑補五十八卷首一卷　（明）袁黃編纂　清光緒二十九年(1903)上海捷記書局石印本　十一

冊　存五十二卷(一至五十二)

630000－1301－0001636　01984
重訂王鳳洲先生綱鑑會纂四十六卷續宋元紀二十三卷　(明)王世貞纂　(明)陳仁錫訂
御撰資治通鑑綱目三編二十卷　(清)張廷玉等撰　清同文堂刻本　四十二冊　存綱鑑四十二卷(一至十七、十九、二十二至四十五)

630000－1301－0001637　01988
袁王綱鑑合編三十九卷　(明)袁黃輯　(明)王世貞編　**御撰明紀綱目二十卷**　(清)張廷玉等撰　清光緒三十年(1904)上海商務印書館鉛印本　十六冊

630000－1301－0001638　01989
宋文憲公全集五十三卷首四卷　(明)宋濂撰　(清)嚴榮輯　清嘉慶十五年(1810)嚴榮金華府學刻本　二十八冊

630000－1301－0001639　01990
重訂王鳳洲先生綱鑑會纂四十六卷續宋元紀二十三卷　(明)王世貞纂　(明)陳仁錫訂
御撰資治通鑑綱目三編四卷　(清)張廷玉等撰　清光緒十三年至十八年(1887－1892)上海點石齋石印本　十六冊

630000－1301－0001640　01992
重訂王鳳洲先生綱鑑會纂四十六卷續宋元紀二十三卷　(明)王世貞編纂　**御撰資治通鑑綱目三編二十卷**　(清)張廷玉等撰　清光緒五年(1879)松竹山房刻本(卷二十五上爲抄配)　五十冊　存綱鑑二十二卷(一至二、十至二十二、二十五至二十八、三十、三十四、四十二)

630000－1301－0001641　01993
御批歷代通鑑輯覽一百二十卷　(清)傅恆等撰　清刻本　六十冊　存一百〇七卷(十四至一百二十)

630000－1301－0001642　01994
御批歷代通鑑輯覽一百二十卷　(清)傅恆等撰　清光緒二十四年(1898)湖北書局刻本　五十八冊　存一百十六卷(三至二十八、三十

一至一百二十)

630000－1301－0001643　01995
御批歷代通鑑輯覽一百二十卷　(清)傅恆等撰　清光緒二十四年(1898)湖北書局刻本　一百二十冊

630000－1301－0001644　01996
御批歷代通鑑輯覽一百二十卷　(清)傅恆等撰　清三昧堂刻本　七十二冊

630000－1301－0001645　01998
御批歷代通鑑輯覽一百二十卷　(清)傅恆等撰　清光緒三十四年(1908)上海商務印書館鉛印本　三十八冊　存一百十五卷(一至三十二、三十六至六十五、六十八至一百二十)

630000－1301－0001646　01999
御批歷代通鑑輯覽一百二十卷　(清)傅恆等撰　清光緒二十八年(1902)上海日新書莊石印本　二十四冊

630000－1301－0001647　02001
御批歷代通鑑輯覽一百二十卷　(清)傅恆等撰　清光緒石印本　二十三冊　存一百十四卷(七至一百二十)

630000－1301－0001648　02002
御批歷代通鑑輯覽一百二十卷　(清)傅恆等撰　清光緒二十八年(1902)上海文林書局石印本　二十冊

630000－1301－0001649　02003
御批歷代通鑑輯覽一百二十卷　(清)傅恆等撰　清光緒二十八年(1902)上海文林書局石印本(卷一至六配同年上海寶文書局石印本)　二十冊

630000－1301－0001650　02004
御批歷代通鑑輯覽一百二十卷　(清)傅恆等撰　清光緒二十六年(1900)上海鍊石齋石印本　二十冊

630000－1301－0001651　02005
梅村詩集箋注十八卷　(清)吳偉業撰　(清)吳翌鳳箋注　清嘉慶十九年(1814)嚴榮滄浪

吟榭刻本　十二冊

630000－1301－0001652　02006
徐騎省集三十卷附補遺一卷　（宋）徐鉉撰
校勘記一卷　（清）李英元撰　清光緒十九年
(1893)黔南李氏刻本　八冊

630000－1301－0001653　02007
御批歷代通鑑輯覽一百二十卷　（清）傅恆等
撰　清光緒二十六年(1900)上海鍊石齋石印
本　二十冊

630000－1301－0001654　02008
御批歷代通鑑輯覽一百二十卷　（清）傅恆等
撰　清光緒二十七年(1901)慎記書莊石印本
十冊

630000－1301－0001655　02009
樊榭山房集十卷續集十卷文集八卷外詩三卷
又一卷外詞四卷又一卷外曲二卷外文一卷
（清）厲鶚撰　**附錄一卷**　（清）龔胡崟等輯
振綺堂詩存一卷　（清）汪憲撰　**松聲池館詩**
存四卷　（清）汪璐撰　清光緒錢塘汪氏振綺
堂刻本　十一冊　存四十二卷(樊榭山房集
十卷、續集十卷、文集一至四、外詩三卷又一
卷、外詞四卷又一卷、外曲二卷、外文一卷,附
錄一卷,振綺堂詩存一卷,松聲池館詩存四
卷)

630000－1301－0001656　02010
唐人三家集二十六卷附二卷　（清）秦恩復編
清嘉慶至道光江都秦氏石研齋影刻宋本
八冊

630000－1301－0001657　02011
四書味根錄三十九卷　（清）金澂撰　清光緒
七年(1881)玉尺山房刻二十年(1894)宏道堂
印本　九冊

630000－1301－0001658　02012
四書味根錄三十九卷　（清）金澂撰　清咸豐
元年(1851)刻本　十四冊

630000－1301－0001659　02014
四書味根錄三十九卷　（清）金澂撰　清咸豐
九年(1859)粲花吟館刻本　八冊

630000－1301－0001660　02015
四書味根錄三十九卷　（清）金澂撰　清咸豐
十年(1860)刻本　十六冊

630000－1301－0001661　02016
四書味根錄三十九卷　（清）金澂撰　清世順
堂刻朱墨印本　二十冊

630000－1301－0001662　02017
重刻破迷宗旨原本一卷　題（清）儒童老人撰
清嘉慶二十一年(1816)樂善堂刻本　一冊

630000－1301－0001663　02018
四書題鏡不分卷四書味根錄三十九卷　（清）
汪鯉翔　（清）金澂撰　清光緒二十年(1894)
袖海山房石印本　八冊

630000－1301－0001664　02024
明史三百三十二卷目錄四卷　（清）張廷玉等
撰　清光緒三年(1877)湖北崇文書局刻本
八十冊

630000－1301－0001665　02025
明史三百三十二卷目錄四卷　（清）張廷玉等
撰　清乾隆四年(1739)武英殿刻本(目錄配
清咸豐六年(1856)西寧府學教授楊師震補抄
本)　一百十冊　存三百二十四卷(一至十
九、二十五至二百六十八、二百七十二至三百
三十二)

630000－1301－0001666　02027
欽定學政全書八十二卷　（清）廣興等續纂
清乾隆刻乾隆五十八年(1793)禮部本　二十
四冊

630000－1301－0001667　02028
欽定學政全書八十六卷　（清）童璜等續纂
清嘉慶刻嘉慶十七年(1812)武英殿本　十
九冊

630000－1301－0001668　02029
欽定科場條例四卷續增科場條例四卷　（清）
□□纂修　清乾隆刻武英殿本　五冊

630000－1301－0001669　02030
欽定科場條例五十四卷　（清）羅正墀等續纂

清乾隆刻乾隆五十五年（1790）禮部本　十
五冊　存五十卷（一至二十一、二十六至五十
四）

630000－1301－0001670　02031
欽定科塲條例五十八卷首一卷　（清）宋鳴琦
等續纂　清嘉慶刻嘉慶九年（1804）禮部本
十七冊

630000－1301－0001671　02033
四書人物典故類編四卷　（清）臧志仁輯　清
京都芥子園刻本　四冊

630000－1301－0001672　02034
四書人物類典串珠四十卷　（清）臧志仁輯
清宏道堂刻本　六冊

630000－1301－0001673　02035
四書人物類典串珠四十卷　（清）臧志仁輯
清光緒九年（1883）大道堂刻本　十冊

630000－1301－0001674　02036
四書人物類典串珠四十卷　（清）臧志仁輯
清光緒九年（1883）大道堂刻本　十冊

630000－1301－0001675　02037
四書人物類典串珠四十卷　（清）臧志仁輯
清光緒九年（1883）大道堂刻本　四冊

630000－1301－0001676　02038
四書人物類典串珠四十卷　（清）臧志仁輯
清嘉慶四年（1799）周錫堂刻本　十二冊

630000－1301－0001677　02040
四書十九卷　（宋）朱熹集注　清同治十年
（1871）刻本　六冊

630000－1301－0001678　02041
四書十九卷　（宋）朱熹集注　清同治十年
（1871）刻本　六冊

630000－1301－0001679　02042
四書十九卷　（宋）朱熹集注　清同治十年
（1871）刻本　六冊

630000－1301－0001680　02043
四書十九卷　（宋）朱熹集注　清同治十年
（1871）刻本　六冊

630000－1301－0001681　02044
四書十九卷　（宋）朱熹集注　清同治十年
（1871）刻本　六冊

630000－1301－0001682　02045
四書十九卷　（宋）朱熹集注　清同治十年
（1871）刻本　六冊

630000－1301－0001683　02047
四書十九卷　（宋）朱熹集注　清同治十年
（1871）刻本　六冊

630000－1301－0001684　02048
四書十九卷　（宋）朱熹集注　清同治十年
（1871）刻本　八冊

630000－1301－0001685　02049
四書十九卷　（宋）朱熹集注　清光緒十六年
（1890）蘭州刻本　六冊

630000－1301－0001686　02050
四書十九卷　（宋）朱熹集注　清光緒十六年
（1890）蘭州刻本　六冊

630000－1301－0001687　02051
四書十九卷　（宋）朱熹集注　清同治十年
（1871）刻本　八冊

630000－1301－0001688　02052
四書十九卷　（宋）朱熹集注　清同治十三年
（1874）蘭州府署刻本　六冊

630000－1301－0001689　02053
四書十九卷　（宋）朱熹集注　清同治十年
（1871）刻本　八冊

630000－1301－0001690　02054
四書十九卷　（宋）朱熹集注　清同治十年
（1871）刻本　十冊

630000－1301－0001691　02055
四書十九卷　（宋）朱熹集注　清三讓堂刻六
經全註本　八冊

630000－1301－0001692　02056
新訂四書補註備旨十卷　（明）鄧林撰　（清）
杜定基增訂　清光緒十七年（1891）綿邑大道
堂刻本　八冊

630000 – 1301 –0001693　02059

四書大全摘要二十卷　（清）李武纂輯　清煥文堂刻本　二十冊

630000 – 1301 –0001694　02061

增補四書精繡圖像人物備考十二卷圖一卷（明）薛應旂輯　（明）陳仁錫增定　清光霽堂刻乾隆三十九年(1774)三多齋本　八冊

630000 – 1301 –0001695　02063

四書反身錄六卷二孟續補二卷　（清）李顒口授　（清）王心敬錄　清光緒十一年(1885)西安馬存心堂刻本　四冊

630000 – 1301 –0001696　02064

四書反身錄六卷二孟續補二卷　（清）李顒口授　（清）王心敬錄　清康熙二十五年(1686)許孫荃思硯齋刻四十一年(1702)賈締芳等續補本　四冊

630000 – 1301 –0001697　02083

[光緒]餘姚縣志二十七卷首一卷末一卷(清)周炳麟修　（清)邵友濂　（清)孫德祖纂　清光緒二十五年(1899)刻本　十六冊

630000 – 1301 –0001698　02084

[雍正]寧波府志三十六卷首一卷　（清）曹秉仁等修　（清）萬經等纂　清道光二十六年(1846)刻本　十六冊

630000 – 1301 –0001699　02103

[宣統]建德縣志二十卷首一卷　（清）張贊撰　（清)張翊六修　（清)周學銘等纂　清宣統二年(1910)湖北官刷印局鉛印本　十冊

630000 – 1301 –0001700　02122

[乾隆]興化府莆田縣志三十六卷首一卷（清）汪大經　（清）王恆等修　（清）廖必琦　（清）林黌纂　清光緒五年(1879)潘文鳳補刻本　二十冊

630000 – 1301 –0001701　02139

欽定化治四書文不分卷　（清）方苞等撰　清刻本　八冊

630000 – 1301 –0001702　02140

四書字義二卷附錄一卷　（宋）陳淏撰　（清）王儁輯　清光緒六年(1880)寧鄉道林黃氏校刻本　一冊

630000 – 1301 –0001703　02143

大學一卷　（宋）朱熹章句　清光緒三十三年(1907)學部圖書局石印本　一冊

630000 – 1301 –0001704　02144

大學一卷　（宋）朱熹章句　清光緒三十三年(1907)學部圖書局石印本　一冊

630000 – 1301 –0001705　02145

大學一卷　（宋）朱熹章句　清光緒三十三年(1907)學部圖書局石印本　一冊

630000 – 1301 –0001706　02147

四書典故辨正二十卷附錄一卷　（清）周柄中撰　清敬儀堂刻本　六冊

630000 – 1301 –0001707　02148

纂補四書大全二十卷　（清）劉嗣固纂補　清閑興齋刻本　十冊

630000 – 1301 –0001708　02149

桂林堂合訂四書發註十九卷　（清）朱奇生撰　清學源堂銅活字印本　六冊

630000 – 1301 –0001709　02150

日講四書解義二十六卷　（清）喇沙里等撰　清光緒十八年(1892)蘭州刻本　十二冊

630000 – 1301 –0001710　02153

新訂四書補註備旨十卷　（明）鄧林撰　（清）杜定基增訂　清聚錦堂銅活字印本　六冊

630000 – 1301 –0001711　02154

新訂四書補註備旨十卷　（明）鄧林撰　（清）杜定基增訂　清光緒十七年(1891)綿邑大道堂刻本　八冊

630000 – 1301 –0001712　02155

四書補註備旨題竅滙參十卷　（明）鄧林撰　清宏道堂刻本　十冊

630000 – 1301 –0001713　02156

劉氏家塾四書解二十卷　（清）劉豫師撰　（清）袁文煥校訂　清光緒二年(1876)陝西韓

城劉氏家塾刻本　八冊

630000－1301－0001714　02157

四書類典賦二十四卷　（清）甘綏撰　**年譜二卷**　（清）包大爟輯　清嘉慶二年（1797）積秀堂刻本　十冊

630000－1301－0001715　02158

四書章句本義滙參辨四十卷　（清）王步青輯　清光緒十五年（1889）上海廣百宋齋鉛印本　十二冊

630000－1301－0001716　02159

四書朱子異同條辨四十卷　（清）李沛霖撰　清道光安徽近譬堂刻本　四十八冊

630000－1301－0001717　02160

四書章句集註十九卷　（宋）朱熹集註　清居易堂刻本　六冊

630000－1301－0001718　02161

三槐堂四書體注合講不分卷　（清）翁復編次　**四書十九卷**　（宋）朱熹集注　清三槐堂刻本　六冊

630000－1301－0001719　02162

酌雅齋四書遵註合講十九卷圖一卷　（清）翁復撰　**四書章句集註十九卷**　（宋）朱熹集註　清乾隆五十三年（1788）酌雅齋刻本　七冊

630000－1301－0001720　02163

廣增四書典腋二十卷　題（清）松軒主人撰　清同治二年（1863）京都琉璃廠本　六冊

630000－1301－0001721　02167

四書集註十九卷　（宋）朱熹集註　清光緒三十二年（1906）上海商務印書館鉛印本　六冊

630000－1301－0001722　02168

四書疏註撮言大全三十七卷　（清）胡蓉芝輯　清益和堂刻本　二十四冊

630000－1301－0001723　02169

四書疏註撮言大全三十七卷　（清）胡蓉芝輯　清致盛堂刻本　二十一冊

630000－1301－0001724　02170

宋元學案一百卷首一卷　（清）黃宗羲撰　（清）全祖望修定　清光緒五年（1879）長沙刻本　三十九冊

630000－1301－0001725　02171

四書題鏡不分卷　（清）汪鯉翔纂述　清芸瑞堂刻本　十二冊

630000－1301－0001726　02173

昌黎先生詩集注十一卷　（唐）韓愈撰　（清）顧嗣立刪補　（清）朱彝尊　（清）何焯評　**昌黎先生年譜一卷**　（清）顧嗣立編　清道光十六年（1836）膺德堂刻顧氏朱墨印本　四冊

630000－1301－0001727　02174

四書翼註論文三十八卷　（清）張甄陶纂述　清嘉慶十五年（1810）浙湖竹下書堂刻本　十二冊

630000－1301－0001728　02176

四書諸儒輯要四十卷　（清）李沛霖撰　清康熙五十七年（1718）古吳三樂齋刻本　三十二冊

630000－1301－0001729　02177

齊山巖洞志二十六卷首一卷　（清）陳蔚輯　清光緒二十七年（1901）唐石篆刻玩月樓本　八冊

630000－1301－0001730　02178

四書朱子本義滙參七卷首四卷　（清）王步青輯　清光緒十五年（1889）上海積山書局石印本　八冊

630000－1301－0001731　02179

四書朱子本義滙參四十三卷首四卷　（清）王步青輯　清道光江蘇敦復堂刻本　三十冊

630000－1301－0001732　02180

武英殿聚珍版書一百四十九種二千九百四十三卷　（清）金簡等撰　清光緒二十五年（1899）廣雅書局刻本　八百〇四冊　存一百四十九種二千九百十五卷（周易口訣義六卷、易說六卷、吳園周易解九卷附錄一卷、易原八卷、郭氏傳家易說十一卷總論一卷、誠齋易傳二十卷、易象意言一卷、易學濫觴一卷、易緯十二卷、禹貢指南四卷、尚書詳解二十六卷首

一卷、禹貢說斷四卷、尚書詳解五十卷、融堂
書解二十卷、詩總聞二十卷、續呂氏家塾讀詩
記三卷、絜齋毛詩經筵講義四卷、儀禮識誤三
卷、儀禮集釋三十卷、儀禮釋宮一卷、大戴禮
記十三卷、春秋釋例十五卷附校勘記二卷、春
秋集傳纂例十卷附校勘記一卷、春秋傳說例
一卷、春秋經解十五卷、春秋辨疑四卷附校勘
記一卷、春秋攷十六卷、春秋集註四十卷、春
秋繁露十七卷附錄一卷校勘記二卷、鄭志三
卷拾遺一卷附校勘記一卷、論語意原四卷、欽
定詩經樂譜全書三十卷樂律正俗一卷、輶軒
使者絕代語釋別國方言十三卷、兩漢刊誤補
遺十卷附校勘記一卷、三國志辨誤三卷、新唐
書糾謬二十卷附校勘記二卷、五代史纂誤三
卷、東觀漢記二十四卷、御選明臣奏議四十
卷、魏鄭公諫續錄二卷、元朝名臣事略十五卷
附校勘記一卷、鄴中記一卷、蠻書十卷、琉球
國志略十六卷首一卷、元和郡縣志四十卷、元
豐九域志十卷、輿地廣記三十八卷附校勘記
二卷、水經注四十卷、畿輔安瀾志五十六卷、
嶺表錄異三卷、河朔訪古記三卷、麟臺故事五
卷拾遺二卷附考異一卷、唐會要一百卷、五代
會要三十卷附校勘記一卷、宋朝事實二十卷、
建炎以來朝野雜記甲集二十卷乙集二十卷附
校勘記五卷、西漢會要七十卷、東漢會要四十
卷、漢官舊儀二卷補遺一卷、幸魯盛典四十
卷、欽定武英殿聚珍版程式一卷、直齋書錄解
題二十二卷、欽定四庫全書總目二百卷首四
卷、絳帖平六卷總錄一卷、欽定重刻淳化閣帖
釋文十卷、唐史論斷三卷附校勘記一卷、唐書
直筆四卷、傅子一卷、傅子五卷、帝範四卷、公
是弟子記四卷、明本釋三卷、項氏家說十卷附
錄二卷、農桑輯要七卷、農書三十六卷、蘇沈
良方八卷拾遺二卷、小兒藥證真訣三卷、周髀
算經二卷附音義一卷、九章算術九卷附音義
一卷、孫子算經三卷、海島算經一卷、五曹算
經五卷、夏侯陽算經三卷、五經算術二卷、寶
真齋法書贊二十八卷、墨法集要一卷、鶡冠子
三卷、白虎通義四卷附錄一卷校勘記四卷、猗
覺寮雜記二卷、能改齋漫錄十八卷拾遺一卷、
雲谷雜記四卷首一卷末一卷、學林十卷、甕牖

閒評八卷、攷古質疑六卷、朝野類要五卷、欽
定四庫全書考證一百卷、澗泉日記三卷、敬齋
古今黈八卷拾遺五卷、意林六卷、帝王經世圖
譜十六卷、涑水記聞十六卷、唐語林八卷附校
勘記二卷、歸潛志十四卷、老子道德經二卷、
文子纘義十二卷、張燕公集二十五卷、文忠集
十六卷拾遺四卷、小畜集三十卷外集十三卷、
南陽集六卷拾遺一卷、元憲集三十六卷、景文
集六十二卷、文恭集四十卷拾遺一卷、祠部集
三十五卷、華陽集四十卷、公是集五十四卷、
彭城集四十卷、淨德集三十八卷、忠肅集二十
卷拾遺一卷、山谷內集詩注二十卷外集詩注
十七卷別集詩注二卷外集補四卷別集補一
卷、後山詩十二卷、柯山集五十卷拾遺十二卷
續拾遺一卷、陶山集十六卷、學易集八卷、西
臺集二十卷、浮沚集九卷、毗陵集十六卷拾遺
一卷、浮溪集三十二卷附拾遺三卷、簡齋集十
六卷、茶山集八卷拾遺一卷、文定集二十四卷
拾遺一卷、雪山集十六卷、攻媿集一百十二卷
拾遺一卷、乾道稿二卷淳熙稿二十卷章泉稿
五卷章泉稿拾遺一卷、止堂集十八卷、絜齋集
二十四卷拾遺一卷、南澗甲乙稿二十二卷拾
遺一卷、蒙齋集二十卷拾遺一卷、恥堂存稿八
卷、拙軒集六卷、金淵集六卷、牧庵集三十六
卷附錄年譜一卷、御製詩文十全集五十四卷、
文苑英華辨證十卷拾遺一卷、悅心集五卷、萬
壽衢歌樂章六卷、詩倫二卷、歲寒堂詩話二
卷、碧溪詩話十卷、浩然齋雅談三卷）

630000－1301－0001733　02181

**欽定大清會典一百卷首一卷圖二百七十卷首
一卷事例一千二百二十卷目錄八卷**　（清）崑
岡等纂　清光緒石印本　三百八十四冊

630000－1301－0001734　02183

四書講義困勉錄三十六卷續六卷附錄一卷
（清）陸隴其輯　清刻乾隆四年（1739）嘉會堂
刻本　十九冊

630000－1301－0001735　02187

禮記章句十卷或問五卷　（清）汪烜撰　清曲
水書局刻本　十五冊

630000－1301－0001736　02188

四書述要四卷　（清）楊玉緒撰　　四書集注十九卷　（宋）朱熹章句　清學源堂銅活字印本　八冊

630000－1301－0001737　02190

朱子集一百〇四卷目錄二卷　（宋）朱熹撰　清咸豐十年（1860）紫霞洲祠堂刻本　四十冊

630000－1301－0001738　02195

校正四書古註群義十一種一百二十七卷　（清）□□輯　清光緒石印本　十九冊

630000－1301－0001739　02196

新鋟重訂出像通俗演義東西晉志傳十二卷　題（清）陳氏尺蠖齋評釋　清周氏英德堂刻本　十二冊

630000－1301－0001740　02198

同治中興京外奏議約編八卷　（清）陳弢輯　清光緒元年（1875）篋劍囊琴之室刻本　八冊

630000－1301－0001741　02204

增刪四書朱子大全精言四十一卷　（清）周大章重訂　清刻本　十一冊　存十三卷（中庸四卷,孟子三至四、七至十三）

630000－1301－0001742　02205

中庸一卷　題（清）西夏集註　　四論解一卷　（□）□□撰　清刻本　一冊

630000－1301－0001743　02206

四書蕅益解五卷　（明）釋智旭述　清杭州慧空經房刻本　三冊　存四卷（大學直指一卷、中庸直指一卷、論語點睛二卷）

630000－1301－0001744　02209

欽定禮部則例二百〇二卷　（清）卓凌阿續纂　清嘉慶十一年（1806）禮部刻本　二十四冊

630000－1301－0001745　02210

欽定禮部則例二百〇二卷　（清）薩還阿續纂　清嘉慶二十五年（1820）禮部刻本　二十四冊

630000－1301－0001746　02211

欽定禮部則例一百九十四卷　（清）闍泰和續纂　清乾隆四十九年（1784）禮部刻本　二十四冊

630000－1301－0001747　02212

欽定禮部則例一百九十四卷　（清）廣興續纂　清乾隆六十年（1795）禮部刻本　二十四冊

630000－1301－0001748　02214

欽定禮部則例一百九十四卷　（清）廣興續纂　清乾隆六十年（1795）禮部刻本（卷一至三十三爲後抄補本）　二十四冊

630000－1301－0001749　02215

華制存考不分卷　（清）□□輯　清光緒三十四年（1908）鉛印本　四十三冊

630000－1301－0001750　02216

歷代循吏傳八卷　（清）朱軾　（清）蔡世遠輯　清光緒二十三年（1897）朱衡等刻朱文端公藏書本　五冊

630000－1301－0001751　02218

前守寶錄五卷後守寶錄二十卷　（清）魁聯撰　清同治十三年（1874）廣州刻本　九冊　存二十卷（前守寶錄一至二、後守寶錄三至二十）

630000－1301－0001752　02218

續守寶錄四卷　（清）邵綏名撰　（清）莊予楨輯　清光緒二十三年（1897）湖南寶慶府刻本　與普查號1751合函

630000－1301－0001753　02222

曾文正公奏議十卷首一卷末一卷補編四卷　（清）曾國藩撰　清光緒二十二年（1896）上海圖書集成印書局鉛印本　四冊

630000－1301－0001754　02223

斯文精萃不分卷　（清）尹繼善撰　清刻本　六冊

630000－1301－0001755　02224

象後得義集四卷　（清）左性平撰　清同治六年（1867）西安義興堂刻本　四冊

630000－1301－0001756　02229

醒世姻緣傳一百回　（清）西周生撰　清末刻本　十九冊　存九十五回（六至一百）

630000－1301－0001757　02230

五經揭要二十五卷　（清）周蕙田輯　清刻本
　十冊

630000－1301－0001758　02231

五經同異三卷　（清）顧炎武撰　清省吾堂刻
本　三冊

630000－1301－0001759　02232

五經類編二十八卷　（清）周世璋撰　清孝恩
堂刻本　十六冊

630000－1301－0001760　02233

五經類編二十八卷　（清）周世璋撰　清乾隆
五十四年（1789）三和堂刻本　十六冊

630000－1301－0001761　02235

五經類編二十八卷　（清）周世璋撰　清嘉慶
三年（1798）刻本　十六冊

630000－1301－0001762　02237

皇朝大事紀年二卷　（清）黃壽袞輯　清光緒
二十八年（1902）石印本　一冊

630000－1301－0001763　02238

皇朝大事紀年二卷　（清）黃壽袞輯　清光緒
二十八年（1902）石印本　一冊

630000－1301－0001764　02241

中亞洲俄屬遊記二卷　（英國）蘭士德撰
（清）莫鎮藩譯　清光緒二十年（1894）刻本
二冊

630000－1301－0001765　02242

中亞洲俄屬遊記二卷　（英國）蘭士德撰
（清）莫鎮藩譯　清光緒二十年（1894）刻本
二冊

630000－1301－0001766　02243

中亞洲俄屬遊記二卷　（英國）蘭士德撰
（清）莫鎮藩譯　清光緒二十年（1894）刻本
二冊

630000－1301－0001767　02244

大清搢紳全書不分卷　（清）□□編　清光緒
九年（1883）榮陞堂刻本　二冊

630000－1301－0001768　02247

出使日記續刻十卷　（清）薛福成撰　清光緒

二十七年（1901）石印本　十冊

630000－1301－0001769　02249

[道光]陝西志輯要六卷首一卷附關中漢唐存
碑跋一卷漢南游草一卷　（清）王志沂纂　秦
疆治略一卷　（清）盧坤撰　清道光七年
（1827）朝坂謝氏賜書堂刻本　八冊

630000－1301－0001770　02251

欽定中樞政考四十卷　（清）納蘇泰等纂　清
道光五年（1825）兵部刻本　四十冊

630000－1301－0001771　02255

十八家詩鈔二十八卷　（清）曾國藩纂　清同
治十三年（1874）傳忠書局刻本　二十三冊
存二十四卷（一至二十四）

630000－1301－0001772　02257

尺木堂綱鑑易知錄九十二卷　（清）吳乘權等
輯　御撰資治通鑑綱目三編二十卷　（清）張
廷玉等撰　清刻本　二十四冊

630000－1301－0001773　02260

尺木堂綱鑑易知錄二十卷　（清）吳乘權等輯
　御撰資治通鑑綱目三編四卷　（清）張廷玉
等撰　清光緒十三年（1887）上海點石齋石印
本　十二冊

630000－1301－0001774　02261

尺木堂綱鑑易知錄九十二卷明鑑易知錄十五
卷　（清）吳乘權等輯　清光緒二十八年
（1902）上海經香閣石印本　八冊

630000－1301－0001775　02262

修學篇不分卷　（日本）飯泉規矩三撰　（清）
蔣震方譯　清光緒二十八年（1902）上海廣智
書局鉛印本　一冊

630000－1301－0001776　02264

綱鑑擇語十卷　（清）司徒修撰　清光緒二十
九年（1903）上海書局石印本　三冊

630000－1301－0001777　02266

五經備旨四十五卷　（清）鄒聖脈輯　清光緒
十五年（1889）上海積山書局石印本　十二冊

630000－1301－0001778　02269

綱鑑擇語十卷　（清）司徒修撰　清光緒二十四年（1898）上海書局石印本　二冊

630000－1301－0001779　02272

綱鑑總論二卷　（清）陳受頤撰　清光緒二十七年（1901）上海煥文書局石印本　一冊

630000－1301－0001780　02273

御纂醫宗金鑑九十卷首一卷　（清）吳謙等纂修　清刻本　五十冊

630000－1301－0001781　02274

右餘局增訂課讀鑑略妥註善本四卷　（明）李廷機撰　明紀一卷　（清）鄒梧岡補　清光緒二十九年（1903）古餘山房刻本　二冊

630000－1301－0001782　02275

甘肅忠義錄文武職表二十六卷紳民婦女表八十八卷　（清）楊昌濬等撰　清光緒十六年（1890）刻本　二十四冊

630000－1301－0001783　02276

甘肅忠義錄文武職表二十六卷紳民婦女表八十八卷　（清）楊昌濬等撰　清光緒十六年（1890）刻本　二十四冊

630000－1301－0001784　02277

增補繪圖公餘十六種九十一卷　（清）陳念祖撰　清光緒十三年（1887）五福堂刻本　四十八冊　存十六種九十卷（本草經讀四卷、醫學三字經四卷、時方歌括下、時方妙用四卷、女科要旨四卷、景岳新方砭四卷、張仲景傷寒論原文淺注六卷、長沙方歌括六卷、金匱要畧淺註十卷、金匱方歌括六卷、醫學實在易八卷、醫學從眾錄八卷、傷寒真方歌括六卷、傷寒醫訣串解六卷、十藥神書注解一卷、靈樞素問淺注十二卷）

630000－1301－0001785　02278

續通鑑紀事本末一百十卷　（清）李銘漢輯　清光緒二十九年（1903）武威李氏刻本　三十二冊

630000－1301－0001786　02279

續通鑑紀事本末一百十卷　（清）李銘漢輯　清光緒二十九年（1903）武威李氏刻本　三十二冊

630000－1301－0001787　02284

西政叢書三十二種一百十二卷　題（清）求自強齋主人輯　清光緒二十三年（1897）慎記書莊石印本　三十一冊　存三十一種一百〇八卷（希臘志畧七卷、羅馬志畧十三卷、德國合盟紀事本末一卷、德國議院章程一卷、肄業要覽一卷、西國學校一卷、西學課程彙編一卷、佐治芻言一卷、公法總論一卷、中國古世公說一卷、陸地戰例新選一卷、農學新法一卷、農事論畧一卷、蠶務圖說一卷、紡織機器圖說一卷、工程致富十三卷、考工記要十七卷、富國養民策一卷、保富述要二卷、生利分利之別二卷、法國海軍職要一卷、德國軍制述要一卷、自強軍洋操課程十卷、英法政概六卷、日本雜事詩二卷、日本新政考二卷、適可齋記言四卷、庸書八卷、續富國策四卷、中外交涉類覈表一卷、光緒通商綜覈表一卷）

630000－1301－0001788　02285

甘肅涇州直隸州應徵光緒拾肆年地丁銀粮草總數民欠未完散數徵信冊一卷　（清）□□編　清光緒十五年（1889）木活字印本　一冊

630000－1301－0001789　02286

甘肅西寧府大通縣光緒拾肆年帶徵光緒拾叁年緩徵粮草總散數徵信冊一卷　（清）□□編　清光緒十五年（1889）木活字印本　一冊

630000－1301－0001790　02287

甘肅西寧府大通縣光緒拾肆年帶徵光緒拾叁年緩徵粮草總散數徵信冊一卷　（清）□□編　清光緒十五年（1889）木活字印本　一冊

630000－1301－0001791　02288

甘肅西寧府大通縣光緒拾肆年帶徵光緒拾叁年緩徵粮草總散數徵信冊一卷　（清）□□編　清光緒十五年（1889）木活字印本　一冊

630000－1301－0001792　02289

甘肅西寧府大通縣光緒拾肆年帶徵光緒拾叁年緩徵粮草總散數徵信冊一卷　（清）□□編　清光緒十五年（1889）木活字印本　一冊

630000－1301－0001793　02290

甘肅西寧府大通縣光緒拾肆年帶徵光緒拾叁

年緩徵粮草總散數徵信冊一卷　（清）□□編
清光緒十五年（1889）木活字印本　一冊

630000－1301－0001794　02291

甘肅西寧府大通縣光緒拾肆年帶徵光緒拾叁
年緩徵粮草總散數徵信冊一卷　（清）□□編
清光緒十五年（1889）木活字印本　一冊

630000－1301－0001795　02292

甘肅西寧府大通縣光緒拾肆年帶徵光緒拾叁
年緩徵粮草總散數徵信冊一卷　（清）□□編
清光緒十五年（1889）木活字印本　一冊

630000－1301－0001796　02293

甘肅西寧府大通縣光緒拾肆年帶徵光緒拾叁
年緩徵粮草總散數徵信冊一卷　（清）□□編
清光緒十五年（1889）木活字印本　一冊

630000－1301－0001797　02294

甘肅西寧府大通縣光緒拾肆年帶徵光緒拾叁
年緩徵粮草總散數徵信冊一卷　（清）□□編
清光緒十五年（1889）木活字印本　一冊

630000－1301－0001798　02295

甘肅西寧府大通縣光緒拾肆年帶徵光緒拾叁
年緩徵粮草總散數徵信冊一卷　（清）□□編
清光緒十五年（1889）木活字印本　一冊

630000－1301－0001799　02297

菊逸山房地理正書三種十四卷　（清）寇宗輯
清京都琉璃廠刻本　四冊

630000－1301－0001800　02305

甘肅清理財政說明書四編十卷目錄一卷　傅
秉鑒編　清宣統三年（1911）石印本　十一冊

630000－1301－0001801　02306

甘肅諮議局第二屆報告書不分卷　（清）甘肅
諮議局編　清宣統甘肅官報書局鉛印本
一冊

630000－1301－0001802　02311

四書義正鵠初編四卷　（清）朱鈞撰　清光緒
二十七年（1901）煥文書局石印本　二冊

630000－1301－0001803　02312

四書義不分卷　題（清）頌徑居士輯　清光緒
二十七年（1901）善成堂刻本　一冊

630000－1301－0001804　02313

四書五經義二卷　（清）柏蘅氏輯　清光緒二
十七年（1901）上海書局石印本　一冊

630000－1301－0001805　02314

四書五經義二卷　（清）柏蘅氏輯　清光緒二
十七年（1901）西安書局刻本　一冊

630000－1301－0001806　02315

四書五經義不分卷　（清）湘報館輯　清光緒
二十四年（1898）湘報館刻本　一冊

630000－1301－0001807　02316

四書五經義不分卷　（清）湘報館輯　清光緒
二十四年（1898）湘報館刻本　一冊

630000－1301－0001808　02322

四書注說參證七卷　（清）胡清聚撰　清嘉慶
續谿胡氏受經堂刻本　一冊

630000－1301－0001809　02323

大學古本說一卷中庸古本說一卷　（清）郭階
平編　清嘉慶二十三年（1818）續香齋刻本
三冊

630000－1301－0001810　02326

五經旁訓辨體二十一卷　（清）徐立網撰　清
道光刻乾隆孝思堂本　十二冊

630000－1301－0001811　02327

輿地學講義不分卷　（清）韓樸存輯　清光緒
三十一年（1905）京師學務處官書局鉛印本
四冊

630000－1301－0001812　02328

新纂氏族箋釋八卷　（清）熊峻運撰　清刻乾
隆四年（1739）刻本　四冊

630000－1301－0001813　02329

花宜館詩鈔十六卷無腔村笛二卷　（清）吳振
棫撰　清末刻本　六冊

630000－1301－0001814　02330

歷代名人年譜十卷附存疑及生卒年月無攷一
卷　（清）吳榮光撰　清末刻本　五冊

630000 – 1301 – 0001815　02331

吳摯甫文集四卷附錄一卷　（清）吳汝綸撰
清宣統二年（1910）上海國學扶輪社石印本
五冊

630000 – 1301 – 0001816　02332

孔易闡眞二卷　（清）劉一明撰　清刻本
二冊

630000 – 1301 – 0001817　02333

地理大成五集四十九卷　（清）葉泰輯　清大
成齋刻本　二十四冊

630000 – 1301 – 0001818　02334

詩韻集成十卷　（清）余照輯　清光緒三年
（1877）文映書屋本　四冊（合訂一冊）

630000 – 1301 – 0001819　02335

詩韻集成十卷　（清）余照輯　清道光二十七
年（1847）至德堂刻本　二冊

630000 – 1301 – 0001820　02336

詩韻集成十卷　（清）余照輯　清光緒四年
（1878）意誠堂刻本　四冊

630000 – 1301 – 0001821　02337

詩韻集成十卷　（清）余照輯　清咸豐十年
（1860）大興堂刻本　四冊

630000 – 1301 – 0001822　02338

詩韻集成十卷　（清）余照輯　清道光十六年
（1836）刻本　二冊

630000 – 1301 – 0001823　02339

詩韻集成十卷　（清）余照輯　清光緒十年
（1884）永發堂刻本　二冊

630000 – 1301 – 0001824　02340

詩韻集成十卷　（清）余照輯　清光緒十年
（1884）永發堂刻本　二冊

630000 – 1301 – 0001825　02341

詩韻集成十卷　（清）余照輯　清光緒二年
（1876）大道堂刻本　四冊

630000 – 1301 – 0001826　02342

詩韻集成十卷　（清）余照輯　清咸豐十年
（1860）奎文堂刻本　四冊（合訂一冊）

630000 – 1301 – 0001827　02343

詩韻集成十卷　（清）余照輯　清光緒元年
（1875）貴文堂刻本　四冊（合訂二冊）

630000 – 1301 – 0001828　02344

詩韻類錦十卷附錄一卷　（清）郭化霖撰　清
刻本　四冊

630000 – 1301 – 0001829　02345

詩韻全璧五卷　（清）汪幕杜輯　**虛字韻藪一
卷**　（清）潘維城輯　**初學檢韻袖珍一卷**
（清）姚文登輯　清光緒二十一年（1895）上海
鴻寶齋石印本　六冊

630000 – 1301 – 0001830　02346

詩韻全璧五卷　（清）汪幕杜輯　**虛字韻藪一
卷**　（清）潘維城輯　**初學檢韻袖珍一卷**
（清）姚文登輯　清光緒二年（1876）上海積山
書局石印本　二冊

630000 – 1301 – 0001831　02351

詩韻席珍一卷附典制類聯三卷　（□）□□輯
清刻本　四冊

630000 – 1301 – 0001832　02352

詩韻指掌二卷　（清）韓士龍編　清光緒二年
（1876）刻本　一冊

630000 – 1301 – 0001833　02353

詩韻萃珍十卷　（清）黃昌瑞輯　清道光二十
五年（1845）嘯月廬刻本　三冊　存八卷（一
至二、五至十）

630000 – 1301 – 0001834　02354

皋蘭課業經訓約編不分卷　（清）盛元珍輯
清乾隆刻本　十二冊

630000 – 1301 – 0001835　02355

皋蘭課業詩賦約編不分卷　（清）葉氏選　清
乾隆刻本　六冊

630000 – 1301 – 0001836　02356

皋蘭課業詩賦約編不分卷　（清）葉氏選　**蘭
山課業風騷補編不分卷**　（清）周樽輯　清乾
隆五十七年（1792）刻本　八冊

630000 – 1301 – 0001837　02357

皋蘭課業詩賦約編不分卷　（清）葉氏選　蘭
山課業風騷補編不分卷　（清）周樽輯　清乾
隆五十七年(1792)刻本　八冊

630000－1301－0001838　02358

皋蘭課業經訓約編不分卷　（清）盛元珍輯
清乾隆刻本　十二冊

630000－1301－0001839　02359

皋蘭課業經訓約編不分卷　（清）盛元珍輯
清乾隆刻本　十二冊

630000－1301－0001840　02360

皋蘭課業經訓約編不分卷　（清）盛元珍輯
清乾隆刻本　十二冊

630000－1301－0001841　02361

蘭山詩草一卷　（清）吳鎮撰　清乾隆五十五
年(1790)蘭州蘭山書院刻本　一冊

630000－1301－0001842　02362

明季稗史彙編十六種二十七卷　題（清）留雲
居士輯　清光緒二十二年(1896)上海圖書集
成印書局鉛印本　六冊

630000－1301－0001843　02363

性命雙修萬神圭旨四卷　題尹眞人高弟撰
清一山房刻本　四冊

630000－1301－0001844　02365

御纂性理精義十二卷　（清）李光地等撰　清
刻康熙武英殿本　六冊

630000－1301－0001845　02366

御纂性理精義十二卷　（清）李光地等撰　清
雍正九年(1731)陝甘督署刻康熙武英殿本
五冊

630000－1301－0001846　02367

御纂性理精義十二卷　（清）李光地等撰　清
雍正九年(1731)陝甘督署刻康熙武英殿本
五冊

630000－1301－0001847　02368

御纂性理精義十二卷　（清）李光地等撰　清
刻康熙武英殿本　五冊

630000－1301－0001848　02369

御纂性理精義十二卷　（清）李光地等撰　清
雍正九年(1731)陝甘督署刻康熙武英殿本
五冊

630000－1301－0001849　02370

爾雅小箋三卷　（清）江藩撰　清光緒十九年
(1893)南陵徐氏刻本　一冊

630000－1301－0001850　02372

性理大全會通七十卷　（明）胡廣等撰　（明）
鍾人傑訂正　明末刻本　八冊　存十六卷
（二十八至三十二、四十五至五十、四十一至
四十三、五十五至五十六）

630000－1301－0001851　02373

近思錄十四卷　（宋）朱熹撰　（清）江永集註
　　考訂朱子世家一卷　（清）江永撰　校勘記
一卷　（清）王炳錄　清光緒文瑞樓石印本
二冊

630000－1301－0001852　02374

近思錄十四卷　（宋）朱熹撰　（清）江永集註
　　考訂朱子世家一卷　（清）江永撰　校勘記
一卷　（清）王炳錄　清光緒二十七年(1901)
上海石印本　六冊

630000－1301－0001853　02375

近思錄十四卷　（宋）朱熹撰　（清）江永集註
　　考訂朱子世家一卷　（清）江永撰　校勘記
一卷　（清）王炳錄　清光緒二十七年(1901)
上海文瑞樓石印本　四冊

630000－1301－0001854　02376

近思錄集解十四卷　（宋）朱熹撰　（宋）葉采
集解　清刻本　四冊

630000－1301－0001855　02378

新刊性理大全八卷　（宋）周敦頤等撰　（宋）
朱熹註　性理體註說約大全要解八卷　（清）
林時對　（清）章鶴鳴輯　清刻本　四冊

630000－1301－0001856　02379

新刊性理大全八卷　（宋）周敦頤等撰　（宋）
朱熹註　性理體註訓題標題八卷　（清）張道
升　（清）仇廷桂纂輯　清乾隆四十一年
(1776)敬業堂刻本　二冊

630000－1301－0001857　02380

御纂性理精義十二卷首一卷　（清）李光地等撰　清刻乾隆武英殿本　六冊

630000－1301－0001858　02381

波斯志一卷　（清）學部編譯圖書局編纂　清光緒三十三年(1907)學部編譯圖書局鉛印本　一冊

630000－1301－0001859　02382

波斯志一卷　（清）學部編譯圖書局編纂　清光緒三十三年(1907)學部編譯圖書局鉛印本　一冊

630000－1301－0001860　02383

純陽祖師河洛天人一貫講一卷　題（清）松雲子輯　清道光九年(1829)蘭州大佛寺杏雨書屋刻本　一冊

630000－1301－0001861　02393

御纂性理精義十二卷　（清）李光地等撰　清雍正九年(1731)陝甘督署刻康熙武英殿本　五冊

630000－1301－0001862　02394

御纂性理精義十二卷　（清）李光地等撰　清雍正九年(1731)陝甘督署刻康熙武英殿本　五冊

630000－1301－0001863　02395

御纂性理精義十二卷　（清）李光地等撰　清雍正九年(1731)陝甘督署刻康熙武英殿本　五冊

630000－1301－0001864　02396

欽定法院編制法暨各項暫行章程不分卷　（清）宣統元年頒行　清宣統蘭州官報書局鉛印本　一冊

630000－1301－0001865　02397

寒村詩文選三十六卷　（清）鄭梁撰　清康熙刻本　七冊　存十一卷(五丁集一卷、安庸集二卷、雜著二卷補一卷、半生亭集一卷、息尚編四卷)

630000－1301－0001866　02400

荒政輯要九卷首一卷　（清）汪志伊纂　清光緒六年(1880)貴州藩署刻本　二冊

630000－1301－0001867　02401

防心集五卷　（清）陳育仁撰　清咸豐五年(1855)蘭州刻本　五冊

630000－1301－0001868　02402

唐詩別裁集引典備註二十卷　（清）沈德潛選　（清）俞汝昌註　清富春堂刻本　十冊

630000－1301－0001869　02404

御選唐宋文醇五十八卷　（清）高宗弘曆選　清光緒六年(1880)浙江書局刻本　十二冊

630000－1301－0001870　02405

御選唐宋文醇五十八卷　（清）高宗弘曆選　清光緒六年(1880)浙江書局刻本　二十四冊

630000－1301－0001871　02406

校邠廬抗議二卷　（清）馮桂芬撰　清光緒刻本　二冊

630000－1301－0001872　02407

校邠廬抗議二卷　（清）馮桂芬撰　清光緒十七年(1891)陝甘味經刊書處校刻本　二冊

630000－1301－0001873　02408

校邠廬抗議二卷　（清）馮桂芬撰　清光緒三十年(1904)甘肅官書局刻本　二冊

630000－1301－0001874　02410

隸篇十五卷續十五卷再續十五卷　（清）翟雲升撰　清道光十八年(1838)山東掖縣翟氏自刻本　十冊

630000－1301－0001875　02411

[光緒]重纂秦州直隸州新志二十卷首一卷　（清）余澤春修　（清）王權　（清）任其昌纂　清光緒十五年(1889)隴南書院刻本　二十四冊

630000－1301－0001876　02413

書啟合璧十三卷　（清）汪孝鍾　（清）張宗熹校訂　清刻本　六冊

630000－1301－0001877　02415

新選背解紅羅全本六卷　（□）□□編　清末

廣州石經堂刻本　一冊

630000–1301–0001878　02416

新選後續背解紅羅全本六卷　（□）□□編
清末廣州石經堂刻本　一冊

630000–1301–0001879　02418

泰西人物韻編四卷　（清）汪成教輯　清光緒
二十九年（1903）上海書局石印本　四冊

630000–1301–0001880　02419

泰西新史攬要二十四卷　（英國）馬墾西撰
（英國）李提摩太譯　（清）蔡爾康述　清光緒
二十一年（1895）美華書館鉛印本　八冊

630000–1301–0001881　02420

泰西新史攬要二十四卷　（英國）馬墾西撰
（英國）李提摩太譯　（清）蔡爾康述　清光緒
二十八年（1902）美華書館鉛印本　八冊

630000–1301–0001882　02422

節本泰西新史攬要八卷　（英國）李提摩太譯
（清）周慶雲節錄　清光緒二十七年（1901）
夢坡室刻本　二冊

630000–1301–0001883　02423

莫愁湖志六卷首一卷　（清）馬士圖輯　清光
緒八年（1882）刻本　二冊

630000–1301–0001884　02424

易經體註會解四卷　（清）來爾繩輯　**周易四
卷**　（宋）朱熹集義　**周易精義四卷**　（□）
□□撰　清同治九年（1870）刻本　二冊

630000–1301–0001885　02427

長郡會館志不分卷　（清）胡達源撰　清道光
十五年（1835）刻本　一冊

630000–1301–0001886　02428

長郡文武仕宦題名錄二卷　（清）胡達源撰
清道光十五年（1835）刻本　一冊

630000–1301–0001887　02430

奉聖囬劫顯化錄二卷首一卷後一卷　（□）
□□編　清光緒十七年（1891）蘭州奎元堂刻
本　一冊

630000–1301–0001888　02431

唐賢三昧集三卷　（清）王士禎選　（清）吳煊
（清）胡棠輯註　清光緒九年（1883）翰墨園
刻聽雨齋朱墨印本　三冊

630000–1301–0001889　02433

欽定國子監則例四十三卷首一卷　（清）國子
監修　清嘉慶刻國子監本　十冊

630000–1301–0001890　02434

欽定國子監則例四十三卷首一卷　（清）國子
監修　清嘉慶刻國子監本　十冊

630000–1301–0001891　02442

江泠閣文集四卷續編二卷補遺一卷　（清）冷
士嵋撰　清咸豐十年（1860）橫山草堂刻本
二冊

630000–1301–0001892　02451

弘簡錄二百五十四卷　（明）邵經邦撰　清康
熙二十七年（1688）邵氏刻本　四十九冊　存
二百三十四卷（五至一百九十九、二百〇四至
二百〇七、二百一十一至二百一十七、二百二十二
至二百三十六、二百四十二至二百五十四）

630000–1301–0001893　02453

**新刻志明野狐放屁詩三十首不分卷酒中趣一
卷**　（清）石成金撰　清刻本　一冊

630000–1301–0001894　02454

聖諭像解二十卷　（清）梁延是輯　清光緒二
十九年（1903）江蘇撫署校本　十冊

630000–1301–0001895　02456

欽定理藩院則例六十三卷通例二卷　（清）岳
禧等纂修　（清）文康等續修　清道光六年
（1826）刻本　三十六冊　存三十六卷（則例
一至二、四至六、十、十三至十五、十八至二十
二、二十六、二十九、三十一至三十五、三十七
至三十九、四十五、四十八、五十三至五十四、
五十七至六十、六十二至六十三，通例二卷）

630000–1301–0001896　02457

聖諭廣訓不分卷　（清）世宗胤禛撰　清雍正
二年（1724）刻本　一冊

630000–1301–0001897　02458

聖諭廣訓衍義一卷 （□）□□編 清光緒七年(1881)成都陝甘公所刻本 四冊

630000－1301－0001898 02461

大清律例集解四十卷附洗冤錄檢屍圖格二卷督捕則例附纂二卷 （清）胡肇楷 （清）周孟隣增輯 清嘉慶十九年(1814)刻本 二十冊

630000－1301－0001899 02462

核訂現行刑律不分卷大清現行刑律案語不分卷 （清）沈家本等纂 清宣統元年(1909)修訂法律館鉛印本 十九冊

630000－1301－0001900 02463

大清通禮五十卷 （清）李玉鳴等纂修 清刻乾隆武英殿本 十六冊

630000－1301－0001901 02464

大清通禮五十卷 （清）李玉鳴等纂修 清刻乾隆武英殿本 十六冊

630000－1301－0001902 02465

大清法規大全一百四十七卷首十一卷 （清）廣益書局編 清宣統二年(1910)上海廣益書局石印本 四十冊

630000－1301－0001903 02466

大清刑律總則草案不分卷 （清）法律館撰 清光緒三十四年(1908)甘肅官報書局鉛印本 一冊

630000－1301－0001904 02467

核訂現行刑律不分卷 （清）沈家本等纂 清宣統元年(1909)鉛印本 四冊

630000－1301－0001905 02470

大清中樞備覽不分卷 （清）□□編 清光緒二十八年(1902)榮錄堂刻本 二冊

630000－1301－0001906 02471

大清搢紳全書不分卷 （清）□□編 清光緒十九年(1893)松竹齋刻本 四冊

630000－1301－0001907 02472

大清搢紳全書不分卷 （清）□□編 清光緒三十一年(1905)榮錄堂刻本 四冊

630000－1301－0001908 02473

大清搢紳全書不分卷 （清）□□編 清光緒三十二年(1906)榮錄堂刻本 四冊

630000－1301－0001909 02474

唐四家詩集二十八卷 （□）□□編 清光緒十年(1884)上海同文書局石印本 八冊

630000－1301－0001910 02476

悔昨齋詩錄四卷 （清）張深撰 （清）徐灝輯 清道光二十年(1840)番禺徐氏刻本 二冊

630000－1301－0001911 02477

格致鏡原一百卷 （清）陳元龍編 清光緒二十二年(1896)積山書局石印本 十六冊

630000－1301－0001912 02478

格致叢書一百十種一百七十三卷 （清）徐建寅編 清光緒二十七年(1901)譯書公學石印本 三十二冊

630000－1301－0001913 02479

海國名人類類韻編二十四卷首一卷 （清）阮丙炎輯 清光緒二十九年(1903)文來書局石印本 八冊

630000－1301－0001914 02480

海峰先生文十卷補遺一卷詩八卷制藝一卷 （清）劉大櫆撰 清光緒十四年(1888)桐城吳大有堂刻本 十二冊

630000－1301－0001915 02482

秘書廿八種一百二十三卷 （清）汪士漢輯 清道光二十六年(1846)刻本 十六冊

630000－1301－0001916 02484

小學六卷 （宋）朱熹撰 （明）陳選集註 張大宗師鑒定小學大全名解六卷 （清）謝庭芝等輯 孝經一卷 （唐）玄宗李隆基註 （明）陳選集註 孝經大全名解一卷 （清）謝庭芝等輯 忠經集註一卷 （漢）馬融輯 忠經大全名解一卷 （清）沈李龍輯 清刻本 四冊

630000－1301－0001917 02485

小學六卷 （宋）朱熹撰 （明）陳選集註 孝經一卷 （唐）玄宗李隆基註 （明）陳選集註 清同治十年(1871)刻本 四冊

630000 – 1301 – 0001918　02486
國朝漢學師承記八卷國朝宋學淵源記二卷
（清）江藩輯　清光緒十三年（1887）萬卷書室
刻本　四冊

630000 – 1301 – 0001919　02487
小學六卷　（宋）朱熹撰　（明）陳選集註　**孝
經一卷**　（唐）玄宗李隆基註　（明）陳選集註
清同治十年（1871）刻本　二冊

630000 – 1301 – 0001920　02488
小學集註六卷　（宋）朱熹撰　（明）陳選集註
清同治十年（1871）刻本　二冊

630000 – 1301 – 0001921　02489
小學集註二卷首一卷　（宋）朱熹撰　（明）陳
選集註　清道光三年（1823）文貴堂刻本
二冊

630000 – 1301 – 0001922　02490
小學集註六卷　（宋）朱熹撰　（明）陳選集註
清光緒三十三年（1907）學部圖書局刻甘肅
學務公所圖書科印本　二冊

630000 – 1301 – 0001923　02491
小學集註六卷　（宋）朱熹撰　（明）陳選集註
清光緒三十三年（1907）學部圖書局刻甘肅
學務公所圖書科印本　二冊

630000 – 1301 – 0001924　02492
小學集註六卷　（宋）朱熹撰　（明）陳選集註
清光緒三十三年（1907）學部圖書局石印本
二冊

630000 – 1301 – 0001925　02493
小學集註六卷　（宋）朱熹撰　（明）陳選註
清光緒三十三年（1907）學部圖書局刻甘肅學
務公所圖書科印本　二冊

630000 – 1301 – 0001926　02494
小學集註六卷　（宋）朱熹撰　（明）陳選註
清光緒三十三年（1907）學部圖書局刻甘肅學
務公所圖書科印本　二冊

630000 – 1301 – 0001927　02495
小學集註六卷　（宋）朱熹撰　（明）陳選註
清光緒三十三年（1907）學部圖書局刻甘肅學
務公所圖書科印本　二冊

630000 – 1301 – 0001928　02496
小學集解六卷　（宋）朱熹撰　（清）張伯行集
解　清刻本　二冊

630000 – 1301 – 0001929　02497
小學六卷　（宋）朱熹撰　（明）陳選集註　**孝
經一卷**　（唐）玄宗李隆基註　（明）陳選集註
清同治十年（1871）刻本　二冊

630000 – 1301 – 0001930　02498
小學六卷　（宋）朱熹撰　（明）陳選集註　**孝
經一卷**　（唐）玄宗李隆基註　（明）陳選集註
清同治十年（1871）刻本　二冊

630000 – 1301 – 0001931　02500
小學紺珠十卷　（宋）王應麟撰　清光緒十年
（1884）成都志古堂刻本　六冊

630000 – 1301 – 0001932　02501
聖訓彙編不分卷　（□）□□編　清光緒二十
五年（1899）長沙曾守身堂刻本　一冊

630000 – 1301 – 0001933　02502
聖訓彙編不分卷　（□）□□編　清光緒二十
五年（1899）長沙曾守身堂刻本　一冊

630000 – 1301 – 0001934　02503
聖訓彙編不分卷　（□）□□編　清光緒二十
五年（1899）長沙曾守身堂刻本　一冊

630000 – 1301 – 0001935　02504
聖訓彙編不分卷　（□）□□編　清光緒二十
五年（1899）長沙曾守身堂刻本　一冊

630000 – 1301 – 0001936　02505
聖訓彙編不分卷　（□）□□編　清光緒二十
五年（1899）長沙曾守身堂刻本　一冊

630000 – 1301 – 0001937　02506
聖訓彙編不分卷　（□）□□編　清光緒二十
五年（1899）長沙曾守身堂刻本　一冊

630000 – 1301 – 0001938　02507
聖訓彙編不分卷　（□）□□編　清光緒二十
五年（1899）長沙曾守身堂刻本　一冊

630000－1301－0001939　02508

聖訓彙編不分卷　（□）□□編　清光緒二十
五年(1899)長沙曾守身堂刻本　一冊

630000－1301－0001940　02509

聖訓彙編不分卷　（□）□□編　清光緒二十
五年(1899)長沙曾守身堂刻本　一冊

630000－1301－0001941　02510

聖訓彙編不分卷　（□）□□編　清光緒二十
五年(1899)長沙曾守身堂刻本　一冊

630000－1301－0001942　02511

聖訓彙編不分卷　（□）□□編　清光緒二十
五年(1899)長沙曾守身堂刻本　一冊

630000－1301－0001943　02518

[同治]長沙縣志三十六卷首一卷　（清)劉采
邦等修　（清)張延珂　（清)袁繼翰纂　清同
治十年(1871)刻本　二十冊

630000－1301－0001944　02519

[道光]廣東通志三百三十四卷首一卷　（清)
阮元修　（清)陳昌齊等纂　清同治三年
(1864)刻本　一百二十冊

630000－1301－0001945　02524

[嘉慶]廣西通志二百七十九卷首一卷　（清)
謝啟昆修　（清)胡虔纂　清嘉慶六年(1801)
刻本　八十冊

630000－1301－0001946　02551

平番奏議四卷輿圖一卷　（清)那彥成等撰
清咸豐三年(1853)蘭州阿公祠刻本　四冊

630000－1301－0001947　02552

平番奏議四卷輿圖一卷　（清)那彥成等撰
清咸豐三年(1853)蘭州阿公祠刻本　四冊

630000－1301－0001948　02555

國朝先正事略六十卷　（清)李元度撰　清光
緒十三年(1887)廣百宋齋鉛印本　十冊

630000－1301－0001949　02556

國朝名人著述叢編十四種十六卷　（清)□□
輯　清光緒五年(1879)上海淞隱閣鉛印本
六冊　存十三種十五卷(救文格論一卷、金石

要例一卷、師友詩傳錄一卷續錄一卷、然燈記
聞一卷附律詩定體一卷、聲調譜一卷、談龍錄
一卷、論學三說一卷、詞統源流一卷、說詩晬
語二卷、詩學纂聞一卷、唐人試律說一卷、讀
賦卮言一卷)

630000－1301－0001950　02558

國朝史論萃編甲集四卷　（清)徐兆瑋輯　清
光緒二十八年(1902)鉛印本　四冊

630000－1301－0001951　02560

清賢記六卷　（明)尤鏜輯　清宣統元年
(1909)上海國學扶輪社鉛印張氏適園叢書本
二冊

630000－1301－0001952　02561

理學宗傳二十六卷　（清)孫奇逢輯　清光緒
六年(1880)浙江書局刻本　十二冊

630000－1301－0001953　02562

新刻羅經解三卷　（清)熊汝嶽編　清雍正十
一年(1733)會文堂刻本　四冊

630000－1301－0001954　02563

大題三萬選不分卷　（清)上海書局輯　清光
緒十九年(1893)上海書局石印本　四十冊

630000－1301－0001955　02564

增選小題真珠船初集不分卷　（清)□□編
清光緒二十年(1894)上海同文書局石印本
二十冊

630000－1301－0001956　02565

增選小題真珠船初集不分卷　（清)□□編
清光緒十二年(1886)上海點石齋石印本
四冊

630000－1301－0001957　02566

小題八集十五卷　（清)王士螯輯　（清)王步
青評　清桂華樓刻本　十六冊

630000－1301－0001958　02567

甌北全集七種一百七十二卷　（清)趙翼撰
清光緒三年(1877)滇南唐氏刻本　五十七冊

630000－1301－0001959　02568

清史攬要六卷　（日本)增田貢撰　清光緒二

十七年（1901）杭州白話報館石印補修本
六冊

630000－1301－0001960　02570
唐書二百二十五卷　（宋）歐陽修撰　清光緒
十五年（1889）上海同文書局影印本　五十冊

630000－1301－0001961　02571
聖諭廣訓不分卷　（清）世宗胤禛撰　清蘭州
府署刻雍正二年（1724）本　一冊

630000－1301－0001962　02573
續資治通鑑綱目三十五卷　（明）商輅等纂
（明）陳仁錫評定　清嘉慶十三年（1808）同人
堂刻本　十五冊　存十三卷（一至十三）

630000－1301－0001963　02574
資治通鑑目錄三十卷　（宋）司馬光撰　清光
緒二十六年（1900）圖書集成局鉛印本　四冊

630000－1301－0001964　02575
資治通鑑目錄三十卷　（宋）司馬光撰　清光
緒二十六年（1900）圖書集成局鉛印本　四冊

630000－1301－0001965　02576
明紀六十卷　（清）陳鶴撰　清光緒十六年
（1890）上海積山書局石印本　六冊

630000－1301－0001966　02577
古微堂内集三卷外集七卷　（清）魏源撰　清
光緒四年（1878）淮南書局刻本　四冊

630000－1301－0001967　02578
御纂詩義折中二十卷　（清）傅恆等撰　清刻
乾隆武英殿本　八冊

630000－1301－0001968　02579
御纂詩義折中二十卷　（清）傅恆等撰　清刻
乾隆武英殿本　八冊

630000－1301－0001969　02580
御纂詩義折中二十卷　（清）傅恆等撰　清刻
乾隆武英殿本　八冊

630000－1301－0001970　02581
節本泰西新史攬要八卷　（英國）李提摩太譯
（清）周慶雲節錄　清光緒三十年（1904）甘
肅學堂刻本　二冊

630000－1301－0001971　02582
節本泰西新史攬要八卷　（英國）李提摩太譯
（清）周慶雲節錄　清光緒三十年（1904）甘
肅學堂刻本　二冊

630000－1301－0001972　02583
節本泰西新史攬要八卷　（英國）李提摩太譯
（清）周慶雲節錄　清光緒三十年（1904）甘
肅學堂刻本　二冊

630000－1301－0001973　02584
**武英殿聚珍版書一百四十九種二千九百四十
三卷**　（清）金簡等撰　清乾隆浙江刻本　七
十一冊　存三十種一百七十二卷（易象意言
一卷、易緯十二卷、禹貢指南四卷、融堂書解
二十卷、絜齋毛詩經筵講義四卷、儀禮識誤三
卷、春秋傳說例一卷、春秋辨疑四卷、魏鄭公
諫續錄二卷、鄘中記一卷、水經注四十卷、嶺
表錄異三卷、麟臺故事五卷、漢官舊儀二卷補
遺一卷、欽定武英殿聚珍版程式一卷、傅子一
卷、帝範四卷、明本釋三卷、農桑輯要七卷、墨
法集要一卷、雲谷雜記四卷首一卷末一卷、甕
牖閒評八卷、攷古質疑六卷、澗泉日記三卷、
敬齋古今黈八卷、老子道德經二卷、茶山集八
卷、拙軒集六卷、歲寒堂詩話二卷、浩然齋雅
談三卷）

630000－1301－0001974　02585
御纂詩義折中二十卷　（清）傅恆等撰　清刻
乾隆武英殿本　二十冊

630000－1301－0001975　02587
記事珠十卷　（清）張以謙輯　**記事珠引釋十
卷**　（清）鄭夢明刪訂　清文賢堂刻本　六冊

630000－1301－0001976　02589
經籍籑詁一百○六卷補遺一百○六卷首一卷
　（清）阮元撰　清光緒三十三年（1907）上海
鴻寶齋石印本　十二冊

630000－1301－0001977　02590
經濟實學考八卷　（清）江標撰　清光緒二十
三年（1897）上海博濟書局石印本　十二冊

630000－1301－0001978　02591

滿洲名臣傳四十八卷　（清）國史館編　清京都琉璃廠榮錦書坊刻本　四十四冊　存四十四卷（一至十七、十九至二十二、二十四至四十二、四十四至四十七）

630000－1301－0001979　02592

漢名臣傳三十二卷　（清）國史館編　清刻本　十二冊　存十二卷（十一至二十、三十一至三十二）

630000－1301－0001980　02593

漢名臣傳三十二卷　（清）國史館編　清刻本　二十九冊　存二十九卷（一至四、六至二十六、二十八至三十、三十二）

630000－1301－0001981　02600

吳中平寇記八卷　（清）錢勖撰　清同治四年（1865）刻本　二冊

630000－1301－0001982　02604

［宣統］新修固原直隸州志十一卷附一卷（清）王學伊修　（清）錫麟纂　清宣統元年（1909）官報書局鉛印本　十冊　存十卷（一、三至九、十一,附一卷）

630000－1301－0001983　02608

［嘉慶］長安縣志三十六卷　（清）張聰賢修（清）董曾臣纂　清嘉慶二十年（1815）刻本　六冊

630000－1301－0001984　02612

史外八卷　（清）汪有典撰　清同治四年（1865）陝甘公所刻本　五冊　存五卷（一至二、四、六至七）

630000－1301－0001985　02613

平定關隴紀畧十三卷　（清）易孔昭撰　清光緒十三年（1887）刻本　十三冊

630000－1301－0001986　02614

五洲述畧四卷　（清）蕭應椿撰　清光緒二十八年（1902）紫藤花館刻本　六冊

630000－1301－0001987　02625

［嘉慶］咸寧縣誌二十六卷首一卷　（清）高廷法　（清）沈琼修　（清）陸耀通　（清）董祐

誠纂　清嘉慶二十四年（1819）刻本　八冊

630000－1301－0001988　02628

續通鑑紀事本末一百十卷　（清）李銘漢輯清光緒三十二年（1906）武威李氏刻本　二十七冊　存九十六卷（一至二十七、二十九至三十四、四十二至七十一、七十八至一百十）

630000－1301－0001989　02629

續弘簡錄元史類編四十二卷　（清）邵遠平撰　清康熙刻乾隆印本　十四冊

630000－1301－0001990　02630

原富五卷　（英國）斯密亞丹撰　嚴復譯　清光緒二十七年（1901）南洋公學譯書院鉛印本　八冊

630000－1301－0001991　02631

理學庸言二卷　（清）金錫齡撰　清光緒二十一年（1895）刻本　一冊

630000－1301－0001992　02634

道光乙酉科直省鄉試同年錄不分卷　（清）蔣彬蔚等輯　清同治十二年（1873）都門刻本八冊

630000－1301－0001993　02636

子問二卷　（清）劉沅撰　清咸豐二年（1852）豫誠堂刻本　四冊

630000－1301－0001994　02637

山海經十八卷　（晉）郭璞傳　（清）蔣應鎬繪圖　清咸豐元年（1851）文會堂刻本　二冊

630000－1301－0001995　02638

山海經廣注十八卷圖五卷　（清）吳任臣注（清）宋舒雅繪圖　清崇義書院刻康熙本八冊

630000－1301－0001996　02641

欽定吏部文選司章程三十二卷　（清）吏部纂修　清同治十二年（1873）吏部刻本　十二冊

630000－1301－0001997　02642

律例圖說十卷　（清）萬維翰撰　清乾隆四十四年（1779）雲暉堂精刻本　七冊

630000－1301－0001998　02644

五代史七十四卷　（宋）歐陽修撰　（宋）徐無黨注　清光緒十五年(1889)湖南大通書局仿刻殿本　十二冊

630000－1301－0001999　02645

明儒學案六十二卷　（清）黃宗羲撰　清光緒十四年(1888)南昌縣學刻本　二十冊　存三十四卷(一至七、十至十二、十九、三十八至四十、四十三至六十二)

630000－1301－0002000　02648

白芙蓉算學叢書二十二種八十九卷　（清）丁取忠輯　清光緒二十三年(1897)上海文瀾書局石印本　八冊

630000－1301－0002001　02649

白芙蓉算學叢書二十二種八十九卷　（清）丁取忠輯　清光緒二十三年(1897)上海文瀾書局石印本　八冊

630000－1301－0002002　02652

益智圖三卷　（清）童葉庚撰　清光緒二十三年(1897)老二酉堂刻本　六冊

630000－1301－0002003　02654

八銘塾鈔初集四卷　（清）吳懋政編　清道光二十年(1840)令德堂刻本　五冊

630000－1301－0002004　02654

八銘塾鈔二集四卷　（清）吳懋政編　清璧光堂刻本　與普查號2003合函

630000－1301－0002005　02656

花樣集六卷　（清）楊昌光輯　清道光八年(1828)崇德堂刻本　六冊

630000－1301－0002006　02658

皇朝藩部要略十八卷世系表四卷　（清）祁韻士纂　清光緒十年(1884)浙江書局校刻本　八冊

630000－1301－0002007　02659

地球政要通考三十六卷　（清）丁日昌輯　清光緒二十四年(1898)上海著易堂書局鉛印本　十二冊

630000－1301－0002008　02660

五洲事類匯表五十卷　（清）趙士元　（清）孔昭綬輯　清光緒二十九年(1903)上海仁記書局石印本　二十冊

630000－1301－0002009　02661

五千年中外交涉史九十七卷　題（清）屯廬主人輯　清光緒二十九年(1903)上海蜚英書局鉛印本　二十冊

630000－1301－0002010　02662

普天忠憤全集十四卷首一卷　（清）魯陽生編　清光緒二十四年(1898)石印本　八冊

630000－1301－0002011　02665

三十家詩鈔六卷首一卷　（清）曾國藩纂　（清）王定安增輯　清宣統元年(1909)上海崇善堂石印本　六冊

630000－1301－0002012　02667

述古叢鈔二十六種一百五十卷　（清）劉晚榮輯　清同治至光緒古岡劉氏藏修書屋刻本　三十七冊　存二十六種一百四十七卷(藏書紀要一卷、裝潢志一卷、畫筌析覽一卷、清秘藏二卷、南陽法書表一卷、南陽名畫表一卷、法書名畫見聞表一卷、清河書畫表一卷、傷寒百證歌五卷、經絡歌訣一卷、傷寒六經定法一卷問答一卷、藥藏忌宜一卷、昭代名人尺牘小傳二十四卷、靈棋經二卷、獸經一卷、虎苑二卷、書苑菁華二十卷、遼詩話二卷、無聲詩史七卷、南唐書合刻四十九卷、玉臺書史一卷、玉臺畫史五卷別錄一卷、詒晉齋集八卷、芳堅館題跋四卷、神相證驗百條二卷、月波洞中記一卷)

630000－1301－0002013　02671

地球韻言四卷　（清）張士瀛撰　清光緒二十三年(1897)味經官書局鉛印本　二冊

630000－1301－0002014　02700

武功縣誌三卷首一卷　（明）康海撰　（清）孫景烈評注　清乾隆二十六年(1761)瑪星阿刻本　一冊

630000－1301－0002015　02701

武功縣誌三卷首一卷　（明）康海撰　（清）孫

景烈評注　清乾隆二十六年(1761)瑪星阿刻本　一冊

630000－1301－0002016　02705
廣陵通典十卷　（清）汪中撰　清同治八年(1869)揚州書局刻本　二冊

630000－1301－0002017　02708
涇野子内篇二十七卷　（明）呂柟撰　清光緒七年(1881)景槐書院刻本　六冊

630000－1301－0002018　02709
留硯堂集二卷　（清）張漢撰　清刻本　五冊

630000－1301－0002019　02711
秦邊紀略六卷　（清）梁份撰　清同治十一年(1872)吳坤修安徽藩署刻本　二冊

630000－1301－0002020　02712
唐駢體文鈔十七卷　（清）陳均輯　清嘉慶二十五年(1820)海昌陳氏刻本　四冊

630000－1301－0002021　02713
戸部新例六種不分卷　（清）戸部編　清光緒刻本　八冊　書名自擬

630000－1301－0002022　02716
畫禪室隨筆四卷　（明）董其昌撰　清宣統元年(1909)上海掃葉山房石印本　三冊

630000－1301－0002023　02717
理學宗傳二十六卷　（清）孫奇逢輯　清光緒六年(1880)浙江書局刻本　十二冊

630000－1301－0002024　02719
讀史方輿紀要九卷　（清）顧祖禹撰　清嘉慶十年(1805)友蘭堂刻本　八冊

630000－1301－0002025　02721
洋務事宜不分卷　（清）□□編　清光緒刻本　八冊

630000－1301－0002026　02722
蕙林軒小題文鈔不分卷　（清）魏致萬　（清）淩師夔輯　清光緒二年(1876)青雲樓刻本　四冊

630000－1301－0002027　02723

名學部甲八卷首一卷　（英國）穆勒約翰撰　嚴復譯　清光緒二十八年(1902)金粟齋鉛印本　二冊

630000－1301－0002028　02724
澹遠香齋雜存一卷　（清）李光漢撰　清刻本　一冊

630000－1301－0002029　02728
李真人仙方二卷　（□）□□編　清光緒二十四年(1898)蘭州左公祠刻本　四冊

630000－1301－0002030　02729
續資治通鑑二百二十卷　（清）畢沅撰　清光緒十六年(1890)上海積山書局石印本　十六冊

630000－1301－0002031　02731
疑年錄四卷　（清）錢大昕撰　（清）吳修校　清同治元年(1862)福山王氏天壤閣校本　一冊

630000－1301－0002032　02732
三續疑年錄十卷　（清）陸心源撰　清光緒五年(1879)刻本　四冊

630000－1301－0002033　02733
丁文誠公洋務奏稿二卷　（清）丁寶楨撰　**曾惠敏公奏疏十卷**　（清）曾紀澤撰　清光緒二十八年(1902)雲間麗澤學會石印本　四冊

630000－1301－0002034　02734
石經考文提要十三卷　（清）彭元瑞撰　清嘉慶六年(1801)刻本　四冊

630000－1301－0002035　02735
幕學舉要一卷　（清）萬維翰撰　清乾隆四十四年(1779)雲暉堂精刻本　一冊

630000－1301－0002036　02736
德國議院章程一卷　（德國）芬福根鑒定　(清)徐建寅譯　**德國合盟紀事本末一卷**　(清)徐建寅譯　清光緒石印本　一冊

630000－1301－0002037　02737
德國議院章程一卷　（德國）芬福根鑒定　(清)徐建寅譯　**德國合盟紀事本末一卷**

（清）徐建寅譯　清光緒石印本　一冊

630000－1301－0002038　02738

德國議院章程一卷　（德國）芬福根鑒定
（清）徐建寅譯　**德國合盟紀事本末一卷**
（清）徐建寅譯　清光緒石印本　一冊

630000－1301－0002039　02739

德國議院章程一卷　（德國）芬福根鑒定
（清）徐建寅譯　**德國合盟紀事本末一卷**
（清）徐建寅譯　清光緒石印本　一冊

630000－1301－0002040　02740

德國議院章程一卷　（德國）芬福根鑒定
（清）徐建寅譯　**德國合盟紀事本末一卷**
（清）徐建寅譯　清光緒石印本　一冊

630000－1301－0002041　02741

欽定七經綱領七卷附一卷　（清）學部圖書局
編　清宣統元年（1909）學部圖書局鉛印本
一冊

630000－1301－0002042　02742

欽定七經綱領七卷附一卷　（清）學部圖書局
編　清宣統元年（1909）學部圖書局鉛印本
一冊

630000－1301－0002043　02743

欽定七經綱領七卷附一卷　（清）學部圖書局
編　清宣統元年（1909）學部圖書局鉛印本
一冊

630000－1301－0002044　02744

欽定七經綱領七卷附一卷　（清）學部圖書局
編　清宣統元年（1909）學部圖書局鉛印本
一冊

630000－1301－0002045　02745

欽定七經綱領七卷附一卷　（清）學部圖書局
編　清宣統元年（1909）學部圖書局鉛印本
一冊

630000－1301－0002046　02746

欽定七經綱領七卷附一卷　（清）學部圖書局
編　清宣統元年（1909）學部圖書局鉛印本
一冊

630000－1301－0002047　02747

欽定七經綱領七卷附一卷　（清）學部圖書局
編　清宣統元年（1909）學部圖書局鉛印本
一冊

630000－1301－0002048　02748

欽定七經綱領七卷附一卷　（清）學部圖書局
編　清宣統元年（1909）學部圖書局鉛印本
一冊

630000－1301－0002049　02749

欽定七經綱領七卷附一卷　（清）學部圖書局
編　清宣統元年（1909）學部圖書局鉛印本
一冊

630000－1301－0002050　02750

欽定七經綱領七卷附一卷　（清）學部圖書局
編　清宣統元年（1909）學部圖書局鉛印本
一冊

630000－1301－0002051　02756

八家四六文鈔八卷　（清）吳鼐輯　清光緒五
年（1879）京都琉璃廠肆雅堂刻本　四冊

630000－1301－0002052　02757

八家四六文鈔八卷　（清）吳鼐輯　清浙江較
經堂刻本　四冊

630000－1301－0002053　02758

八家四六文鈔八卷　（清）吳鼐輯　（清）許貞
幹注　**八家四六文補注校勘增訂一卷**　（清）
陳衍撰　清光緒十八年（1892）上海圖書集成
印書局鉛印本　八冊

630000－1301－0002054　02760

七鐫桂宮梯八卷　（清）徐謙編　清咸豐五年
（1855）西寧刻光緒十九年（1893）印本　四冊

630000－1301－0002055　02761

七鐫桂宮梯八卷　（清）徐謙編　清咸豐五年
（1855）西寧刻光緒十九年（1893）印本　四冊

630000－1301－0002056　02762

增選小題真珠船正續合編不分卷　（清）□□
編　清光緒十九年（1893）上海復和局石印本
二十三冊

630000 – 1301 – 0002057　02765

滿洲名臣傳四十八卷　（清）國史館編　清刻本　十冊　存十卷(二十九至三十八)

630000 – 1301 – 0002058　02766

[光緒二十三年丁酉科]十八省鄉試同年録一卷　（清）□□編　清光緒二十三年(1897)刻本　二冊

630000 – 1301 – 0002059　02767

人範六卷　（清）蔣元輯　清光緒十六年(1890)守拙軒刻本　二冊

630000 – 1301 – 0002060　02768

人範六卷　（清）蔣元輯　清光緒十六年(1890)守拙軒刻本　二冊

630000 – 1301 – 0002061　02769

蕺山先生人譜一卷　（明）劉宗周撰　人譜類記二卷　（清）洪正治輯　清宣統元年(1909)陝甘督署印本　二冊

630000 – 1301 – 0002062　02770

人譜一卷　（明）劉宗周撰　清蘭山書院校刻本　一冊

630000 – 1301 – 0002063　02771

人譜一卷　（明）劉宗周撰　清刻本　一冊

630000 – 1301 – 0002064　02772

人譜一卷　（明）劉宗周撰　清刻本　一冊

630000 – 1301 – 0002065　02773

人譜一卷　（明）劉宗周撰　清刻本　一冊

630000 – 1301 – 0002066　02774

人譜一卷　（明）劉宗周撰　清刻本　一冊

630000 – 1301 – 0002067　02775

人譜一卷　（明）劉宗周撰　清刻本　一冊

630000 – 1301 – 0002068　02776

人譜一卷　（明）劉宗周撰　清刻本　一冊

630000 – 1301 – 0002069　02777

九通提要十二卷　（清）柴紹炳撰　清光緒二十八年(1902)上海泰東時務譯書局鉛印本　六冊

630000 – 1301 – 0002070　02779

歐洲族類源流署五卷　王樹枏撰　清光緒二十八年(1902)中衛縣署刻本　二冊

630000 – 1301 – 0002071　02781

歐羅巴通史四卷首一卷　（日本）箕作元八（日本）峰岸米造撰　（清）胡景伊等譯　清光緒二十六年(1900)東亞譯書會刻本　四冊

630000 – 1301 – 0002072　02782

歐羅巴通史四卷首一卷　（日本）箕作元八（日本）峰岸米造撰　（清）胡景伊等譯　清光緒二十六年(1900)東亞譯書會刻本　四冊

630000 – 1301 – 0002073　02783

歐羅巴列國戰事本末二十二卷　王樹枏撰　清光緒二十八年(1902)中衛縣署刻本　六冊

630000 – 1301 – 0002074　02785

二十四史分類輯要十二卷　（清）沈桐生輯　清光緒二十八年(1902)會文學社鉛印本　八冊　存七卷(一、三至八)

630000 – 1301 – 0002075　02786

二十四史策案十二卷　（清）王鎏輯　清光緒十三年(1887)上海大同書局石印本　二冊

630000 – 1301 – 0002076　02787

廿二史策案十二卷　（清）王鎏輯　清光緒五年(1879)綠蔭山房刻本　四冊

630000 – 1301 – 0002077　02788

二十四史文鈔一百〇九卷　（清）納蘭常安選評　清光緒二十九年(1903)上海文來書局石印本　十六冊

630000 – 1301 – 0002078　02790

廿一史約編八卷首一卷　（清）鄭元慶撰　清魚計亭刻本　八冊

630000 – 1301 – 0002079　02791

二十四史人物類考四十六卷　（清）程之楨輯　清光緒二十九年(1903)上海緯文閣石印本　八冊

630000 – 1301 – 0002080　02793

廿一史彈詞註十卷　（明）楊慎撰　（清）張三

異增定　（清）張仲璜註　**明紀彈詞註二卷類聚數考一卷**　（清）張三異撰　（清）張仲璜註　清道光十二年（1832）關中書院刻本　七冊

存十卷（廿一史彈詞註一至二、四至十，明紀彈詞註下）

630000－1301－0002081　02794

金石存十五卷　（清）吳玉搢撰　清嘉慶二十四年（1819）李氏聞妙香室刻本　四冊

630000－1301－0002082　02795

海國大政記十二卷首一卷　（英國）麥丁富得力撰　（美國）林樂知譯　（清）鄭昌棪筆述　清光緒二十三年（1897）上海愼記書莊石印本　十二冊

630000－1301－0002083　02797

節本泰西新史攬要八卷　（英國）李提摩太譯　（清）周慶雲節錄　清光緒三十年（1904）甘肅學堂刻本　二冊

630000－1301－0002084　02799

歷朝名媛尺牘二卷　（清）水鏡山房輯　清同治十二年（1873）申江刻本　二冊

630000－1301－0002085　02801

十國雜事詩十卷敘目二卷　（清）饒智元撰　清光緒二十七年（1901）竹素齋刻本　四冊

630000－1301－0002086　02803

入洛集七種七卷　（清）何家琪編　清光緒七年（1881）刻本　一冊

630000－1301－0002087　02804

九畹古文十卷　（清）劉紹攽撰　清同治十二年（1873）刻本　十冊

630000－1301－0002088　02805

新鐫批評繡像烈女演義六卷　（明）馮夢龍撰　清初江蘇三多齋刻本　二冊

630000－1301－0002089　02806

榕村語錄三十卷　（清）李光地撰　清乾隆八年（1743）刻本　十二冊

630000－1301－0002090　02834

船山遺書五十六種二百九十一卷附一種二卷　（清）王夫之撰　清同治四年（1865）湘鄉曾國荃金陵刻本　一百十二冊

630000－1301－0002091　02835

新譯列國歲記政要三卷附一卷　（清）白作霖編譯　清光緒二十七年（1901）海上譯社鉛印本　十二冊

630000－1301－0002092　02836

西比利亞志一卷附新志一卷　（清）前編書局編纂　清光緒三十四年（1908）學部編譯圖書局鉛印本　一冊

630000－1301－0002093　02837

西比利亞志一卷附新志一卷　（清）前編書局編纂　清光緒三十四年（1908）學部編譯圖書局鉛印本　一冊

630000－1301－0002094　02842

世說新語三卷　（南朝宋）劉義慶撰　（南朝梁）劉孝標注　清道光浦江周氏紛欣閣刻本　二冊

630000－1301－0002095　02843

世說新語三卷　（南朝宋）劉義慶撰　（南朝梁）劉孝標注　清刻惜陰軒叢書本　六冊

630000－1301－0002096　02846

[道光二十九年己酉科]明經通譜不分卷　（清）張之萬等編　清道光京都琉璃廠榮林齋等四家刻字舖合刻本　四冊

630000－1301－0002097　02847

刑部通行章程六卷　（清）王汝礪輯　清光緒三十年（1904）宏道堂刻本　六冊

630000－1301－0002098　02848

定山堂古文小品二卷　（清）龔鼎孳撰　清宣統二年（1910）上海國學昌明石印本　二冊

630000－1301－0002099　02850

列朝詩集八十一卷　（清）錢謙益選　清宣統二年（1910）上海神州國光社鉛印本　五十六冊

630000－1301－0002100　02851

新增說文韻府群玉二十卷　（元）陰時夫撰

（元）陰中夫注　清乾隆二十四年(1759)敦化堂刻康熙本　十六冊

630000－1301－0002101　02852

新增說文韻府群玉二十卷　（元）陰時夫撰（元）陰中夫注　清刻康熙五十五年(1716)文盛堂天德堂刻本　十六冊

630000－1301－0002102　02853

新增說文韻府群玉二十卷　（元）陰時夫撰（元）陰中夫注　清祥興堂刻本　二十四冊

630000－1301－0002103　02854

新增說文韻府群玉二十卷　（元）陰時夫撰（元）陰中夫注　清乾隆二十四年(1759)敦化堂刻康熙本(卷七、十、十五至二十爲補配)　二十五冊

630000－1301－0002104　02857

時務齋隨錄不分卷　（清）□□編　清光緒刻本　二冊

630000－1301－0002105　02858

山曉閣選古文全集三十二卷　（清）孫琮輯評　清遺經堂刻本　十八冊　存二十三卷(十至三十二)

630000－1301－0002106　02859

經講類典合編十種六十三卷　題(清)奎壁齋至人編　清光緒十九年(1893)上海鴻寶齋石印本　十二冊

630000－1301－0002107　02860

四書味根錄三十九卷　（清）金澄撰　清光緒上海文盛書局石印本　六冊

630000－1301－0002108　02863

十三經集字摹本不分卷　（清）彭玉雯編　清同治八年(1869)刻本　十一冊

630000－1301－0002109　02864

廣雅疏證十卷　（清）王念孫撰　（清）王引之續注　**博雅音十卷**　（隋）曹憲撰　（清）王念孫校　清光緒五年(1879)淮南書局刻本　六冊　存九卷(一至九)

630000－1301－0002110　02865

改正世界地理學六卷首一卷　（日本）矢津昌永撰　（清）吳啟孫編譯　清光緒甘肅官書局鉛印本　一冊

630000－1301－0002111　02866

改正世界地理學六卷首一卷　（日本）矢津昌永撰　（清）吳啟孫編譯　清光緒甘肅官書局鉛印本　二冊

630000－1301－0002112　02867

改正世界地理學六卷首一卷　（日本）矢津昌永撰　（清）吳啟孫編譯　清光緒甘肅官書局鉛印本　二冊

630000－1301－0002113　02868

改正世界地理學六卷首一卷　（日本）矢津昌永撰　（清）吳啟孫編譯　清光緒甘肅官書局鉛印本　二冊

630000－1301－0002114　02870

新纂門目五臣音注揚子法言十卷　（漢）揚雄撰　（晉）李軌　（唐）柳宗元注　（宋）宋咸　（宋）吳秘　（宋）司馬光添注　**中說十卷**（隋）王通撰　（宋）阮逸注　清嘉慶九年(1804)姑蘇聚文堂刻本　六冊

630000－1301－0002115　02871

談天十八卷首附表一卷　（英國）侯失勒撰（英國）偉烈亞力譯　（清）李善蘭刪述（清）徐建寅續述　清光緒二十二年(1896)上海著易堂石印本　四冊

630000－1301－0002116　02872

浮邱子十二卷　（清）湯鵬撰　清宣統二年(1910)上海掃葉山房石印本　六冊

630000－1301－0002117　02873

浮邱子十二卷　（清）湯鵬撰　清宣統二年(1910)上海掃葉山房石印本　六冊

630000－1301－0002118　02874

律音彙考八卷　（清）邱之稑撰　清道光十八年(1838)瀏陽禮樂局刻光緒十六年(1890)京師印本　四冊

630000－1301－0002119　02874

琴旨申邱一卷 （清）劉人熙撰 清光緒十五
年(1889)京師刻本 與普查號2118合冊

630000－1301－0002120 02875

清河書畫舫十二卷 （明）張丑撰 清池北草
堂刻本 七冊 存七卷(一、三至四、七、九至
十一)

630000－1301－0002121 02876

煙霞錄二卷 題（清）煙霞癡道人抱眞子撰
清刻本 七冊

630000－1301－0002122 02878

律例便覽八卷 （清）蔡逢年輯 清同治十一
年(1872)增修本 四冊

630000－1301－0002123 02884

朱子遺書十五種一百〇三卷 （宋）朱熹撰
清康熙中呂氏㝛兒寶誥堂刻本 十二冊 存
八種七十一卷(近思錄十四卷、延平李先生師
弟子答問一卷後錄一卷、雜學辨一卷附錄一
卷、中庸輯畧二卷、論語或問二十卷、孟子或
問十四卷、伊雒淵源錄十四卷、上蔡先生語錄
三卷)

630000－1301－0002124 02885

朱子年譜四卷考異四卷論學切要語二卷校勘
記三卷存疑一卷 （清）王懋竑撰 清光緒湖
北武昌書局校刻本 四冊

630000－1301－0002125 02887

全唐詩話八卷 （宋）尤袤輯 清宣統三年
(1911)三樂堂石印本 六冊

630000－1301－0002126 02892

實政錄七卷 （明）呂坤撰 清嘉慶二年
(1797)刻本 十冊

630000－1301－0002127 02893

李空同詩集三十三卷附一卷 （明）李夢陽撰
清宣統二年(1910)上海掃葉山房石印本 十冊

630000－1301－0002128 02894

武功縣誌三卷首一卷 （明）康海撰 （清）孫
景烈評注 清乾隆二十六年(1761)瑪星阿刻
本 一冊

630000－1301－0002129 02896

再生集一卷 （清）李元春撰 清刻本 一冊

630000－1301－0002130 02899

性理字訓一卷 （宋）程若庸撰 清咸豐元年
(1851)養正堂刻本 一冊

630000－1301－0002131 02900

體微齋日記錄存七卷語錄一卷詩附一卷附錄
一卷易說一卷 （清）祝墡撰 清光緒刻本
五冊

630000－1301－0002132 02901

古微堂內集二卷外集八卷 （清）魏源撰 清宣
統元年(1909)上海國學扶輪社鉛印本 六冊

630000－1301－0002133 02902

金忠節公文集八卷 （明）金聲撰 清光緒十
四年(1888)黟邑李氏刻本 四冊

630000－1301－0002134 02904

宋李忠定公擬撰表本一卷靖康擬詔書一卷建
炎擬詔一卷擬制詔四卷奏議六十九卷目錄一
卷 （宋）李綱撰 年譜一卷 （□）□□撰
清光緒二十九年(1903)愛目堂刻本 二十冊

630000－1301－0002135 02905

李忠武公遺書三種四卷 （清）李續賓撰 清
光緒十七年(1891)甌江巡署刻本 四冊

630000－1301－0002136 02908

楚國文憲公雪樓程先生文集三十卷附錄一卷
（元）程鉅夫撰 （元）程大本輯 年譜一卷
（元）程世京撰 清宣統二年(1910)武進陶
氏涉園影印明洪武本 十冊

630000－1301－0002137 02910

綏寇紀略十二卷補遺三卷 （清）吳偉業纂輯
清嘉慶張氏照曠閣刻本 八冊

630000－1301－0002138 02911

內則衍義十六卷 （清）世祖福臨撰 清刻本
八冊

630000－1301－0002139 02912

內則衍義十六卷 （清）世祖福臨撰 清刻本
八冊

630000－1301－0002140　02914

白鶴山房詩鈔十九卷詞鈔二卷　（清）葉紹本撰　清道光七年（1827）桂林使廨刻本　五冊　存十七卷（詩鈔一至十、十五至十九，詞鈔二卷）

630000－1301－0002141　02916

大戴禮記解詁十三卷目錄一卷　（清）王聘珍撰　清光緒十三年（1887）廣雅書局刻本　三冊

630000－1301－0002142　02919

啓蒙對語便讀三字錦二卷　（清）趙暄輯　清玉尺堂刻本　二冊

630000－1301－0002143　02920

詞林分類次韻便讀三字錦九卷末一卷　（清）趙暄輯　清道光二十六年（1846）北里懷德堂俞氏刻本　六冊

630000－1301－0002144　02922

微波榭叢書十七種一百四十五卷　（清）孔繼涵輯　清乾隆中曲阜孔氏刻本　七冊　存六種二十九卷（毛鄭詩考正四卷首一卷、杲溪詩經補注二卷、春秋地名一卷、春秋長歷一卷、春秋金鎖匙一卷、國語輔音三卷、孟子十四卷附音義二卷）

630000－1301－0002145　02924

摩兜堅齋汲古集聯續一卷　（清）白遇道撰　清光緒三十二年（1906）鉛印本　一冊

630000－1301－0002146　02925

摩兜堅齋汲古集聯再續一卷　（清）白遇道撰　清光緒三十二年（1906）鉛印本　一冊

630000－1301－0002147　02926

摩兜堅齋汲古集聯再續一卷　（清）白遇道撰　清光緒三十二年（1906）鉛印本　一冊

630000－1301－0002148　02927

却埒山巢集一卷食我食館吟稿三卷　（清）孔昭焜撰　**附邑侯孔蔗莊先生事狀略一卷**（清）李復元撰　清道光刻本　一冊

630000－1301－0002149　02928

吳柳堂先生誄文一卷　（清）傅雲龍撰　清光緒七年（1881）京都琉璃廠青雲齋刻本　一冊

630000－1301－0002150　02929

五代史七十四卷　（宋）歐陽修撰　（宋）徐無黨注　**校勘札記七十四卷**　（清）味經書院諸生撰　清光緒十七年（1891）陝甘味經書院刻武英殿本　十冊　存五代史七十四卷

630000－1301－0002151　02930

五代史七十四卷　（宋）歐陽修撰　（宋）徐無黨注　**校勘札記七十四卷**　（清）味經書院諸生撰　清光緒十七年（1891）陝甘味經書院刻武英殿本　十四冊

630000－1301－0002152　02932

歷代帝王年表四卷　（清）齊召南編　清光緒二十八年（1902）上海石印本　四冊

630000－1301－0002153　02935

周季編略九卷　（清）黃式三撰　清同治十二年（1873）浙江書局刻儆居遺書本　四冊

630000－1301－0002154　02936

逸周書十卷附校正補遺一卷附錄一卷　（晉）孔晁注　清乾隆五十一年（1786）抱經堂刻本　一冊

630000－1301－0002155　02937

白虎通四卷　（漢）班固撰　**白虎通義考一卷闕文一卷**　（清）莊述祖撰　**白虎通校勘補遺一卷**　（清）盧文弨撰　清乾隆四十九年（1784）盧氏抱經堂刻本　一冊

630000－1301－0002156　02940

學仕錄十六卷　（清）戴肇辰輯　清同治刻本　七冊　存十五卷（一、三至十六）

630000－1301－0002157　02941

經義雜記三十卷　（清）臧琳撰　**敘錄一卷**（清）臧庸編　清嘉慶四年（1799）刻本　八冊

630000－1301－0002158　02942

劍虹居文集二卷詩集二卷　（清）秦煥撰　清光緒三十一年（1905）刻本　四冊

630000－1301－0002159　02943

經玩四種二十卷　（清）沈淑撰　清雍正三年(1725)常熟沈氏孝德堂刻本　十冊　存三種十四卷（經典異文補六卷、春秋左傳分國土地名二卷職官器物宮室二卷、注疏瑣語四卷）

630000－1301－0002160　02944

十一經音訓不分卷　（清）楊國楨撰　清刻本　十八冊　存十種（詩經音訓、書經音訓、周禮音訓、儀禮音訓、禮記音訓、春秋左傳音訓、春秋公羊傳音訓、春秋穀梁傳音訓、孝經音訓、爾雅音訓）

630000－1301－0002161　02951

石氏家藏秘本醫書五種十卷　（清）石家珍輯　清咸豐二年(1852)揚州寶善堂刻本　四冊

630000－1301－0002162　02960

初學檢韻袖珍十二卷　（清）姚文登輯　清同治十二年(1873)延禧堂刻本　四冊

630000－1301－0002163　02962

快心編初集十回二集十回　題（清）天花才子編　清光緒元年(1875)申報館鉛印本　六冊　存十七回（初集一至七、二集十回）

630000－1301－0002164　02963

四聲便覽四卷　（清）余六師撰　清咸豐元年(1851)奎文堂刻本　二冊

630000－1301－0002165　02964

四聲便覽四卷　（清）余六師撰　清道光二十九年(1849)學德堂刻本　一冊

630000－1301－0002166　02965

四聲便覽四卷　（清）余六師撰　清同治十年(1871)宏道堂刻本　一冊

630000－1301－0002167　02966

四聲便覽四卷　（清）余六師撰　清咸豐八年(1858)宏道堂刻本　一冊

630000－1301－0002168　02967

四聲便覽四卷　（清）余六師撰　清同治十二年(1873)福德堂刻本　一冊

630000－1301－0002169　02968

四聲便覽四卷　（清）余六師撰　清刻本　一冊

630000－1301－0002170　02969

四聲便覽四卷　（清）余六師撰　清光緒七年(1881)江南義盛堂刻本　一冊

630000－1301－0002171　02970

四音釋義十二卷　（清）鄭長庚輯　清同治七年(1868)江南義盛堂刻本　六冊

630000－1301－0002172　02971

字彙四卷　（明）梅膺祚撰　清古渝善成堂刻本　四冊

630000－1301－0002173　02972

字彙十二卷首一卷末一卷　（明）梅膺祚撰　清敬書堂刻本　十四冊

630000－1301－0002174　02973

字彙十二卷首一卷末一卷　（明）梅膺祚撰　清聚魁堂刻本　十四冊

630000－1301－0002175　02976

明夷待訪錄一卷　（清）黃宗羲撰　清光緒三十年(1904)甘肅文學堂刻本　一冊

630000－1301－0002176　02977

趙文毅公奏疏五卷附遼事疏一卷　（明）趙用賢撰　清光緒二十二年(1896)常熟趙氏承啟堂刻本　一冊

630000－1301－0002177　02979

武威韓氏忠節錄一卷詩錄一卷　（清）韓奉先　（清）韓振先輯　清嘉慶韓氏刻本　二冊

630000－1301－0002178　02980

水經二卷　（漢）桑欽撰　清刻本　二冊

630000－1301－0002179　02981

明紀彈詞註二卷類聚數考一卷　（清）張三異撰　（清）張仲璜註　清道光楊浚刻本　二冊

630000－1301－0002180　02985

皇清誥授光祿大夫頭品頂戴賞戴花翎兵部侍郎都察院右副都御史廣東巡撫顯考仙屏府君(許振禕)行述一卷　（清）許恩緝撰　清刻本　一冊

630000－1301－0002181　02987
貳臣傳十二卷　（清）國史館撰　清刻本
六冊

630000－1301－0002182　02988
逆臣傳四卷　（清）國史館撰　清京都琉璃廠
半松居士刻本　二冊

630000－1301－0002183　02989
三十三章範圍不分卷　（清）章教元輯　清琉
璃廠文聚堂刻本　四冊

630000－1301－0002184　02990
節本泰西新史攬要八卷　（英國）李提摩太譯
（清）周慶雲節錄　清光緒三十年（1904）甘
肅學堂刻本　二冊

630000－1301－0002185　02991
節本泰西新史攬要八卷　（英國）李提摩太譯
（清）周慶雲節錄　清光緒三十年（1904）甘
肅學堂刻本　二冊

630000－1301－0002186　02992
節本泰西新史攬要八卷　（英國）李提摩太譯
（清）周慶雲節錄　清光緒三十年（1904）甘
肅學堂刻本　二冊

630000－1301－0002187　02993
學文彙典二卷　（清）鄭文煥輯　清世順堂刻
本　一冊

630000－1301－0002188　02994
學文彙典四卷　（清）鄭文煥輯　清增美堂刻
本　一冊

630000－1301－0002189　02995
學文彙典二卷　（清）鄭文煥輯　清永順堂刻
本　四冊

630000－1301－0002190　02997
雲棲大師遺稿三卷補遺一卷　（明）釋袾宏撰
清刻本　一冊　存二卷（三、補遺一卷）

630000－1301－0002191　02998
學治臆說二卷續說一卷說贅一卷　（清）汪輝
祖撰　清光緒二十三年（1897）甘肅藩署刻本
二冊

630000－1301－0002192　02999
學治臆說二卷續說一卷說贅一卷　（清）汪輝
祖撰　清光緒二十三年（1897）甘肅藩署刻本
一冊

630000－1301－0002193　03000
鴻濛室詩鈔二十卷首一卷末一卷　（清）方玉
潤撰　清同治十三年（1874）隴州刻本　八冊

630000－1301－0002194　03001
儒門語要六卷　（清）倪元坦撰　清同治八年
（1869）棲鶴堂刻本　二冊

630000－1301－0002195　03002
甌鉢羅室書畫過目攷四卷首一卷附卷一卷
（清）李玉棻輯　清光緒二十三年（1897）京都
琉璃廠興盛齋刻本　一冊　存一卷（三）

630000－1301－0002196　03003
翰墨卮言四卷　（清）胡自治　（清）楊燾編
清非能園刻本　一冊

630000－1301－0002197　03004
衛生學問答不分卷　丁福保撰　清光緒三十
年（1904）甘肅高等學堂刻本　一冊

630000－1301－0002198　03005
學算筆談十二卷　（清）華蘅芳撰　清光緒三
十一年（1905）廣益書局石印本　四冊

630000－1301－0002199　03006
最新學校衛生書不分卷　（日本）坪井次郎撰
（清）楊鴻達譯　清光緒三十一年（1905）南
洋官書局石印本　二冊

630000－1301－0002200　03007
學計韻言一卷　（清）江衡撰　清光緒三十二
年（1906）隴右樂善書局刻本　一冊

630000－1301－0002201　03008
贅言存稿一卷　（清）吳栻撰　清嘉慶刻本
一冊

630000－1301－0002202　03009
贅言存稿一卷　（清）吳栻撰　清嘉慶刻本
一冊

630000－1301－0002203　03010

贅言存稿一卷　（清）吳栻撰　清嘉慶刻本
一冊

630000－1301－0002204　03011
學道六書六卷　（清）張沐撰　清刻本　二冊

630000－1301－0002205　03012
彭剛直公奏稿八卷　（清）彭玉麟撰　清光緒
鉛印本　三冊　存六卷（三至八）

630000－1301－0002206　03013
中國江海險要圖誌二十二卷首一卷補編五卷
圖五卷　（英國）海軍海圖官書局撰　（清）陳
壽彭譯　清光緒二十七年（1901）上海經世文
社石印本　十五冊

630000－1301－0002207　03016
文鑰二卷　（清）鄒福保輯　清宣統三年
（1911）甘肅存古堂刻本　二冊

630000－1301－0002208　03019
文公家禮儀節八卷　（宋）朱熹撰　（明）楊慎
輯　清藜照書屋刻本　六冊

630000－1301－0002209　03020
文公家禮儀節八卷　（宋）朱熹撰　（明）丘濬
輯　清光緒十一年（1885）釜水書社刻本
四冊

630000－1301－0002210　03021
時務齋隨錄不分卷　（清）□□編　清光緒刻
本　二冊

630000－1301－0002211　03022
時務齋隨錄不分卷　（清）□□編　清光緒刻
本　二冊

630000－1301－0002212　03027
陔餘叢考二十六卷　（清）趙翼撰　清乾隆五
十五年（1790）湛貽堂刻本　六冊

630000－1301－0002213　03028
武經七書匯解七卷末一卷　（清）曹日瑋等輯
　清三畏堂光啟堂刻本　十冊　存六卷（一
至二、四至五、七，末一卷）

630000－1301－0002214　03029
通藝錄十六卷附二卷　（清）程瑤田撰　清乾

隆五十七年（1792）遂初堂初氏刻本　八冊
存十二卷（一至二、五至七、九至十一、十三至
十六）

630000－1301－0002215　03030
各國交涉公法論十六卷　（英國）費利摩羅巴
德撰　（英國）傅蘭雅口譯　（清）俞世爵筆述
　校勘記一卷中西紀年一卷　（清）錢國祥撰
　清光緒二十二年（1896）慎記書莊石印本
八冊

630000－1301－0002216　03031
各國條約不分卷　（清）□□編　清刻本
六冊

630000－1301－0002217　03033
[順治三年丙戌科至光緒九年癸未科]國朝歷
科題名碑錄初集不分卷附[明洪武至崇禎各
科]進士題名錄不分卷　（清）李周望輯
（清）德沛續編　清光緒刻本　十三冊

630000－1301－0002218　03034
[順治三年丙戌科至嘉慶十六年辛未科]國朝
歷科題名碑錄初集不分卷附[明洪武至崇禎
各科]進士題名錄不分卷　（清）李周望輯
（清）德沛續編　清刻本　六冊　存國朝歷科
題名碑錄初集（順治三年丙戌科至嘉慶十六
年辛未科）

630000－1301－0002219　03035
[順治三年丙戌科至乾隆四十五年庚子科]國
朝歷科題名碑錄初集不分卷附[明洪武至崇
禎各科]進士題名錄不分卷　（清）李周望輯
　（清）德沛續編　清刻本　四冊　存國朝歷
科題名碑錄初集（順治三年丙戌科至順治十
五年辛丑科）、進士題名錄（明宣德二年丁未
科至萬曆四十七年己未科）

630000－1301－0002220　03036
二酉堂叢書二十一種三十一卷　（清）張澍輯
　清道光元年（1821）武威張氏二酉堂刻本
十二冊

630000－1301－0002221　03038
牧令書輯要十卷　（清）徐棟輯　（清）丁日昌

重輯　清同治八年(1869)湖北崇文書局刻本
十冊

630000－1301－0002222　03039
各國交涉公法論三集十六卷　（英國）費利摩
羅巴德撰　（英國）傅蘭雅口譯　（清）俞世爵
筆述　附校勘記一卷中西紀年一卷　（清）錢
國祥撰　清光緒二十四年(1898)江南機器製
造總局印本　九冊　存九卷(一至三、五、八
至十、十四至十五)

630000－1301－0002223　03040
經餘必讀八卷　（清）雷琳等輯　清嘉慶八年
(1803)致和堂刻本　四冊

630000－1301－0002224　03041
經餘必讀八卷　（清）雷琳等輯　清嘉慶八年
(1803)致和堂刻本　四冊

630000－1301－0002225　03044
經餘必讀續編八卷　（清）雷琳等輯　清嘉慶
十一年(1806)致和堂刻本　四冊

630000－1301－0002226　03046
欠愁集一卷　（清）史震林撰　清番禺沈氏刻
本　一冊

630000－1301－0002227　03047
歷朝二十五家詩錄三十七卷　（清）鄒湘倜輯
清刻本　三冊　存三卷(三十二至三十四)

630000－1301－0002228　03048
中西匯通醫書五種二十九卷　（清）唐宗海撰
清光緒三十四年(1908)上海千頃堂書局石
印本　十二冊

630000－1301－0002229　03050
任兆麟述記三卷　（清）任兆麟撰　清光緒上
海袖海山房代文林堂石印本　三冊

630000－1301－0002230　03056
敕封大王將軍紀略不分卷　（清）朱壽鏞撰
清宣統二年(1910)臨桂王氏印本　一冊

630000－1301－0002231　03057
己未詞科錄十二卷首一卷　（清）秦瀛輯　清
嘉慶世恩堂刻本　六冊

630000－1301－0002232　03058
六經全圖六卷　（清）牟欽元輯　清道光十一
年(1831)慕古堂刻本　一冊

630000－1301－0002233　03060
重訂冠經全左讀本十卷首二卷　（清）寧佩魚
撰　清同治九年(1870)寧氏慶餘堂刻本　十
二冊

630000－1301－0002234　03061
古詩源十四卷　（清）沈德潛選　清光緒十七
年(1891)湖南思賢書局刻本　四冊

630000－1301－0002235　03062
古詩源十四卷　（清）沈德潛選　清光緒十七
年(1891)湖南思賢書局刻本　四冊

630000－1301－0002236　03063
古詩源十四卷　（清）沈德潛選　清光緒十七
年(1891)湖南思賢書局刻本　四冊

630000－1301－0002237　03065
皇朝駢文類苑十四卷首一卷　（清）姚燮選
清光緒七年(1881)律中林鍾刻本　十冊　存
十三卷(一至九、十一至十四)

630000－1301－0002238　03066
存我軒偶錄不分卷　（清）陸鍾渭撰　清光緒
二十七年(1901)文彙書局刻本　二冊

630000－1301－0002239　03067
四禮初橐四卷　（明）宋纁輯　清刻本　一冊

630000－1301－0002240　03068
古文詞略二十四卷　（清）梅曾亮撰　清光緒
三十四年(1908)學部圖書局鉛印本　五冊

630000－1301－0002241　03069
平平錄十卷附錄一卷　（清）楊芳撰　清道光
十三年(1833)華陽王氏刻本　四冊

630000－1301－0002242　03070
平平續錄一卷　（清）楊芳撰　清道光二十年
(1840)錫羨堂刻本　一冊

630000－1301－0002243　03071
古籌算考釋六卷　勞乃宣撰　清光緒十二年
(1886)河北定縣官舍刻本　六冊

630000－1301－0002244　03072

平平言四卷　（清）方大湜撰　清光緒十三年
（1887）常德府刻本　四冊

630000－1301－0002245　03073

幼學操身一卷　（英國）慶丕　（清）翟汝舟撰
清光緒三十年（1904）西安馬存心堂刻本
一冊

630000－1301－0002246　03088

增刪算法統宗十一卷末一卷　（明）程大位撰
（清）梅毂成增刪　清光緒二十四年（1898）
江左書林石印本　二冊

630000－1301－0002247　03089

原本直指算法統宗十二卷首一卷　（明）程大
位撰　清道光二十年（1840）天德堂刻本
六冊

630000－1301－0002248　03092

揚子法言十三卷　（漢）揚雄撰　（晉）李軌注
音義一卷　（□）□□撰　清嘉慶二十三年
（1818）石研齋秦氏刻本　一冊

630000－1301－0002249　03098

桐陰論畫二卷首一卷附錄一卷畫訣一卷續一
卷二編二卷三編二卷　（清）秦祖永撰　清宣
統二年（1910）上海中國書畫會石印本　六冊

630000－1301－0002250　03100

唐人三家集二十六卷附二卷　（清）秦恩復編
清宣統三年（1911）影印秦氏石研齋本
八冊

630000－1301－0002251　03101

唐丞相曲江張文獻公集十二卷首一卷附錄一
卷千秋金鑑錄五卷　（唐）張九齡撰　清光緒
十八年（1892）張曉如刻本　六冊（合訂二冊）

630000－1301－0002252　03105

目耕齋讀本一卷二刻一卷小題一卷　（清）徐
楷輯　（清）沈叔眉選　清光緒十八年（1892）
瑞記刻本　六冊

630000－1301－0002253　03106

客窗閒話八卷　（清）吳熾昌撰　清光緒元年

（1875）滋本堂刻本　四冊

630000－1301－0002254　03107

續客窗閒話八卷　（清）吳熾昌撰　清光緒元
年（1875）滋本堂刻本　四冊

630000－1301－0002255　03109

陶園文集八卷詩集二十二卷詩餘二卷　（清）
張九鉞撰　清道光七年（1827）賜錦樓刻本
十冊

630000－1301－0002256　03111

讀史兵略十二卷　（清）胡林翼纂　清光緒二
十五年（1899）上海紹先書局石印本　十二冊

630000－1301－0002257　03112

二申野錄八卷　（清）孫之騄輯　清光緒二十
七年（1901）吟香館刻本　四冊

630000－1301－0002258　03114

陸象山先生文集三十六卷　（宋）陸九淵撰
（清）李紱點次　附錄少湖徐先生學則辯一卷
（清）徐階撰　陸梭山公家制一卷　（清）
□□編　校勘罟一卷　（清）□□撰　清光緒
七年（1881）刻同治十年（1871）大儒家廟本
十冊

630000－1301－0002259　03115

遺山先生詩集二十卷目錄一卷　（金）元好問
撰　考異一卷　（清）黎維樅輯　清光緒南海
黎氏刻汲古閣本　六冊

630000－1301－0002260　03118

宋葉文康公禮經會元節本四卷　（清）許元淮
輯　清嘉慶五年（1800）瘦竹山房刻本　四冊

630000－1301－0002261　03120

續西國近事彙編二十八卷　（清）鍾天緯等輯
清光緒石印本　二十八冊

630000－1301－0002262　03121

唐代叢書十二集一百六十四峽　（清）王文誥
輯　清光緒二十二年（1896）上海賜書堂石印
本　十二冊

630000－1301－0002263　03125

遏雲閣曲譜初集十九種十九卷　（清）王錫純

輯　清光緒十九年(1893)上海著易堂書局鉛
印本　七册　存十五種十五卷(開場一卷、琵
琶記一卷、長生殿一卷、繡襦記一卷、邯鄲夢
一卷、南柯夢一卷、牡丹亭一卷、紫釵記一卷、
西樓記一卷、玉簪記一卷、療妬羹一卷、雙紅
記一卷、慈悲願一卷、四聲猿一卷、精忠記一
卷)

630000－1301－0002264　03126
遏雲閣曲譜初集十九種十九卷　(清)王錫純
輯　清光緒十九年(1893)上海著易堂書局鉛
印本　八册

630000－1301－0002265　03127
普通新歷史不分卷　(清)味經官書局撰　清
光緒味經官書局鉛印本　二册

630000－1301－0002266　03128
普通新歷史不分卷　(清)味經官書局撰　清
光緒味經官書局鉛印本　二册

630000－1301－0002267　03129
普通新歷史不分卷　(清)味經官書局撰　清
光緒味經官書局鉛印本　二册

630000－1301－0002268　03139
筆花醫鏡四卷　(清)江涵暾撰　清光緒十九
年(1893)甘肅萬稯堂刻本　一册

630000－1301－0002269　03142
英領開浦殖民地志一卷新誌一卷　(清)學部
編譯圖書局編纂　清光緒三十四年(1908)學
部編譯圖書局鉛印本　一册

630000－1301－0002270　03143
英領開浦殖民地志一卷新誌一卷　(清)學部
編譯圖書局編纂　清光緒三十四年(1908)學
部編譯圖書局鉛印本　一册

630000－1301－0002271　03145
西洋歷史教科書二卷　(清)味經官書局輯
清光緒味經官書局鉛印本　二册

630000－1301－0002272　03146
萬國史記二十卷　(日本)岡本監輔撰　清光
緒鉛印本　八册

630000－1301－0002273　03148
最新萬國政鑑五十一卷　(清)趙天澤　(清)
王慕陶編譯　清光緒二十九年(1903)上海國
民叢書社鉛印本　八册

630000－1301－0002274　03149
最新萬國輿地韻編十二卷首一卷補韻一卷
(清)齊忠甲輯　清光緒二十九年(1903)京都
本宅刻本　十二册

630000－1301－0002275　03150
皇朝輿地韻編二卷歷代地理志韻編今釋二十
卷　(清)李兆洛輯　清光緒二十九年(1903)
上海蜚英館石印本　六册

630000－1301－0002276　03151
皇朝輿地韻編二卷歷代地理志韻編今釋二十
卷　(清)李兆洛輯　清光緒二十九年(1903)
上海蜚英館石印本　六册

630000－1301－0002277　03152
西洋史要發端不分卷　(日本)小川銀次郎撰
(清)樊炳清　(清)薩端譯　清光緒味經官
書局鉛印本　四册

630000－1301－0002278　03153
西洋史要發端不分卷　(日本)小川銀次郎撰
(清)樊炳清　(清)薩端譯　清光緒二十九
年(1903)金粟齋鉛印本　二册

630000－1301－0002279　03154
地理學講義一卷　(日本)志賀重昂撰　(清)
薩端譯　清光緒味經官書局鉛印本　一册

630000－1301－0002280　03155
地理學講義一卷　(日本)志賀重昂撰　(清)
薩端譯　清光緒味經官書局鉛印本　一册

630000－1301－0002281　03156
列國變通興盛記四卷　(英國)李提摩太撰
清光緒刻本　一册

630000－1301－0002282　03157
蒙學課本地球歌韻二卷　(清)張之洞撰　清
光緒三十一年(1905)上海鴻寶齋石印本
二册

630000 – 1301 – 0002283　03158

地球韻言四卷　（清）張士瀛撰　清光緒二十四年（1898）兩湖書院木活字印本　二冊

630000 – 1301 – 0002284　03159

地學淺釋三十八卷　（英國）雷俠兒撰　（美國）瑪高温口譯　（清）華蘅芳筆述　**地學指略二卷**　（英國）文教治口譯　（清）李慶軒筆述　清光緒二十四年（1898）上海富強齋石印本　四冊

630000 – 1301 – 0002285　03160

地學淺釋三十八卷　（英國）雷俠兒撰　（美國）瑪高温口譯　（清）華蘅芳筆述　**地學指略二卷**　（英國）文教治口譯　（清）李慶軒筆述　清光緒二十四年（1898）上海富強齋石印本　四冊

630000 – 1301 – 0002286　03162

舊約聖書不分卷　（□）□□編　清光緒二十九年（1903）聖書公會鉛印本　一冊

630000 – 1301 – 0002287　03164

新定各國通商條約十六卷附一卷　（清）吳梅溪輯　清光緒二十八年（1902）上海書局石印本　七冊　存十六卷（一、三至十六,附一卷）

630000 – 1301 – 0002288　03165

通商條約章程成案彙編三十卷附一卷　（清）李鴻章編　清光緒十二年（1886）鐵城廣百宋齋鉛印本　十一冊　存二十九卷（一至二十九）

630000 – 1301 – 0002289　03167

萬國國力比較二十三卷表一卷附錄一卷　（英國）默爾化撰　（清）出洋學生編輯所譯　清光緒二十八年（1902）上海商務印書館鉛印本　六冊

630000 – 1301 – 0002290　03168

日本地理兵要十卷會計錄四卷師船表一卷　姚文棟撰　**日本師船考一卷**　沈敦和輯譯　清光緒石印本　五冊　存十五卷（地理兵要二至十、會計錄四卷、師船表一卷考一卷）

630000 – 1301 – 0002291　03169

中日戰輯六卷　（清）王炳耀輯　清光緒二十一年（1895）森寶閣鉛印本　四冊

630000 – 1301 – 0002292　03170

日本維新三十年史十二卷附錄一卷　（日本）博文館編輯　（清）羅孝高譯　清光緒鉛印本　五冊　存十二卷

630000 – 1301 – 0002293　03171

日本維新三十年史十二卷附錄一卷　（日本）博文館編輯　（清）廣智書局譯　清光緒二十八年（1902）上海廣智書局鉛印本　五冊　存十一卷（三至十二、附錄一卷）

630000 – 1301 – 0002294　03173

日本國志四十卷首一卷　（清）黃遵憲編纂　清光緒二十四年（1898）上海圖書集成印書局鉛印本　十冊

630000 – 1301 – 0002295　03174

日本國志四十卷首一卷　（清）黃遵憲編纂　清光緒二十四年（1898）上海圖書集成印書局鉛印本　八冊

630000 – 1301 – 0002296　03176

繪圖中國白話史不分卷　（清）戴克敦　（清）錢宗翰撰　清光緒三十四年（1908）上海彪蒙書室石印本　四冊

630000 – 1301 – 0002297　03178

中國財政紀畧一卷　（日本）東邦協會纂　（清）吳銘譯　清光緒二十八年（1902）上海廣智書局鉛印本　一冊

630000 – 1301 – 0002298　03182

萬國公法四卷　（美國）惠頓撰　（美國）丁韙良譯　清同治三年（1864）瀛洲刻本　四冊

630000 – 1301 – 0002299　03183

西學通攷三十三卷　（清）胡兆鸞輯　清光緒二十七年（1901）上海書局石印本　九冊　存二十八卷（一至十五、二十一至三十三）

630000 – 1301 – 0002300　03184

西學大成五十六種一百三十七卷　（清）王西清輯　清光緒二十一年（1895）上海醉六堂書

坊石印本　十二冊

630000－1301－0002301　03185

西學大成五十六種一百三十七卷　（清）王西清輯　清光緒二十一年（1895）上海醉六堂書坊石印本　十冊　存四十六種一百十卷（句股義一卷、圜容較義一卷、平三角法舉要五卷、堆垛求積術一卷、少廣縋鑿一卷、代數幾何一卷、借根方句股細草一卷、周冪知裁一卷、造各表簡法一卷、數學拾遺一卷、經天該一卷、揆日候星紀要一卷、五星紀要一卷、弧三角舉要一卷、斜弧三邊求角補術一卷、橢圓正術一卷、橢圓求周術一卷、測圜密率三卷、天學啓蒙一卷、大英國志八卷、大美聯邦志畧一卷、列國歲計政要十二卷、列國海戰記一卷、萬國公法四卷、星軺指掌四卷續一卷、陸操新義四卷、火器略說一卷、海戰指要一卷、艇雷記要一卷、爆藥記要六卷、營壘圖說一卷、井礦工程三卷、開煤要法二卷、重學圖說一卷、重學入門一卷、重學彙編一卷、汽機入門一卷、汽機新製八卷、汽機發軔八卷、電學源流一卷、電學綱目一卷、電學入門一卷、電學問答一卷、光學二卷、量光力器圖說一卷、聲學八卷）

630000－1301－0002302　03186

續西學大成七十八種□□卷　（清）飛鴻閣書林輯　清光緒二十四年（1898）上海飛鴻閣書林石印本　十五冊　存七十二種九十一卷（數學啓蒙一卷附對數表一卷、西算新法直解八卷、曲線數理一卷、曲線發明一卷、微積數理一卷、繪地法原一卷附表一卷附圖一卷、繪圖理法一卷、測繪器說一卷、書器體用一卷、行軍測繪一卷附圖一卷、丈田繪圖章程一卷、天文西說一卷、西法天算求原一卷、天文捷算一卷、日月測算一卷、諸星測算一卷、天文設問列表一卷、地學總論一卷、地質全志一卷附地球雜志一卷、中西交涉通論一卷、中西近事圖說一卷、交涉通商表一卷、中西紀載一卷、中西大局論一卷、中西通商原始記一卷、中國籌防記一卷、西域囘教考畧一卷、中國新政錄要一卷、富國精言一卷、富國養民策一卷、富國理財說一卷、西法練兵說一卷、英國水師律

例一卷、德國軍製述要一卷、養民新說一卷、化學農務一卷、染布西法一卷、蔗糖西法一卷、西國學校一卷、泰西實學精義一卷、新學芻言一卷、西學淵源記一卷、心智略論一卷、思辨學一卷、心學公理一卷、心才實用一卷、西國行政考一卷、格物啓蒙一卷、格致總論一卷、格致小引一卷、高厚求原一卷、重學數理一卷、重學探原一卷附圖一卷、靜重學一卷、動重學一卷、重學說器一卷附圖一卷、氣學條論一卷、水學要端一卷、電學攷一卷、電學新理一卷、光學入門一卷、光學新理一卷、光學新法圖論一卷、光學釋器遠鏡說一卷、光學釋器顯微鏡說一卷、聲學條論一卷、聲學精理一卷、聲學新理一卷、行軍鐵路工程一卷附圖一卷、鐵路利益論一卷附說醫一卷、製造述畧一卷、鍊石編三卷附圖一卷）

630000－1301－0002303　03187

學算筆談十二卷　（清）華蘅芳撰　清光緒石印本　三冊　存九卷（一至九）

630000－1301－0002304　03188

中西算學大成一百卷　（清）陳維祺纂　清光緒二十七年（1901）上海陳氏辯貞諒室石印本　二十冊

630000－1301－0002305　03189

容城文靖劉先生文集四卷目錄一卷　（元）劉因撰　清道光十六年（1836）容城縣正義書院刻三賢文集本　六冊

630000－1301－0002306　03190

中外大略四十八卷　（清）羅傳瑞撰　清光緒二十八年（1902）上海書局石印本　七冊　存三十卷（一至十七、二十七至三十五、四十至四十三）

630000－1301－0002307　03191

中外時務策府統宗四十四卷附讀西學書法一卷西學書目表四卷　（清）文盛堂輯　清光緒二十三年（1897）上海文盛堂石印本　二十一冊　存四十七卷（一至三十四、三十七至四十四，附讀西學書法一卷西學書目表四卷）

630000－1301－0002308　03193

歷代史表五十九卷首一卷末一卷 （清）萬斯同撰 清光緒十九年(1893)上海古香閣石印本 八冊

630000－1301－0002309 03194

數學精詳十一卷首一卷末一卷 （清）屈曾發輯 清光緒石印本 四冊 存十一卷（二至十一、末一卷）

630000－1301－0002310 03198

公餘節約錄不分卷 （清）傅秉鑒撰 清宣統元年(1909)甘肅官報書局鉛印本 二冊

630000－1301－0002311 03199

公餘節約錄不分卷 （清）傅秉鑒撰 清宣統元年(1909)甘肅官報書局鉛印本 二冊

630000－1301－0002312 03204

午陰清舍試帖四卷附一卷 （清）何福堃撰 清光緒蘭州官書局鉛印本 二冊

630000－1301－0002313 03207

心聲齋策論精選五卷 題（清）心聲齋主撰 清光緒二十八年(1902)上海文明學社鉛印本 二冊

630000－1301－0002314 03208

心聲齋策論精選五卷 題（清）心聲齋主撰 清光緒二十八年(1902)上海文明學社鉛印本 一冊

630000－1301－0002315 03209

歷代畫史彙傳七十二卷首一卷目錄一卷附錄一卷 （清）彭蘊璨撰 清宣統二年(1910)上海文瑞樓書局石印本 十二冊

630000－1301－0002316 03211

變雅堂文集八卷詩集十卷附錄二卷 （清）杜濬撰 清光緒二十年(1894)黃岡沈氏刻本 六冊

630000－1301－0002317 03213

皇朝中外壹統輿圖中一卷南十卷北二十卷首一卷 （清）嚴樹森撰 清同治二年(1863)湖北撫署景桓樓刻本 十二冊

630000－1301－0002318 03217

胡文忠公遺集八十六卷首一卷 （清）胡林翼撰 （清）鄭敦謹 （清）曾國荃輯 清同治六年(1867)刻本 二十八冊 存七十六卷（一至七十二、八十四至八十六,首一卷）

630000－1301－0002319 03218

時務分類文編三十二卷 （清）求是齋校輯 清光緒二十三年(1897)香港宜今室石印本 十二冊 存二十三卷（一至十二、十八至二十三、二十八至三十二）

630000－1301－0002320 03219

萬國分類時務大成四十卷首一卷 （清）錢豐輯 清光緒二十三年(1897)申江袖海山房石印本 二十八冊

630000－1301－0002321 03220

時務通攷三十一卷目錄一卷 題（清）杞廬主人等編 清光緒二十三年(1897)上海點石齋石印本 二十三冊 存三十卷（一至九、十二至三十一,目錄一卷）

630000－1301－0002322 03221

時務通攷續編三十一卷目錄一卷 題（清）點石齋主人等編 清光緒二十七年(1901)上海點石齋石印本 十三冊 存二十九卷（一至二、四至二十、二十三至三十一,目錄一卷）

630000－1301－0002323 03222

策府統宗六十五卷目錄一卷 （清）劉昌齡編 清光緒二十五年(1899)上海點石齋石印本 二十冊（合訂五冊）

630000－1301－0002324 03223

策府統宗六十五卷目錄一卷 （清）劉昌齡編 清光緒二十五年(1899)上海點石齋石印本 二十冊

630000－1301－0002325 03224

策府統宗六十五卷目錄一卷 （清）劉昌齡編 清光緒二十五年(1899)上海點石齋石印本 二十冊

630000－1301－0002326 03226

印度新志一卷 （清）學部編譯圖書局編纂 清光緒三十三年(1907)學部編譯圖書局鉛印本 一冊

630000－1301－0002327　03227

印度新志一卷　（清）學部編譯圖書局編纂
清光緒三十三年（1907）學部編譯圖書局鉛印
本　一冊

630000－1301－0002328　03228

印度國志一卷　（清）學部編譯圖書局編纂
清光緒三十三年（1907）學部編譯圖書局鉛印
本　一冊

630000－1301－0002329　03229

印度國志一卷　（清）學部編譯圖書局編纂
清光緒三十三年（1907）學部編譯圖書局鉛印
本　一冊

630000－1301－0002330　03231

波斯志一卷　（清）學部編譯圖書局編纂　清
光緒三十三年（1907）學部編譯圖書局鉛印本
　一冊

630000－1301－0002331　03232

羅馬史二卷　（日本）占部百太郎撰　（清）陳
時夏等譯　清光緒二十九年（1903）上海商務
印書館鉛印本　二冊

630000－1301－0002332　03233

東亞各港口岸志不分卷　（日本）參謀本部輯
（清）廣智書局譯　清光緒味經書局鉛印本
二冊

630000－1301－0002333　03234

東文新法會通二卷　（清）廖宇春撰　清光緒
二十八年（1902）東亞善鄰學館石印本　二冊

630000－1301－0002334　03235

學校制度一卷　（日本）隈本繁吉師撰　（清）
程家檉譯　清光緒三十二年（1906）京師官書
局鉛印本　一冊

630000－1301－0002335　03236

學校制度一卷　（日本）隈本繁吉師撰　（清）
程家檉譯　清光緒三十二年（1906）京師官書
局鉛印本　一冊

630000－1301－0002336　03237

憲法精理二卷　（清）周遠編譯　清光緒二十

八年（1902）上海廣智書局鉛印本　一冊

630000－1301－0002337　03238

歐洲財政史一卷　（日本）小林丑三郎撰
（清）羅普譯　清光緒二十八年（1902）上海廣
智書局鉛印本　一冊

630000－1301－0002338　03239

咸同以來中俄交涉記三卷　（清）江標譯　清
光緒二十一年（1895）味經刊書處刻本　一冊

630000－1301－0002339　03243

亞斐利加洲志一卷附新志一卷　（清）前編書
局編纂　清宣統元年（1909）學部編譯圖書局
鉛印本　一冊

630000－1301－0002340　03244

亞斐利加洲志一卷附新志一卷　（清）前編書
局編纂　清宣統元年（1909）學部編譯圖書局
鉛印本　一冊

630000－1301－0002341　03245

阿達曼羣島志一卷附新志一卷婆羅島志一卷
（清）前編書局編纂　清光緒三十四年
（1908）學部編譯圖書局鉛印本　一冊

630000－1301－0002342　03246

阿達曼羣島志一卷附新志一卷婆羅島志一卷
（清）前編書局編纂　清光緒三十四年
（1908）學部編譯圖書局鉛印本　一冊

630000－1301－0002343　03247

阿富汗土耳基斯坦志一卷阿富汗斯坦志一卷
附新志一卷土耳基斯坦志一卷東土耳基斯坦
志一卷　（清）學部編譯圖書局編纂　清光緒
三十三年（1907）學部編譯圖書局鉛印本
一冊

630000－1301－0002344　03248

東洋史要二卷　（日本）桑原隲藏撰　（清）樊
炳清譯　清光緒二十五年（1899）味經官書局
鉛印本　二冊

630000－1301－0002345　03249

東洋分國史二卷　（清）秦藸江撰　清光緒二
十八年（1902）上海文明書局鉛印本　二冊

630000 – 1301 – 0002346　03250

小亞細亞志一卷附新志一卷　（清）學部編譯
圖書局編纂　清光緒三十三年(1907)學部編
譯圖書局鉛印本　一冊

630000 – 1301 – 0002347　03251

小亞細亞志一卷附新志一卷　（清）學部編譯
圖書局編纂　清光緒三十三年(1907)學部編
譯圖書局鉛印本　一冊

630000 – 1301 – 0002348　03252

亞細亞洲志一卷附新志一卷　（清）學部編譯
圖書局編纂　清光緒三十四年(1908)學部編
譯圖書局鉛印本　一冊

630000 – 1301 – 0002349　03253

亞細亞洲志一卷附新志一卷　（清）學部編譯
圖書局編纂　清光緒三十四年(1908)學部編
譯圖書局鉛印本　一冊

630000 – 1301 – 0002350　03254

亞美利加洲通史不分卷　（清）戴彬編譯　清
光緒二十八年(1902)上海商務印書館鉛印本
二冊

630000 – 1301 – 0002351　03255

亞拉伯志一卷附新志一卷　（清）學部編譯圖
書局編纂　清光緒三十三年(1907)學部編譯
圖書局鉛印本　一冊

630000 – 1301 – 0002352　03256

亞拉伯志一卷附新志一卷　（清）學部編譯圖
書局編纂　清光緒三十三年(1907)學部編譯
圖書局鉛印本　一冊

630000 – 1301 – 0002353　03257

卯東草堂筆記二十卷　（清）沈鏡賢撰　清宣
統二年(1910)鉛印本　四冊

630000 – 1301 – 0002354　03258

出戍詩話四卷　（清）袁潔撰　清刻本　二冊

630000 – 1301 – 0002355　03264

明代名臣墨寶八一卷戚少保自書詩稿一卷喬
將軍自書詩稿一卷　（清）□□編　清光緒三
十四年(1908)有正書局印本　一冊

630000 – 1301 – 0002356　03266

法學通論二卷　（日本）鈴木喜三郎撰　（清）
震生譯　清光緒二十八年(1902)上海廣智書
局鉛印本　一冊

630000 – 1301 – 0002357　03267

增輯勤儉集二卷　題(清)半癡野人善舫氏撰
清道光二十七年(1847)中壩桂籍齋刻本
二冊

630000 – 1301 – 0002358　03269

謹擬京師大學堂章程一卷　（清）總理各國事
務衙門擬　清光緒刻本　一冊

630000 – 1301 – 0002359　03270

古文原始一卷　（清）曹金籀編　清同治十二
年(1873)靈蘭室刻本　一冊

630000 – 1301 – 0002360　03271

折獄龜鑑八卷首一卷　（宋）鄭克撰　清光緒
八年(1882)海昌許槤刻本　二冊

630000 – 1301 – 0002361　03274

正字略一卷　（清）王筠撰　清文英堂刻本
一冊

630000 – 1301 – 0002362　03276

四川警務文牘彙編不分卷　（清）四川巡警道
編　清宣統四川成都鉛印本　五冊

630000 – 1301 – 0002363　03278

俄國蠶食亞洲史略二卷　題(清)養浩齋主人
輯譯　清光緒二十八年(1902)上海廣智書局
鉛印本　一冊

630000 – 1301 – 0002364　03279

各國學校制度三卷　（日本）寺田勇吉撰
（清）白作霖譯　清光緒二十八年(1902)海上
譯社鉛印本　三冊

630000 – 1301 – 0002365　03280

歷代文獻論略二十四卷　（清）嚴杏林撰　清
光緒二十八年(1902)上海華洋書局鉛印本
四冊

630000 – 1301 – 0002366　03281

東萊先生古文關鍵二卷　（宋）呂祖謙評

(宋)蔡文子註　(清)徐樹屏考異　清光緒二十四年(1898)上海石印本　二冊

630000－1301－0002367　03282
東萊博議四卷增補虛字註釋一卷　(宋)呂祖謙撰　(清)張文炳評點　清光緒文瀾書局石印本　四冊

630000－1301－0002368　03288
東萊博議四卷虛字註釋備考六卷　(宋)呂祖謙撰　(清)張文炳評點　清嘉慶三年(1798)致和堂刻本　四冊

630000－1301－0002369　03291
史畧八十七卷　(清)朱堃輯　清光緒十二年(1886)上海積山書局石印本　五冊　存六十七卷(一至四十五、六十六至八十七)

630000－1301－0002370　03292
史論正鵠初集四卷　(清)王樹敏評點　清光緒二十七年(1901)上海久敬齋石印本　四冊

630000－1301－0002371　03293
史論正鵠二集四卷　(清)王樹敏評點　清光緒二十七年(1901)上海久敬齋石印本　四冊

630000－1301－0002372　03297
繡像東周列國志十二卷首一卷　(清)蔡元放評點　清宣統二年(1910)上海章福記石印本　十二冊

630000－1301－0002373　03301
東周列國全志二十三卷　(清)蔡元放評點　清宏道堂刻本　二十二冊　存二十一卷(二至十九、二十一至二十三)

630000－1301－0002374　03304
古文眉詮七十九卷首一卷　(清)浦起龍論次　清靜寄東軒刻乾隆九年(1744)三吳書院刻本　十六冊　存五十二卷(一至五十二)

630000－1301－0002375　03306
宋史論三卷元史論一卷明史論四卷左傳史論二卷歷代史論十二卷　(明)張溥論正　清光緒石印本　六冊

630000－1301－0002376　03307

南渡錄四卷附傳一卷　(宋)辛棄疾撰　清光緒六年(1880)刻本　二冊

630000－1301－0002377　03308
明賢尺牘藏真三卷　(清)李經畬撰　清光緒七年(1881)刻本　一冊

630000－1301－0002378　03309
宋史論三卷元史論一卷明史論四卷左傳史論二卷歷代史論十二卷　(明)張溥論正　清光緒上海鑄記書局石印本　六冊

630000－1301－0002379　03310
歷代史論十二卷　(明)張溥論正　清光緒刻本　四冊　存十卷(一至十)

630000－1301－0002380　03311
水道提綱二十八卷　(清)齊召南撰　清光緒七年(1881)上海文瑞樓鉛印本　八冊

630000－1301－0002381　03314
隨園三十六種二百六十五卷附三種三卷　(清)袁枚撰　清光緒十九年(1893)倉山舊主石印本　二十四冊

630000－1301－0002382　03315
隨園三十六種二百六十五卷附三種三卷　(清)袁枚撰　清光緒十九年(1893)倉山舊主石印本　二十四冊　最後一冊散佚,失附兩種兩卷:瀛海採問紀實一卷、西俗雜誌一卷

630000－1301－0002383　03316
隨園三十六種二百六十五卷附三種三卷　(清)袁枚撰　清光緒十九年(1893)倉山舊主石印本　十四冊　存二十八種一百五十六卷附三種三卷(小倉山房文集二十五至三十五,隨園詩話九至十六,隨園隨筆二十八卷,新齊諧一至十一、十三至二十四,續新齊諧十卷,隨園續同人集十七卷,紅豆村人詩稿十四卷,碧腴齋詩存八卷,南園詩選二卷,筱雲詩集二卷,槑花軒詩稿二卷,繡餘吟稿一卷,素文女子遺稿一卷,隨園女弟子詩選六卷,飲水詞鈔二卷,箏船詞一卷,捧月樓詞二卷,綠秋草堂詞一卷,樓居小草一卷,盈書閣遺稿一卷,玉山堂詞一卷,崇睦山房詞一卷,過雲精舍詞二

卷,碧梧山館詞二卷,隨園瑣記二卷,湘痕閣詞稿一卷詩稿二卷,瑤華閣詩草一卷詞鈔一卷補遺一卷,涉洋管見一卷;附閩南雜咏一卷,瀛海採問紀實一卷,西俗雜誌一卷)

630000－1301－0002384　03317
隨園□□種□□卷 （清）袁枚撰　清隨園刻本　五十一冊　存二十二種一百五十三卷（小倉山房文集二至七、十六至二十七、三十一至三十五,小倉山房詩集一至三、七至十三、十七至三十五,補遺二卷,小倉山房外集八卷,袁太史時文一卷,小倉山房尺牘五至七,隨園隨筆六至十,新齊諧一至二十一,續新齊諧十卷,隨園食單一卷,隨園八十壽言六卷,隨園續同人集十七卷,紅豆村人詩稿一至四、十一至十四,南園詩選二卷,繡餘吟稿一卷,素文女子遺稾一卷附錄一卷,隨園女弟子詩選六卷,樓居小草一卷,盈書閣遺稾一卷,玉山堂詞一卷,崇睦山房詞一卷,過雲精舍詞二卷,碧梧山館詞二卷)

630000－1301－0002385　03318
小倉山房詩集三十一卷補遺一卷附錄一卷 （清）袁枚撰　清福經堂刻本　六冊

630000－1301－0002386　03319
小倉山房詩集三十一卷補遺一卷附錄一卷 （清）袁枚撰　清積經堂刻本　六冊　存三十一卷（一至二十九、補遺一卷、附錄一卷）

630000－1301－0002387　03330
隨園詩話十六卷 （清）袁枚撰　清嘉慶十年（1805）小倉山房刻本　四冊　存八卷（一至八）

630000－1301－0002388　03334
隨園詩話十六卷補遺十卷 （清）袁枚撰　清刻本　五冊　存二十二卷（一至八、十三至十六,補遺十卷）

630000－1301－0002389　03335
隨園詩話十六卷 （清）袁枚撰　清隨園刻本（卷十四至十六爲補配本）　七冊　存十五卷（一至十二、十四至十六）

630000－1301－0002390　03339
閱微草堂筆記五種二十四卷 （清）紀昀撰　清光緒十七年（1891）上海廣百宋齋鉛印本　四冊

630000－1301－0002391　03342
閱微草堂筆記五種二十四卷 （清）紀昀撰　清道光二十七年（1847）小蓬萊山館刻本　八冊　存三種十一卷（灤陽消夏錄一至二、五至六,如是我聞四卷,槐西雜志一至三）

630000－1301－0002392　03343
閱微草堂筆記五種二十四卷 （清）紀昀撰　清道光二十七年（1847）小蓬萊山館刻本　六冊（合訂三冊）　存三種十六卷（灤陽消夏錄六卷、姑妄聽之四卷、灤陽續錄六卷）

630000－1301－0002393　03345
詳註聊齋志異圖詠十六卷首一卷 （清）蒲松齡撰　（清）呂湛恩註　清光緒二十六年（1900）上海鍊石齋書局石印本　八冊

630000－1301－0002394　03346
三場程式一卷 （清）蔣益澧輯　清光緒元年（1875）刻本　一冊

630000－1301－0002395　03347
詳註聊齋志異圖詠十六卷首一卷 （清）蒲松齡撰　（清）呂湛恩註　清宣統元年（1909）鴻文書局石印本　三冊

630000－1301－0002396　03348
聊齋志異評註十六卷 （清）蒲松齡撰　（清）王士禎評　（清）但明倫新評　（清）呂湛恩註釋　清光緒上海商務印書館鉛印本　七冊　存十四卷（三至十六）

630000－1301－0002397　03349
聊齋志異新評十六卷 （清）蒲松齡撰　（清）王士禎評　（清）但明倫新評　清道光二十二年（1842）廣順但氏刻本　十三冊　存十三卷（一至二、四至十、十二至十五）

630000－1301－0002398　03350
聊齋志異新評十六卷 （清）蒲松齡撰　（清）王士禎評　（清）但明倫新評　清道光二十二

年(1842)廣順但氏刻朱墨印本(卷五至十六
爲補配本)　十五冊　存十五卷(一、三至十
六)

630000－1301－0002399　03351
續廣達生編五卷首二卷　(清)周登庸輯　清
光緒二年(1876)刻本　六冊

630000－1301－0002400　03355
醫學五則五卷　(清)廖雲溪撰　清光緒十三
年(1887)興發堂刻本　五冊

630000－1301－0002401　03358
宋元學案一百卷　(清)黃宗羲撰　(清)全祖
望修定　清刻本　二十四冊　存六十卷(二
至三十九、四十四至四十八、五十六至七十
二)

630000－1301－0002402　03361
漸西邨人初集詩十三卷　(清)袁昶撰　清光
緒二十年(1894)避舍盍堂刻本　三冊

630000－1301－0002403　03362
明宮雜詠二十卷　(清)饒智元撰　清光緒十
九年(1893)長沙黃氏刻湘淥館叢書本　六冊

630000－1301－0002404　03364
除欲究本六卷指婬斷色篇一卷　(清)董清奇
撰　清嘉慶十八年(1813)陝西會眞庵刻本
七冊

630000－1301－0002405　03366
酉陽雜俎二十卷續集十卷　(唐)段成式撰
清道光二十九年(1849)小嬛嬛山館刻本
四冊

630000－1301－0002406　03367
異方便淨土傳燈歸元鏡三祖實錄二卷　(清)
釋智達撰　清乾隆四十九年(1784)西直門龍
王廟刻本　二冊

630000－1301－0002407　03368
三農紀二十四卷　(清)張宗法撰　清文發堂
刻本　六冊

630000－1301－0002408　03373
老子道德經二卷　(晉)王弼注　清兩益堂刻

武英殿本　一冊

630000－1301－0002409　03378
觀老莊影響論一卷老子道德經解二卷首一卷
　(明)釋德清撰　清光緒十二年(1886)金陵
刻經處刻本　二冊

630000－1301－0002410　03382
列子八卷　(戰國)列禦寇撰　(晉)張湛注
清光緒二年(1876)浙江書局校刻明世德堂本
　二冊

630000－1301－0002411　03384
沖虛至德眞經八卷　(晉)張湛註　**鶡冠子三
卷**　(宋)陸佃解　(明)王宇評　清嘉慶九年
(1804)姑蘇聚文堂刻本　四冊

630000－1301－0002412　03386
管子二十四卷　(戰國)管仲撰　(唐)房玄齡
注　(明)劉績補　清光緒十九年(1893)鴻文
書局石印明吳郡趙氏本　一冊

630000－1301－0002413　03395
西巡大事本末記六卷　(日本)吉田良太郎譯
　題(清)八詠樓主人錄　清光緒二十七年
(1901)上海書局石印本　五冊　存五卷(一
至二、四至六)

630000－1301－0002414　03396
別雅五卷　(清)吳玉搢輯　清道光二十九年
(1849)小蓬萊山館刻本　五冊

630000－1301－0002415　03398
新刻劍嘯閣批評西漢演義八卷　(明)甄偉等
撰　(明)鍾惺評　**新刻批評東漢演義八卷**
(清)遠道人重編　清善成堂刻本　十二冊

630000－1301－0002416　03399
新刻批評東漢演義八卷　題(清)遠道人重編
　清善成堂刻本　四冊

630000－1301－0002417　03400
新刻劍嘯閣批評東漢演義傳十卷　　(□)□□
編　清刻本　四冊

630000－1301－0002418　03401
新刻劍嘯閣批評東漢演義傳十卷　　(□)□□

編　清刻本　五冊

630000－1301－0002419　03403

新刻劍嘯閣批評西漢演義八卷　（明）甄偉等撰　（明）鍾惺評　清善成堂刻本　八冊

630000－1301－0002420　03404

閱微草堂筆記二十四卷　（清）紀昀撰　清光緒十四年（1888）上海點石齋石印本　四冊

630000－1301－0002421　03411

日損益齋古今體詩十八卷目錄一卷　（清）馬疏撰　清咸豐八年（1858）家塾刻本　六冊

630000－1301－0002422　03412

日損益齋古今體詩十八卷目錄一卷　（清）馬疏撰　清咸豐八年（1858）家塾刻本　六冊

630000－1301－0002423　03413

日損益齋試帖四卷　（清）馬疏撰　清咸豐八年（1858）家塾刻本　二冊

630000－1301－0002424　03414

日損益齋古文八卷附一卷　（清）馬疏撰　清咸豐七年（1857）家塾刻本　二冊　存四卷（一至二、七至八）

630000－1301－0002425　03415

三通序三卷　（清）康綸鈞輯　清嘉慶九年（1804）康氏陝甘學署刻本　二冊

630000－1301－0002426　03416

爪哇志一卷附新志一卷蘇門答拉志一卷附新志一卷　（清）學部編譯圖書局編纂　清光緒三十三年（1907）學部編譯圖書局鉛印本　一冊

630000－1301－0002427　03417

爪哇志一卷附新志一卷蘇門答拉志一卷附新志一卷　（清）學部編譯圖書局編纂　清光緒三十三年（1907）學部編譯圖書局鉛印本　一冊

630000－1301－0002428　03418

土耳基國志一卷附新志一卷　（清）學部編譯圖書局編纂　清光緒三十三年（1907）學部編譯圖書局鉛印本　一冊

630000－1301－0002429　03422

西比利亞志一卷附新志一卷　（清）前編書局編纂　清光緒三十四年（1908）學部編譯圖書局鉛印本　一冊

630000－1301－0002430　03423

群書備考古學捷十卷　（清）陳應虋輯　清三近、鼎堂同刻本　二冊（合訂一冊）

630000－1301－0002431　03425

應試新賦備要初集六卷二集六卷　（清）謝稼思評選　清嘉慶七年（1802）聚文堂刻本　六冊

630000－1301－0002432　03426

陽明先生集要經濟編六卷　（明）王守仁撰　（明）施邦曜評輯　清濟美堂刻本　六冊

630000－1301－0002433　03428

天演論二卷　（英國）赫胥黎撰　嚴復譯　清光緒二十七年（1901）富文書局石印本　二冊

630000－1301－0002434　03430

歷代帝王年表二卷　（清）齊召南編　四裔編年表四卷　（英國）博那氏編　（美國）林樂知（清）嚴良勳譯　（清）李鳳苞彙編　清光緒二十三年（1897）上海著易堂石印本　八冊

630000－1301－0002435　03432

農政全書六十卷　（明）徐光啓撰　清光緒二十六年（1900）上海文海書局石印本　八冊

630000－1301－0002436　03434

讀書雜志八十二卷餘編二卷　（清）王念孫撰　清同治九年（1870）金陵書局刻本　十冊存三十九卷（逸周書雜志四卷、戰國策雜志一、荀子雜志八卷補遺一卷、淮南內篇雜志二十二卷補遺一卷、漢隸拾遺一卷,餘編下）

630000－1301－0002437　03437

詩賦駢字類珠八卷　（清）蕭熿編　清嘉慶二十三年（1818）聚錦堂刻本　四冊

630000－1301－0002438　03438

耐寒樓試帖註釋八卷　（清）盧孝曾撰　清道光十二年（1832）寶仁堂刻本　四冊

630000 – 1301 – 0002439　03439

[光緒二十年甲午恩科]會試同年齒錄不分卷
（□）□□編　清光緒京都精華、元會、龍
光、龍文四齋刻本　四冊

630000 – 1301 – 0002440　03440

道德經解二卷　（漢）河上公章句　清刻本
二冊

630000 – 1301 – 0002441　03441

石南書院課士草不分卷　（清）鍾聲撰　清刻
本　一冊

630000 – 1301 – 0002442　03449

頌冊鈔存一卷　（清）秦維嶽撰　清刻本
一冊

630000 – 1301 – 0002443　03450

頌冊鈔存一卷　（清）秦維嶽撰　清刻本
一冊

630000 – 1301 – 0002444　03451

策學總纂大成四十六卷目錄二卷　（清）蔡壽
祺輯　清光緒七年(1881)京都琉璃廠刻本
十二冊

630000 – 1301 – 0002445　03452

試策便覽十六卷　（清）王綜　（清）王誥撰
清乾隆三十六年(1771)對山樓刻本　八冊

630000 – 1301 – 0002446　03453

試策便覽十六卷　（清）王綜　（清）王誥撰
清乾隆三十六年(1771)對山樓刻本　六冊

630000 – 1301 – 0002447　03454

積古齋鐘鼎彝器款識十卷　（清）阮元撰　清
光緒三十三年(1907)上海醉六堂石印本
五冊

630000 – 1301 – 0002448　03456

積古齋鐘鼎彝器款識十卷　（清）阮元撰　清
光緒八年(1882)常熟抱芳閣刻本　四冊

630000 – 1301 – 0002449　03457

綠野仙踪八十回　（清）李百川撰　清刻本
(一至四回爲抄配)　十五冊　存七十五回
(一至五十六、六十二至八十)

630000 – 1301 – 0002450　03463

波斯志一卷　（清）學部編譯圖書局編纂　清
光緒三十三年(1907)學部編譯圖書局鉛印本
一冊

630000 – 1301 – 0002451　03464

羅馬志畧十三卷年表一卷　（清）□□編　清
光緒二十四年(1898)石印本　一冊

630000 – 1301 – 0002452　03465

天方字母解義不分卷　（清）劉智撰　附刻清
真教說一卷　（清）劉三傑撰　清光緒二十年
(1894)成都敬畏堂周氏刻本　一冊

630000 – 1301 – 0002453　03467

長生殿傳奇二卷　（清）洪昇撰　（清）吳人論
文　清光緒十三年(1887)上海蜚英館石印本
二冊

630000 – 1301 – 0002454　03469

老學庵筆記二卷　（宋）陸游撰　清宣統三年
(1911)上海掃葉山房石印本　二冊

630000 – 1301 – 0002455　03471

亦耕草堂詩鈔四卷　（清）焦繼華撰　清刻本
三冊　存三卷(二至四)

630000 – 1301 – 0002456　03476

醫林纂要探源十卷　（清）汪紱輯　附錄一卷
（清）余元遴等撰　清光緒二十三年(1897)
江蘇書局刻本　十冊

630000 – 1301 – 0002457　03478

全浙詩話五十四卷　（清）陶元藻輯　清刻本
六冊　存十八卷(二十七至二十九、三十三
至三十九、四十三至五十)

630000 – 1301 – 0002458　03481

英國等條款不分卷　（清）□□編　清刻本
四冊

630000 – 1301 – 0002459　03482

吾學錄初編不分卷　（清）吳榮光撰　清光緒
六年(1880)酒泉營次刻本　二冊

630000 – 1301 – 0002460　03483

重刊巢氏諸病源候總論五十卷　（隋）巢元方

撰　清嘉慶刻本　八冊

630000－1301－0002461　03496
練兵實紀九卷雜集六卷附各國旗式一卷
(明)戚繼光撰　清光緒二十一年(1895)上海
醉經樓石印本　四冊　存十二卷(實紀九卷，
雜集四、六,附各國旗式一卷)

630000－1301－0002462　03500
巾經纂二十卷　(清)宋宗元撰　清咸豐五年
(1855)粵東省城效文堂刻本　五冊

630000－1301－0002463　03503
陽山蕞牘不分卷　(清)符翕撰　清光緒十五
年(1889)陽山縣署刻本　二冊(合訂一冊)

630000－1301－0002464　03504
[宣統]重修涇陽縣志十六卷首一卷末一卷
劉懋官修　宋伯魯　周斯億纂　清宣統三年
(1911)天津華新印刷局鉛印本　四冊

630000－1301－0002465　03505
[嘉慶]衛藏通志十六卷首一卷　(清)和琳纂
　清光緒二十二年(1896)刻漸西村舍彙刻本
　八冊

630000－1301－0002466　03506
[嘉慶]衛藏通志十六卷首一卷　(清)和琳纂
　清光緒二十二年(1896)刻漸西村舍彙刻本
　八冊

630000－1301－0002467　03508
池北偶談二十六卷　(清)王士禎撰　清文粹
堂刻本　八冊

630000－1301－0002468　03509
西漢文選四卷　(清)儲欣評　清受祉堂刻本
　四冊

630000－1301－0002469　03510
西漢文選四卷史記選六卷　(清)儲欣評　清
嘉慶九年(1804)大德堂刻本　六冊

630000－1301－0002470　03511
江楚會奏變法三摺三卷附片一卷　(清)劉坤
一　(清)張之洞撰　清光緒二十七年(1901)
甘肅藩署刻本　一冊

630000－1301－0002471　03513
江蘇學務公牘不分卷　(清)江蘇省學務公所
編　清光緒三十四年(1908)江蘇學務公所印
刷處鉛印本　四冊

630000－1301－0002472　03514
名法指掌新例增訂四卷　(清)沈辛田輯　清
咸豐十年(1860)粵東刻本　四冊

630000－1301－0002473　03515
光學二卷　(英國)田大里輯　(美國)金楷理
口譯　(清)趙元益筆述　**視學諸器圖說一卷**
　(美國)金楷理口譯　(清)趙元益筆述　清
同治九年(1870)江南機器製造總局刻本
二冊

630000－1301－0002474　03518
何大復先生集三十八卷附錄一卷　(明)何景
明撰　清宣統元年(1909)厚生印書館石印本
　八冊

630000－1301－0002475　03519
防心集五卷　(清)陳育仁撰　清咸豐五年
(1855)蘭州陳氏榆蔭堂自刻本　五冊

630000－1301－0002476　03520
防心集五卷　(清)陳育仁撰　清咸豐五年
(1855)蘭州陳氏榆蔭堂自刻本　五冊

630000－1301－0002477　03521
防心集五卷　(清)陳育仁撰　清咸豐五年
(1855)蘭州陳氏榆蔭堂自刻本　五冊

630000－1301－0002478　03522
褒忠記一卷　(清)吳可讀撰　清光緒五年
(1879)蘭省莊嚴寺刻本　一冊

630000－1301－0002479　03524
遼史拾遺二十四卷　(清)厲鶚撰　**遼史拾遺
補五卷**　(清)楊復吉輯　**遼史紀年表一卷**
(清)汪遠孫撰　清光緒元年(1875)江蘇書局
刻本　十冊

630000－1301－0002480　03525
宋四六選二十四卷　(清)彭元瑞輯　(清)曹
振鏞編　清刻本　八冊

630000－1301－0002481　03527

忠雅堂評選四六法海八卷　（清）蔣士銓評選
清光緒十八年(1892)湖南書局刻本　七冊
存七卷(一至七)

630000－1301－0002482　03529

杏廬文鈔八卷　（清）諸福坤撰　清光緒二十
七年(1901)刻本　三冊

630000－1301－0002483　03531

良言瑣記一卷補遺一卷　（清）□□輯　清刻
本　二冊

630000－1301－0002484　03534

歷代世系紀年編一卷　（清）沈炳震撰　**歷代
建元重號一卷補遺一卷附考一卷**　（清）姚文
田增輯　清刻本　一冊

630000－1301－0002485　03535

漢關侯事蹟彙編附錄四卷　（清）萬之蘅
（清）吳寶彝輯　清刻本　一冊

630000－1301－0002486　03536

佐治藥言一卷續一卷　（清）汪輝祖撰　清光
緒二十二年(1896)甘肅藩署刻本　一冊

630000－1301－0002487　03537

佐治藥言一卷續一卷　（清）汪輝祖撰　清光
緒二十二年(1896)甘肅藩署刻本　一冊

630000－1301－0002488　03538

板橋集六卷　（清）鄭燮撰　清酉山堂刻本
四冊

630000－1301－0002489　03539

平三角舉要五卷　（清）梅文鼎撰　清光緒十
四年(1888)陝西求友齋刻本　二冊

630000－1301－0002490　03540

平三角舉要五卷　（清）梅文鼎撰　清光緒十
四年(1888)陝西求友齋刻本　二冊

630000－1301－0002491　03541

**新鐫玉茗堂批評按鑑參補南宋志傳十卷北宋
楊家傳十卷**　（清）研石山樵(徐來琛)訂正
清同治十一年(1872)經綸堂刻本　九冊　存
十八卷(南宋志傳十卷、楊家傳三至十)

630000－1301－0002492　03542

古韻發明不分卷切字肆考一卷　（清）張畊撰
清道光六年(1826)滕陽張氏芸心堂刻本
四冊

630000－1301－0002493　03543

刑案匯覽六十卷首一卷末一卷目錄一卷
（清）祝慶祺輯　清道光二十九年(1849)味塵
軒刻本　五十四冊　存五十四卷(一至四、十
四至六十,首一卷,末一卷,目錄一卷)

630000－1301－0002494　03544

**左文襄公全集七種一百十九卷首一卷附二種
十四卷**　（清）左宗棠撰　清光緒中刻本　一
百二十八冊

630000－1301－0002495　03545

**左文襄公全集七種一百十九卷首一卷附二種
十四卷**　（清）左宗棠撰　清光緒中刻本,一
百十九冊　存七種一百十九卷首一卷附一種
九卷(左文襄公奏稿六十四卷、左文襄公書牘
二十六卷說帖一卷、左文襄公批札七卷、左文
襄公咨札一卷告示一卷、左文襄公謝摺二卷、
左文襄公文集五卷詩集一卷聯語一卷、左文
襄公年譜十卷,首一卷,附駱文忠公奏稿二至
十)

630000－1301－0002496　03546

續增刑案匯覽十六卷　（清）祝慶祺輯　清刻
本　六冊　存六卷(二至五、十五至十六)

630000－1301－0002497　03548

經藝宏括不分卷　（清）□□編　清光緒十四
年(1888)上海積山書局石印本　八冊　存
(易經、詩經)

630000－1301－0002498　03550

新鐫增補時憲臺曆袖裏璇璣星命須知二卷
（清）□□編　清光緒三十一年(1905)文瑞樓
書局石印本　二冊

630000－1301－0002499　03551

增廣智囊補二十八卷　（明）馮夢龍輯　清光
緒三十四年(1908)上海文盛書局石印本
五冊

630000－1301－0002500　03552

煙霞萬古樓文集六卷詩選二卷　（清）王曇撰
清光緒二十一年(1895)鴻文書局刻粵雅堂
叢書本　四冊

630000－1301－0002501　03553

[道光戊戌庚子辛丑甲辰四科]近四科同館試
帖鳴盛集四卷　（清）陳枚　（清）高遠詢編
（清）高術方注釋　清道光二十九年(1849)綺
霞閣刻本　四冊

630000－1301－0002502　03554

本朝試賦新硎五卷首一卷　（清）陸貽穀
（清）李光瓊輯評　清金陵三多齋刻本　四冊

630000－1301－0002503　03555

十科策畧箋釋十卷　（明）劉定之撰　（清）劉
作樑註　呆齋公年譜一卷　（清）劉作樑撰
清乾隆二十八年(1763)文錦堂刻本　五冊
存八卷(十科策畧箋釋一、五至十,呆齋公年
譜一卷)

630000－1301－0002504　03558

試律大觀三十二卷　（清）□□輯　清刻本
八冊　存二十三卷(一至二、四至十一、二十
至三十二)

630000－1301－0002505　03559

玉堂試帖振采集六卷　（清）潘曾瑩輯　清刻
本　六冊

630000－1301－0002506　03560

考卷約選四集不分卷　（清）李錫瓚編　清嘉
慶二十二年(1817)寶寧堂刻本　十三冊

630000－1301－0002507　03560

考卷約選五集不分卷附採芹要訣一卷　（清）
顧嘉瑞（清）顧辰編　清道光二年(1822)寶
寧堂刻本　與普查號2506合函

630000－1301－0002508　03563

新政應試必讀六種六卷　（清）顧厚焜鑒定
清光緒二十九年(1903)中西譯書會石印本
八冊

630000－1301－0002509　03564

經藝選腴初編不分卷續編不分卷　題（清）浣
溪主人輯　清道光十九年至二十四年(1839
－1844)浣溪草舍刻本　十冊　存(初編易經
上半部、續編)

630000－1301－0002510　03565

蒙求註釋二卷　（晉）李瀚撰　（清）方宗敆註
釋　清光緒元年(1875)碧琳瓊館刻本　一冊

630000－1301－0002511　03566

文章游戲三遍八卷　（清）繆艮輯　清嘉慶藕
花館刻本　三冊　存六卷(一至四、七至八)

630000－1301－0002512　03567

歷朝賦楷八卷首一卷　（清）王修玉輯　清尚
德堂刻本　三冊

630000－1301－0002513　03568

經史辯體增刪定本不分卷　（清）徐與喬撰
清敦化堂刻本　十二冊

630000－1301－0002514　03569

仁在堂全集十一集續三集　（清）路德撰　清
光緒十八年(1892)積山書局石印本　八冊

630000－1301－0002515　03570

仁在堂全集十一集續三集　（清）路德撰　清
光緒十八年(1892)積山書局石印本　四冊
存六集續三集(第六集時藝階五十一頁至一
百二十九頁、第七集時藝話、第八集課士詩、
第九集課士賦、第十集文藝金鍼、第十一集訓
蒙草,續第一集時藝核續編、第二集訓蒙草註
釋、第三集賦)

630000－1301－0002516　03571

仁在堂全集十一集續三集　（清）路德撰　清
宏道堂刻本　十四冊　存六集續一集(第一
集時藝引、第三集時藝核、第五集時藝綜、第
六集時藝階、第十集文藝金鍼、第十一集訓蒙
草,續第一集時藝核續編)

630000－1301－0002517　03572

時藝階不分卷　（清）路德撰　清道光二十六
年(1846)天德堂刻本　六冊

630000－1301－0002518　03573

仁在堂時藝綜一卷 （清）路德撰 清道光二十年(1840)來鹿堂刻本 一冊

630000－1301－0002519 03574

五經文府五卷 （清）鴻寶齋輯 清光緒十二年(1886)鴻寶齋石印本 九冊 存三卷（易經一卷、書經一卷、春秋一卷）

630000－1301－0002520 03575

增廣賦海大全三十卷首一卷 （□）□□編 清光緒二十三年(1897)慎記書局石印本 十冊（合訂五冊） 存二十四卷（一至二十三、首一卷）

630000－1301－0002521 03576

馮林一稿一卷 （清）馮桂芬撰 清光緒二年(1876)鉛印本 一冊

630000－1301－0002522 03578

新輯經濟策論三編六卷 （清）俞樾撰 清光緒石印本 五冊 存五卷（二至六）

630000－1301－0002523 03580

註釋詩料二集句解四卷 （清）許魚門註 清刻乾隆二十九年(1764)智德堂本 一冊

630000－1301－0002524 03581

試帖指南四卷 （清）張昶編 清光緒藝林堂刻本 一冊

630000－1301－0002525 03582

典林博覽十二卷 （清）鍾運堯編 清同治十二年(1873)存養山房刻本 十二冊

630000－1301－0002526 03583

文腋類編十卷 （清）周岱鑒定 清光緒十四年(1888)上海三友書室鉛印本 六冊

630000－1301－0002527 03586

分類賦學雞跖集三十卷附錄一卷 （清）張維城輯 清道光十二年(1832)粲花吟館刻本 八冊

630000－1301－0002528 03588

分類賦學雞跖集三十卷附錄一卷 （清）張維城輯 清同治十三年(1874)粲花吟館刻本 三冊 存十四卷（一至十四）

630000－1301－0002529 03590

通商表四卷 （清）楊楷等輯 清光緒二十一年(1895)海昌官廨刻本 四冊

630000－1301－0002530 03591

名醫類案十二卷 （明）江瓘集 清同治十年(1871)藏脩堂刻知不足齋本 十二冊

630000－1301－0002531 03593

忠介公集十三卷附錄五卷首一卷末一卷 （清）楊爵著 清光緒十九年(1893)張履誠堂刻本 六冊

630000－1301－0002532 03594

論語註疏解經二十卷 （三國魏）何晏集解 （宋）邢昺疏 明崇禎十年(1637)汲古閣刻本 二冊

630000－1301－0002533 03595

論語注疏解經二十卷 （三國魏）何晏集解 （宋）邢昺疏 校勘記二十卷 （清）阮元撰 （清）盧宣旬摘錄 清道光六年(1826)校印嘉慶二十年(1815)南昌府學重刊宋本十三經注疏附校勘記本 五冊

630000－1301－0002534 03597

綱鑑擇語十卷 （清）司徒修撰 清光緒二十四年(1898)文盛書局石印本 六冊

630000－1301－0002535 03599

魯氏世譜一卷 （清）魯紀勛等纂 清刻本 一冊

630000－1301－0002536 03600

魯氏世譜一卷 （清）魯紀勛等纂 清刻本 一冊

630000－1301－0002537 03601

質學課本五卷 （英國）伊那楞木孫撰 （清）曾宗鞏譯 清光緒三十二年(1906)學部編譯圖書局鉛印本 五冊

630000－1301－0002538 03602

質學課本五卷 （英國）伊那楞木孫撰 （清）曾宗鞏譯 清光緒三十二年(1906)學部編譯圖書局鉛印本 五冊

630000－1301－0002539　03604

新增詩句題解彙編二十二卷　（清）陳劍芝等撰　（清）朱春舫增輯　清光緒八年(1882)友善堂刻本　十六冊

630000－1301－0002540　03605

增廣詩句題解彙編四卷附姓氏考一卷　（清）文同書局輯　清光緒二十二年(1896)上海慎記莊石印本　四冊(合訂二冊)

630000－1301－0002541　03606

增廣詩句題解彙編四卷附姓氏考一卷　（清）文同書局輯　清光緒十三年(1887)上海文同書局石印本　三冊　存三卷(一、三至四)

630000－1301－0002542　03607

詩句題解韻編六卷附韻編朝代姓名總目一卷　（清）陳維屏纂輯　清道光十七年(1837)棠芬書屋刻本　六冊

630000－1301－0002543　03608

[清光緒三十三年七月]諭摺彙存不分卷　（□）□□編　清光緒三十三年(1907)刻本　六冊

630000－1301－0002544　03609

最近揚子江之大勢不分卷　（日本）國府犀東撰　（清）趙必振譯　**附勘誤記一卷**　（清）黃葆恆校　清光緒二十八年(1902)上海廣智書局鉛印本　一冊

630000－1301－0002545　03610

支那教學史略三卷　（日本）狩野良知撰　清光緒二十八年(1902)上海商務印書館鉛印本　一冊

630000－1301－0002546　03611

中東戰紀本末初編八卷續編四卷　（美國）林樂知撰　（清）蔡爾康輯　清光緒二十三年(1897)上海圖書集成局鉛印本　十二冊

630000－1301－0002547　03612

中東戰紀本末三編四卷　（美國）林樂知撰　（清）蔡爾康輯　清光緒二十三年(1897)上海圖書集成局鉛印本　十冊　存三卷(一至三)

630000－1301－0002548　03613

甘肅高等學堂經學日記摘鈔一卷附校勘記一卷　（清）學堂書局輯　清光緒三十年(1904)學堂書局鉛印本　一冊

630000－1301－0002549　03614

甘肅高等學堂經學日記摘鈔一卷附校勘記一卷　（清）學堂書局輯　清光緒三十年(1904)學堂書局鉛印本　一冊

630000－1301－0002550　03615

甘肅高等學堂經學日記摘鈔一卷附校勘記一卷　（清）學堂書局輯　清光緒三十年(1904)學堂書局鉛印本　一冊

630000－1301－0002551　03616

甘肅高等學堂經學日記摘鈔一卷附校勘記一卷　（清）學堂書局輯　清光緒三十年(1904)學堂書局鉛印本　一冊

630000－1301－0002552　03617

甘肅高等學堂經學日記摘鈔一卷附校勘記一卷　（清）學堂書局輯　清光緒三十年(1904)學堂書局鉛印本　一冊

630000－1301－0002553　03618

道光間西寧各官書啓選錄不分卷　（清）□□輯　清稿本　一冊

630000－1301－0002554　03621

文學興國策二卷　（美國）林樂知譯　清光緒二十二年(1896)圖書集成局鉛印本　一冊

630000－1301－0002555　03623

馬匹之騎御法一卷　（日本）陸軍士官學校編　（清）崇興譯述　清光緒三十三年(1907)北洋陸軍編譯局鉛印本　一冊

630000－1301－0002556　03624

福德堂塾課不分卷　（清）李冠羣撰　清光緒十八年(1892)蘭省福德堂刻本　二冊

630000－1301－0002557　03625

思痛錄一卷　（清）陳才芳撰　清光緒刻本　一冊

630000－1301－0002558　03626

航海簡法四卷　（英國）那麗撰　（美國）金楷理口譯　（清）王德均筆述　清光緒三十一年（1905）上海江南機器製造總局刻本　二冊

630000－1301－0002559　03627

書法正傳十卷　（清）馮武編　清乾隆十四年（1749）世夛堂刻本　一冊　存五卷（一至五）

630000－1301－0002560　03632

尚書古文疏證八卷　（清）閻若璩撰　**朱子古文書疑一卷**　（清）閻詠復輯　清刻乾隆眷西堂刻本　八冊　存七卷（尚書古文疏證一至二、四至八）

630000－1301－0002561　03633

金索六卷首一卷石索六卷　（清）馮雲鵬（清）馮雲鵷輯　清道光滋陽縣署刻本　十二冊

630000－1301－0002562　03635

九數存古九卷　（清）顧觀光學　清光緒十八年（1892）江蘇書局刻本　四冊

630000－1301－0002563　03636

書經六卷　（宋）蔡沈集傳　清同治十年（1871）刻五經四書本　四冊

630000－1301－0002564　03637

書經六卷　（宋）蔡沈集傳　清同治十年（1871）刻五經四書本　四冊

630000－1301－0002565　03638

欽定書經傳說彙纂二十一卷首二卷書序一卷　（清）王頊齡等撰　清同治七年（1868）浙江書局刻本　十二冊

630000－1301－0002566　03639

醫林纂要探源十卷　（清）汪紱輯　**附錄一卷**　（清）余元遴等撰　清光緒二十三年（1897）江蘇書局刻本　十冊

630000－1301－0002567　03641

醫方易簡新編六卷　（清）龔自璋輯　清同治五年（1866）京都琉璃廠范氏篆雲齋刻本　四冊

630000－1301－0002568　03643

燕京開教畧三卷　（清）樊國樑撰　清光緒三十一年（1905）北京救世堂印本　三冊

630000－1301－0002569　03645

欽定詩經傳說彙纂二十一卷詩序二卷首二卷　（清）王鴻緒等撰　清同治七年（1868）閩浙總督馬新貽刻武英殿本　十六冊

630000－1301－0002570　03646

泰西各國名人言行錄十六卷　（清）張兆蓉編纂　清光緒二十九年（1903）明遼聖教會石印本　六冊

630000－1301－0002571　03648

新刊補註銅人腧穴針灸圖經五卷　（宋）王惟一撰　清宣統元年（1909）貴池劉氏影印金大定平水刻本　二冊

630000－1301－0002572　03649

第六才子書西廂記八卷　（元）王實甫撰（清）金人瑞評　**西廂詩二卷**　題（清）嘉禾散人點定　**才子西廂醉心篇一卷**　（清）陳維崧撰　清味蘭軒刻本　四冊　存五卷（第六才子書西廂記七至八、西廂詩二卷、才子西廂醉心篇一卷）

630000－1301－0002573　03652

張仲景傷寒論貫珠集八卷　（清）尤怡註（清）朱陶性校　清嘉慶十五年（1810）朱氏木活字印本　四冊（合訂一冊）

630000－1301－0002574　03653

筆花醫鏡四卷　（清）江涵暾撰　清光緒二十六年（1900）敘府文玉堂刻本　二冊

630000－1301－0002575　03654

新刊增補萬病回春原本八卷　（明）龔廷賢撰　清經綸堂刻本　四冊

630000－1301－0002576　03655

外科眞詮二卷　（清）鄒岳撰　清同治十一年（1872）刻本　四冊

630000－1301－0002577　03658

纂輯禁書目錄一卷　（□）□□編　清刻本　一冊

630000－1301－0002578　03660

漢溪書法通解八卷　（清）戈守智撰　清霽雲
閣刻本　四冊

630000－1301－0002579　03661

新刻出像增補搜神記六卷　（晉）干寶撰　清
初金陵大盛堂刻本　六冊

630000－1301－0002580　03662

湘綺樓文集八卷詩十四卷箋啟八卷　王闓運
撰　清宣統二年（1910）上海國學扶輪社石印
本　十二冊

630000－1301－0002581　03663

重訂少嵒賦草四卷　（清）夏思沺撰　（清）姜
兆蘭釋　清道光十六年（1836）大道堂刻本
四冊

630000－1301－0002582　03664

重訂少嵒賦草四卷　（清）夏思沺撰　（清）姜
兆蘭釋　清道光十六年（1836）大道堂刻本
四冊

630000－1301－0002583　03665

謝疊山先生文章軌範七卷　（宋）謝枋得撰
清光緒三十一年（1905）著易堂重校石印本
四冊（合訂二冊）

630000－1301－0002584　03666

江湖尺牘五卷　（清）盧學圃輯　分韻撮要字
彙四卷　（清）溫岐石輯　清同治五年（1866）
榮茂堂刻本　四冊

630000－1301－0002585　03667

重訂增補陶朱公致富全書四卷　（清）石巖增
定　清刻本　四冊

630000－1301－0002586　03669

唐詩三百首六卷　（清）孫洙編　清秦州車全
義堂刻本　二冊

630000－1301－0002587　03670

棲雲閣文集十五卷　（清）高珩撰　（清）陸燿
選　清乾隆刻本　八冊

630000－1301－0002588　03672

時務通藝錄掌故二卷輿地一卷算學一卷
（□）□□編　清光緒二十四年（1898）刻本
四冊

630000－1301－0002589　03673

經心書院課程輿地學不分卷附戊戌遊記一卷
（清）姚炳奎撰　清光緒二十九年（1903）經
心書院刻本　八冊

630000－1301－0002590　03674

左恪靖侯奏稿初編三十八卷續編七十六卷
（清）左宗棠撰　清刻本　十三冊　存三十一
卷（初編三至六、二十二至二十五、二十八至
三十八、續編一至六、二十八至三十、六十至
六十二）

630000－1301－0002591　03675

西國近事彙編九十二卷（光緒四年至二十五
年）　（美國）金楷理口譯　（清）蔡錫齡筆述
清光緒上海機器製造局鉛印本　六十三冊
存六十三卷（丁丑四卷，戊寅一至三，己卯
三，庚辰四卷，辛巳三至四，壬午一、三至四，
癸未三至四，甲申一、四，乙酉四卷，丙戌一、
三至四，丁亥四卷，戊子二至四，庚寅二至四，
辛卯一至二、四，癸巳二至四，甲午二至四，乙
未四卷，丙申四卷，戊戌四卷，己亥四卷）

630000－1301－0002592　03679

普通百科新大詞典不分卷　（清）國學扶輪社
編　清宣統三年（1911）上海國學扶輪社鉛印
本　十五冊

630000－1301－0002593　03683

懷豳雜俎十二種十七卷　徐乃昌輯　清光緒
至宣統南陵徐氏刻本　十冊

630000－1301－0002594　03686

欽定大清通禮五十四卷　（清）李玉鳴纂
（清）穆克登額續纂　清道光六年（1826）刻本
八冊

630000－1301－0002595　03689

古唐詩合解十二卷附古歌四卷　（清）王堯衢
註　清永順堂刻本　五冊　存十四卷（古唐
詩合解一至十、附古歌四卷）

630000－1301－0002596　03693

古唐詩合解十二卷附古歌四卷　（清）王堯衢
註　清永順堂刻本　六冊

630000－1301－0002597　03694
古唐詩合解十二卷附古歌四卷　（清）王堯衢
註　清光緒十二年(1886)大生堂刻本　六冊

630000－1301－0002598　03695
古唐詩合解十二卷附古歌四卷　（清）王堯衢
註　清道光十二年(1832)藜照書屋刻本
六冊

630000－1301－0002599　03696
古唐詩合解十二卷附古歌四卷　（清）王堯衢
註　清光緒七年(1881)大道堂刻本　六冊

630000－1301－0002600　03697
古唐詩合解十二卷附古歌四卷　（清）王堯衢
註　清文星堂刻本　六冊

630000－1301－0002601　03698
古唐詩合解十二卷附古歌四卷　（清）王堯衢
註　清光緒二十一年(1895)金谿經國書坊刻
本　八冊

630000－1301－0002602　03699
碑別字補五卷　羅振玉輯　清光緒二十一年
(1895)刻本　二冊

630000－1301－0002603　03703
思綺堂文集十卷　（清）章藻功撰　清聚錦堂
刻本　十二冊

630000－1301－0002604　03704
滿洲財力論一卷　（日本）松本敬之撰　（清）
施爾常譯　清光緒三十二年(1906)京師學部
官書局鉛印本　一冊

630000－1301－0002605　03705
滿洲財力論一卷　（日本）松本敬之撰　（清）
施爾常譯　清光緒三十二年(1906)京師學部
官書局鉛印本　一冊

630000－1301－0002606　03706
劉武愼公遺書二十五卷　（清）劉長佑撰　年
譜二卷　（清）鄧輔綸編　清光緒二十六年
(1900)劉思訓刻本　十六冊　存十六卷(一

至五、八至十七，年譜二)

630000－1301－0002607　03707
侯官嚴氏叢刻五卷　嚴復撰　清光緒二十八
年(1902)上海書局石印本　四冊

630000－1301－0002608　03708
今古奇觀四十卷　（清）墨憨齋刪訂　清道光
二十三年(1843)墨憨齋刻本　六冊

630000－1301－0002609　03711
小倉山房詩集三十二卷　（清）袁枚撰　清刻
本　六冊　存二十六卷(一至二十六)

630000－1301－0002610　03715
分類尺牘新語二十四卷　（清）徐士後　（清）
汪淇評箋　清康熙五十一年(1712)還讀齋刻
本　四冊　存十七卷(一至八、十六至二十
四)

630000－1301－0002611　03716
賴古堂名賢尺牘新鈔十二卷　（清）高阜
（清）羅耀選　清情話軒刻本　六冊

630000－1301－0002612　03717
分類尺牘備覽三十卷　（清）王虎榜編　清光
緒十六年(1890)上洋珍藝書局重校鉛印本
六冊

630000－1301－0002613　03722
尺牘致復集二卷　題（清）飲香居士輯　清萬
帙樓刻本　一冊

630000－1301－0002614　03724
分類尺牘備覽正集八卷續集八卷　題（清）遯
跡居士紫冕英撰　清光緒三十年(1904)上海
廣益書局石印本　十六冊

630000－1301－0002615　03727
續分類尺牘備覽八卷　（清）王虎榜編　清光
緒二十二年(1896)滬江書局石印本　七冊
(合訂三冊)　存七卷(一至六、八)

630000－1301－0002616　03728
增註文明尺牘備覽十六卷　（清）清國留學生
編纂　清光緒三十二年(1906)上海文明印書
局石印本　十一冊(合訂四冊)　存十二卷

（一至五、九、十一至十六）

630000－1301－0002617　03729

分類尺牘備覽三十卷　（清）王虎榜編　清光緒二十五年（1899）愼記書莊石印本　八册（合訂二册）

630000－1301－0002618　03730

分類尺牘備覽正集八卷續集八卷　題（清）遯跡居士紫冤英撰　清光緒三十年（1904）上海廣益書局石印本　六册　存十二卷（正集三至八，續集一至二、五至八）

630000－1301－0002619　03733

[正德]朝邑縣志二卷　（明）王道修　（明）韓邦靖纂　**韓五泉詩四卷**　（明）韓邦靖撰　**韓安人遺詩一卷**　（明）屈安人撰　**韓五泉附錄志傳二卷**　（明）王九思等撰　清刻明萬曆本　三册

630000－1301－0002620　03734

新鍥重訂出像註釋西晉志傳通俗演義題評四卷東晉志傳通俗演義題評八卷　題（清）陳氏尺蠖齋評釋　清陳氏尺蠖齋刻本　十二册

630000－1301－0002621　03738

李長吉集四卷集外卷一卷　（唐）李賀撰（明）黃淳耀　（清）黎簡批點　清宣統元年（1909）上海埽葉山房石印本　二册

630000－1301－0002622　03739

唐李長吉詩集四卷　（唐）李賀撰　清同治十年（1871）李氏家祠刻本　一册

630000－1301－0002623　03741

唐宋八家文讀本三十卷　（清）沈德潛撰　清蘇州小欜林刻本　十二册

630000－1301－0002624　03742

唐宋八家文讀本三十卷　（清）沈德潛撰　清蘇州小欜林刻本　十一册　存二十八卷（一至二十八）

630000－1301－0002625　03743

唐宋八大家策論文鈔不分卷　（清）倪燦評　清康熙二年（1663）刻本　四册（合訂二册）

630000－1301－0002626　03745

幼科鐵鏡六卷　（清）夏鼎撰　清道光二十九年（1849）同善堂刻本　二册

630000－1301－0002627　03746

唐宋八大家類選十四卷　（清）儲欣評　清乾隆五十年（1785）二南堂刻本　十册

630000－1301－0002628　03747

唐宋八家鈔八卷　（清）高塘評　清道光十五年（1835）雙何堂刻本　七册　存七卷（一至二、四至八）

630000－1301－0002629　03751

唐詩三百首註疏四卷　（清）孫洙撰　（清）章燮註　清光緒二十年（1894）梓潼書局刻本　四册

630000－1301－0002630　03752

應試唐詩類釋十九卷　（清）臧岳編　清刻本　五册　存十八卷（二至十九）

630000－1301－0002631　03753

貫華堂選批唐才子詩甲集七言律八卷　（清）金人瑞選　（清）金雍集　清刻本　七册　存五卷（三至六、八）

630000－1301－0002632　03754

唐人萬首絕句選七卷　（宋）洪邁撰　（清）王士禛選　清光緒二十三年（1897）金陵書局刻本　二册

630000－1301－0002633　03755

唐人試律說一卷　（清）紀昀撰　清乾隆二十七年（1762）刻本　一册

630000－1301－0002634　03756

唐人試律說一卷　（清）紀昀撰　清乾隆二十七年（1762）太和堂刻本　一册

630000－1301－0002635　03757

唐詩直解七卷　（明）李攀龍選　（明）葉羲昂直解　**庚補箋釋批評七卷**　（明）蔣一葵箋釋　（明）鍾惺批評　清乾隆四十九年（1784）文光堂刻本　四册

630000－1301－0002636　03758

唐四家詩集二十八卷　（□）□□編　清光緒
十年(1884)上海同文書局石印本　八冊

630000－1301－0002637　03761

山中白雲詞八卷附錄一卷　（宋）張炎撰　清
宣統三年(1911)龍文閣書莊石印本　四冊

630000－1301－0002638　03762

苔岑集二十四卷附二卷二集十四卷附二卷
（清）王鳴盛撰　清刻本（二集目錄題爲十二
卷）　六冊　存三十三卷（十至二十四附二
卷、二集十四卷附二卷）

630000－1301－0002639　03763

大潛山房詩鈔一卷　（清）劉銘傳撰　清光緒
石印本　一冊

630000－1301－0002640　03764

史記一百三十卷附考證　（漢）司馬遷撰
（南朝宋）裴駰集解　（唐）司馬貞索隱
（唐）張守節正義　史記補一卷　（唐）司馬貞
撰　清光緒二十年(1894)陝甘味經書院刻武
英殿本　三十冊　存一百二十六卷（一至三
十六、四十至六十七、七十至一百三十,史記
補一卷）

630000－1301－0002641　03770

兩般秋雨盦隨筆八卷　（清）梁紹壬纂　清宣
統二年(1910)上海埽葉山房石印本　四冊

630000－1301－0002642　03771

史記選六卷　（清）儲欣評　清靜遠堂刻本
四冊

630000－1301－0002643　03772

史記選六卷　（清）儲欣評　清受祉堂刻本
四冊

630000－1301－0002644　03773

重刊史鑑節要便讀六卷　（清）鮑東里編　清
道光刻本　二冊

630000－1301－0002645　03774

檢驗集証不分卷檢驗合參一卷　（清）郎錦騏
輯　清道光十五年(1835)竹荇周氏刻本
三冊

630000－1301－0002646　03776

洴澼百金方十四卷首一卷　（清）袁宮桂編
清刻本　六冊

630000－1301－0002647　03782

希臘志畧七卷　（□）□□撰　清光緒二十四
年(1898)石印本　一冊

630000－1301－0002648　03783

求志居集十二卷附一卷　（清）陳世鎔撰　清
道光二十五年(1845)獨秀山莊刻本　三冊

630000－1301－0002649　03785

考試司機七卷首一卷　（英國）拖爾那撰
（英國）傅蘭雅口譯　（清）徐華封筆述　清刻
本　六冊

630000－1301－0002650　03786

汽機發軔九卷附一卷　（英國）美以納　（英
國）白勞那撰　（英國）偉烈口譯　（清）徐壽
筆述　清刻本　四冊

630000－1301－0002651　03788

增訂古文集解八卷　（清）程潤德撰　清刻本
八冊

630000－1301－0002652　03789

古文分編集評初集五卷二集五卷三集八卷四
集四卷　（清）于光華編輯　清乾隆五十二年
(1787)友于堂刻本　六冊　存初集五卷

630000－1301－0002653　03790

古文釋義新編八卷　（清）余誠評註　清藻文
堂刻本　八冊

630000－1301－0002654　03791

崇儒堂重訂古文釋義新編八卷　（清）余誠評
註　清道光二十三年(1843)崇順堂刻本
八冊

630000－1301－0002655　03793

重刊李扶九原選古文筆法百篇二十卷首一卷
　（清）黃仁黼纂　清光緒七年(1881)三味堂
刻本　三冊

630000－1301－0002656　03794

文貴堂古文十二卷　（清）吳乘權　（清）吳大

職輯　清文明堂刻本　　五冊　　存十卷（一至八、十一至十二）

630000－1301－0002657　03800

古文雅正十四卷　（清）蔡世遠輯　清刻本
四冊

630000－1301－0002658　03801

古文析義六卷二編八卷　（清）林雲銘評註
清宏道堂刻本　　八冊　　存八卷（四，二編一至
三、五至八）

630000－1301－0002659　03803

曾南豐文集四卷　（宋）曾鞏撰　清宣統二年
（1910）上海會文堂石印本　　二冊

630000－1301－0002660　03805

筆算數學三卷　（美國）狄考文輯　（清）鄒立
文述　清光緒三十二年（1906）甘肅高等學堂
刻本　　六冊

630000－1301－0002661　03808

三禮約編十九卷　（清）汪基撰　清乾隆六年
（1741）古吳三多齋刻本　　八冊

630000－1301－0002662　03815

小題芝蘭一卷　（清）史鑑輯　清刻本　　一冊

630000－1301－0002663　03816

小題易讀一卷　（清）史鑑輯　清刻本　　一冊

630000－1301－0002664　03817

小題別禮一卷　（清）李揆一輯　清文運堂刻
本　　一冊

630000－1301－0002665　03818

下學堂劄記三卷附一卷　（清）熊賜履撰　清
刻本　　二冊

630000－1301－0002666　03821

彙纂功過格十二卷末一卷　（□）□□撰　清
光緒三年（1877）城步龔氏刻本　　五冊　　存八
卷（一至五、十一至十二，末一卷）

630000－1301－0002667　03822

彙纂功過格十二卷末一卷　（□）□□撰　清
刻本　　四冊　　存七卷（四、八至十二，末一卷）

630000－1301－0002668　03823

美國憲法纂釋二十一卷附憲法續增憲法一卷
（美國）海麗生撰　（清）鄭冒梫筆述　舒高
第口譯　清光緒三十三年（1907）江南製造局
刻本　　二冊

630000－1301－0002669　03826

代數術二十五卷首一卷　（英國）華里司輯
（英國）傅蘭雅口譯　（清）華蘅芳筆述　清江
南製造總局刻本　　六冊

630000－1301－0002670　03827

分類詳註飲香尺牘四卷首一卷　題（清）飲香
居士輯　題（清）白下慵隱子箋釋　清道光四
年（1824）寶仁堂刻本　　四冊

630000－1301－0002671　03828

分類詳註飲香尺牘四卷　題（清）飲香居士輯
題（清）白下慵隱子箋釋　清致和堂刻本
四冊（合訂二冊）

630000－1301－0002672　03831

巧團圓傳奇二卷　（清）李漁撰　清刻本
二冊

630000－1301－0002673　03832

草字彙不分卷　（清）石梁撰　清宏道堂刻本
五冊

630000－1301－0002674　03836

古譚詩鈔六卷　（清）譚鍾鈞撰　清光緒元年
（1875）刻本　　二冊

630000－1301－0002675　03837

出塞詩選二卷　（清）金禧榮　（清）袁潔撰
清道光八年（1828）刻本　　二冊

630000－1301－0002676　03839

四十日萬八千里之游記一卷　（清）管鳳龢撰
清宣統二年（1910）圖書印刷所鉛印本
一冊

630000－1301－0002677　03840

馮少墟關中四先生要語錄四卷　（明）馮從吾
撰　清刻本　　一冊

630000－1301－0002678　03843

增廣尚友錄統編二十二卷 （清）應祖錫編
清光緒二十八年（1902）鴻寶齋石印本 十二
冊 存十九卷（一至六、九至十、十二至二十
二）

630000－1301－0002679 03846

應試唐詩說詳八卷 （清）蘇寧亭註疏 清乾
隆三十六年（1771）大盛堂刻本 二冊

630000－1301－0002680 03847

儒興堂唐詩合解十二卷附古歌四卷 （清）王
堯衢註 清光緒元年（1875）益興堂刻本
六冊

630000－1301－0002681 03848

夏小正正義一卷 （清）王筠撰 清光緒七年
（1881）天壤閣刻天壤閣叢書本 一冊

630000－1301－0002682 03849

三元秘授六卷附法竅一卷 （明）張溥撰 清
光緒十七年（1891）守拙山房朱墨抄本 五冊

630000－1301－0002683 03850

小白華山人詩鈔續編八卷詩鈔一卷 （清）張
乃孚撰 清道光六年（1826）半舫書屋續刻本
四冊

630000－1301－0002684 03851

貳臣傳十二卷逆臣傳四卷 （清）國史館編
清善成堂刻本 八冊

630000－1301－0002685 03852

虞初新志二十卷 （清）張潮撰 清光緒上海
文瑞樓石印本 六冊

630000－1301－0002686 03866

鈐山堂集四十卷 （明）嚴嵩撰 清嘉慶十一
年（1806）嚴氏家塾刻本 十冊

630000－1301－0002687 03875

京師大學堂心理學講義不分卷 （日本）服部
宇之吉撰 掌故學講義一卷 （清）楊道霖撰
清光緒鉛印本 二冊

630000－1301－0002688 03876

京都譯學館輿地學講義不分卷附校勘記一卷
（清）韓樸存編 清光緒三十一年（1905）京

師譯學館鉛印本［第六十八課至一百二十七
課爲光緒三十二年（1906）鉛印本］ 二冊

630000－1301－0002689 03877

左傳類對二卷 （清）賀大憲撰 清乾隆五十
三年（1788）宏恩堂刻本 二冊（合訂一冊）

630000－1301－0002690 03884

御纂春秋直解十二卷 （清）傅恆等纂 清刻
本 八冊

630000－1301－0002691 03886

理瀹駢文摘要不分卷附錄應驗諸方一卷
（清）吳師機撰 清光緒元年（1875）江蘇書局
刻本 二冊

630000－1301－0002692 03887

盾墨拾餘十四卷四魂集四卷外集四卷燕榻集
一卷魂西集八卷東歸集一卷 （清）易順鼎撰
清光緒中刻琴志樓叢書本 六冊 存二十
四卷（盾墨拾餘一至六、四魂集四卷外集四
卷、燕榻集一卷、魂西集八卷、東歸集一卷）

630000－1301－0002693 03888

周易廊四卷 （清）陳世鎔撰 清刻本 一冊

630000－1301－0002694 03889

來瞿唐先生日錄內篇六卷外篇七卷 （明）來
知德撰 清道光十一年（1831）刻本 八冊
存內篇六卷

630000－1301－0002695 03895

國朝柔遠記二十卷 （清）王之春編 清光緒
十七年（1891）廣雅書局刻本 六冊

630000－1301－0002696 03897

梁書五十六卷 （唐）姚思廉撰 清同治十三
年（1874）金陵書局仿汲古閣本 三冊 存二
十四卷（一至十八、五十一至五十六）

630000－1301－0002697 03900

南齋書五十九卷 （南朝梁）蕭子顯撰 清同
治十三年（1874）金陵書局仿汲古閣本 五冊
存四十六卷（一至二十三、三十七至五十
九）

630000－1301－0002698 03904

玉簡齋叢書二十二種七十五卷　羅振玉輯
清宣統二年(1910)上虞羅氏刻本　十九冊
存十九種七十二卷(異語十九卷、漢志武成日
月表一卷、西遊錄注一卷、朝鮮紀事一卷、奉
使朝鮮倡和集一卷、邊略五卷、楊監筆記一
卷、山中聞見錄十一卷、內閣小志一卷內閣故
事一卷、內閣大庫檔冊一卷、洛陽伽藍記五
卷、濮陽蒲汀李先生家藏目錄一卷、萬卷堂書
目四卷、脈望館書目一卷、近古堂書目二卷、
四明天一閣藏書目錄一卷、也是園藏書目十
卷、傳是樓宋元本書目一卷、知聖道齋書目四
卷)

630000－1301－0002699　03905
楷法溯源十四卷目錄一卷　(清)潘存孺原輯
　楊守敬編　清光緒三年(1877)刻本　十
五冊

630000－1301－0002700　03906
周書五十卷　(唐)令狐德棻撰　清同治十三
年(1874)金陵書局仿汲古閣本　四冊

630000－1301－0002701　03909
明大政纂要六十三卷　(明)譚希思編　清光
緒二十一年(1895)湖南思賢書局刻本　二十
八冊

630000－1301－0002702　03911
三才略三卷　(清)蔣德鈞輯　清蒲圻但氏刻
本　一冊

630000－1301－0002703　03912
三才略三卷　(清)蔣德鈞輯　清羊城鑄史齋
刻本　一冊

630000－1301－0002704　03913
三指禪三卷　題(清)周學霆撰　清同治七年
(1868)經元堂刻本　一冊

630000－1301－0002705　03915
大學衍義約旨二卷　(清)慶恕等撰　清宣統
二年(1910)官報書局鉛印本　二冊

630000－1301－0002706　03916
師伏堂叢書十七種八十六卷　(清)皮錫瑞撰
　清光緒中善化皮氏刻本　十冊　存七種二

十卷(經學通論五卷、尚書中候疏證一卷、古
文尚書冤詞平議二卷、鄭志疏證八卷、附鄭記
攷證一卷、聖證論補評二卷、六藝論疏證一
卷)

630000－1301－0002707　03918
圖開勝蹟六卷戰功紀略一卷紀恩慕義一卷
(清)劉厚基撰　清光緒刻本　八冊

630000－1301－0002708　03922
小葫蘆十二卷　(□)□□撰　清道光三年
(1823)刻本　六冊

630000－1301－0002709　03927
三字經註解備要二卷　(宋)王應麟撰　(清)
賀興思註解　清光緒十八年(1892)太和書局
刻本　二冊(合訂一冊)

630000－1301－0002710　03929
三字經註解備要二卷　(宋)王應麟撰　(清)
賀興思註解　清刻本　一冊　存一卷(上)

630000－1301－0002711　03932
西夏渾天易象一卷將步易一卷　(□)□□撰
　清刻本　一冊

630000－1301－0002712　03934
四書典制類聯音註三十三卷　(清)閻其淵輯
　清道光十四年(1834)文發堂刻本　十冊
存二十八卷(一至二十八)

630000－1301－0002713　03935
翻譯名義集二十卷　(宋)釋法雲撰　清光緒
四年(1878)金陵刻經處刻本　六冊

630000－1301－0002714　03936
國朝山左詩彙鈔後集三十九卷　(清)余正西
輯　清道光二十九年(1849)海棠書屋刻本
二十冊

630000－1301－0002715　03937
測地繪圖十一卷附一卷　(英國)富路瑪撰
(英國)傅蘭雅口譯　(清)徐壽筆述　清光緒
二十二年(1896)上海璣衡堂石印本　二冊

630000－1301－0002716　03938
咫進齋叢書三十七種九十三卷　(清)姚覲元

輯　清光緒九年(1883)歸安姚氏刻本　二十四冊

630000－1301－0002717　03940
西藏圖考八卷首一卷　（清）黃沛翹輯　清光緒二十年(1894)刻本　四冊

630000－1301－0002718　03941
御纂醫宗金鑑十六卷首一卷　（清）吳謙等纂修　清光緒九年(1883)上海埽葉山房刻本　十二冊

630000－1301－0002719　03942
忠雅堂評選四六法海八卷　（清）蔣士銓評選　清刻本　八冊

630000－1301－0002720　03943
勝鬘師子吼一乘大方便方廣經一卷　（南朝宋）釋求那跋陀羅譯　清光緒二十二年(1896)金陵刻經處刻本　一冊

630000－1301－0002721　03944
大方廣圓覺經大疏十六卷首一卷　（唐）釋宗密述　清宣統元年(1909)金陵刻經處刻本　四冊

630000－1301－0002722　03946
壇經一卷　（唐）釋慧能說　（唐）釋法海錄　清同治十一年(1872)如皋刻經處刻本　一冊

630000－1301－0002723　03950
成唯識論觀心法要十卷　（明）釋智旭述　清光緒二十六年(1900)揚州藏經院刻本　十冊

630000－1301－0002724　03955
大方廣佛華嚴經八十卷　（唐）釋實义難陀譯　大方廣佛華嚴經一卷　（唐）釋般若譯　清刻本　八冊

630000－1301－0002725　03956
大方廣佛華嚴經八十卷　（唐）釋實义難陀譯　大方廣佛華嚴經一卷　（唐）釋般若譯　清光緒十八年(1892)刻本　二十八冊

630000－1301－0002726　03958
褒忠記一卷　（清）吳可讀撰　清光緒五年(1879)蘭省莊嚴寺刻本　一冊

630000－1301－0002727　03959
褒忠記一卷　（清）吳可讀撰　清光緒五年(1879)蘭省莊嚴寺刻本　一冊

630000－1301－0002728　03960
褒忠記一卷　（清）吳可讀撰　清光緒五年(1879)蘭省莊嚴寺刻本　一冊

630000－1301－0002729　03961
褒忠記一卷　（清）吳可讀撰　清光緒五年(1879)蘭省莊嚴寺刻本　一冊

630000－1301－0002730　03962
褒忠記一卷　（清）吳可讀撰　清光緒五年(1879)蘭省莊嚴寺刻本　一冊

630000－1301－0002731　03963
褒忠記一卷　（清）吳可讀撰　清光緒五年(1879)蘭省莊嚴寺刻本　一冊

630000－1301－0002732　03964
頤志齋叢書二十一種四十二卷　（清）丁晏撰　清咸豐至同治山陽丁氏六藝堂刻同治元年(1862)彙印本　二十冊

630000－1301－0002733　03966
本草述鉤元三十二卷　（清）楊時泰輯　清道光二十二年(1842)毘陵涵雅堂刻本　十冊

630000－1301－0002734　03967
化學鑑原補編六卷附一卷　（英國）傅雅蘭口譯　（清）徐壽筆述　清刻本　六冊

630000－1301－0002735　03969
諸葛武侯行兵遁甲金函玉鏡六卷首一卷　(三國蜀)諸葛亮撰　奇門遁甲大全二十四卷　（明）劉基訂　清木活字印本　三十冊

630000－1301－0002736　03970
奇門遁甲秘笈大全三十卷　（明）劉基撰　清省思堂刻本　一冊　存六卷(一至六)

630000－1301－0002737　03971
新編日用涓吉奇門五總龜四卷　（宋）郭子晟輯　清刻本　一冊

630000－1301－0002738　03979
沈氏尊生書五種七十二卷　（清）沈金鰲撰

清同治十三年(1874)湖北崇文書局刻本　二十六冊

630000 – 1301 – 0002739　03984

調疾飲食辯六卷　(清)章穆纂　清道光刻本　七冊

630000 – 1301 – 0002740　03990

羅念菴先生文錄十八卷目錄一卷附錄一卷
(明)羅洪先撰　(清)喻震孟編　清光緒十二年(1886)安齋刻本　十冊

630000 – 1301 – 0002741　03991

紅樓夢一百二十卷　(清)曹霑撰　清刻本　八冊　存四十卷(六十一至七十五、八十六至九十、一百〇一至一百二十)

630000 – 1301 – 0002742　03992

增評補圖石頭記一百二十卷首一卷　(清)王希廉評　清光緒二十六年(1900)石印本　十四冊　存一百〇四卷(一至四十、四十九至五十六、六十五至一百二十)

630000 – 1301 – 0002743　03993

翼教叢編七卷　(清)蘇輿輯　清光緒二十五年(1899)上海書局石印本　四冊

630000 – 1301 – 0002744　03994

史論精華評箋四卷　(清)經史閣輯　清光緒二十四年(1898)粵東經史閣刻本　四冊

630000 – 1301 – 0002745　03995

註釋古文檢玉初編六卷　(清)林雲銘評　清同聲閣刻本　六冊(合訂二冊)

630000 – 1301 – 0002746　03998

四書新論初集不分卷　題(清)石曜主人撰　清光緒二十四年(1898)上海著易堂書局鉛印本　二冊

630000 – 1301 – 0002747　04002

宋遼金元菁華錄十二卷　(清)納蘭常安選評　清光緒二十六年(1900)上海書局石印本　四冊

630000 – 1301 – 0002748　04003

潛菴先生全集五卷疏稿一卷志學會約一卷

(清)湯斌撰　**湯文正公年譜定本一卷**　(清)方苞考訂　(清)楊椿重輯　清同治十二年(1873)紅杏山房刻本　九冊

630000 – 1301 – 0002749　04004

兩漢文刪二十四卷附錄一卷　(清)宗元豫選　清刻本　一冊　存七卷(一至七)

630000 – 1301 – 0002750　04005

新編南詞定律十三卷　(清)呂士雄等輯　清康熙刻本　四冊　存六卷(八至十三)

630000 – 1301 – 0002751　04008

詳註分韻試帖青雲集四卷　(清)楊逢春
(清)蕭應椒輯　清刻本　四冊

630000 – 1301 – 0002752　04009

詳註分韻試帖青雲集四卷　(清)楊逢春
(清)蕭應椒輯　清道光十五年(1835)文軒書屋刻本　四冊

630000 – 1301 – 0002753　04010

詳註分韻試帖青雲集四卷　(清)楊逢春
(清)蕭應椒輯　清道光十六年(1836)奎光堂刻本　三冊　存三卷(一至二、四)

630000 – 1301 – 0002754　04011

分韻青雲詩集四卷　(清)楊逢春　(清)蕭應椒輯　清道光二十三年(1843)刻本　三冊　存三卷(一至二、四)

630000 – 1301 – 0002755　04012

道咸同光四朝詩史甲集八卷首一卷乙集八卷
孫雄輯　清宣統二至三年(1910 – 1911)刻本　十八冊

630000 – 1301 – 0002756　04013

省齋全集十二卷　(清)牛樹梅撰　清同治十三年(1874)刻本　五冊　存七卷(一至四、八、十一至十二)

630000 – 1301 – 0002757　04014

袁王綱鑑合編三十九卷　(明)袁黃輯　(明)王世貞編　**御撰明紀綱目二十卷**　(清)張廷玉等撰　清光緒三十年(1904)上海商務印書館鉛印本　十六冊

630000－1301－0002758　04015

增定課讀鑑略妥註善本六卷　（明）李廷機撰
　　清光緒二十九年（1903）文奎堂石印本
　　一冊

630000－1301－0002759　04019

呂祖編年詩集八卷詩餘一卷附刻呂氏詩鈔一
　　卷　（清）李西月重編　清道光二十六年
　　（1846）空青洞天刻本　四冊

630000－1301－0002760　04020

呂祖年譜海山奇遇七卷　（清）李西月述　張
　　三丰祖師無根樹詞註解一卷　（清）劉一明註
　　（清）李西月增解　清道光二十七年（1847）
　　空青洞天刻本　五冊

630000－1301－0002761　04021

呂祖彙集三十四卷附十四卷　（唐）呂嵒撰
　　清刻本　十五冊　存三十八卷（二至二十三、
　　二十九至三十四,附三至五、七至十三）

630000－1301－0002762　04022

張三丰先生全集不分卷道德經注釋不分卷呂
祖編年詩集八卷詩餘一卷附刻呂氏詩鈔一卷
呂祖師編年詩集年譜七卷張三丰祖師無根樹
詞註解不分卷　（清）李西月重編　清道光空
青洞天刻本　二十四冊

630000－1301－0002763　04023

張三丰先生全集五卷　（清）李西月重編　清
　　空青洞天刻本　五冊

630000－1301－0002764　04024

仰視千七百二十九鶴齋叢書四十種八十五卷
　　（清）趙之謙輯　清光緒中會稽趙氏刻本
　　三十六冊

630000－1301－0002765　04027

樨華館試帖彙鈔輯注十卷　（清）路德撰　清
　　道光十四年（1834）刻本　十冊

630000－1301－0002766　04028

晨風閣叢書第一集五十二種一百〇五卷　沈
宗畸等輯　清光緒三十四年至宣統三年
（1908－1911）國學萃編社鉛印本　十冊　存
三十八種六十六卷（毛詩草木鳥獸蟲魚疏一、

幕巢館札記一卷、懷珉精舍金石跋一卷、謀野
集刪二卷、鍊庵駢體文選四卷、實獲齋文鈔
一、駢花閣文選一、晦僧文略二卷、樸學齋文
鈔四卷、怡情小品一卷、石遺室詩友詩錄一至
四、石閭集一卷、明詩紀事鈔一卷、漁洋山人
感舊集小傳一卷、續詩人徵略後集一、諸華香
室閨秀詩鈔一、湖船錄一卷、五湖遊稿一卷、
江鄉漁話一卷、銅仙殘淚一卷、芙蓉莊紅豆錄
一卷、謎話一、遼東行部志一卷、蘿菴遊賞小
志一卷、说林一、海底軎一卷、今詞綜三卷、飲
瓊漿館詞一卷、勉憙集詞一卷、韻麋詞一卷、
孟蘭夢一卷、瓊花夢二卷、望夫石一卷、綠天
香雪簃詩話一至四、眉韻樓詩話一至五、詩罤
六卷、小三吾亭詞話一至三、道咸同光四朝詩
史一斑錄初編敍例一卷）

630000－1301－0002767　04030

洛陽伽藍記五卷　（北魏）楊衒之撰　清光緒
　　二年（1876）洛陽刻道光錢塘吳氏本　一冊

630000－1301－0002768　04031

關中金石記八卷　（清）畢沅撰　關中金石記
　　目錄一卷附記一卷　（清）蔡錫棟撰　清道光
　　二十七年（1847）渭邑焦醇敬堂刻本　五冊

630000－1301－0002769　04032

功順堂叢書十八種八十一卷　（清）潘祖蔭輯
　　清光緒中吳縣潘氏刻本　二十四冊

630000－1301－0002770　04033

松花菴全集二十六卷　（清）吳鎮撰　清乾隆
　　五十五年（1790）蘭山書院刻本　十二冊

630000－1301－0002771　04034

松花菴全集二十六卷　（清）吳鎮撰　清乾隆
　　五十五年（1790）蘭山書院刻本　十二冊　存
　　二十五卷（松厓文稿一卷、次編一卷、游草一
　　卷、詩草二卷、逸草一卷、詩餘一卷、蘭山詩草
　　一卷、律古一卷、律古續稿一卷、集古絕句一
　　卷、集唐一卷、集唐絕句一卷、雜藥九卷、韻史
　　一卷、聲調譜一卷、八病說一卷）

630000－1301－0002772　04035

松花菴全集十二卷　（清）吳鎮撰　清刻本
　　十二冊

630000－1301－0002773　04036

松花菴全集十二卷　（清）吳鎮撰　清刻本
十二冊

630000－1301－0002774　04037

松花菴全集二十六卷　（清）吳鎮撰　清乾隆
五十五年(1790)蘭山書院刻本　六冊　存十
八卷(游草一卷、詩草二卷、逸草一卷、詩餘一
卷、律古一卷、集古絕句一卷、集唐一卷、集唐
絕句一卷、雜藥九卷）

630000－1301－0002775　04038

松花菴全集二十六卷　（清）吳鎮撰　清乾隆
五十五年(1790)蘭山書院刻本　十一冊　存
二十五卷(松厓文稿一卷、次編一卷、游草一
卷、詩草二卷、逸草一卷、詩餘一卷、律古一
卷、律古續稿一卷、集古古詩一卷、集古絕句
一卷、集唐一卷、集唐絕句一卷、雜藥九卷、韻
史一卷、聲調譜一卷、八病說一卷）

630000－1301－0002776　04039

蘭山課業松厓詩錄二卷　（清）吳鎮撰　清乾
隆刻本　二冊

630000－1301－0002777　04041

嚶求集四卷　（清）繆艮撰　清道光十五年
(1835)崇德堂刻本　二冊

630000－1301－0002778　04042

適軒尺牘八卷　（清）徐菊生撰　清光緒元年
(1875)皖城黃竹友齋刻本　四冊

630000－1301－0002779　04043

適軒尺牘八卷　（清）徐菊生撰　清光緒五年
(1879)藝文山房刻本　四冊

630000－1301－0002780　04044

適軒尺牘八卷　（清）徐菊生撰　清光緒五年
(1879)藝文山房刻本　三冊　存七卷(一至
六、八)

630000－1301－0002781　04047

重鐫神峯通考命理正宗六卷　（明）張楠撰
清粵東翰文堂刻本　三冊

630000－1301－0002782　04048

上清靈寶文檢十卷　（明）金體原輯　清道光
五年(1825)刻本　八冊

630000－1301－0002783　04049

內科摘錄四卷　（清）文晟輯　清光緒十六年
(1890)文延慶堂刻同治四年(1865)本　三冊
(合訂一冊)

630000－1301－0002784　04050

保赤新編二卷　（清）任贊撰　清光緒十八年
(1892)羊城學院前璧經堂刻本　二冊(合訂
一冊)

630000－1301－0002785　04051

中西匯通醫書五種二十九卷　（清）唐宗海撰
清光緒三十四年(1908)上海千頃堂書局石
印本　十二冊

630000－1301－0002786　04052

新鐫分類評注文武合編百子金丹十卷　（清）
郭偉撰　清善成堂刻本　五冊

630000－1301－0002787　04053

新鐫分類評注文武合編百子金丹十卷　（清）
郭偉撰　清經綸堂刻本　七冊　存九卷(一
至八、十)

630000－1301－0002788　04055

藝林類擷十六卷　（清）謝輔坫選　清咸豐五
年(1855)五循陔書屋刻本　四冊

630000－1301－0002789　04056

嘯亭雜錄八卷續錄二卷　（清）昭槤撰　清光
緒二十七年(1901)掃葉山房石印本　六冊

630000－1301－0002790　04057

簷曝雜記六卷　（清）趙翼撰　清刻本　二冊

630000－1301－0002791　04058

靈素提要淺註十二卷　（清）陳念祖輯註　清
五福堂刻本　五冊

630000－1301－0002792　04059

曝書亭集二十三卷　（清）孫銀槎輯注　清嘉
慶五年(1800)三有堂刻本　七冊　存十六卷
(一至六、九至十二、十八至二十三)

630000－1301－0002793　04060

昭代名人尺牘續集二十四卷　陶湘輯　清宣統三年(1911)天寶石印局影印本　二十四冊

630000－1301－0002794　04062

寄園寄所寄十二卷　（清）趙吉士輯　清刻本　十冊

630000－1301－0002795　04064

芥子園畫傳初集六卷二集九卷三集六卷（清）王槩等摹　清光緒上海文新書局石印本　十二冊

630000－1301－0002796　04068

芥子園畫傳初集五卷　（清）王槩等摹　清刻本　五冊(合訂一冊)

630000－1301－0002797　04069

芥子園畫傳初集五卷　（清）王槩等摹　清刻本　三冊

630000－1301－0002798　04070

正教真詮二卷首一卷　（清）王岱輿撰　清同治十二年(1873)錦城寶真堂刻本　五冊

630000－1301－0002799　04071

天方典禮二十卷　（清）劉智撰　清同治十年(1871)錦城寶真堂刻本　六冊

630000－1301－0002800　04072

醫醇賸義四卷附醫方論四卷　（清）費伯雄撰清同治粵東省登雲閣刻本　六冊(合訂二冊)

630000－1301－0002801　04073

痘疹定論四卷　（清）朱純嘏輯　清乾隆四十九年(1784)致和堂刻本　四冊

630000－1301－0002802　04074

古今偽書考一卷　（清）姚際恆撰　清光緒二十年(1894)廣州雅雨堂刻本　一冊

630000－1301－0002803　04076

大般若波羅蜜方經六百卷　（唐）釋玄奘譯清刻本　一百二十冊

630000－1301－0002804　04077

雲棲大師山房雜錄二卷遺稿三卷　（明）釋袾宏撰　清光緒二十五年(1899)金陵刻經處刻本　四冊

630000－1301－0002805　04080

阿毗達磨俱舍論三十卷　（唐）釋玄奘譯　清刻本　六冊

630000－1301－0002806　04081

中論六卷　（後秦）釋鳩摩羅什譯　清光緒三十三年(1907)揚州藏經院刻本　二冊

630000－1301－0002807　04082

大乘大集地藏十輪經十卷　（唐）釋玄奘譯清刻本　一冊　存三卷(一至三)

630000－1301－0002808　04083

佛說四十二章經解一卷佛遺教經解一卷（明）釋智旭撰　八大人覺經略解一卷　（漢）釋安世高譯　（明）釋智旭解　清光緒十一年(1885)金陵刻經處刻本　一冊

630000－1301－0002809　04088

十二門論宗致義記四卷　（後秦）釋鳩摩羅什譯　清宣統三年(1911)江西刻經處刻本　二冊(合訂一冊)

630000－1301－0002810　04089

方廣大莊嚴經十二卷　（唐）釋地婆訶羅譯清光緒三十一年(1905)揚州藏經院刻本四冊

630000－1301－0002811　04090

妙法蓮華經七卷　（後秦）釋鳩摩羅什譯　清同治十年(1871)金陵刻經處刻本　三冊

630000－1301－0002812　04091

妙法蓮華經七卷　（後秦）釋鳩摩羅什譯　清刻本　三冊

630000－1301－0002813　04092

楞伽阿跋多羅寶經四卷　（南朝宋）釋求那跋陀羅譯　（明）釋智旭疏義　清宣統元年(1909)常州天寧寺刻本　五冊

630000－1301－0002814　04093

大寶積經二十卷　（唐）釋玄奘譯　清刻本六冊

630000－1301－0002815　04094

大佛頂首楞嚴經正脈疏四十卷首一卷　（明）

釋真鑑述　清光緒二十二年(1896)金陵刻經
處刻本　十四冊

630000－1301－0002816　04095
大智度論一百卷　(後秦)釋鳩摩羅什譯　清
光緒九年(1883)姑蘇刻經處刻本　二十五冊

630000－1301－0002817　04096
西齋淨土詩四卷　(明)釋梵琦撰　清刻本
一冊

630000－1301－0002818　04098
因明入正理論疏八卷　(唐)釋窺基撰　清光
緒二十二年(1896)金陵刻經處刻本　二冊

630000－1301－0002819　04099
因明入正理論疏八卷　(唐)釋窺基撰　清光
緒二十二年(1896)金陵刻經處刻本　一冊
存四卷(一至四)

630000－1301－0002820　04100
因明入正理論直疏一卷　(唐)釋玄奘譯
(明)釋明昱疏　清刻本　一冊

630000－1301－0002821　04101
因明入正理論直疏一卷　(明)釋智旭述　清
刻本　一冊

630000－1301－0002822　04104
呂祖編年詩集十卷　(清)李西月重編　**如意
寶珠二卷**　(清)吳海雲輯　清空青洞天刻本
四冊

630000－1301－0002823　04105
修習止觀坐禪法要二卷六妙法門一卷　(隋)
釋智顗述　清光緒十八年(1892)金陵刻經處
刻本　一冊

630000－1301－0002824　04109
淨土論三卷　(唐)釋迦才撰　清金陵刻本
一冊

630000－1301－0002825　04110
般若綱要五卷　(清)葛鼎慧提綱　清光緒揚
州藏經院刻本　二冊

630000－1301－0002826　04111
妙法蓮經入疏二十卷　(後秦)釋鳩摩羅什譯

(隋)釋智者疏　(宋)釋道威注　清揚州藏
經院刻本　五冊

630000－1301－0002827　04113
解深密經五卷　(唐)釋玄奘譯　清同治十年
(1871)金陵刻經處刻本　一冊

630000－1301－0002828　04120
佛說阿彌陀經要解便蒙鈔三卷　題釋達默造
鈔　清光緒二十三年(1897)三觀精舍刻本
三冊

630000－1301－0002829　04121
金剛般若波羅蜜經解註一卷　(清)王定柱解
註　清道光刻本　一冊

630000－1301－0002830　04122
摘星樓治痘全書十八卷　(明)朱一麟撰　清
道光六年(1826)耕樂堂刻本　十冊

630000－1301－0002831　04125
年華錄四卷　(清)全祖望輯　清嘉慶二十年
(1815)日新堂刻本　四冊

630000－1301－0002832　04130
金剛經石註一卷　(清)石成金集註　清刻本
一冊

630000－1301－0002833　04131
金剛傳燈真解一卷　題無量度世古佛親註
般若波羅蜜多心經傳燈真解一卷　題觀音大
士自註　清光緒二十五年(1899)蘭州刻本
一冊

630000－1301－0002834　04132
讀史識存十卷　(清)王淂撰　清道光十五年
(1835)刻本　四冊

630000－1301－0002835　04135
金剛經直解不分卷　題純陽子注　清咸豐二
年(1852)西寧印心寺刻本　一冊

630000－1301－0002836　04136
金剛經直解不分卷　題純陽子注　清咸豐二
年(1852)西寧印心寺刻本　一冊

630000－1301－0002837　04137
萬國輿圖不分卷　(清)王貫三繪　清光緒十

二年(1886)同文書局石印本　一冊

630000－1301－0002838　04138

金剛經直解不分卷　題純陽子注　清咸豐二年(1852)西寧印心寺刻本　一冊

630000－1301－0002839　04150

增補箋註繪像第六才子西厢釋解八卷　(元)王實甫撰　(清)金人瑞評　清致和堂刻本　三冊

630000－1301－0002840　04153

慈佑聖母全書二卷　(清)譚應祥輯　清光緒九年(1883)粵東富文樓刻本　二冊

630000－1301－0002841　04154

閲藏隨筆二卷　(清)釋元度撰　清宣統元年(1909)揚州天寧寺刻本　二冊

630000－1301－0002842　04155

新刻繡像療牛馬經六卷駝經一卷　(明)喻本元　(明)喻本亨撰　清九經堂刻本　五冊

630000－1301－0002843　04156

元亨療馬集四卷牛集二卷駝經一卷　(明)喻本元　(明)喻本亨撰　清咸豐四年(1854)崇順堂刻本　六冊

630000－1301－0002844　04157

新輯纂圖元亨療馬集六卷圖像水黄牛經合併大全二卷駝經一卷首一卷　(明)喻本元　(明)喻本亨撰　清光緒石印本　四冊

630000－1301－0002845　04158

元亨療馬集四卷　(明)喻本元　(明)喻本亨撰　清刻本　三冊　存三卷(一至三)

630000－1301－0002846　04159

新訂崇正闢謬通書十四卷　(清)李奉來輯　清宏道堂刻本　五冊　存十一卷(一至十、十四)

630000－1301－0002847　04161

寰宇訪碑錄十二卷　(清)孫星衍　(清)邢澍編　清刻本　四冊

630000－1301－0002848　04162

六壬經緯六卷　(清)毛志道撰　清金閶書業堂刻本　二冊

630000－1301－0002849　04163

六壬神課金口訣三卷　(清)楊守一撰　清金陵三多齋刻本　四冊　存二卷(上中)

630000－1301－0002850　04164

大六壬大全十三卷　(清)郭載騋校訂　清刻本　五冊　存六卷(二至六、十一)

630000－1301－0002851　04165

陰隲文圖說不分卷　(清)黄正元輯　清光緒二十年(1894)貴德刻本　四冊

630000－1301－0002852　04168

新刻輪迴寶傳一卷　(□)□□撰　清光緒三十年(1904)渝城治古堂刻本　一冊

630000－1301－0002853　04169

敬信錄二卷　(□)□□撰　清刻本　一冊

630000－1301－0002854　04171

增補星平會海命學全書七卷首一卷　(清)水中龍編集　清乾隆五十年(1785)金閶書業堂刻本　二冊

630000－1301－0002855　04172

陽宅大成四種十五卷　(清)魏青江撰　清聚綳堂刻本　十六冊

630000－1301－0002856　04173

撼龍十卷　(唐)楊益撰　(清)高其倬批　清京都琉璃廠刻本　二冊

630000－1301－0002857　04175

新鐫曆法總覽合節鰲頭通書大全十卷　(明)熊宗立撰　清刻本　九冊　存九卷(一至九)

630000－1301－0002858　04176

新鐫歷法總覽合節鰲頭通書大全十卷　(明)熊宗立撰　清嘉慶二十三年(1818)榮茂堂刻本　三冊　存六卷(一至二、七至十)

630000－1301－0002859　04177

鄉黨文正編一卷續編一卷　(清)江慎修撰　清山帶樓刻本　十冊

630000－1301－0002860　04180

雲林別墅纂輯酬世錦囊書啟續編二卷家禮纂要續編五卷稱呼帖式續編三卷示我周行天下路程續編二卷 （清）謝梅林 （清）鄒可庭輯 清同治元年（1862）星沙楊文盛堂刻本 四冊 存十卷(雲林別墅書啟續編二卷、家禮纂要續編一至三、稱呼帖式續編三卷、示我周行天下路程續編二卷)

630000－1301－0002861 04181

雲林別墅纂輯酬世錦囊初集八卷二集七卷三集三卷四集一卷 （清）謝梅林 （清）鄒可庭訂 （清）鄒景揚輯 清刻本 九冊 存十六卷(初集八卷、二集七卷、三集二)

630000－1301－0002862 04182

簡摩集五卷 （清）司徒修輯 清道光九年（1829）來鹿堂刻本 五冊

630000－1301－0002863 04183

醫宗必讀五卷首一卷 （明）李中梓撰 清九經堂刻本 五冊

630000－1301－0002864 04186

稀齡酬唱集一卷 （清）張經贊撰 清光緒十九年（1893）守丹山房刻本 一冊

630000－1301－0002865 04187

巢雲山館詩存二卷 （清）周榛撰 清光緒二十二年（1896）羊城刻本 一冊

630000－1301－0002866 04191

守樸堂詩稿一卷 （清）張協曾撰 清光緒九年（1883）漢昌官署刻本 一冊

630000－1301－0002867 04192

曉嵐紀先生風雅集詩詳解四卷 （清）紀昀撰 （清）梁紹顏註解 清嘉慶三年（1798）步雲閣刻本 一冊

630000－1301－0002868 04195

宜齋小草二卷 （清）湯希璦撰 清光緒八年（1882）宜齋刻本 一冊

630000－1301－0002869 04196

乘查筆記一卷 （清）斌椿撰 清光緒八年（1882）琉璃廠琳琅閣刻本 一冊

630000－1301－0002870 04197

書目答問四卷附叢書目一卷別錄一卷姓名略一卷 （清）張之洞撰 清刻本 二冊

630000－1301－0002871 04198

書目答問四卷附叢書目一卷別錄一卷姓名略一卷 （清）張之洞撰 清光緒四年（1878）上海淞隱閣石印本 四冊

630000－1301－0002872 04200

書目答問四卷附叢書目一卷別錄一卷姓名略一卷 （清）張之洞撰 清刻本 二冊

630000－1301－0002873 04201

峴樵山房詩集初編八卷續編二卷 （清）董文煥撰 清同治七年（1868）洪洞王軒刻本 四冊 存初編六卷(一至六)

630000－1301－0002874 04202

胭脂舄傳奇二卷 （清）李文瀚填詞 （清）周贇盛正譜 清道光二十二年（1842）安徽味塵軒刻本 二冊

630000－1301－0002875 04203

勉益齋偶存稿八卷 （清）裕謙撰 清道光刻本 六冊 存六卷(一、四至八)

630000－1301－0002876 04204

國朝耆獻類徵初編四百八十四卷首二百〇四卷述意一卷總目二十卷通檢十卷附滿漢同姓名錄一卷附國朝賢媛類徵初編十二卷 （清）李恆輯 清光緒十七年（1891）江陰李氏刻本 二百八十三冊 存六百七十五卷(初編四百八十四卷,首一至二十三、二十九至四十九、六十二至一百三十二、一百四十二至一百四十七、一百五十四至一百五十六、一百六十九至一百七十七、一百八十一至一百九十二、二百〇二至二百〇四,總目二十卷,通檢十卷,附滿漢同姓名錄一卷,附國朝賢媛類徵初編十二卷)

630000－1301－0002877 04205

國朝賢媛類徵初編十二卷 （清）李恆撰 清光緒十七年（1891）江陰李氏刻本 六冊

630000－1301－0002878 04206

備急千金要方三十卷 （唐）孫思邈撰 清光

緒四年(1878)上海麟瑞堂影印江戶醫學影北宋本　十二冊

630000－1301－0002879　04207

重刻添補傳家寶俚言新本初集八卷二集八卷三集八卷四集八卷首一卷　(清)石成金撰清刻本　三十二冊

630000－1301－0002880　04208

重刻添補傳家寶俚言新本初集八卷二集八卷三集八卷四集八卷首一卷　(清)石成金撰清揚州知府刻本　三十冊　存三十一卷(初集一至六、二集八卷、三集八卷、四集八卷、首一卷)

630000－1301－0002881　04210

唐人五十家小集七十二卷　(清)江標輯　清光緒二十一年(1895)元和江氏靈鶼閣據南宋陳道人本湖南使院影刻本　十六冊

630000－1301－0002882　04212

重刻添補傳家寶俚言新本初集八卷二集八卷三集八卷四集八卷首一卷　(清)石成金撰清同文堂刻本　二十三冊　存二十四卷(初集八卷,二集一至五、七至八,三集八卷,首一卷)

630000－1301－0002883　04213

纂述陽基集腋四卷　(清)趙允真撰　清光華堂刻本　二冊

630000－1301－0002884　04216

陽宅三要四卷　(清)趙廷棟撰　清刻本二冊

630000－1301－0002885　04217

陽宅三要四卷　(清)趙廷棟撰　清刻本二冊

630000－1301－0002886　04218

陽宅三要四卷　(清)趙廷棟撰　清積德堂刻本　二冊

630000－1301－0002887　04219

陽宅三要四卷　(清)趙廷棟撰　清金義堂刻本　二冊

630000－1301－0002888　04220

陽宅三要四卷　(清)趙廷棟撰　清萬卷樓刻本　二冊

630000－1301－0002889　04221

鄉會文統不分卷國朝貢舉年表三卷　(清)陳國霖　(清)顧錫中編　清光緒十四年(1888)上海積山書局石印本　十九冊

630000－1301－0002890　04222

韻府約編二十四卷　(清)鄧愷輯　清縮秀閣刻本　二十一冊　存二十一卷(一至三、五至十八、二十一至二十四)

630000－1301－0002891　04223

靈素提要淺註十二卷　(清)陳念祖輯註　清石印本　一冊

630000－1301－0002892　04224

永曆實錄二十六卷　(清)王夫之撰　清同治四年(1865)湘鄉曾國荃金陵船山遺書刻本三冊

630000－1301－0002893　04225

譚子化書六卷　(五代)譚峭撰　清光緒六年(1880)終南山說經臺古樓觀刻本　一冊

630000－1301－0002894　04226

呂祖註講金剛經多心經不分卷　(清)純陽子注　清道光十九年(1839)西寧丹噶爾關帝廟刻本　一冊

630000－1301－0002895　04234

全唐詩三十二卷　(清)曹寅等編　清光緒石印本　三十二冊

630000－1301－0002896　04235

篆文孝經一卷　(清)吳大澂寫　清光緒十一年(1885)印本　一冊

630000－1301－0002897　04236

續支那通史二卷　(日本)山峯畯壹撰　(清)中國漢陽青年譯　清光緒三十二年(1906)會文堂書局石印本　四冊

630000－1301－0002898　04237

鐵厓樂府註十卷逸編註八卷咏史註八卷

（元）楊維楨撰　清宣統二年（1910）上海掃葉
山房石印本　十冊

630000－1301－0002899　04238
籌蜀篇二卷　（清）黃英撰　清光緒二十八年
（1902）四川榮縣旭川書院刻本　二冊

630000－1301－0002900　04239
續富國策四卷　（清）陳熾撰　清刻本　四冊

630000－1301－0002901　04250
王南軒先生紀事詩文合刻一卷　（清）王權編
　清光緒十二年（1886）長安刻本　一冊

630000－1301－0002902　04252
王文簡公論七言古體平仄一卷　（清）王士禎
撰　清刻本　一冊

630000－1301－0002903　04253
張大司馬奏稿四卷　（清）張亮基撰　清光緒
十七年（1891）刻本　四冊

630000－1301－0002904　04255
蠶桑簡編一卷　（清）楊名颺撰　清同治十二
年（1873）西充縣署刻本　一冊

630000－1301－0002905　04256
直省釋奠禮樂記六卷首一卷末一卷　（清）
應寶時等纂　清同治十二年（1873）刻本
四冊

630000－1301－0002906　04261
巧塔最新不分卷　題（清）八杉齋主人輯　清
光緒九年（1883）刻本　四冊

630000－1301－0002907　04264
唐陸宣公奏議讀本四卷　（唐）陸贄撰　（清）
汪銘謙編輯　（清）馬傳庚評點　清光緒二十
六年（1900）會稽馬氏石印本　二冊

630000－1301－0002908　04265
天下郡國利病書一百二十卷　（清）顧炎武撰
　（清）龍萬育訂　清光緒五年（1879）蜀南桐
華書屋薛氏家塾修補本　六十四冊

630000－1301－0002909　04268
**山谷詩集注二十卷外集詩註十七卷別集詩註
二卷**　（宋）黃庭堅撰　（宋）任淵等註　清宣
統二年（1910）印光緒二十五年（1899）影宋本
　二十冊

630000－1301－0002910　04269
盛世危言五卷續編五卷三編二卷　（清）鄭觀應撰　三
編二卷　（清）杞憂生撰　清光緒二十四年
（1898）上海書局石印本　十一冊　存十一卷
（盛世危言五卷、續編五卷、三編二）

630000－1301－0002911　04270
盛世危言五卷　（清）鄭觀應撰　清光緒二十
二年（1896）上海書局石印本　五冊

630000－1301－0002912　04270
盛世危言續編三卷　（清）杞憂生撰　清光緒
二十四年（1898）上海書局石印本　與普查號
2911、2913合函

630000－1301－0002913　04270
盛世危言外編二卷　（清）馮桂芬撰　清光緒
二十一年（1895）上海賜書堂石印本　與普查
號2911至2912合函

630000－1301－0002914　04271
盛世危言十四卷　（清）鄭觀應撰　清光緒二
十三年（1897）上海實事求是齋石印本　八冊

630000－1301－0002915　04272
盛世危言十四卷　（清）鄭觀應撰　清光緒二
十三年（1897）劍南同德會刻本　八冊

630000－1301－0002916　04275
刑事偵探學一卷　（日本）新藤銀藏講義　清
末抄本　一冊

630000－1301－0002917　04276
同錄什詩文不分卷　（□）□□撰　清抄本
七冊

630000－1301－0002918　04278
豫養編六卷　（清）薛于瑛撰　清光緒七年
（1881）刻本　一冊

630000－1301－0002919　04279
府學文廟初獻舞譜一卷　（清）李橒林繪　清
刻本　一冊

630000－1301－0002920　04281

西湖楹聯四卷 （清）周慶琪編 清刻本 三冊 存三卷（一至三）

630000－1301－0002921 04282
中復堂遺稿五卷 （清）姚瑩撰 清同治四年（1865）刻本 二冊

630000－1301－0002922 04289
養正遺規二卷補編一卷從政遺規二卷訓俗遺規四卷在官法戒錄四卷教女遺規三卷 （清）陳弘謀輯 清光緒十九年（1893）刻本 十六冊

630000－1301－0002923 04290
養正遺規二卷補編一卷從政遺規二卷訓俗遺規四卷在官法戒錄四卷教女遺規三卷 （清）陳弘謀輯 清光緒十九年（1893）刻本 八冊

630000－1301－0002924 04296
楊忠烈公文集五卷 （明）楊漣撰 清道光四年（1824）刻本 八冊

630000－1301－0002925 04298
千金翼方三十卷 （唐）孫思邈撰 清光緒四年（1878）上海影刻元大德本 八冊

630000－1301－0002926 04300
臨證指南醫案十卷 （清）葉桂撰 清嘉慶八年（1803）金閶三槐堂刻本 十冊

630000－1301－0002927 04303
小學集注六卷 （宋）朱熹撰 （明）陳選集注 清同治十年（1871）刻本 一冊 存四卷（一至四）

630000－1301－0002928 04307
歷代輿地沿革險要圖說不分卷 楊守敬 饒敦秩撰 清光緒五年（1879）東湖饒氏刻本 一冊

630000－1301－0002929 04308
御製勸善要言一卷 （清）世祖福臨撰 清順治內府刻本 一冊

630000－1301－0002930 04310
三省黃河全圖不分卷 （清）吳大澂等修 清光緒十六年（1890）上海鴻文書局石印本 五冊

630000－1301－0002931 04311
說文外編十六卷 （清）雷浚撰 劉氏碎金一卷 （清）劉禧延撰 清光緒二年（1876）刻本 六冊

630000－1301－0002932 04312
忠武祠墓志七卷首一卷末一卷 （清）李復心撰 清道光刻本 四冊

630000－1301－0002933 04313
尚書後案三十卷附後辨一卷 （清）王鳴盛學 清乾隆四十五年（1780）江蘇頤志堂刻本 十二冊

630000－1301－0002934 04321
繪圖增像西遊記一百回 （明）吳承恩撰 （清）陳士斌解 清光緒十五年（1889）上海廣百宋齋石印本 十冊

630000－1301－0002935 04324
新刻封神演義八卷 （明）許仲琳撰 （明）鍾惺評 清光緒二十六年（1900）善成堂刻本 四冊

630000－1301－0002936 04326
圖民錄四卷 （清）袁守定撰 清道光十四年（1834）袁氏刻本 二冊

630000－1301－0002937 04327
圖民錄四卷 （清）袁守定撰 清同治十一年（1872）江西書局刻本 二冊

630000－1301－0002938 04329
漢晉迄明諡彙考十卷首一卷 （清）劉長華輯 清光緒八年（1882）黎照軒刻本 四冊

630000－1301－0002939 04330
兼山堂奕譜不分卷 （清）徐星友撰 清宣統二年（1910）上海文瑞樓石印本 二冊

630000－1301－0002940 04331
[康熙]靈壽縣志十卷末一卷 （清）陸隴其修 （清）傅維橒纂 清康熙二十五年（1686）刻本 四冊

630000－1301－0002941 04333
[乾隆]靜寧州志八卷首一卷 （清）王烜纂修

156

清乾隆十一年(1746)刻本　四冊

630000－1301－0002942　04338

香祖樓二卷　題(清)藏園居士填詞　題(清)種木山人訂譜　清乾隆中刻紅雲樓九種曲本　一冊

630000－1301－0002943　04339

秋審比照彙案二卷　(清)桑春榮輯　清光緒三十四年(1908)上海集成圖書公司鉛印本　一冊

630000－1301－0002944　04340

宦海指南五種八卷　(清)許乃普輯　清咸豐九年(1859)錢唐許氏刻本　六冊

630000－1301－0002945　04341

省齋文稿一卷詩草一卷溫故錄十六卷　(□)□□撰　清抄本　六冊

630000－1301－0002946　04344

唐宋名賢歷代確論一百卷　(□)□□編　清光緒二十八年(1902)石印本　六冊　存七十一卷(一至七、三十七至一百)

630000－1301－0002947　04348

維摩詰所說經三卷　(後秦)釋鳩摩羅什譯　清刻本　一冊

630000－1301－0002948　04358

潛園友朋書問十二卷　(清)陸存齋撰　清光緒二十三年(1897)醉二室影印本　六冊

630000－1301－0002949　04359

五十名書札不分卷　(清)陸存齋撰　清光緒二十年(1894)上海復古齋石印本　三冊

630000－1301－0002950　04360

雲林別墅繪像妥註第六才子書四卷　(清)鄒聖脈輯　清刻本　四冊

630000－1301－0002951　04363

辛卯侍行記六卷　(清)陶保廉撰　清光緒二十三年(1897)養樹山房刻本　四冊　存四卷(一至二、五至六)

630000－1301－0002952　04367

重刊補註洗冤錄集證五卷附刊檢骨圖格一卷

檢骨格一卷　(清)王又槐增輯　(清)李觀瀾補輯　(清)阮其新補注　清道光刻四色套印本　四冊

630000－1301－0002953　04368

風憲忠告一卷廟堂忠告一卷牧民忠告二卷　(元)張養浩撰　清刻本　一冊

630000－1301－0002954　04369

紫荆花傳奇二卷　(清)清安泰正譜　(清)李文瀚填詞　清味塵軒刻本　二冊

630000－1301－0002955　04370

國朝舉人題名一卷武舉題名一卷　(清)□□編　清刻本　一冊

630000－1301－0002956　04371

春秋鑽燧四卷　(清)曹金籥撰　清同治七年(1868)曹氏小石倉刻本　一冊

630000－1301－0002957　04373

般若波羅蜜多心經一卷　(唐)釋玄奘譯　般若波羅蜜多心經要論一卷般若波羅蜜多心經直談一卷　(明)釋眞可撰　奉法要一卷　(晉)郗超集　心經開度一卷　(明)釋弘麗撰　般若波羅密多心經釋要一卷金剛般若波羅密經觀心釋一卷　(明)釋智旭述　清刻本　一冊

630000－1301－0002958　04375

詩文集略不分卷　(清)陳增撰　(清)秦維嶽評選　清道光刻本　一冊

630000－1301－0002959　04377

發菩提心論二卷　(後秦)釋鳩摩羅什譯　清光緒十四年(1888)江北刻經處刻本　一冊

630000－1301－0002960　04379

大唐太宗文皇帝製三藏聖教序一卷　(清)姚閑存臨　清宣統元年(1909)印本　一冊

630000－1301－0002961　04380

一乘決疑論一卷　(清)彭際清述　清同治八年(1869)如皋刻經處刻本　一冊

630000－1301－0002962　04381

三場程式一卷　(清)蔣益澧輯　清光緒元年

(1875)刻本　一冊

630000－1301－0002963　04384

製火藥法三卷　（英國）利稼孫　（英國）華得斯輯　（英國）傅蘭雅口譯　（清）丁樹棠筆述　清光緒江南製造總局刻本　一冊

630000－1301－0002964　04386

釋書禮詩三卷　（□）□□編　清光緒刻本　一冊

630000－1301－0002965　04387

秘藏千里眼二卷　（元）釋法心撰　清刻本　二冊

630000－1301－0002966　04388

陳文恭公手札節要三卷　（清）陳弘謀撰　清光緒三十二年（1906）刻本　一冊

630000－1301－0002967　04389

詩文集略不分卷　（清）陳增撰　（清）秦維嶽評選　清道光十五年（1835）刻本　一冊

630000－1301－0002968　04390

詩法入門四卷　（清）游藝輯　清刻本　三冊

630000－1301－0002969　04391

彙纂詩法度針十卷首一卷　（清）徐文弼輯　清乾隆三十六年（1771）謙牧堂刻本　四冊

630000－1301－0002970　04392

彙纂詩法度鍼三十三卷首一卷　（清）徐文弼輯　清刻本　三冊　存二十二卷（一至十八、三十至三十三）

630000－1301－0002971　04395

闈藝代表集八卷　（□）□□編　清刻本　五冊　存五卷（二至六）

630000－1301－0002972　04396

讀史論略一卷　（清）杜詔撰　清道光十七年（1837）渝城醉心山房刻本　一冊

630000－1301－0002973　04397

太史向正存小題稿一卷　（清）向正存撰　清文玉堂刻本　二冊

630000－1301－0002974　04398

英國憲法志三卷　（清）周逵撰　清光緒二十八年（1902）上海廣智書局鉛印本　一冊

630000－1301－0002975　04399

詩家直說二卷　（明）謝榛撰　清刻本　一冊

630000－1301－0002976　04401

司空詩品註釋一卷　（唐）司空圖撰　清光緒二年（1876）京都琉璃廠刻本　一冊

630000－1301－0002977　04402

詩存四卷　（清）金德瑛撰　清如心堂刻本　二冊

630000－1301－0002978　04403

詩學舉隅不分卷　（清）□□編　清光緒十年（1884）求古書院刻本　一冊

630000－1301－0002979　04404

詩學舉隅不分卷　（清）□□編　清光緒十年（1884）求古書院刻本　一冊

630000－1301－0002980　04405

詩學舉隅不分卷　（清）□□編　清光緒十年（1884）求古書院刻本　一冊

630000－1301－0002981　04406

詩學舉隅不分卷　（清）□□編　清光緒十年（1884）求古書院刻本　一冊

630000－1301－0002982　04408

增補萬寶全書十五卷　（明）陳繼儒輯　（清）毛煥文增補　清刻本　四冊

630000－1301－0002983　04412

雙榆草堂四子書楹帖不分卷　（清）李協中撰　清光緒二年（1876）廣東以文堂刻本　一冊

630000－1301－0002984　04415

松軒筆記節鈔一卷　（清）蕭光漢撰　**學話節鈔一卷**　（清）盧政撰　清宣統元年（1909）隴右樂善書局刻隴右軼餘集本　一冊

630000－1301－0002985　04417

玉皇上帝洪慈救世寶經三卷　（□）□□撰　清光緒十年（1884）京都永盛齋刻本　一冊

630000－1301－0002986　04419

玉搔頭傳奇二卷 　(清)李漁撰　清刻笠翁傳
奇十種本　二冊

630000－1301－0002987　04420

甘肅武備學堂章程不分卷 　(清)甘肅武備學
堂編　清光緒三十二年(1906)蘭州官書局鉛
印本　一冊

630000－1301－0002988　04428

隨盦徐氏叢書初集十種五十二卷續編十種四
十一卷 　徐乃昌輯　清光緒至民國南陵徐氏
影刻宋元本　二十二冊

630000－1301－0002989　04432

增補分部書法正傳不分卷 　(清)蔣和撰　清
酉山堂刻本　一冊

630000－1301－0002990　04433

格言聯璧二卷 　(清)金纓輯　清光緒十四年
(1888)粵東省城合成齋刻本　一冊

630000－1301－0002991　04436

梅花書屋賦一卷詩二卷 　(清)陳子簡撰　清
道光二十七年(1847)刻本　二冊

630000－1301－0002992　04442

新方言十卷嶺外三洲語一卷 　章炳麟撰　清
宣統三年(1911)文學會社石印本　二冊

630000－1301－0002993　04445

電學十卷首一卷 　(英國)瑙挨德撰　(英國)
傅蘭雅口譯　(清)徐建寅筆述　清刻本
六冊

630000－1301－0002994　04446

文廟從祀先賢先儒位次全錄一卷 　(清)路建
義纂輯　清路氏刻本　一冊

630000－1301－0002995　04447

聖哲賢儒位次事實全冊不分卷 　(清)周柱纂
　清康熙六十年(1721)三希堂刻本　一冊

630000－1301－0002996　04448

萬國地理志不分卷 　(日本)中村五六編纂
(清)周起鳳譯　清光緒二十八年(1902)上海
廣智書局鉛印本　一冊

630000－1301－0002997　04449

萬國商業志二卷 　(清)陳子祥編譯　清光緒
二十九年(1903)上海廣智書局鉛印本　一冊

630000－1301－0002998　04451

萬國官制志三卷 　(清)馮斯欒撰　清光緒二
十八年(1902)上海廣智書局鉛印本　一冊

630000－1301－0002999　04452

金石文鈔八卷續鈔二卷 　(清)趙紹祖輯　清
海寧陳氏慎初堂刻本　十冊

630000－1301－0003000　04458

初學行文語類四卷 　(清)孫埏輯　清宏道堂
刻本　四冊

630000－1301－0003001　04460

增訂經籍舉要一卷 　(清)劉廷琛訂　清光緒
二十四年(1898)山西使署刻本　一冊

630000－1301－0003002　04462

新譯萬國近世大事表一卷 　(清)董瑞椿譯
清光緒二十八年(1902)石印本　一冊

630000－1301－0003003　04463

道生堂全稿三集四卷 　(清)鍾聲撰　清光緒
刻本　一冊　存二集三卷(二集二卷、三集一
卷)

630000－1301－0003004　04464

增訂達生編一卷急救便方一卷偏方補遺五卷
怪疫補編一卷慈幼便覽一卷婦科雜癥一卷
(清)文晟輯　清同治四年(1865)文延慶堂刻
本　三冊(合訂一冊)

630000－1301－0003005　04465

命理約言四卷輯要一卷滴天髓輯要一卷
(清)陳之遴撰　清同福堂刻本　二冊

630000－1301－0003006　04469

傅氏眼科審視瑤函六卷首一卷 　(明)傅仁宇
輯　清致盛堂刻本　六冊

630000－1301－0003007　04470

縹緗對類大全二十卷 　(□)□□輯　清初書
林勉善堂刻本　八冊　存十五卷(一至六、十
至十八)

630000－1301－0003008　04472

中日通商行船條約續約一卷　盛宣懷等簽定
　清光緒刻本　一冊

630000－1301－0003009　04474

策學合璧四卷　（清）劉之屏撰　清同治元年
（1862）京都琉璃廠刻本　二冊

630000－1301－0003010　04475

國朝畫徵錄三卷續錄二卷　（清）張庚撰　清
刻本　二冊

630000－1301－0003011　04477

楹聯叢話十二卷續話四卷　（清）梁章鉅輯
清道光二十二年（1842）長沙府刻本　六冊

630000－1301－0003012　04478

楹聯叢話十二卷續話四卷　（清）梁章鉅輯
清道光二十二年（1842）長沙府刻本　六冊

630000－1301－0003013　04479

楹聯叢話十二卷續話四卷　（清）梁章鉅輯
清道光二十二年（1842）長沙府刻本　四冊
存楹聯叢話十二卷

630000－1301－0003014　04483

莫愁湖楹聯便覽一卷　（清）釋壽安撰　清光
緒刻本　一冊

630000－1301－0003015　04485

增訂敬信錄不分卷　（清）周鼎臣輯　清嘉慶
二年（1797）京都會文齋刻本　一冊

630000－1301－0003016　04486

重刻敬信錄不分卷　（清）周鼎臣輯　清蘭省
隍廟刻清乾隆五十五年（1790）本　一冊

630000－1301－0003017　04489

先奉政公行述一卷　（清）焦振鴻等謹述　清
光緒刻本　一冊

630000－1301－0003018　04493

緬甸國志一卷英領緬甸志一卷緬甸新志一卷
暹羅國志一卷布哈爾志一卷　（清）學部編譯
圖書局編　清光緒三十三年（1907）學部編譯
圖書局鉛印本　一冊

630000－1301－0003019　04494

緬甸國志一卷英領緬甸志一卷緬甸新志一卷

暹羅國志一卷布哈爾志一卷　（清）學部編譯
圖書局編　清光緒三十三年（1907）學部編譯
圖書局鉛印本　一冊

630000－1301－0003020　04495

緬甸國志一卷英領緬甸志一卷緬甸新志一卷
暹羅國志一卷布哈爾志一卷　（清）學部編譯
圖書局編　清光緒三十三年（1907）學部編譯
圖書局鉛印本　一冊

630000－1301－0003021　04500

性命宗旨一卷　（清）馬復初撰　清光緒二十
四年（1898）成都敬畏堂周明德刻本　一冊

630000－1301－0003022　04501

關聖帝君法戒編不分卷　（□）□□編　清道
光二十七年（1847）甘肅西寧府刻本　一冊

630000－1301－0003023　04506

關帝明聖經一卷　（□）□□撰　清光緒十八
年（1892）京城福文堂刻本　一冊

630000－1301－0003024　04507

明聖經一卷　（□）□□撰　清光緒七年
（1881）刻咸豐十年（1860）蘭省萬稬堂刻本
一冊

630000－1301－0003025　04509

文昌帝君四字孝經一卷　（□）□□編　清光
緒三年（1877）慶餘堂刻本　一冊

630000－1301－0003026　04510

太上感應篇圖說八卷首一卷　（清）黃正元輯
　清光緒十八年（1892）上海同文書局石印本
　一冊　存二卷（一、首一卷）

630000－1301－0003027　04512

感應篇一卷文帝經一卷　（清）鄧遂良書　清
麟書閣刻本　一冊

630000－1301－0003028　04514

陰隲文圖說不分卷　（□）□□撰　清刻本
一冊

630000－1301－0003029　04520

文昌功過格一卷　（□）□□撰　清同治十三
年（1874）羊城合成齋刻本　一冊

630000 – 1301 – 0003030　04521

明聖真經一卷　（□）□□撰　清羊城翰文堂刻本　一冊

630000 – 1301 – 0003031　04522

關帝明聖經玉泉定本一卷　（□）□□撰　清光緒十八年(1892)聯經號刻本　一冊

630000 – 1301 – 0003032　04524

大洞經一卷　（□）□□撰　清刻本　一冊

630000 – 1301 – 0003033　04525

文昌孝經一卷　（清）王德瑛註　清光緒二十二年(1896)大荔學署刻本　一冊

630000 – 1301 – 0003034　04528

文帝全書十六卷　（清）劉體怒輯　清刻本　十冊

630000 – 1301 – 0003035　04529

孟子年譜二卷　（清）曹之升撰　清道光九年(1829)來鹿堂刻本　二冊

630000 – 1301 – 0003036　04530

龍舒淨土文十卷首一卷末一卷　（宋）王日休撰　清光緒九年(1883)金陵刻經處刻本　一冊

630000 – 1301 – 0003037　04531

龍舒淨土文十卷首一卷末一卷　（宋）王日休撰　清光緒九年(1883)金陵刻經處刻本　一冊

630000 – 1301 – 0003038　04533

王評孟子四卷　（清）王源評　清刻本　一冊

630000 – 1301 – 0003039　04537

新鐫七眞天仙傳四卷　（□）□□撰　清光緒二十九年(1903)刻本　四冊

630000 – 1301 – 0003040　04538

新刻重校增補圓機活法詩學全書二十四卷詩韻活法全書十四卷　（明）王世貞校　清立本堂刻本　二十四冊

630000 – 1301 – 0003041　04539

新刻校正增補圓機活法詩學全書二十四卷詩韻活法全書十四卷　（明）王世貞校　清刻本　十六冊　存二十六卷(詩學全書二、四至十三、十六至十七、二十至二十一、二十四,詩韻活法全書一至六、十一、十二至十四)

630000 – 1301 – 0003042　04542

醫學摘粹五種八卷附一種二卷　（清）慶恕撰　清光緒二十九年(1903)刻本　五冊　存三種四卷附一種二卷(傷寒十六證類方二卷、雜證要法一、本草類要一卷,附天人解一卷、六氣解一卷)

630000 – 1301 – 0003043　04543

醫方捷徑指南二卷　（明）王宗顯輯　清合盛堂刻本　一冊

630000 – 1301 – 0003044　04544

暗室燈二卷　題(清)深山居士輯　清咸豐九年(1859)刻本　一冊

630000 – 1301 – 0003045　04545

西河詩話一卷詞話一卷附西河褉箋一卷　(清)毛奇齡撰　清宣統三年(1911)上海文瑞樓石印本　二冊

630000 – 1301 – 0003046　04549

呂氏家塾讀詩記三十二卷　（宋）呂祖謙撰　清嘉慶十六年(1811)谿上聽彝堂刻本　十二冊

630000 – 1301 – 0003047　04550

靈棋經二卷　（晉）顏幼明　（宋）何承天註(元)陳師凱　（明）劉基解　清刻本　二冊

630000 – 1301 – 0003048　04564

山洋指迷四卷　（明）周景一撰　清乾隆五十二年(1787)吳敬怒堂刻本　四冊

630000 – 1301 – 0003049　04567

文昌帝君易知錄一卷　（□）□□編　清道光二十九年(1849)中壩桂籍齋刻本　一冊

630000 – 1301 – 0003050　04568

女科指掌五卷　（清）葉其蓁撰　清光緒石印本　一冊　存三卷(三至五)

630000 – 1301 – 0003051　04572

神訓四篇二卷　（□）□□編　清光緒十六年

（1890）刻本　二冊

630000－1301－0003052　04574
紀效新書十八卷首一卷　（明）戚繼光撰　清
光緒二十一年（1895）上海醉經樓石印本
四冊

630000－1301－0003053　04575
紀效新書十八卷首一卷　（明）戚繼光撰　清
光緒二十一年（1895）上海醉經樓石印本　四
冊（合訂一冊）

630000－1301－0003054　04576
登瀛社槀不分卷　（清）曾之撰輯　清致和堂
刻本　一冊

630000－1301－0003055　04577
登瀛社槀三刻不分卷　（清）張忄卿評選　清
光緒刻本　一冊

630000－1301－0003056　04578
登瀛社槀續刊不分卷　（清）曾之撰輯　清刻
本　一冊

630000－1301－0003057　04579
寸耕鈔略一卷　（清）陳懲又輯　清刻本
二冊

630000－1301－0003058　04580
**高等師範學校校長嘉納君所講義一卷文部省
直轄諸學校沿革表二卷日本考察學務遊記一
卷**　繆荃孫撰　清光緒二十九年（1903）高等
學堂刻本　一冊

630000－1301－0003059　04582
牛氏家言二卷　（清）牛作麟撰　清道光三十
年（1850）刻本　一冊

630000－1301－0003060　04583
牛氏家言二卷　（清）牛作麟撰　清道光三十
年（1850）刻本　二冊

630000－1301－0003061　04584
引痘略一卷　（清）邱熺輯　清道光十一年
（1831）刻本　二冊

630000－1301－0003062　04585
增補分部書法正傳不分卷　（清）蔣和撰　清

光緒上海掃葉山房石印本　一冊

630000－1301－0003063　04586
釐正昏禮示諭一卷　（□）□□編　清光緒二
十六年（1900）刻本　一冊

630000－1301－0003064　04588
東京夢華錄十卷　（宋）孟元老撰　清同治四
年（1865）河南官書局刻本　一冊

630000－1301－0003065　04596
淮鹽紀略一卷　（清）杜文瀾撰　清光緒二十
九年（1903）通州翰墨林書局鉛印本　一冊

630000－1301－0003066　04599
梵室偶談一卷徹悟禪師語錄二卷　（清）釋了
亮集　清同治十年（1871）金陵刻本　一冊

630000－1301－0003067　04604
[清河]張氏家譜一卷　（清）□□纂　清刻本
一冊

630000－1301－0003068　04605
國朝畫後續集一卷　（清）王光晟輯　清刻本
一冊

630000－1301－0003069　04607
紹香堂試帖續稿二卷　（清）張和撰　清咸豐
三年（1853）紹香堂刻本　一冊

630000－1301－0003070　04608
陰符經一卷敲爻歌直解一卷　（清）劉一明註
清刻本　一冊

630000－1301－0003071　04609
**俾路芝志一卷馬留士股志一卷紐吉尼亞島志
一卷西里伯島志一卷新志一卷**　（清）學部編
譯圖書局編纂　清光緒三十三年（1907）學部
編譯圖書局鉛印本　一冊

630000－1301－0003072　04610
**俾路芝志一卷馬留士股志一卷紐吉尼亞島志
一卷西里伯島志一卷新志一卷**　（清）學部編
譯圖書局編纂　清光緒三十三年（1907）學部
編譯圖書局鉛印本　一冊

630000－1301－0003073　04611
處分則例圖要六卷　（清）蔡逢年撰　清同治

十一年(1872)增修本　二冊

630000－1301－0003074　04613

類類聯珠初編三十二卷二編十二卷　（清）李
堃編　清刻本　二冊　存二十卷（初編七至
十七、二十四至三十二）

630000－1301－0003075　04618

野菜譜一卷　（明）王盤撰　清來鹿樓刻本
一冊

630000－1301－0003076　04619

虛空世界一卷　（日本）蘇峰生澤撰　（清）蔣
亞佛譯　清石印本　一冊

630000－1301－0003077　04622

精選黃眉故事十卷　（明）鄧百拙撰　清同德
堂刻本　五冊

630000－1301－0003078　04623

張氏醫書七種二十七卷　（清）張璐　（清）張
登撰　清光緒二十年(1894)上海圖書集成印
書局石印本　十九冊　存七種二十五卷（張
氏醫通一至十二、十五至十六,本經逢原四
卷,診宗三昧一卷,傷寒緒論二卷,傷寒纘論
二卷,傷寒舌鑑一卷,傷寒兼證析義一卷）

630000－1301－0003079　04624

醫學三字經四卷　（清）陳念祖撰　清刻本
二冊

630000－1301－0003080　04625

瘡瘍經驗全書六卷　（宋）竇漢卿撰　清崇順
堂刻本　六冊

630000－1301－0003081　04628

女科仙方四卷　（清）傅山撰　清傅氏家刻本
一冊

630000－1301－0003082　04629

女科仙方四卷　（清）傅山撰　清翰墨園刻本
一冊

630000－1301－0003083　04630

陳修園醫書二十一種□□卷　（清）陳念祖撰
清光緒石印本　十冊　存八種五十七卷
（醫學實在易一至四、醫學三字經四卷、醫學

從眾錄八卷、金匱要略淺註十卷、金匱方歌括
六卷、張仲景傷寒論原文淺註六卷、長沙方歌
括六卷首一卷、靈素節要淺註十二卷）

630000－1301－0003084　04631

陳修園醫書四十種□□卷　（清）陳念祖撰
清光緒三十二年(1906)上海飛鴻閣書局石印
本（醫學叢眾錄、長沙方歌括兩冊用其他石印
本補配）　十五冊　存二十四種八十卷（金匱
方歌括六卷,瘧疾論三卷,秘本眼科捷徑一
卷,傷寒舌診一卷,福幼編一卷,春溫三字訣
一卷,痢癥三字訣一卷,養生鏡一卷,醫學實
在易八卷,金匱要略淺註一至三、八至十,張
仲景傷寒論原文淺註一至三,靈素提要淺註
十二卷,傷寒醫訣串解六卷,傷寒真方歌括六
卷,十藥神書註解一卷,急救經驗良方一卷,
達生編二卷,增廣大生要旨一卷,增廣保嬰要
旨一卷,外科證治全生一卷,引痘略一卷,濕
熱條辨一卷,醫學叢眾錄八卷,長沙方歌括六
卷首一卷）

630000－1301－0003085　04634

御纂醫宗金鑑內科七十四卷外科十六卷首一
卷　（清）吳謙等纂修　清宣統元年(1909)上
海章福記石印本　十七冊　存七十三卷（內
科一至二十三、三十五至四十四、五十一至七
十四,外科十六卷）

630000－1301－0003086　04635

御纂醫宗金鑑內科七十四卷外科十六卷首一
卷　（清）吳謙等纂修　清光緒二十九年
(1903)上海經香閣石印本　十三冊　存七十
卷(內科一、八至七十四,外科一至二)

630000－1301－0003087　04636

御纂醫宗金鑑十六卷　（清）吳謙等纂修
清光緒十八年(1892)上海圖書集成印書局
石印本　五冊　存十三卷(一至七、十一至
十六)

630000－1301－0003088　04637

增補醫林狀元壽世保元十卷　（明）龔廷賢編
清嘉慶六年(1801)致和堂刻本　十冊

630000－1301－0003089　04638

增補醫林狀元壽世保元十卷　（明）龔廷賢編
清道光二十四年(1844)崇順堂刻本　六冊
存八卷(一至七、九)

630000－1301－0003090　04640
士子反求鑑四卷　（清）周遠鴻輯　清道光五
年(1825)慎餘堂刻本　一冊

630000－1301－0003091　04641
士子反求鑑四卷　（清）周遠鴻輯　清道光五
年(1825)慎餘堂刻本　一冊

630000－1301－0003092　04642
士子反求鑑四卷　（清）周誠之輯　清道光二
十一年(1841)惜分陰館刻本　一冊

630000－1301－0003093　04643
叩鉢齋增補應酬全書行廚集□□卷　（清）李
之淶輯　清刻本　九冊　存七卷(一、四至
九)

630000－1301－0003094　04644
叩鉢齋增補應酬全書行廚集□□卷　（清）李
之淶輯　清刻本　九冊　存七卷(十一至十
五、十七至十八)

630000－1301－0003095　04649
英俄印度交涉書一卷續編一卷　（英國）馬文
撰　（英國）羅亨利　（清）瞿昂來譯　清光緒
江南製造總局刻本　一冊

630000－1301－0003096　04650
雪樵府君行述一卷　（清）牛詒穀述　清刻本
一冊

630000－1301－0003097　04651
海鷗小譜一卷附一卷　（清）趙執信撰　清光
緒石印本　一冊

630000－1301－0003098　04652
增訂海門聯譜四卷　（清）丁應鼎撰　清刻本
一冊

630000－1301－0003099　04653
海塘輯要十卷首一卷附一卷　（英國）韋更斯
撰　（英國）傅蘭雅口譯　（清）趙元益筆述
清刻本　二冊

630000－1301－0003100　04654
玉鐫草堂外集十五卷　（清）吳并山原評　題
（清）蝶會諸老重批　清滇陽驛樓刻本　十冊

630000－1301－0003101　04655
唐語林八卷　（宋）王讜撰　清刻惜陰軒叢書
本　三冊　存六卷(一至六)

630000－1301－0003102　04658
續明紀事本末十八卷首一卷　（清）倪在田輯
清光緒二十九年(1903)育英學社石印本
六冊

630000－1301－0003103　04660
板橋集六卷　（清）鄭燮撰　清刻本　三冊
存五卷(板橋詩鈔二至三、詞鈔一卷、道情十
首板橋題畫一卷、與舍弟書十六通一卷)

630000－1301－0003104　04665
籤易一卷　（明）盧翰撰　清道光五年(1825)
篤志堂刻本　一冊

630000－1301－0003105　04669
讀書搜纂一卷　（清）李元春撰　清刻本
一冊

630000－1301－0003106　04671
率性闡微一卷　題素陽子撰　清刻本　一冊

630000－1301－0003107　04672
原富五卷　（英國）斯密亞丹撰　嚴復譯　清
光緒二十七年(1901)南洋公學譯書院鉛印本
八冊

630000－1301－0003108　04674
**維揚宏道堂新刻增訂釋義經書便用通考雜字
二卷**　（清）徐三省輯　（清）戴啟達增訂　清
道光二十五年(1845)天德堂刻本　一冊

630000－1301－0003109　04675
測候叢談四卷　（美國）金楷理口譯　（清）華
蘅芳筆述　清江南製造總局鉛印本　二冊

630000－1301－0003110　04676
化學鑑原續編二十四卷　（英國）蒲陸山撰
（英國）傅蘭雅口譯　（清）徐壽筆述　清鉛印
本　六冊

630000－1301－0003111　04679

遣愁集十二卷　（明）張貴勝輯　清刻本　五冊　存九卷（三至七、九至十二）

630000－1301－0003112　04680

校刻傷寒圖歌活人指掌五卷　（宋）吳恕撰　清致和堂刻本　三冊　存四卷（一、三至五）

630000－1301－0003113　04681

歷代帝王法帖釋文十卷　（清）徐朝弼集釋　清嘉慶十七年(1812)西安會古堂刻本　一冊

630000－1301－0003114　04682

歷代帝王法帖釋文十卷　（清）徐朝弼集釋　清嘉慶八年(1803)問心堂刻本　一冊

630000－1301－0003115　04683

歷代帝王法帖釋文十卷　（清）徐朝弼集釋　清嘉慶十七年(1812)刻本　一冊

630000－1301－0003116　04684

歷代帝王法帖釋文十卷　（清）徐朝弼集釋　清蘭省壽古堂刻本　一冊

630000－1301－0003117　04685

歷代帝王法帖釋文十卷　（清）徐朝弼集釋　清刻本　一冊

630000－1301－0003118　04686

歷代帝王法帖釋文十卷　（清）徐朝弼集釋　清嘉慶十七年(1812)刻本　一冊

630000－1301－0003119　04687

萬年保泰鴻膜一卷　（清）趙永孝撰　清光緒二十四年(1898)趙氏承啟堂刻本　一冊

630000－1301－0003120　04694

增補族制進化論一卷　（日本）有賀長雄撰　（清）上海廣智書局譯　清光緒二十八年(1902)上海廣智書局鉛印本　一冊

630000－1301－0003121　04696

文公家禮儀節四卷　（宋）朱熹撰　（明）夏允彝輯　清文英堂刻本　四冊

630000－1301－0003122　04698

平旦鐘聲二卷　（清）好德書齋編　清咸豐元年(1851)聯善堂刻本　一冊

630000－1301－0003123　04700

古今楹聯彙刻小傳一卷　（清）吳隱輯　清光緒三十二年(1906)西泠印社石印本　一冊

630000－1301－0003124　04703

汽機中西名目表一卷新制八卷發軔九卷附表一卷　（英國）白爾格撰　（英國）傅蘭雅口譯　（清）徐建寅筆述　清光緒二十三年(1897)江南機器製造總局石印本　四冊

630000－1301－0003125　04704

汽機中西名目表一卷新制八卷發軔九卷附表一卷　（英國）白爾格撰　（英國）傅蘭雅口譯　（清）徐建寅筆述　清光緒二十三年(1897)江南機器製造總局石印本　四冊

630000－1301－0003126　04705

上林斯氏兩世三節圖題辭四卷上林斯烈婦黃氏輓辭一卷　（清）斯福求編　清宣統二年(1910)武林印書館鉛印本　一冊

630000－1301－0003127　04706

地學形勢集七卷　（清）倪化南輯　清強怒堂刻本　五冊　存五卷（一、三至四、六至七）

630000－1301－0003128　04708

省軒考古類編十二卷　（清）柴紹炳撰　清乾隆二十三年(1758)敦化堂刻本　七冊　存十一卷（一至三、五至十二）

630000－1301－0003129　04709

省軒考古類編十二卷　（清）柴紹炳撰　清刻本　四冊　存六卷（三至六、十至十一）

630000－1301－0003130　04710

經術公理學二卷　（清）宋育仁撰　清光緒三十年(1904)上海同文社鉛印本　一冊

630000－1301－0003131　04712

讀十三經管見草一卷　（清）王尚檾撰　清宣統二年(1910)鉛印本　一冊

630000－1301－0003132　04714

御製勸善要言一卷　（清）世祖福臨撰　清光緒十九年(1893)昭忠祠刻本　一冊

630000－1301－0003133　04715

朱子家訓衍義一卷　（清）朱鳳鳴註　清光緒
十年（1884）大梁臬署刻本　一冊

630000－1301－0003134　04716

朱子晚年定論一卷　（明）王守仁輯　清咸豐
四年（1854）雨香書屋刻本　一冊

630000－1301－0003135　04720

羅經透解二卷　（清）王道亨輯　清光緒刻本
二冊

630000－1301－0003136　04721

入幕須知五種九卷附一種一卷　（清）張廷驤
輯　清光緒十八年（1892）浙江書局刻本
六冊

630000－1301－0003137　04723

百美圖新詠一卷　（清）顏希源撰　清同治九
年（1870）三益堂刻本　二冊

630000－1301－0003138　04724

醫方集解三卷　（清）汪昂撰　清聚錦堂刻本
五冊

630000－1301－0003139　04725

闓存齋古今體詩一卷　（清）王誾撰　清光緒
二十九年（1903）長沙葉氏刻本　一冊

630000－1301－0003140　04726

貸園叢書初集十二種四十九卷　（清）周永年
輯　清刻乾隆五十四年（1789）歷城周氏竹西
書屋據益都李文藻刻版印本　十冊　存九種
三十六卷（九經古義十六卷、易例二卷、古韻
標準四卷詩韻舉例一卷、四聲切韻表一卷凡
例一卷、聲韻考四卷、石刻鋪敘二卷、鳳墅殘
帖釋文二卷、蒿庵閒話二卷、談龍錄一卷）

630000－1301－0003141　04727

聲學八卷　（英國）田大里撰　（英國）傅蘭雅
口譯　（清）徐建寅筆述　清末江南製造總局
刻本　二冊

630000－1301－0003142　04728

弇山畢公年譜不分卷　（清）史善長撰　清同
治十一年（1872）刻本　一冊

630000－1301－0003143　04729

見菴錦官錄八種三十三卷　（清）李錫書撰
清嘉慶二十一年至道光七年（1816－1827）藥
石山房刻本　十冊　存六種二十八卷（制義
一卷,臆說一至八、十一至十二附百辨錄二
卷,雜著一卷,河洛圖說四卷,周官圖說六卷,
圜海圖考四卷）

630000－1301－0003144　04730

七經精義□□卷　（清）黃淦撰　清嘉慶十五
年（1810）同文堂刻本　七冊

630000－1301－0003145　04731

七經精義□□卷　（清）黃淦撰　清嘉慶十五
年（1810）尊德堂刻本　七冊

630000－1301－0003146　04736

思益梵天所問經四卷　（後秦）釋鳩摩羅什譯
清光緒五年（1879）金陵刻經處刻本　一冊

630000－1301－0003147　04738

華陽國志十二卷　（晉）常璩撰　補華陽國志
三州郡縣目錄一卷　（清）廖寅撰　清光緒八
年（1882）樂道齋刻玉海本　四冊

630000－1301－0003148　04739

絕妙好詞箋七卷　（宋）周密撰　（清）查爲仁
（清）厲鶚箋　絕妙好詞箋續鈔二卷　（宋）
周密撰　（清）余集鈔　絕妙好詞箋續鈔一卷
（宋）周密撰　（清）徐棫補錄　清杭州愛日
軒刻本　三冊　存七卷（一至二、五至七,續
鈔一,續鈔一卷）

630000－1301－0003149　04742

西夏穀語一卷王道九功一卷　（□）□□撰
清刻本　一冊

630000－1301－0003150　04748

乾隆府廳州縣圖志五十卷　（清）洪亮吉撰
清光緒二十三年（1897）新化三味書室據授經
堂本校刻本　二十冊

630000－1301－0003151　04749

聽嚶堂選四六新書廣集七卷　（清）黃始選
清聽嚶堂刻本　四冊　存四卷（一、四、六至
七）

630000－1301－0003152　04750

鑒敬書屋遺草二卷　（清）華良顯撰　清同治三年(1864)刻本　一冊

630000－1301－0003153　04752

雲林別墅新輯酬世錦囊書啓合編初集八卷首一卷　（清）謝梅林　（清）鄒可庭訂　（清）鄒景揚輯　清光緒石印本　一冊

630000－1301－0003154　04753

鐵網珊瑚集課藝不分卷　（□）□□輯　清石印本　四冊

630000－1301－0003155　04754

近科金題新策法程不分卷　（清）劉坦之評　清咸豐八年(1858)寶仁堂刻本　一冊

630000－1301－0003156　04756

讀書鏡八卷首一卷　（清）陳繼儒撰　清光緒四年(1878)味經書院刻本　二冊

630000－1301－0003157　04757

石渠餘紀六卷　（清）王慶雲撰　清刻本　六冊

630000－1301－0003158　04760

易說醒四卷首一卷　（清）洪守美撰　清同治十一年(1872)刻本　三冊

630000－1301－0003159　04761

讀書作文譜十二卷父師善誘法二卷　（清）唐彪輯　清嘉慶八年(1803)敦化堂刻本　四冊

630000－1301－0003160　04763

惜抱先生尺牘八卷　（清）姚鼐撰　清宣統元年(1909)小萬柳堂據海源閣本刻本　四冊

630000－1301－0003161　04764

楊忠愍公集四卷　（明）楊繼盛撰　清光緒九年(1883)魏光燾、周漢甘肅藩署刻本　四冊

630000－1301－0003162　04765

楊忠愍公集四卷　（明）楊繼盛撰　清光緒九年(1883)魏光燾、周漢甘肅藩署刻本　四冊

630000－1301－0003163　04770

指南針十一種十二卷　（清）劉一明註　清嘉慶榆中棲雲山刻本　十冊　存十種十一卷

（陰符經一卷、敲爻歌直解一卷、百字碑註一卷、西遊原旨二卷、修眞辨難一卷、修眞後辨一卷、無根樹解一卷、修眞九要一卷、黃庭經解一卷、四百字解一卷）

630000－1301－0003164　04775

漢學堂叢書二百十二種二百三十三卷　（清）黃奭輯　清道光中甘泉黃氏刻光緒中印本　八十冊　存二百〇九種二百三十卷｛子夏易傳一卷,易章句一卷,易章句一卷,易傳一卷,易章句一卷,易注一卷,易章句一卷,易注一卷,易述一卷,九家易集注一卷,易義一卷,易注一卷,易義一卷,易注一卷,易集解一卷,易注一卷,易注一卷,乾坤義一卷,繫辭義疏一卷,易注一卷,易注一卷,周易講疏一卷,易注一卷,易探玄一卷,易音注一卷,尚書章句一卷,尚書義疏一卷,魯詩傳一卷,齊詩傳一卷,毛詩注一卷,毛詩注一卷,毛詩申鄭義一卷,毛詩異同評一卷,周官傳一卷,周官注一卷,儀禮喪服經傳一卷,儀禮喪服注一卷,喪服變除圖一卷,禮記解詁一卷,月令章句一卷,月令問答一卷,三禮圖一卷,三禮義宗一卷,春秋左氏解詁一卷,春秋左氏傳解誼一卷,春秋土地名一卷,春秋左氏傳述義一卷,春秋盟會圖一卷,春秋穀梁傳注一卷,穀梁傳例一卷,春秋後傳一卷,五經通義一卷,爾雅古義十二卷,辨釋名一卷,倉頡篇一卷,凡將篇一卷,通俗文一卷,勸學篇一卷,古今字詁一卷,埤倉一卷,字指一卷,文字集略一卷,新字林一卷,字略一卷,字統一卷,桂苑珠叢一卷,字書一卷,小學一卷,聲類一卷,音譜一卷附聲譜一卷,韻略一卷,開元文字音義一卷,唐韻二卷,韻海鏡源一卷,切韻一卷,河圖緯一卷,河圖括地象一卷附括地圖,河圖帝覽嬉一卷,河圖稽命徵一卷,河圖稽耀鉤一卷,龍魚河圖一卷,河圖始開圖一卷,雒書一卷,雒書甄曜度一卷,雒書靈准聽一卷,雒書摘六辟一卷,易緯一卷,易乾鑿度鄭氏注一卷,易乾坤鑿度鄭氏注一卷,易是類謀鄭氏注一卷,易坤靈圖一卷,易乾元序制記鄭氏注一卷,尚書璇機鈐一卷,尚書帝命驗一卷,尚書刑德放一卷,尚書運期授一卷,詩緯一卷,詩含神霧一

卷,詩推度災一卷,禮緯一卷,禮含文嘉一卷,禮稽命徵一卷,樂緯一卷,樂協圖徵一卷,春秋一卷,春秋演孔圖一卷,春秋說題辭一卷,春秋元命苞一卷,春秋文耀鉤一卷,春秋運斗樞一卷,春秋感精符一卷,春秋合誠圖一卷,春秋攷異郵一卷,春秋保乾圖一卷,春秋佐助期一卷,春秋握誠圖一卷,春秋潛潭巴一卷,春秋命厤序一卷,春秋内事一卷,論語摘輔象一卷,論語摘衰聖一卷,孝經一卷,孝經鉤命決一卷,孝經援神契一卷,孝經緯一卷,孝經内記圖一卷,河圖聖洽符一卷,[論語撰考讖、論語陰嬉讖、論語崇爵讖、論語素王受命讖、論語紀滑讖、論語讖(以上合一卷)],論語比考讖一卷,孝經雌雄圖一卷,遁甲開山圖一卷,典論一卷,物理論一卷,六韜一卷,法經一卷,公羊治獄一卷,范子計然一卷,神農本草經三卷,乾象術一卷,易元包一卷,淮南王萬畢術一卷,鐘律書一卷,琴操一卷,古今樂錄一卷,魏皇覽一卷,逸莊子一卷,莊子注一卷,漢後書一卷,後漢書注一卷,後漢書一卷,後漢書一卷,晉書一卷,晉書一卷,晉中興書一卷附徵祥說,晉書一卷,晉書一卷,竹書紀年一卷,後漢記一卷,晉書一卷,附惠帝起居注一卷,晉紀一卷,漢晉春秋一卷,晉紀一卷,晉陽秋一卷,晉紀一卷,晉安帝紀一卷,晉紀一卷,續晉陽秋一卷,晉起居注一卷,眾家晉史一卷,尚書百兩篇一卷,國語解詁一卷,國語注一卷,國語注一卷,國語章句一卷,國語注一卷,春秋後語一卷,楚漢春秋一卷,伏侯古今注一卷,英雄記一卷,戰略一卷,九州春秋一卷,晉諸公讚一卷,晉後略一卷,晉八王故事一卷,晉四王遺事一卷,喪服要記一卷,三輔決錄一卷,唐明皇月令注解一卷,晉太康三年地紀一卷,晉書地道記一卷,括地志一卷,漢官解詁一卷,漢官一卷,漢官儀一卷,漢官典儀一卷,漢儀一卷,晉百官名一卷,晉公卿禮秩一卷附晉故事一卷,晉百官表注一卷,石渠禮論一卷,漢舊儀一卷,問禮俗一卷,高密遺書十一卷]

630000－1301－0003165　04776

淵鑑類函不分卷　（清）張英等纂　清光緒二

十一年(1895)上海點石齋石印本　十冊

630000－1301－0003166　04778

觀音濟度本願真經二卷　（□）□□撰　清刻本　一冊

630000－1301－0003167　04779

理氣三訣四卷　（清）葉泰撰　清刻本　一冊

630000－1301－0003168　04781

拳教析疑說一卷　勞乃宣撰　清光緒刻本　一冊

630000－1301－0003169　04784

百里治略一卷　（清）李元春撰　清刻本　一冊

630000－1301－0003170　04785

求己錄三卷　題（清）蘆涇邏士編　清光緒刻本　三冊

630000－1301－0003171　04789

勸學邇言一卷　劉爾炘撰　清光緒三十一年(1905)上海太和縣刻本　一冊

630000－1301－0003172　04790

勸學邇言一卷　劉爾炘撰　清光緒三十一年(1905)上海太和縣刻本　一冊

630000－1301－0003173　04793

化學材料中西名目表一卷　（清）江南製造總局編　清光緒江南製造局鉛印本　一冊

630000－1301－0003174　04794

六諭敷言通俗六卷　（清）張沐撰　清乾隆三十二年(1767)敦臨堂刻本　一冊

630000－1301－0003175　04802

凝香室鴻雪因緣圖記三集六卷　（清）麟慶撰　清道光二十七年(1847)揚州刻本　六冊

630000－1301－0003176　04803

正覺樓叢刻二十九種七十九卷　（清）崇文書局輯　清光緒中學文書局刻本　三十五冊
存二十九種七十八卷(西京雜記二卷、括地志八卷、兩京新記殘一卷、李嶠雜詠二卷、龍經疑龍三卷撼龍統說一卷、樂書要錄殘三卷、化書六卷、指南後錄三卷、酌中志餘二卷、風角

書八卷、重訂擬瑟譜一卷、人海記二卷、律呂
新義四卷附錄一卷、樂府傳聲二卷、二林居集
二卷、三國志辨疑三卷、後漢郡國令長攷一
卷、律呂臆說一卷、管色攷一卷、荀勗笛律圖
注一卷、三國職官表上下、周官指掌五卷、紀
事約言二卷、舊唐書疑義四卷、臨安旬制紀三
卷、全浙詩話刊誤一卷、禮記天算釋一卷、三
國紀年表一卷、五代紀年表一卷)

630000－1301－0003177　04809

天道溯源官話三卷　(清)中國聖教書會編
清光緒二十三年(1897)上海文華書館鉛印本
　一冊

630000－1301－0003178　04813

古今錢略三十二卷首一卷末一卷　(清)倪模
撰　清光緒五年(1879)望江倪氏兩強勉齋刻
本　十六冊

630000－1301－0003179　04814

**開有益齋讀書志六卷續志一卷金石文字記一
卷**　(清)朱緒曾撰　清光緒六年(1880)金陵
茹古閣刻本　四冊

630000－1301－0003180　04815

天壤閣叢書二十種六十二卷　(清)王懿榮輯
　清同治至光緒福山王氏刻本　二十冊

630000－1301－0003181　04818

翠薇山房數學十二種三十八卷　(清)張作楠
撰　清嘉慶至道光金華張氏翠薇山房刻本
二十四冊

630000－1301－0003182　04819

闕里文獻考一百卷首一卷　(清)孔昭煥輯
末一卷　(清)孔繼汾撰　清刻本　八冊

630000－1301－0003183　04820

杜詩鏡銓二十卷年譜一卷附錄一卷　(清)楊
倫編　附讀書堂杜工部文集註解二卷　(清)
張潽評註　清同治十一年(1872)望三益齋刻
本　十二冊

630000－1301－0003184　04821

增廣字學舉隅四卷　(清)鐵珊輯　清同治十
三年(1874)蘭州郡署刻本　四冊

630000－1301－0003185　04822

字學新說讀本五卷　(□)□□編　清石印本
　二冊　存三卷(一、四至五)

630000－1301－0003186　04823

嘯亭雜錄八卷續錄二卷　(清)昭槤撰　清江
蘇九思堂刻本　六冊　存五卷(一至二、六，
續錄二卷)

630000－1301－0003187　04826

蓉峰詩話十二卷　(清)聶銑敏撰　清嘉慶十
四年(1809)寄嶽雲齋刻本　三冊　存十卷
(一至三、六至十二)

630000－1301－0003188　04830

格言聯璧二卷　(清)金纓輯　清光緒十四年
(1888)粵東省城合成齋刻本　一冊

630000－1301－0003189　04831

新鐫笑林廣記八卷　題(清)游戲主人輯　清
嘉慶八年(1803)平湖挹秀堂刻本　三冊

630000－1301－0003190　04833

時方歌括二卷　(清)陳念祖撰　清□□書屋
刻本　二冊

630000－1301－0003191　04834

容齋千首詩不分卷　(清)李天馥撰　清刻本
　四冊(合訂二冊)

630000－1301－0003192　04835

道一錄五卷　(清)張沐輯　清刻本　二冊

630000－1301－0003193　04836

潘公免災救難寶卷三卷　(□)□□撰　清咸
豐九年(1859)邱文英堂書坊刻本　一冊

630000－1301－0003194　04837

欽定高等學堂章程不分卷　(清)沈衛注　清
光緒二十九年(1903)陝西味經官書局鉛印本
　一冊

630000－1301－0003195　04838

諏吉便覽不分卷　(清)俞榮寬輯　清光緒刻
本　一冊

630000－1301－0003196　04839

國朝掌故一卷　(清)陳鴻緒撰　清北洋武備

研究所鉛印本　一冊

630000－1301－0003197　04840
兩罍軒尺牘十二卷　（清）吳雲撰　清宣統二
年(1910)上海時中書局石印本　三冊　存九
卷(一至九)

630000－1301－0003198　04847
劫餘詩存四卷　（清）秦安巨撰　清光緒刻本
　三冊　存三卷(一至二、四)

630000－1301－0003199　04848
唐陸宣公奏議讀本四卷　（唐）陸贄撰　（清）
汪銘謙編輯　（清）馬傳庚評點　清光緒二十
六年(1900)會稽馬氏石印本　二冊

630000－1301－0003200　04849
裕園對絕一卷　（清）王嶠撰　清道光三年
(1823)餘裕堂刻本　一冊

630000－1301－0003201　04850
玉獅堂十種曲十五卷　（清）陳烺撰　清光緒
十七年(1891)徐光鑒等刻本　十冊

630000－1301－0003202　04851
文獻徵存錄十卷　（清）錢林輯　（清）王藻編
　清咸豐八年(1858)王氏有嘉樹軒刻本
八冊

630000－1301－0003203　04852
審巖文集二卷詩集一卷　（清）楊于果撰　鶴
皋詩鈔一卷　（清）楊于棠撰　清道光二十四
年(1844)非能園刻審巖文集九種本　一冊
存三卷(審巖文集二、詩集一卷、鶴皋詩鈔一
卷)

630000－1301－0003204　04853
審巖文集二卷詩集一卷　（清）楊于果撰　鶴
皋詩鈔一卷　（清）楊于棠撰　介石文集一卷
　（清）楊燾撰　清道光二十四年(1844)非能
園刻審巖文集九種本　三冊　存四卷(審巖
文集一、詩集一卷,鶴皋詩鈔一卷,介石文集
一卷)

630000－1301－0003205　04854
三元秘授六卷附法竅一卷　（明）張溥撰　清

刻本　二冊　存四卷(一至四)

630000－1301－0003206　04855
湖海交遊館初集四卷　（清）陳景初撰　清刻
本　二冊

630000－1301－0003207　04856
蒙學鏡四卷　（清）鍾天緯輯　清光緒二十九
年(1903)刻本　一冊

630000－1301－0003208　04857
南邨帖考不分卷　（清）程文榮撰　清宣統印
鑄局鉛印本　二冊

630000－1301－0003209　04858
飛鸞開化錄不分卷　（□）□□編　清咸豐五
年(1855)湟中刻本　一冊

630000－1301－0003210　04859
柁心集二卷　（清）余珪撰　清念先堂刻本
二冊

630000－1301－0003211　04860
養疴思過盫筆記一卷　題(清)澹空道人撰
清刻本　一冊

630000－1301－0003212　04861
輿地沿革表四十卷首一卷　（清）楊丕復撰
清道光五年(1825)刻本　二十四冊

630000－1301－0003213　04862
香南精舍金石契不分卷　（清）覺羅崇恩撰
清光緒影印本　一冊

630000－1301－0003214　04865
養考原旨一卷　（□）□□撰　清嘉慶十七年
(1812)涼州府平番縣永安寺刻本　一冊

630000－1301－0003215　04866
祝爽亭觀察事略一卷歸德閣郡公紀一卷
（清）黃振河撰　清光緒刻本　一冊

630000－1301－0003216　04867
春在堂楹聯錄三卷　（清）俞樾撰　清光緒十
年(1884)成都志古堂刻本　二冊

630000－1301－0003217　04869
禹貢今註一卷　（清）閻寶森輯　清宣統三年

(1911)京師琉璃廠鉛印本　一冊

630000－1301－0003218　04874

礦務五種二十卷　（英國）士密德等輯　（英國）傅蘭雅口譯　（清）王德均等筆述　清光緒二十三年(1897)上海偉文閣石印本　三冊
　　存四種十七卷(開煤要法十二卷、銀礦指南一卷、井礦工程三卷、鍊鋼要言一卷)

630000－1301－0003219　04875

礦學大成五種二十卷　（美國）亞倫等撰（英國）傅蘭雅口譯　（清）應祖錫等筆述　清光緒著易堂書局石印本　二冊

630000－1301－0003220　04876

東林書院志二十二卷　（清）高廷珍等增輯清光緒七年(1881)刻本　八冊

630000－1301－0003221　04879

輓聯合編六卷　題(清)管窺居士編　清光緒十二年(1886)經馥堂刻本　二冊

630000－1301－0003222　04880

子史輯要詩賦題解四卷續編四卷　（清）胡本淵編　清鍾山書院刻本　四冊

630000－1301－0003223　04881

子史輯要詩賦題解四卷續編四卷　（清）胡本淵編　清刻本　四冊

630000－1301－0003224　04882

子史輯要詩賦題解後集四卷　（清）胡本淵編　清嘉慶十年(1805)三餘堂刻本　四冊

630000－1301－0003225　04886

儒門法語一卷　（清）彭定求原編　（清）湯金剛輯　清光緒十八年(1892)甘肅中和堂刻本　一冊

630000－1301－0003226　04887

新刻星平合訂命學須知二卷　（清）學餘堂重訂　清咸豐十年(1860)恆言堂刻本　一冊

630000－1301－0003227　04888

七家詩選七卷　（清）張熙宇輯　清大道堂刻本　四冊

630000－1301－0003228　04889

暫定各學堂應用書目不分卷　（清）□□編清光緒二十八年(1902)京師學堂刻本　一冊

630000－1301－0003229　04890

庸史庸言二卷　（清）劉衡撰　清同治七年(1868)江蘇書局刻本　一冊

630000－1301－0003230　04891

增輯普濟應驗良方八卷　（清）祝韻梅輯　清光緒二十七年(1901)蘭州官書局鉛印本一冊

630000－1301－0003231　04893

諸家藏書簿十卷　（清）李調元輯　清刻本一冊

630000－1301－0003232　04894

課士文鈔不分卷　（清）慶恕撰　清宣統元年(1909)官報書局鉛印本　一冊

630000－1301－0003233　04898

集善堂省身鑑不分卷　（□）□□編　清光緒西寧城隍廟刻乾隆十三年(1748)本　一冊

630000－1301－0003234　04899

集善堂省身鑑不分卷　（□）□□編　清光緒西寧城隍廟刻乾隆十三年(1748)本　一冊

630000－1301－0003235　04900

俞俞齋詩稿初集二卷　（清）史念祖撰　清光緒二十二年(1896)桂林刻本　二冊

630000－1301－0003236　04901

去偽齋集十卷附錄一卷闕疑一卷　（明）呂坤撰　清道光七年(1827)開封府署刻本　十二冊

630000－1301－0003237　04905

軍流以下人犯分別減等例冊不分卷　（□）□□編　清光緒刻本　一冊

630000－1301－0003238　04906

石渠餘紀六卷　（清）王慶雲撰　清刻本六冊

630000－1301－0003239　04907

古泉叢話三卷　（清）戴熙撰　清同治十一年(1872)潀喜齋刻本　二冊

630000－1301－0003240　04909
翠琅玕館叢書五十一種一百三十七卷　（清）
馮兆年輯　清光緒中羊城馮氏刻本　三十二冊

630000－1301－0003241　04910
弇山堂別集一百卷　（明）王世貞撰　清廣雅書局刻本　二十冊

630000－1301－0003242　04913
段容思先生年譜紀畧一卷　（明）彭澤輯　（清）張仲英參訂　清道光三年(1823)序刻本　一冊

630000－1301－0003243　04914
段容思先生年譜紀畧一卷　（明）彭澤輯　（清）張仲英參訂　清道光四年(1824)佩蘭堂同治六年(1867)印刻本　一冊

630000－1301－0003244　04915
誥授朝議大夫雨臣楊老夫子行述一卷　（清）楊藹春　（清）楊華春謹述　清光緒刻本　一冊

630000－1301－0003245　04916
填詞圖譜六卷續集三卷詞韻二卷　（清）賴以邠撰　清刻本　七冊　存九卷(填詞圖譜二至六、續集三卷、詞韻下)

630000－1301－0003246　04919
課子隨筆鈔六卷　（清）張師載輯　清刻本　五冊　存五卷(二至六)

630000－1301－0003247　04921
德音堂琴譜十卷　（清）郭裕齋撰　清刻本　六冊

630000－1301－0003248　04922
文選六十卷　（南朝梁）蕭統編　（唐）李善注　清同治八年(1869)金陵書局仿汲古閣刻本　十冊

630000－1301－0003249　04928
新鐫曆法便覽象吉備要通書二十九卷　（清）魏鑑纂輯　清道光十二年(1832)厓元堂刻本　十冊

630000－1301－0003250　04929
新鐫曆法便覽象吉備要通書二十九卷　（清）魏鑑纂輯　清善成堂刻本　七冊　存二十七卷(一至十一、十四至二十九)

630000－1301－0003251　04930
錢穀備要十卷　（清）王又槐輯　清刻本　七冊　存八卷(一至三、六至十)

630000－1301－0003252　04932
六醴齋醫書十種五十五卷　（清）程永培輯　清光緒十七年(1891)廣州藏修堂刻本(韓式醫通二卷一冊用修敬堂本補配)　二十四冊

630000－1301－0003253　04935
中外政學五種十一卷　（清）錢恂撰　清光緒二十九年(1903)石印本　七冊

630000－1301－0003254　04936
駁案新編三十二卷　（清）全士潮等編　清光緒三十四年(1908)上海集成圖書公司石印本　八冊

630000－1301－0003255　04937
駁案續編七卷　（清）全士潮等編　清光緒三十四年(1908)上海集成圖書公司石印本　三冊

630000－1301－0003256　04938
牖民真經一卷　（□）□□編　清光緒十七年(1891)碾伯縣全善堂刻本　一冊

630000－1301－0003257　04939
禮運注一卷　康有爲撰　清光緒鉛印本　一冊

630000－1301－0003258　04940
前漢書一百卷　（漢）班固撰　（唐）顏師古注　後漢書一百二十卷　（南朝宋）范曄撰　（唐）李賢注　清同治十年(1871)成都書局刻本　六十冊

630000－1301－0003259　04941
西政叢書三十二種一百十二卷　題（清）求自強齋主人輯　清光緒二十三年(1897)愼記書莊石印本　二十三冊　存二十一種八十三卷

（希臘志畧七卷、羅馬志畧十三卷、德國合盟紀事本末一卷、德國議院章程一卷、肄業要覽一卷、西國學校一卷、西學課程彙編一卷、佐治芻言一卷、公法總論一卷、中國古世公說一卷、陸地戰例新選一卷、農學新法一卷、工程致富十三卷、考工記要十七卷、富國養民策一卷、保富述要二卷、生利分利之別二卷、法國海軍職要一卷、德國軍制述要一卷、自強軍洋操課程十卷、英法政概六卷）

630000－1301－0003260　04943

後漢書一百二十卷　（南朝宋）范曄撰　清光緒二十七年（1901）味經刊書處刻武英殿本　三十三冊　存一百十卷（一至七十四、七十八至八十、八十八至一百二十）

630000－1301－0003261　04945

史記一百三十卷　（漢）司馬遷撰　（南朝宋）裴駰集解　（唐）司馬貞索隱　（唐）張守節正義　（清）徐孚遠　（清）陳子龍測議　**補一卷**　（唐）司馬貞撰　（清）徐孚遠　（清）陳子龍測議　清嘉慶十一年（1806）同人堂刻本　十六冊

630000－1301－0003262　04947

日講四書解義二十六卷　（清）喇沙里等撰　清光緒十八年（1892）蘭州刻本　十二冊

630000－1301－0003263　04949

西學啟蒙十六種□□卷　（英國）艾約瑟譯　清光緒二十四年（1898）上海石印本　十三冊　存十三種八十三卷（西學畧述十卷、地志啟蒙四卷、地學啟蒙八卷、天文啟蒙七卷、辨學啟蒙一卷、羅馬志畧十三卷、格致總學啟蒙三卷、地理質學啟蒙七卷、格致質學啟蒙一卷、動物學啟蒙八卷、植物學啟蒙一卷、希臘志畧七卷、歐洲史畧十三卷）

630000－1301－0003264　04950

馮氏錦囊秘錄八種五十卷　（清）馮兆張撰　清嘉慶二十三年（1818）會成堂刻本　三十二冊

630000－1301－0003265　04951

郭氏傳家易說十一卷　（宋）郭雍撰　清刻乾

隆武英殿本　八冊

630000－1301－0003266　04952

習苦齋畫絮十卷　（清）戴熙撰　（清）惠年輯　清光緒十九年（1893）上海文瑞樓石印本　四冊

630000－1301－0003267　04954

格致課藝全編十三卷　（清）王韜撰　清光緒二十九年（1903）上海書局石印本　七冊　存七卷（一、三、七、九至十一、十三）

630000－1301－0003268　04955

格致精華錄四卷附德國議院章程一卷合盟紀事本末一卷　（清）江標編　清光緒二十二年（1896）石印本　四冊

630000－1301－0003269　04957

御定駢字類編二百四十卷　（清）張廷玉等撰　清光緒十三年（1887）上海同文書局石印本　四十八冊

630000－1301－0003270　04958

格致舉隅一卷　（英國）莫安仁口譯　（清）魏壽筆述　清光緒二十四年（1898）上海美華館鉛印本　一冊

630000－1301－0003271　04959

格致啟悟一卷　題（清）經緯主人輯　清光緒二十四年（1898）刻經緯堂叢書本　一冊

630000－1301－0003272　04960

新增格古要論十三卷　（明）曹昭撰　（明）舒敏編　（明）王佐增　清刻惜陰軒叢書本　五冊　存十卷（一至四、八至十三）

630000－1301－0003273　04961

富強齋叢書八十一種□□卷　題（清）富強齋主人輯　清光緒二十五年（1899）小倉山房石印本　四十六冊　存五十六種二百九十六卷（勾股六術一卷、算式集要四卷、九數外錄一卷、衍元要義一卷、弧田問率一卷、直積囘求一卷、割圜連比例術圖解三卷首一卷、橢圓求周術一卷、斜弧三邊求角補術一卷、堆垛積術一卷、三統術衍補一卷、周冪知裁一卷、重學二十卷、電學綱目一卷、電學十卷首一卷、化學鑑原續編一至十三、化學鑑原補編一、聲學八卷、談天十八卷附表一卷、測候叢談四卷、地學淺釋三十八卷、列國歲計政要九至十二、光緒戊戌年列國歲計表一卷、萬國總說三卷、俄史輯譯四卷、東方交涉記十二卷、南北花旗戰記十八卷、各國交涉公法論初集四卷、各國交涉公法論二集四卷、各國交涉公法論三集八卷、金石識別十二卷、金石識別中西名目表一卷、汽機新制八卷、海塘輯要十卷、坑礦致美一卷、製肥皂法二卷、製油燭法一卷、電學鍍金四卷、電學鍍鎳一卷、製玻璃法二卷、鐵船針向一卷、機動圖說一卷、臨陣管見九卷、營城揭要二卷附圖一卷、英國水師考一卷、法國水師考一卷、美國水師考一卷、海軍調度言三卷附圖一卷、輪船布政十二卷首一卷附圖一卷、製火藥法三卷、兵船礮法六卷、囘特活德鋼礮一卷、克虜伯礮準心法一卷附圖一卷、克虜伯礮說四卷、克虜伯礮操法四卷、克虜伯礮表八卷）

630000－1301－0003274　04962

重刊辨正通俗文字一卷　（清）成世瑄編　清道光十六年(1836)蘭州學署刻本　一冊

630000－1301－0003275　04965

噯經日記不分卷　劉爾炘撰　清光緒三十年(1904)高等學堂鉛印本　二冊

630000－1301－0003276　04966

噯經日記不分卷　劉爾炘撰　清光緒三十年(1904)高等學堂鉛印本　二冊

630000－1301－0003277　04967

噯經日記不分卷　劉爾炘撰　清光緒三十年(1904)高等學堂鉛印本　二冊

630000－1301－0003278　04968

輶軒語七卷　（清）張之洞撰　清光緒刻本　一冊

630000－1301－0003279　04969

歐洲族類源流畧五卷　王樹枏撰　清光緒二十八年(1902)中衛縣署刻本　二冊

630000－1301－0003280　04970

歐洲列國戰事本末二十二卷　王樹枏撰　清光緒二十八年(1902)中衛縣署刻本　六冊

630000－1301－0003281　04971

鍊石編三卷圖一卷　（英國）亨利黎特撰　舒高第等譯　清刻本　二冊

630000－1301－0003282　04974

[蒙漢合璧]蒙文指要清文指要不分卷　（□）□□編　清刻本　十二冊

630000－1301－0003283　04975

前漢書菁華錄四卷後漢書菁華錄二卷　（□）□□編　清光緒二十七年(1901)上海廣益書局石印本　三冊

630000－1301－0003284　04976

談藝珠叢二十七種四十五卷　（清）王啟原輯　清光緒十一年(1885)長沙玉尺山房刻本　八冊　存十三種二十五卷（詩品三卷、樂府古題要解二卷、詩式一卷、主客圖三卷、詩品一卷、風騷旨格一卷、晦庵詩說一卷、白石道人詩說一卷、滄浪詩話一卷、詩法家數一卷、木天禁語一卷、談藝錄一卷、藝苑巵言八卷）

630000－1301－0003285　04977

重訂合聲簡字譜不分卷　勞乃宣撰　清光緒三十二年(1906)刻本　一冊

630000－1301－0003286　04979

御撰資治通鑑綱目三編二十卷　（清）張廷玉等撰　清刻本　六冊

630000－1301－0003287　04981

秘書廿一種九十四卷　（清）汪士漢輯　清粵東文陛閣刻本　四冊（合訂二冊）　存四種二十八卷（汲冢周書十卷、吳越春秋六卷、拾遺記十卷、白虎通德論二卷）

630000－1301－0003288　04982

本草詩箋十卷　（清）朱鑰撰　清光緒二十五年(1899)上海千頃堂書局石印本　三冊

630000－1301－0003289　04983

瀛寰志略續集四卷末一卷　（英國）慕維廉輯　（清）陳俠君校訂　清光緒二十三年(1897)

新學會堂石印本　四冊

最近揚子江之大勢不分卷　（日本）國府犀東撰　（清）趙必振譯　附勘誤記一卷　（清）黃葆恆校　清光緒二十八年(1902)上海廣智書局鉛印本　一冊

630000－1301－0003291　04986

校正瀛環志略十卷　（清）徐繼畬撰　清光緒二十九年(1903)上海有用書齋石印本　四冊

630000－1301－0003292　04987

矖離引蒙表說二卷　（清）賈步緯撰　清光緒十八年(1892)江南製造局刻本　二冊

630000－1301－0003293　04988

藕盦東游日記一卷　（清）樓藜然述　清光緒三十三年(1907)中合印書公司鉛印本　一冊

630000－1301－0003294　04990

除除草一卷　（清）翟象澂撰　清稿本　二冊

630000－1301－0003295　04991

遂初堂書目不分卷　（宋）尤袤撰　清道光刻海山仙館叢書本　一冊

630000－1301－0003296　04993

新鐫千家詩四卷　（清）滔香齋書林重輯　笠翁對韻二卷　（清）李漁撰　附唐司空圖詩品詳註一卷　（唐）司空圖撰　敬避字樣一卷　（□）□□撰　清光緒十五年(1889)西安滔香齋刻本　二冊

630000－1301－0003297　04994

槐軒解湯海若先生纂輯名家詩二卷附一卷　（清）夏世欽重訂　清同治九年(1870)榮茂堂刻本　二冊

630000－1301－0003298　04996

槐軒雜著不分卷　（清）劉沅撰　清光緒二十七年(1901)及門弟子校刻本　六冊

630000－1301－0003299　04997

得樹齋詩一卷　（清）張謙撰　律陶一卷集杜一卷　（清）張晉撰　清刻本　一冊

630000－1301－0003300　04998

孟子時事考徵四卷　（清）陳寶泉撰　清涇城雙桂齋刻本　一冊

630000－1301－0003301　05001

哀絃集一卷　（清）尤侗撰　清刻本　一冊

630000－1301－0003302　05002

看雲草堂集八卷述祖詩一卷　（清）尤侗撰　清刻本　二冊

630000－1301－0003303　05005

論語後案二十卷　（清）黃式三撰　清光緒九年(1883)浙江書局刻儆居叢書本　十冊

630000－1301－0003304　05008

奕潛齋集譜十一種十五卷　（清）鄧元輯　清光緒奕潛齋刻本　四冊　存八種十卷（范施十局、梁程十四局、范梁七局、施梁三局、施程五局、梁程范施四大家遺譜二十局附錄蔣趙一局、范施梁程四先生授子譜二百〇三局、黃龍士先生棋譜六十一局補遺十三局）

630000－1301－0003305　05009

文莫室詩八卷　王樹枏撰　清光緒文莫室刻陶廬叢刻本　一冊

630000－1301－0003306　05010

餐花室詩稿十一卷詩餘二卷　（清）嚴錫康撰　清刻本　三冊

630000－1301－0003307　05011

羅忠節公遺集八種十八卷　（清）羅澤南撰　年譜二卷　（清）郭嵩燾撰　清咸豐至同治刻本　六冊　存四種九卷（羅忠節公遺集一至二、西銘講義一卷、姚江學辨二卷、讀孟子劄記二卷、羅忠節公年譜二卷）

630000－1301－0003308　05030

江左三大家詩鈔九卷　（清）顧有孝　（清）趙澐輯　清廣雅堂刻本　六冊

630000－1301－0003309　05039

劉氏傳家集二十八種二百〇九卷　（清）劉青芝輯　清乾隆劉氏刻本　二十六冊　存九種五十八卷（天傭館遺稿二卷、愼獨軒文集八卷、劉嘯林史論四卷、學詩闕疑二卷、周禮質

疑五卷、史記紀疑二卷、史漢異同是非四卷、續錦機十五卷補遺六卷、江村隨筆十卷)

630000－1301－0003310　05042

[乾隆]西安府志八十卷首一卷 （清）舒其紳修　（清）嚴長明纂　清乾隆四十四年(1779)刻本　八冊　存十八卷(六十三至八十)

630000－1301－0003311　05044

李徵君二曲集二十六卷首一卷末一卷 （清）李顒撰　清嘉慶十五年(1810)蘭山書院刻本　八冊

630000－1301－0003312　05045

盛世危言五卷 （清）鄭觀應撰　清光緒二十年(1894)宏道堂刻本　五冊

630000－1301－0003313　05046

蠶桑萃編十五卷首一卷 （清）魏光燾編　清光緒二十六年(1900)蘭州官書局鉛印本　八冊

630000－1301－0003314　05049

內則衍義十六卷 （清）世祖福臨撰　清刻本　八冊

630000－1301－0003315　05050

制藝萃珍十卷 題(清)懷芳居士輯　清京都琉璃廠刻本　十冊

630000－1301－0003316　05051

壓線編六卷 （清）趙古農選　清道光十七年(1837)如此草堂刻本　六冊

630000－1301－0003317　05052

五經文府不分卷 （清）斐英館輯　清光緒二十年(1894)斐英館石印本　二十冊

630000－1301－0003318　05053

五大洲圖說五卷首一卷 （意大利）艾儒略撰　（清）錢熙祚校　清光緒二十四年(1898)上海書局石印本　二冊

630000－1301－0003319　05054

[光緒二十三年丁酉科]十八省正副榜同年全錄不分卷 （□）□□編　清光緒二十三年(1897)刻本　二冊

630000－1301－0003320　05055

大清搢紳全書不分卷 （清）□□編　清光緒二十四年(1898)華記懋德堂刻本　六冊

630000－1301－0003321　05059

歷代名臣言行錄二十四卷 （清）朱桓編輯　清光緒二十二年(1896)上海廣百宋齋鉛印本　十二冊

630000－1301－0003322　05060

金忠節公文集八卷 （明）金聲撰　清光緒十四年(1888)黟邑李氏刻本　四冊

630000－1301－0003323　05061

大清通禮五十卷 （清）來保等修　清刻本　十六冊

630000－1301－0003324　05062

大清通禮五十卷 （清）來保等修　清刻本　十六冊

630000－1301－0003325　05063

欽定工部軍器則例七卷 （清）史貽直纂　清刻本　十冊

630000－1301－0003326　05064

欽定狀元策不分卷 （□）□□撰　清光緒刻本　二冊

630000－1301－0003327　05065

十朝東華錄附同治朝六百二十五卷 王先謙編　清光緒二十五年(1899)石印本　一百〇六冊

630000－1301－0003328　05066

式訓堂叢書四十一種一百六十四卷 （清）章壽康輯　清光緒中會稽章氏刻本　二十二冊　存三十八種一百五十二卷(古易音訓二卷、傳經表一卷通經表一卷、漢書西域傳補注二卷、晉書地理志新補正五卷、乾道臨安志十五卷附札記一卷、弟子職集解一卷、呂子校補二卷、經籍跋文一卷、拜經樓藏書題跋記五卷附錄一卷、溉亭述古錄二卷、誌銘廣例二卷、金石例補二卷、春秋夏正二卷、家語疏證六卷、鍾山札記四卷、龍城札記三卷、知聖道齋讀書跋二卷、平津館鑒藏記書籍三卷補遺一卷續編一卷、廉石居藏書記二卷、銅熨斗齋隨筆八卷、癖談六卷、疑年表一卷太歲超辰表三卷、後甲集二卷、晚學集八卷、元魏熒陽鄭文公摩崖碑跋一卷、字林考逸八卷、毛詩重言一卷、毛詩雙聲疊韻說一卷、弟子職正音一卷、戰國策釋地二卷、南江札記四卷、過庭錄十六卷、金石例十卷、墓銘舉例四卷、金石要例一卷、讞書五卷、兩同書二卷、陶邑州小集一卷）

630000－1301－0003329　05068

列女傳七卷　（漢）劉向撰　（清）梁端注　**續列女傳一卷**　（清）梁端注　清道光二十三年（1843）錢唐汪氏振綺堂刻本　二冊

630000－1301－0003330　05072

寶真齋法書贊二十八卷　（宋）岳珂撰　清刻武英殿本　十二冊

630000－1301－0003331　05075

滇詩重光集不分卷　（清）許印芳輯　清刻本　八冊

630000－1301－0003332　05076

太上感應篇增訂圖說不分卷　（清）朱日豐輯　清同治十三年（1874）蘭州官署刻本　六冊

630000－1301－0003333　05079

新鐫批評出像通奇俠禪真逸史四十回　題（清）清溪道人編　清刻本　九冊　存二十九回（一至三、八至十三、十八至三十七）

630000－1301－0003334　05085

兩浙金石志十八卷　（清）阮元編　清光緒十六年（1890）浙江書局刻本　十二冊

630000－1301－0003335　05086

武侯全書二十卷首一卷　（三國蜀）諸葛亮撰　（清）趙承恩編　清光緒十二年（1886）刻本　十二冊

630000－1301－0003336　05094

歷代帝王紀要十二卷首一卷　（清）王大輝編　（清）鄭瑞樻重訂　清光緒七年（1881）刻本　二冊

630000－1301－0003337　05099

三朝北盟會編二百五十卷首一卷　（宋）徐夢莘編　**校勘記二卷補遺一卷**　（清）袁祖安撰　清光緒四年（1878）鉛印本　四十冊

630000－1301－0003338　05100

皇朝掌故彙編內編六十卷首一卷外編四十卷首一卷　（清）張壽鏞等編　清光緒二十八年（1902）求實書社鉛印本　六十冊

630000－1301－0003339　05103

皇朝掌故彙編內編六十卷首一卷外編四十卷首一卷　（清）張壽鏞等編　清光緒二十八年（1902）求實書社鉛印本　六十冊

630000－1301－0003340　05106

西政叢書三十二種一百十二卷　題（清）求自強齋主人輯　清光緒二十三年（1897）慎記書莊石印本　三十二冊

630000－1301－0003341　05108

桃花泉奕譜二卷　（清）范世勳撰　清光緒三十年（1904）二銘草堂刻本　二冊

630000－1301－0003342　05109

三國會要二十二卷首一卷　（清）楊晨撰　清光緒二十六年（1900）刻本　五冊

630000－1301－0003343　05110

楚辭燈四卷　（清）林雲銘論述　清刻本　一冊

630000－1301－0003344　05113

[光緒]文縣志八卷首一卷末一卷　（清）長贇修　（清）劉健纂　清光緒二年（1876）刻本　六冊　存九卷（一至八、首一卷）

630000－1301－0003345　05114

履園叢話二十四卷　（清）錢泳輯　清同治九年（1870）刻道光三年（1823）述德堂本　八冊

630000－1301－0003346　05115

釋穀四卷　（清）劉寶楠撰　清光緒十四年（1888）廣雅書局刻本　一冊

630000－1301－0003347　05116

諸棋山莊備忘錄書目不分卷　（清）謝章鋌重編　清光緒十三年（1887）稿本　二冊

630000－1301－0003348　05118

山東考古錄一卷　（清）顧炎武撰　清光緒八
年(1882)山東書局刻本　一冊

630000－1301－0003349　05119

續山東考古錄三十二卷首一卷　（清）葉圭綏
撰　清光緒八年(1882)山東書局刻本　六冊

630000－1301－0003350　05120

二如亭群芳譜二十八卷首一卷　（明）王象晉
纂輯　明天啟元年(1621)沙村草堂刻本　二
十冊

630000－1301－0003351　05121

十七史商榷一百卷目一卷　（清）王鳴盛撰
清乾隆五十二年(1787)洞涇草堂刻本　二
十冊

630000－1301－0003352　05126

續古文苑二十卷　（清）孫星衍撰　清光緒九
年(1883)江蘇書局刻本　六冊

630000－1301－0003353　05128

岳忠武王文集八卷首一卷末一卷　（清）黃邦
寧纂修　清光緒十二年(1886)上海簡玉山房
刻本　四冊

630000－1301－0003354　05129

半厂叢書初編十種八十四卷　（清）譚獻輯
清光緒中仁和譚氏刻本　二十冊

630000－1301－0003355　05130

國朝漢學師承記八卷國朝經師經義目錄一卷
國朝宋學淵源記二卷附記一卷　（清）江藩撰
清光緒九年(1883)山西書局刻本　四冊

630000－1301－0003356　05131

食物草本會纂十二卷　（清）沈李龍撰　清嘉
慶八年(1803)金陵致和堂刻本　六冊

630000－1301－0003357　05136

書古微十二卷首一卷　（清）魏源撰　清光緒
四年(1878)淮南書局刻本　四冊

630000－1301－0003358　05137

山海經存九卷首一卷　（清）汪紱釋　清光緒
二十一年(1895)撫立雪齋石印本　四冊

630000－1301－0003359　05139

國朝金陵詞鈔八卷附閨秀一卷　（清）陳作霖
輯　清光緒二十八年(1902)刻本　四冊

630000－1301－0003360　05143

[光緒]江西通志一百八十卷首五卷　（清）劉
坤一等修　（清）劉鐸　（清）趙之謙等纂　清
光緒七年(1881)刻本　一百二十冊

630000－1301－0003361　05147

欽定金唐文一千卷　（清）徐松等撰　清光緒
二十七年(1901)廣雅書局刻本　二百冊

630000－1301－0003362　05149

本草述三十二卷首一卷　（清）劉若金撰　清
嘉慶十五年(1810)薛氏還讀山房刻本　三十
二冊

630000－1301－0003363　05150

楊園先生全集十六種二十九卷　（清）張履祥
撰　清嘉慶二十三年(1818)刻乾隆四十七年
(1782)勤宣堂修補本　八冊

630000－1301－0003364　05151

讀史大略六十卷　（清）沙張白撰　小涉子史
略一卷　（清）沙晉撰　清道光二十六年
(1846)刻本　十六冊

630000－1301－0003365　05153

古今名醫彙粹八卷　（清）羅美撰　清嘉慶六
年(1801)五柳居刻本　十六冊

630000－1301－0003366　05154

古韻通說二十卷　（清）龍啟瑞撰　清光緒九
年(1883)四川尊經書局刻本　三冊

630000－1301－0003367　05155

咫進齋叢書三十七種九十三卷　（清）姚覲元
輯　清光緒九年(1883)歸安姚氏刻本　二十
四冊

630000－1301－0003368　05161

刑案匯覽六十卷首一卷末一卷目錄一卷拾遺
備考一卷續增刑案匯覽十六卷　（清）祝慶祺
輯　清咸豐二年(1852)棠樾慎思堂刻本　八
十冊

630000－1301－0003369　05163

昭代叢書五百六十二種五百六十二卷　（清）
張潮　（清）張漸輯　（清）楊復吉　（清）沈
楙惪續輯　清道光中吳江沈氏世楷堂刻光緒
二年(1876)印本　一百七十二冊

630000－1301－0003370　05165

[江蘇]吳中葉氏族譜六十六卷末一卷　葉慶
元續增修　清宣統三年(1911)東洞庭達公宗
祠刻本　五十二冊

630000－1301－0003371　05166

佩文齋廣群芳譜一百卷目錄二卷　（清）劉灝
等撰　清刻本　四十四冊

630000－1301－0003372　05167

碑傳集一百六十卷首二卷末二卷　（清）錢儀
吉纂錄　清光緒十九年(1893)刻本　六十冊

630000－1301－0003373　05169

聚學軒叢書六十一種二百六十四卷　劉世珩
輯　清光緒中貴池劉氏刻本　一百冊

630000－1301－0003374　05170

居易錄三十四卷　（清）王士禎撰　清初刻王
漁洋遺書本　八冊

630000－1301－0003375　05171

玉海二百○四卷附十三種六十一卷　（宋）王
應麟撰　清嘉慶十一年(1806)刻本　一百十
九冊　存二百六十四卷(一至一百○九、一百
十一至二百○四,附十三種六十一卷)

630000－1301－0003376　05172

十萬卷樓叢書五十二種三百八十八卷　（清）
陸心源輯　清光緒中歸安陸氏刻本　一百○
六冊

630000－1301－0003377　05176

**柏梘山房文集十六卷文續集一卷詩集十卷詩
續集二卷駢體文二卷**　（清）梅曾亮撰　清咸
豐六年(1856)刻本　八冊

630000－1301－0003378　05177

拙吾詩槀四卷首一卷末一卷　（清）高鼎撰
清光緒八年(1882)刻本　四冊

630000－1301－0003379　05184

沈下賢文集十二卷　（唐）沈亞之撰　清光緒
二十一年(1895)湖南善化童光漢刻本　二冊
(合訂一冊)

630000－1301－0003380　05185

朔方備乘六十八卷首十二卷　（清）何秋濤撰
清光緒七年(1881)刻本　八冊

630000－1301－0003381　05186

**初學集一百十卷有學集五十卷補遺二卷投筆
集一卷**　（清）錢謙益撰　（清）錢曾箋註　清
宣統二年(1910)邃漢齋鉛印本　二十冊

630000－1301－0003382　05192

**杜工部集二十卷首一卷諸家詩話一卷唱酬題
詠附錄一卷**　（唐）杜甫撰　（清）鄭澐輯　清
乾隆五十年(1785)玉勾草堂刻本　二十冊

630000－1301－0003383　05194

天下山河兩戒考十四卷　（清）徐文靖註　清
光緒二年(1876)補刻本　五冊

630000－1301－0003384　05195

西微水道不分卷　（清）黃楙裁撰　清得一齋
刻本　一冊

630000－1301－0003385　05196

春秋穀梁傳十二卷　（晉）范甯集解　（唐）陸
德明音義　清同治七年(1868)湖北崇文書局
刻本　四冊

630000－1301－0003386　05197

居易軒詩遺鈔一卷　（清）趙炳龍撰　清光緒
十四年(1888)長沙刻本　一冊

630000－1301－0003387　05200

東軒吟社書像不分卷　（清）費丹旭繪　清光
緒二年(1876)汪氏振綺堂刻本　一冊

630000－1301－0003388　05201

荔村草堂詩續鈔一卷　（清）譚宗浚撰　清宣
統二年(1910)京師刻本　一冊

630000－1301－0003389　05202

鳳臺祇謁筆記一卷　（清）董恂撰　清同治九
年(1870)刻本　一冊

630000－1301－0003390　05206

庚子海外紀事四卷　（清）呂海寰編　清光緒二十七年(1901)上海辦理商約行轅木活字本　四冊

630000－1301－0003391　05207

經學通論五卷　（清）皮錫瑞撰　清光緒三十三年(1907)思賢書局刻本　五冊

630000－1301－0003392　05209

禹貢本義一卷　楊守敬撰　清光緒三十二年(1906)鄂城菊灣刻本　一冊

630000－1301－0003393　05210

鬱華閣遺集四卷　（清）盛昱撰　清光緒印本　一冊　存一卷(一)

630000－1301－0003394　05212

駱文忠公年譜二卷　（清）駱秉章撰　清光緒二十一年(1895)粵東新館刻本　二冊

630000－1301－0003395　05213

甌鉢羅室書畫過目攷四卷首一卷附卷一卷　（清）李玉棻輯　清光緒二十三年(1897)京都琉璃廠興盛齋刻本　四冊

630000－1301－0003396　05215

述學內篇三卷外篇一卷補遺一卷別錄一卷附錄一卷　（清）汪中撰　**校勘記一卷**　（清）方濬頤撰　清同治八年(1869)揚州書局刻本　一冊　存四卷(內篇三卷、補遺一卷)

630000－1301－0003397　05218

成均課士錄第九集十六卷　（清）張百熙編　清光緒二十三年(1897)國子監刻本　八冊

630000－1301－0003398　05224

春秋左傳杜注三十卷　（晉）杜預撰　（清）姚培謙學　清光緒九年(1883)江南書局刻本　十冊

630000－1301－0003399　05228

戰國策三十三卷　（漢）高誘注　**重刻剡川姚氏本戰國策札記三卷**　（清）黃丕烈撰　清同治八年(1869)湖北崇文書局刻本　五冊

630000－1301－0003400　05231

文選集釋二十四卷　（清）朱珔撰　清光緒元年(1875)涇川朱氏梅村家塾刻本　十二冊

630000－1301－0003401　05234

清儀閣雜詠一卷竹田樂府一卷竹里畫者詩一卷耆舊詩一卷感逝詩一卷順安詩草八卷　（清）張廷濟撰　清道光十九年(1839)刻本　十二冊

630000－1301－0003402　05237

缾水齋詩集十七卷詩別集二卷詩話一卷　（清）舒位撰　清光緒十二年(1886)宗山邊保樞杭州刻十七年(1891)續刻本　八冊

630000－1301－0003403　05238

西被考略六卷　（清）金永森撰　清光緒二十九年(1903)武昌刻本　五冊

630000－1301－0003404　05239

康輶紀行十六卷　（清）姚瑩撰　清同治六年(1867)桐城刻本　六冊

630000－1301－0003405　05242

歷代名人年譜十卷附存疑及生卒年月無攷一卷　（清）吳榮光撰　清光緒元年(1875)南海張蔭桓刻本　十冊

630000－1301－0003406　05243

黔詩紀略三十三卷　（清）唐樹義審例　（清）黎兆勳採詩　（清）莫友芝傳證　清同治十二年(1873)江寧旅舍刻本　二十四冊

630000－1301－0003407　05244

邵亭詩鈔六卷　（清）莫友芝撰　清咸豐二年(1852)遵義湘川講舍舊刻同治五年(1866)江寧三山客舍修補本　四冊

630000－1301－0003408　05245

文史通義七卷校讎通義三卷　（清）章學誠撰　清道光十二年(1832)刻本　八冊

630000－1301－0003409　05246

周禮正義八十六卷　（清）孫詒讓撰　清光緒三十一年(1905)鉛印本　二十冊(合訂五冊)

630000－1301－0003410　05247

晦庵先生朱文公文集一百卷別集十卷續集十

一卷目録二卷 （宋）朱熹撰 清同治十二年(1873)六安涂氏求我齋校刻明嘉靖十一年(1532)本 二十四冊

630000－1301－0003411 05248

禮記箋四十九卷 （清）郝懿行撰 清光緒八年(1882)東路廳署刻本 十冊

630000－1301－0003412 05249

熊襄愍公集十卷首一卷末一卷 （明）熊廷弼撰 清同治三年(1864)熊氏祠刻本 十冊

630000－1301－0003413 05250

[光緒]順天府志一百三十卷附録一卷 （清）萬青黎 （清）周家楣修 （清）張之洞 繆荃孫撰 清光緒十二年(1886)刻本 六十四冊

630000－1301－0003414 05251

嘉祐集二十卷 （宋）蘇洵撰 東坡集八十四卷目録二卷 （宋）蘇軾撰 欒城集四十八卷目録二卷後集二十四卷三集十卷應詔集十二卷 （宋）蘇轍撰 清道光十二年(1832)眉州三蘇祠刻本 七十三冊 存一百九十三卷（嘉祐集二十卷,東坡集一、三至七十八,欒城集四十八卷、目録二卷,後集二十四卷,三集十卷,應詔集十二卷）

630000－1301－0003415 05251

斜川集六卷 （宋）蘇過撰 清道光七年(1827)眉州三蘇祠刻本 與普查號3414合函

630000－1301－0003416 05252

文心雕龍十卷 （南朝梁）劉勰撰 （清）黃叔琳注 （清）紀昀評 清道光十三年(1833)兩廣節署刻朱墨印本 四冊

630000－1301－0003417 05253

海道圖說十五卷長江圖說附卷一卷 （英國）金約翰輯 （英國）傅蘭雅口譯 （美國）金楷理口譯 （清）王德均筆述 清刻本 十冊（合訂二冊）

630000－1301－0003418 05254

文選六十卷 （南朝梁）蕭統撰 （唐）李善注 清江右文彬堂刻海陸軒葉氏朱墨印本 十六冊

630000－1301－0003419 05255

閱微草堂筆記五種二十四卷 （清）紀昀撰 清嘉慶二十一年(1816)北平盛氏刻本 十冊（合訂二冊）

630000－1301－0003420 05256

蒼筤初集二十一卷畚塘芻論二卷河防記略四卷 （清）孫鼎臣撰 清咸豐九年(1859)刻本 十冊

630000－1301－0003421 05258

南陽集六卷 （宋）趙湘撰 清刻武英殿本 二冊

630000－1301－0003422 05262

論語後案二十卷 （清）黃式三撰 清光緒九年(1883)浙江書局刻儆居遺書本 十冊

630000－1301－0003423 05263

王文成公全書七種三十八卷 （明）王守仁撰 清同治至光緒刻本 二十四冊

630000－1301－0003424 05264

元文類七十卷目録三卷 （元）蘇天爵撰 清光緒十五年(1889)江蘇書局刻本 十冊（合訂二冊）

630000－1301－0003425 05267

王無功集三卷補遺二卷附一卷 （唐）王績撰 東皋子集校勘記一卷 羅振玉撰 清光緒三十二年(1906)羅氏唐風廔刻本 一冊

630000－1301－0003426 05268

湘軍記二十卷 （清）王定安撰 清光緒十五年(1889)江蘇書局刻本 十二冊

630000－1301－0003427 05269

淮軍平捻記十二卷 （清）周世澄撰 清刻本 六冊

630000－1301－0003428 05270

定盦文集三卷續集四卷補編四卷古今體詩二卷別集五卷文拾遺一卷 （清）龔自珍撰 定盦先生年譜一卷 （清）吳昌綬編 清宣統元年(1909)國學扶輪社鉛印本 六冊 存十八卷（定盦文集三卷、續集四卷、補編四卷、別集

五卷、文拾遺一卷、定盦先生年譜一卷）

630000－1301－0003429　05271
司馬温公文集八十二卷　（宋）司馬光撰　清
同治九年（1870）山西刻本　二十四冊

630000－1301－0003430　05272
月齋詩集四卷文集八卷　（清）張穆撰　（清）
吳履敬　（清）吳式訓編　清咸豐刻本　四冊

630000－1301－0003431　05273
周忠介公燼餘集三卷　（明）周順昌撰　周吏
部年譜一卷　（明）殷獻臣撰　忠介遺事一卷
（□）□□撰　清光緒二十九年（1903）刻本
二冊

630000－1301－0003432　05274
浦雅大山詩集七卷　（清）劉巖撰　（清）陳瀏
編　清光緒三十一年（1905）鉛印思園叢書本
二冊

630000－1301－0003433　05275
札逐十二卷　（清）孫詒讓撰　清光緒二十年
（1894）籀𪩘刻本　四冊

630000－1301－0003434　05276
禹貢會箋十二卷　（清）徐文靖輯　清志甯堂
刻本　三冊

630000－1301－0003435　05279
程墨前途不分卷　（清）李光地評定　清刻本
二冊

630000－1301－0003436　05280
榕村藏稿四卷　（清）李光地撰　清刻本
三冊

630000－1301－0003437　05281
胡文忠公遺集八十六卷首一卷　（清）胡林翼
撰　（清）鄭敦謹　（清）曾國荃輯　清光緒元
年（1875）湖北崇文書局刻本　三十二冊

630000－1301－0003438　05284
南史識小錄十四卷北史識小錄十四卷　（清）
沈名蓀　（清）朱昆田輯　（清）張應昌補正
清同治十年（1871）武林吳氏清來堂刻本
八冊

630000－1301－0003439　05285
左傳事緯十二卷字釋一卷　（清）馬驌撰　清
光緒四年（1878）敏德堂刻本　十二冊

630000－1301－0003440　05287
吳會英才集二十四卷　（清）畢沅輯　清嘉慶
刻本　八冊

630000－1301－0003441　05288
文信國公集三十卷首一卷　（宋）文天祥撰
清同治七年（1868）楚醴景萊書屋刻本　十二
冊（合訂三冊）

630000－1301－0003442　05289
紅樹山莊詞草四卷黔游草一卷　（清）劉家遂
撰　清光緒刻本　二冊

630000－1301－0003443　05297
大唐西域記十二卷　（唐）釋玄奘譯　（唐）釋
辨機撰　清宣統元年（1909）常州天寧寺刻本
四冊

630000－1301－0003444　05300
鴻泥目錄八卷　（清）王定柱撰　清道光七年
（1827）刻本　二冊

630000－1301－0003445　05301
中庸一卷　（宋）朱熹章句　清光緒三十三年
（1907）學部圖書局石印本　一冊

630000－1301－0003446　05302
周禮六卷　（漢）鄭玄注　（唐）陸德明音義
清宣統元年（1909）學部圖書局石印本（卷二、
四至五補配）　六冊

630000－1301－0003447　05304
人範六卷　（清）蔣元輯　清刻本　一冊

630000－1301－0003448　05305
玉井山館筆記一卷　（清）許宗衡撰　清同治
十三年（1874）滂喜齋刻本　一冊

630000－1301－0003449　05311
鄉黨圖考十卷　（清）江永撰　清乾隆五十八
年（1793）金閶書業堂刻本　四冊

630000－1301－0003450　05312
辛卯侍行記六卷　（清）陶保廉撰　清光緒二

十三年(1897)養樹山房刻本　六冊

630000 – 1301 – 0003451　05313
名文前選不分卷　（清）王正之編　清刻本
六冊

630000 – 1301 – 0003452　05315
禮記訓纂四十九卷　（清）朱彬輯　清宣統元
年(1909)學部圖書局印朱氏刻本　十冊

630000 – 1301 – 0003453　05322
養晦堂文集十卷詩集二卷　（清）劉蓉撰　清
光緒三年(1877)思賢講舍刻本　六冊

630000 – 1301 – 0003454　05327
筍齋遺槀二卷　（清）郭剛基撰　清同治九年
(1870)養知書屋刻本　一冊

630000 – 1301 – 0003455　05329
古文尚書考三卷　（清）惠棟撰　**尚書七篇解
義一卷**　（清）李光地撰　清乾隆五十七年
(1792)刻本　二冊

630000 – 1301 – 0003456　05330
洪度集一卷　（唐）薛濤撰　（清）陳矩校　清
光緒三十二年(1906)靈峰草堂刻本　一冊

630000 – 1301 – 0003457　05332
周易通論四卷　（清）李光地撰　清刻本
二冊

630000 – 1301 – 0003458　05333
四書解義四卷　（清）李光地撰　清居業堂刻
本　二冊

630000 – 1301 – 0003459　05334
韓子粹言不分卷　（清）李光地撰　清刻本
一冊

630000 – 1301 – 0003460　05336
列女傳八卷　（漢）劉向撰　（清）梁端注　清
光緒元年(1875)補刻道光錢唐汪氏振綺堂本
二冊

630000 – 1301 – 0003461　05338
行素齋雜記二卷　（清）繼昌撰　清光緒二十
七年(1901)湖南臬署刻本　二冊

630000 – 1301 – 0003462　05341
元史譯文證補三十卷　（清）洪鈞撰　清光緒
二十三年(1897)刻本　四冊

630000 – 1301 – 0003463　05343
東塾集六卷申范一卷　（清）陳澧撰　清光緒
十八年(1892)菊坡精舍刻本　四冊

630000 – 1301 – 0003464　05344
錢牧齋文鈔不分卷　（清）錢謙益撰　（清）黃
人選　清宣統元年(1909)上海國學扶輪社鉛
印本　四冊

630000 – 1301 – 0003465　05345
戊戌奏稿不分卷　康有爲撰　清宣統三年
(1911)鉛印本　一冊

630000 – 1301 – 0003466　05350
唐人萬首絕句選七卷　（宋）洪邁撰　（清）王
士禛選　清康熙刻本　一冊

630000 – 1301 – 0003467　05352
靖逆記六卷　（清）盛大士纂　清嘉慶二十五
年(1820)正道堂刻本　二冊

630000 – 1301 – 0003468　05354
玉禾山人詩集十卷　（清）田寶發撰　清乾隆
刻本　二冊

630000 – 1301 – 0003469　05355
欽定明鑑二十四卷首一卷　（清）胡敬等纂
清同治九年(1870)崇文書局刻本　十冊

630000 – 1301 – 0003470　05357
春秋公羊經傳解詁十二卷　（漢）何休學
（唐）陸德明音義　清道光揚州汪氏問禮堂刻
宋紹熙本　四冊

630000 – 1301 – 0003471　05359
周氏止庵詞辨二卷介存齋論詞雜著一卷
(清)周濟撰　清道光刻本　一冊

630000 – 1301 – 0003472　05360
大雲山房文槀初集四卷二集四卷言事四卷
(清)惲敬撰　清嘉慶二十年(1815)盧宣旬南
昌刻本　八冊

630000 – 1301 – 0003473　05363

徐騎省集三十卷附補遺一卷 （宋）徐鉉撰
校勘記一卷 （清）李英元撰 清光緒十九年
（1893）黔南李氏刻本 八冊

630000－1301－0003474 05365

小倉山房文集三十五卷外集八卷 （清）袁枚
撰 清刻本 十二冊

630000－1301－0003475 05368

靜志居詩話二十四卷 （清）朱彝尊 （清）姚
苧田輯 清嘉慶刻本 八冊（合訂二冊）

630000－1301－0003476 05369

列女傳補注八卷校正一卷列仙傳校正本二卷
列仙傳讚一卷夢書一卷 （清）王照圓撰 敘
錄一卷 （漢）劉向撰 清嘉慶十七年（1812）
刻本 五冊

630000－1301－0003477 05370

明史紀事本末八十卷 （清）谷應泰輯 清光
緒二十四年（1898）湖南思賢書局刻本 二十
四冊

630000－1301－0003478 05371

四書四卷 （宋）朱熹集注 清光緒三十三年
（1907）學部圖書局石印本 十四冊

630000－1301－0003479 05373

國朝詩人徵略六十卷 （清）張維屏輯 清道
光十年（1830）刻本 十冊

630000－1301－0003480 05374

論語經正錄二十卷 （清）王肇晉撰 清光緒
二十年（1894）刻本 十冊（合訂二冊）

630000－1301－0003481 05375

毛詩疏二十卷 （漢）鄭玄箋 （唐）孔穎達疏
清刻本 十八冊（合訂五冊）

630000－1301－0003482 05377

唐人萬首絕句選七卷 （宋）洪邁撰 （清）王
士禎選 清光緒二十三年（1897）金陵書局刻
本 二冊

630000－1301－0003483 05378

成均課士錄□□集□□卷 （清）□□編 清
刻本 二冊

630000－1301－0003484 05379

張蒼水集二卷附北征錄一卷 （明）張煌言撰
清光緒二十七年（1901）章炳麟鉛印本
二冊

630000－1301－0003485 05382

左文襄公年譜十卷 （清）羅正鈞撰 清光緒
二十三年（1897）湘陰左氏校刻本 十冊

630000－1301－0003486 05385

文淵閣書目二十卷 （明）楊士奇等撰 清嘉
慶四年（1799）桐川顧氏刻讀畫齋叢書本
七冊

630000－1301－0003487 05386

丹溪心法附餘二十四卷首一卷 （元）朱震亨
撰 （明）方廣輯 清光緒二十五年（1899）徐
氏石印本 十二冊

630000－1301－0003488 05389

古玉圖考不分卷 （清）吳大澂撰 清光緒十
五年（1889）上海同文書局石印本 四冊

630000－1301－0003489 05390

病榻蘿痕錄二卷 （清）汪輝祖撰 清同治十
一年（1872）刻本 二冊（合訂一冊）

630000－1301－0003490 05391

天咫偶聞十卷 （清）震鈞撰 清光緒三十三
年（1907）甘棠轉舍刻本 八冊

630000－1301－0003491 05397

詩經八卷 （宋）朱熹集傳 清光緒三十四年
（1908）學部圖書局石印本 四冊

630000－1301－0003492 05404

史記一百三十卷 （漢）司馬遷撰 （南朝宋）
裴駰集解 （唐）司馬貞索隱 （唐）張守節正
義 清光緒十年（1884）上海同文書局石印本
三十二冊

630000－1301－0003493 05406

游記十二卷 （明）徐宏祖撰 清乾隆四十年
（1775）徐鎮孩浦莊刻嘉慶十三年（1808）葉氏
水心齋校補本 十冊

630000－1301－0003494 05407

國朝先正事略六十卷　（清）李元度撰　清同治五年(1866)循陔草堂刻本　二十四冊

630000－1301－0003495　05408

雕菰集二十四卷　（清）焦循撰　蜜梅花館詩錄一卷文錄一卷　（清）焦廷琥撰　清道光四年(1824)嶺南節署阮福校刻本　六冊

630000－1301－0003496　05409

春暉堂叢書十二種三十七卷　（清）徐渭仁輯　清道光至咸豐上海徐氏刻同治中補刻本　十二冊

630000－1301－0003497　05410

樊南文集補編十二卷附錄一卷　（唐）李商隱撰　（清）錢振倫箋　（清）錢振常注　清同治五年(1866)師山高行篤署刻本　四冊

630000－1301－0003498　05412

惜抱軒全集十種八十八卷　（清）姚鼐撰　清同治五年(1866)省心閣刻本　十六冊

630000－1301－0003499　05413

駢文類纂四十六卷　王先謙纂集　清光緒二十八年(1902)湖南思賢書局刻本　二十四冊（合訂六冊）

630000－1301－0003500　05414

樂府詩集一百卷目錄二卷　（宋）郭茂倩編　清同治十三年(1874)湖北崇文書局刻本　十六冊

630000－1301－0003501　05415

習苦齋畫絮十卷　（清）戴熙撰　（清）惠年輯　清光緒十九年(1893)刻本　四冊

630000－1301－0003502　05419

滂喜齋叢書五十種九十六卷　（清）潘祖蔭輯　清同治至光緒吳縣潘氏京師刻本　二十八冊

630000－1301－0003503　05420

貳臣傳十二卷　（清）國史館撰　清都城琉璃廠半松居士木活字印本　十冊

630000－1301－0003504　05423

日湖漁唱一卷補遺一卷續補遺一卷　（宋）陳允平撰　清享帚精舍刻本　二冊

630000－1301－0003505　05425

楊大洪先生文集二卷　（明）楊漣撰　（清）張伯行訂　清宣統二年(1910)鄂城第二中學堂鉛印福州正誼書院本　二冊

630000－1301－0003506　05426

綠蕉館詩鈔四卷　（清）陳景高撰　清同治十三年(1874)刻本　二冊

630000－1301－0003507　05428

有正味齋駢體文二十四卷外集五卷詞集八卷詩集十六卷　（清）吳錫麒撰　清刻本　十二冊

630000－1301－0003508　05429

陶淵明詩不分卷　（晉）陶潛撰　清光緒元年(1875)影印本　一冊

630000－1301－0003509　05430

周易傳義音訓八卷首一卷末一卷　（宋）程頤傳　（宋）朱熹本義　（宋）呂祖謙音訊　清光緒十五年(1889)江南書局刻本　八冊

630000－1301－0003510　05431

淮海集十七卷後集二卷詞一卷　（宋）秦觀撰　淮海集補遺一卷續補遺一卷文集考證一卷　（清）王敬之等輯　重編淮海先生年譜節要一卷　（清）秦瀛編　清道光刻本　七冊

630000－1301－0003511　05432

國朝金陵詩徵四十八卷　（清）朱緒曾編　清光緒十三年(1887)刻本　十六冊

630000－1301－0003512　05433

宋本十三經注疏四百十六卷附校勘記四百十六卷附一種四卷　校勘記(清)阮元撰　（清）盧宣旬摘錄　清光緒十三年(1887)上海脈望仙館石印本　三十二冊

630000－1301－0003513　05434

易義前程不分卷　（清）李光地選　清刻本　三冊

630000－1301－0003514　05435

春秋比事參議十六卷　（清）桂含章輯　清光

緒八年(1882)石棣務本堂桂氏刻本　十六冊

630000－1301－0003515　05436

四書集註闡微直解二十七卷　(明)張居正撰
　清宣統元年(1909)學部圖書局石印本　十
四冊

630000－1301－0003516　05437

山谷詩集注二十卷外集詩註十七卷別集詩註
二卷　(宋)黃庭堅撰　(宋)任淵等註　清宣
統二年(1910)印光緒二十五年(1899)影宋本
　二十冊

630000－1301－0003517　05441

恩福堂筆記二卷　(清)英和撰　清道光十七
年(1837)刻本　一冊

630000－1301－0003518　05443

癸巳類稿十五卷　(清)俞正燮撰　清光緒十
年(1884)黟縣李氏刻本　八冊

630000－1301－0003519　05445

林阜閒集五卷常語二卷　(清)潘諮撰　清道
光十六年(1836)刻本　三冊

630000－1301－0003520　05447

大戴禮記補注十三卷　(清)孔廣森撰　清同
治十三年(1874)淮南書局刻本　四冊(合訂
一冊)

630000－1301－0003521　05448

方正學先生遜志齋集二十四卷　(明)方孝孺
撰　(清)張紹謙鑒定　拾補一卷外集一卷年
譜一卷　(清)張紹謙撰　校勘記一卷　(清)
盛朝彥錄　清同治十二年(1873)浙江省城刻
本　十六冊(合訂四冊)

630000－1301－0003522　05449

十三經劄記二十二卷　(清)朱亦棟撰　清光
緒四年(1878)竹簡齋室刻本　十二冊

630000－1301－0003523　05450

宜稼堂叢書七種二百五十六卷　(清)郁松年
輯　清道光中上海郁氏刻本　五十二冊

630000－1301－0003524　05452

國語二十一卷　(三國吳)韋昭解　校刊明道

本韋氏解國語札記一卷　(清)黃丕烈撰　國
語明道本攷異四卷　(清)汪遠孫撰　清同治
八年(1869)湖北崇文書局刻本　四冊　存二
十二卷(國語二十一卷、校刊明道本韋氏解國
語札記一卷)

630000－1301－0003525　05453

古文苑九卷　(宋)韓元吉編　清光緒五年
(1879)飛青閣刻宋淳熙本　二冊(合訂一冊)

630000－1301－0003526　05454

惜陰軒叢書續編一種二十一卷　(清)李錫齡
輯　清咸豐八年(1858)宏道書院刻本　十冊

630000－1301－0003527　05455

鑑止水齋集二十卷　(清)許宗彥撰　清刻本
　六冊

630000－1301－0003528　05456

德蔭堂集十六卷　(清)阿克敦撰　清嘉慶二
十一年(1816)那彥成校刻本　四冊(合訂一
冊)

630000－1301－0003529　05457

周易觀象十二卷　(清)李光地註　清刻本
　三冊

630000－1301－0003530　05458

詒晉齋八卷後集一卷隨筆一卷　(清)永瑆撰
　清道光二十八年(1848)刻本　四冊

630000－1301－0003531　05460

周益國文忠公集一百六十二卷首一卷　(宋)
周必大撰　清道光刻本　二十八冊

630000－1301－0003532　05462

愈愚錄六卷　(清)劉寶楠撰　清光緒十五年
(1889)廣雅書局刻本　二冊

630000－1301－0003533　05463

御纂性理精義十二卷　(清)李光地等撰　清
刻本　四冊

630000－1301－0003534　05464

欽定遼史語解十卷金史語解十二卷元史語解
二十四卷　(清)高宗弘曆撰　清光緒四年
(1878)江蘇書局刻本　十冊

630000－1301－0003535　05465

顯志堂稿十二卷　（清）馮桂芬撰　清光緒二年（1876）校邠廬刻本　四冊

630000－1301－0003536　05467

古賦首選不分卷　（清）梁夔譜輯　清同治八年（1869）梁鏡古堂家刻本　一冊

630000－1301－0003537　05473

意園文略二卷　（清）盛昱撰　（清）楊鍾義編　清宣統二年（1910）遼陽楊氏刻朱印本　一冊

630000－1301－0003538　05478

新代數一卷　（□）□□撰　清刻本　一冊

630000－1301－0003539　05481

太平寰宇記二百卷目錄二卷　（宋）樂史撰　清光緒八年（1882）金陵書局刻本　三十六冊　存一百九十四卷（一至三、五至一百十二、一百二十至二百，目錄二卷）

630000－1301－0003540　05486

滂喜齋叢書五十種九十六卷　（清）潘祖蔭輯　清同治至光緒吳縣潘氏京師刻本　三十二冊

630000－1301－0003541　05498

攷信錄三十六卷　（清）崔述撰　清嘉慶至道光刻本　二十四冊

630000－1301－0003542　05501

宋名家詞六十一種九十一卷　（明）毛晉輯　清光緒十四年（1888）錢塘汪氏校刻明毛氏汲古閣本　二十四冊

630000－1301－0003543　05503

金文雅十六卷作者攷一卷　（清）莊仲方編　清光緒十七年（1891）江蘇書局刻本　四冊

630000－1301－0003544　05506

羅鄂州小集六卷附羅鄂州遺文一卷　（宋）羅願撰　清光緒十九年（1893）黟縣李氏仿明洪武本　二冊

630000－1301－0003545　05509

劉中丞奏議二十卷　（清）劉蓉撰　清光緒十

一年（1885）湖南思賢講舍校刻本　十冊（合訂二冊）

630000－1301－0003546　05510

詩經八卷　（宋）朱熹集傳　清光緒三十四年（1908）學部圖書局石印本　四冊

630000－1301－0003547　05512

佩文齋書畫譜一百卷　（清）孫岳頒等撰　清光緒九年（1883）上海同文書局石印本　十六冊

630000－1301－0003548　05515

天岳山館文鈔四十卷　（清）李元度撰　清光緒六年（1880）爽谿精舍刻本　十四冊

630000－1301－0003549　05516

舊唐書二百卷　（晉）劉昫等撰　清同治十一年（1872）浙江書局刻本　四十冊

630000－1301－0003550　05520

帶經堂詩話三十卷首一卷　（清）王士禎撰　（清）張宗柟彙纂　清南曲舊業刻本　八冊

630000－1301－0003551　05521

國語二十一卷　（三國吳）韋昭解　校刊明道本韋氏解國語札記一卷　（清）黃丕烈撰　清嘉慶五年（1800）讀未見書齋刻本　二冊

630000－1301－0003552　05523

戰國策三十三卷　（漢）高誘注　重刻剡川姚氏本戰國策札記三卷　（清）黃丕烈撰　清同治八年（1869）湖北崇文書局刻本　五冊

630000－1301－0003553　05524

樊榭山房集十卷續集十卷文集八卷外詩三卷又一卷外詞四卷又一卷外曲二卷外文一卷　（清）厲鶚撰　附錄一卷　（清）龔胡崟等輯　振綺堂詩存一卷　（清）汪憲撰　松聲池館詩存四卷　（清）汪璐撰　清光緒十年至十五年（1884－1889）錢塘汪氏振綺堂刻本　十二冊（合訂三冊）

630000－1301－0003554　05525

佩文詩韻五卷　（清）□□輯　清刻本　一冊

630000－1301－0003555　05526

楚辭七卷首一卷末一卷 （戰國）屈原撰 清光緒二年（1876）黎陽端木氏刻本 一冊

630000－1301－0003556 05528

舒文靖公類稿附錄三卷 （清）徐時棟輯 清同治刻本 一冊

630000－1301－0003557 05530

小石山房叢書三十八種六十四卷 （清）顧湘輯 清同治十三年（1874）虞山顧氏刻本 十六冊

630000－1301－0003558 05531

斜川集六卷 （宋）蘇過撰 清道光七年（1827）眉州三蘇祠刻本 三冊

630000－1301－0003559 05531

欒城集四十八卷後集二十四卷三集十卷應詔集十二卷目錄二卷 （宋）蘇轍撰 清道光十二年（1832）眉州三蘇祠刻本 與普查號3558、3560合函

630000－1301－0003560 05531

東坡集八十四卷 （宋）蘇軾撰 清刻本 與普查號3558至3559合函 存東坡集五卷（七十九至八十四）

630000－1301－0003561 05534

水明樓集一卷朝隱卮衍二卷 （清）袁昶撰 清宣統元年（1909）上海時中書局鉛印本 一冊

630000－1301－0003562 05535

十八家詩鈔二十八卷 （清）曾國藩纂 清同治十三年（1874）傳忠書局刻本 二十八冊（合訂六冊）

630000－1301－0003563 05536

國朝正雅集一百卷首一卷目錄一卷 （清）符葆森輯 清咸豐七年（1857）京師半畝園刻本 三十二冊

630000－1301－0003564 05538

功順堂叢書十八種八十一卷 （清）潘祖蔭輯 清光緒中吳縣潘氏刻本 三十二冊

630000－1301－0003565 05539

頻羅庵遺集十六卷 （清）梁同書撰 清嘉慶二十二年（1817）仁和陸貞一刻本 五冊

630000－1301－0003566 05540

續古文辭類纂三十四卷 王先謙輯 清光緒八年（1882）長沙王氏刻本 八冊

630000－1301－0003567 05541

升菴外集一百卷 （明）楊慎撰 （明）焦竑編 清桂湖影明刻本 二十四冊

630000－1301－0003568 05543

駁呂留良四書講義八卷 （清）朱軾等撰 清雍正九年（1831）刻本 七冊

630000－1301－0003569 05544

四川鹽法志四十卷首一卷 （清）丁寶楨等纂 清光緒八年（1882）刻本 二十冊

630000－1301－0003570 05545

讀書雜志八十二卷餘編二卷 （清）王念孫撰 清同治九年（1870）金陵書局刻本 二十四冊

630000－1301－0003571 05549

皕宋樓藏書志一百二十卷 （清）陸心源撰 清光緒八年（1882）陸氏十萬卷樓刻本 三十二冊

630000－1301－0003572 05552

天一閣見存書目四卷首一卷末一卷 （清）薛福成編 清光緒十五年（1889）無錫薛氏刻本 四冊

630000－1301－0003573 05554

竹柏山房十五種八十四卷 （清）林春溥撰 清嘉慶至咸豐竹柏山房刻本 四十冊

630000－1301－0003574 05557

竹葉亭雜記八卷 （清）姚元之撰 清光緒十九年（1893）陽湖汪洵署刻本 二冊

630000－1301－0003575 05558

香祖筆記十二卷 （清）王士禛撰 清康熙刻本 四冊

630000－1301－0003576 05559

南宋文範七十卷外編四卷作者攷二卷 （清）

莊仲方編　清光緒十四年(1888)江蘇書局刻本　十六冊

630000 – 1301 – 0003577　05561
欽定書經圖說五十卷　(清)孫家鼐等撰　清光緒三十一年(1905)學務處編書局石印本　十六冊

630000 – 1301 – 0003578　05562
椿蔭堂詩存藁一卷附錄一卷　(清)虔禮寶撰　清光緒二十二年(1896)刻朱印本　一冊

630000 – 1301 – 0003579　05563
舒文靖公類藁四卷　(宋)舒璘撰　清同治十一年(1872)刻本　一冊

630000 – 1301 – 0003580　05564
宋宗忠簡公集八卷首一卷　(宋)宗澤撰　(清)王廷曾重編　清刻本　二冊

630000 – 1301 – 0003581　05565
通鑑紀事本末二百三十九卷　(宋)袁樞輯　(明)張溥論正　清同治十二年(1873)江西書局刻本　八十冊

630000 – 1301 – 0003582　05566
光緒東華續錄二百二十卷　(清)朱壽朋編　清宣統元年(1909)上海集成圖書公司鉛印本　六十四冊

630000 – 1301 – 0003583　05568
全上古三代秦漢三國六朝文七百四十六卷　(清)嚴可均輯　清光緒十九年(1893)廣州廣雅書局刻本　一百冊

630000 – 1301 – 0003584　05571
國朝詩人徵略六十卷二編六十四卷　(清)張維屏輯　清道光番禺張氏刻本　十六冊

630000 – 1301 – 0003585　05577
左傳紀事本末五十三卷　(清)高士奇撰　宋史紀事本末一百〇九卷　(明)馮琦原編　(明)陳邦瞻增訂　元史紀事本末二十七卷　(明)陳邦瞻原編　(明)張溥論正　明史紀事本末八十卷　(清)谷應泰輯　通鑑紀事本末二百三十九卷　(宋)袁樞輯　(明)張溥論正

清光緒二十四年(1898)湖南思賢書局刻本　一百二十冊

630000 – 1301 – 0003586　05580
海山仙館叢書五十六種四百八十八卷　(清)潘仕成輯　清道光至咸豐番禺潘氏刻光緒中補刻本　九十八冊

630000 – 1301 – 0003587　05581
鄭工新例一卷大八程新例一卷海防事例一卷籌餉事例一卷　(清)戶部纂修　清光緒刻本　七冊

630000 – 1301 – 0003588　05583
欽定明鑑二十四卷首一卷　(清)胡敬等纂　清嘉慶二十三年(1818)刻　八冊

630000 – 1301 – 0003589　05588
山海經十八卷　(晉)郭璞傳　(清)郝懿行箋疏　圖讚一卷訂譌一卷敘錄一卷　(清)郝懿行撰　清光緒七年(1881)順天府刻本　四冊

630000 – 1301 – 0003590　05589
元和郡縣圖志四十卷　(唐)李吉甫撰　闕卷逸文一卷　(清)孫星衍輯　清光緒六年(1880)金陵書局刻本　六冊

630000 – 1301 – 0003591　05589
元和郡縣補志八卷　(清)嚴觀輯　清光緒八年(1882)金陵書局刻本　與普查號3590合函

630000 – 1301 – 0003592　05590
聖武記十四卷　(清)魏源撰　清道光二十六年(1846)古微堂刻本　十二冊

630000 – 1301 – 0003593　05595
皇朝經解續編二百〇七種一千四百三十卷　王先謙輯　清光緒十四年(1888)南菁書院刻本　三百四十冊

630000 – 1301 – 0003594　05598
江西全省輿圖十四卷　(清)劉坤一等撰　清光緒二十二年(1896)石印本　十四冊

630000 – 1301 – 0003595　05599
輿地廣記三十八卷　(宋)歐陽忞撰　校勘輿

地廣記札記二卷 （清）黃丕烈撰 清光緒六年(1880)金陵書局刻本 四冊

630000－1301－0003596 05600

隴右同官錄不分卷 （□）□□編 清光緒二十年(1894)刻本 四冊

630000－1301－0003597 05603

三國志旁證三十卷 （清）梁章鉅撰 清光緒十五年(1889)廣雅書局刻本 六冊

630000－1301－0003598 05604

朔方備乘六十八卷首十二卷 （清）何秋濤撰 清光緒七年(1881)刻本 八冊

630000－1301－0003599 05605

南疆繹史勘本五十八卷首二卷 （清）溫睿臨原本 （清）李瑤勘定 清道光十年(1830)琉璃廠半松居士木活字印本 二十四冊

630000－1301－0003600 05606

李肅毅伯奏議十三卷 （清）李鴻章撰 （清）章洪鈞 （清）吳汝綸輯 清光緒石印本 十三冊

630000－1301－0003601 05608

二十四史三千二百十七卷附三十四卷 （□）□□編 清同治至光緒五省官書局據汲古閣本合刻光緒五年(1879)湖北書局彙印本 五百三十二冊

630000－1301－0003602 05609

歷代史表五十九卷首一卷末一卷 （清）萬斯同撰 清光緒十五年(1889)廣雅書局刻本 六冊

630000－1301－0003603 05611

大清律例增修統纂集成四十卷附督捕則例二卷 （清）律例館纂 清光緒十七年(1891)刻本 二十四冊

630000－1301－0003604 05615

李文忠公全集一百六十五卷首一卷 （清）李鴻章撰 （清）吳汝綸編 清光緒三十一年(1905)刻三十四年(1908)印本 一百冊

630000－1301－0003605 05617

皇朝經世文續編一百二十卷 （清）盛康輯 清光緒二十三年(1897)思補樓刻本 八十冊

630000－1301－0003606 05622

藝海珠塵一百六十四種三百十七卷 （清）吳省蘭輯 清嘉慶中南匯吳氏聽彝堂刻本 六十四冊

630000－1301－0003607 05624

昭德先生郡齋讀書志二十卷附志一卷 （宋）晁公武撰 （宋）趙希弁撰 清光緒十年(1884)長沙王氏刻本(卷一至六爲補配本、開本不一) 十冊

630000－1301－0003608 05625

元豐九域志十卷 （宋）王存等撰 清光緒八年(1882)金陵書局刻本 四冊

630000－1301－0003609 05627

湖南文徵元明文五十四卷國朝文一百三十六卷姓氏傳四卷目錄六卷 （清）羅汝懷輯 清同治十年(1871)湘潭羅氏刻本 九十八冊 存一百九十六卷(元明文五十四卷、國朝文一百三十六卷、姓氏傳四卷、目錄一至二)

630000－1301－0003610 05628

皇清經解一百七十三種一千四百○九卷 （清）阮元輯 清道光九年(1829)廣東學海堂刻咸豐十年(1860)補刻本 三百六十冊 存一百七十三種一千四百○八卷(左傳杜解補正三卷,音論一卷,易音三卷,詩本音十卷,日知錄二卷,四書釋地一卷續一卷又續一卷三續一卷,孟子生卒年月考一卷,潛邱劄記二卷,禹貢錐指二十卷例畧圖一卷,學禮質疑二卷,學春秋隨筆十卷,毛詩稽古編三十卷,仲氏易三十卷,春秋毛氏傳三十六卷,春秋簡書刊誤二卷,春秋屬辭比事記四卷,經問十四卷補一卷,論語稽求篇七卷,四書賸言四卷補二卷,詩說三卷附錄一卷,湛園札記一卷,經義雜記十卷,解春集二卷,尚書地理今釋一卷,易說六卷,禮說十四卷,春秋說十五卷,白田草堂存稿一卷,周禮疑義舉要七卷,深衣考誤一卷,春秋地理考實四卷,羣經補義五卷,鄉黨圖考十卷,儀禮章句十七卷,觀象授時十四

卷,經史問答七卷,質疑一卷,注疏考證六卷,周官祿田考三卷,尚書小疏一卷,儀禮小疏八卷,春秋左傳小疏一卷,果堂集一卷,周易述二十一卷,古文尚書考二卷,春秋左傳補註六卷,九經古義十六卷,春秋正辭十一卷春秋舉例一卷春秋要指一卷,鍾山札記一卷,龍城札記一卷,尚書集注音疏十三卷尚書經師系表一卷,尚書後案三十一卷,周禮軍賦說四卷,十駕齋養新錄三卷餘錄一卷,潛研堂文集六卷,四書考異三十六卷,尚書釋天六卷,讀書脞錄二卷續編二卷,弁服釋例八卷,釋繒一卷,爾雅正義二十卷,宗法小記一卷,儀禮喪服文足徵記十卷,釋宮小記一卷,考工創物小記四卷,磬折古義一卷,溝洫疆理小記一卷,禹貢三江考三卷,水地小記一卷,解字小記一卷,聲律小記一卷,九穀考四卷,釋草小記一卷,釋蟲小記一卷,禮箋三卷,毛鄭詩考正四卷,杲溪詩經補注二卷,考工記圖二卷,戴東原集二卷,古文尚書撰異三十二卷,毛詩故訓傳三十卷,詩經小學四卷,周禮漢讀考六卷,儀禮漢讀考一卷,說文解字注十五卷,六書音均表五卷,經韻樓集六卷,廣雅疏證一至六上、八至十,讀書雜志二卷,春秋公羊通義十二卷敘一卷,禮學卮言六卷,大戴禮記補注十三卷,經學卮言六卷,溉亭述古錄二卷,羣經識小八卷,經讀考異八卷,尚書今古文注疏三十九卷,問字堂集一卷,儀禮釋官九卷,禮經釋例十三卷,校禮堂文集一卷,劉氏遺書一卷,述學二卷,經義知新記一卷,大戴禮記正誤一卷,曾子注釋四卷,十三經注疏校勘記二百四十八卷,考工記車制圖解二卷,積古齋鐘鼎彝器欵識二卷,疇人傳九卷,罕經室集七卷,撫本禮記鄭注考異二卷,易章句十二卷,易通釋二十卷,易圖略八卷,孟子正義三十卷,周易補疏二卷,尚書補疏二卷,毛詩補疏五卷,禮記補疏三卷,春秋左傳補疏五卷,論語補疏二卷,周易述補四卷,拜經日記八卷,拜經文集一卷,瞥記一卷,經義述聞二十八卷,經傳釋詞十卷,周易虞氏義九卷,周易虞氏消息二卷,虞氏易禮二卷,周易鄭氏義二卷,周易荀氏九家義一卷,易義別錄十四卷,

五經異義疏證三卷,左海經辨二卷,左海文集二卷,鑑止水齋集二卷,爾雅義疏十九卷,春秋左傳補注三卷,春秋公羊經何氏釋例十卷,公羊春秋何氏解詁箋一卷,發墨守評一卷,穀梁廢疾申何二卷,左氏春秋考證二卷,箴膏肓評一卷,論語述何二卷,燕寢考三卷,研六室雜著一卷,春秋異文箋十三卷,寶甓齋札記一卷,寶甓齋文集一卷,夏小正疏義四卷異字記一卷釋音一卷,秋槎雜記一卷,吾亦廬稿四卷,論語偶記一卷,經書算學天文攷一卷,四書釋地辨證二卷,毛詩紬義二十四卷,公羊禮說一卷,禮說四卷,孝經義疏一卷,經傳攷證八卷,甓齋遺稿一卷,說緯一卷,經義叢鈔三十卷,國朝石經攷異一卷,漢石經攷異一卷,魏石經攷異一卷,唐石經攷異易一卷,蜀石經攷異一卷,北宋石經攷異一卷,三家詩異文疏證二卷,首一卷)

630000－1301－0003611　05629
皇朝經世文一百二十卷　（清）賀長齡輯　清道光七年(1827)刻本　五十冊

630000－1301－0003612　05631
四裔編年表四卷　（美國）林樂知（清）嚴良勳譯　（清）李鳳苞編　清刻本　四冊

630000－1301－0003613　05632
西域聞見錄八卷　（清）七十一撰　清刻本一冊

630000－1301－0003614　05639
宋元舊本書經眼錄三卷附錄二卷　（清）莫友芝撰　清同治刻本　一冊

630000－1301－0003615　05643
元朝秘史十五卷　（元）忙豁侖紐察脫察安撰　清道光二十七年(1847)楊氏刻連筠簃叢書本　一冊

630000－1301－0003616　05644
寧古塔紀略一卷　（清）吳桭臣撰　清光緒中桐廬袁氏漸西村舍刻本　一冊

630000－1301－0003617　05645
皇朝直省府廳州縣歌括不分卷　（清）蔣昇撰

清光緒江楚書局刻本　一冊

630000－1301－0003618　05650
養素堂文集三十五卷首一卷　（清）張澍撰
清道光武威棗花書屋刻本　十六冊

630000－1301－0003619　05652
池陽吟草二卷續草一卷　（清）余庚陽撰　清
同治十年（1871）劉氏傳經堂刻本　三冊

630000－1301－0003620　05654
關學原編四卷首一卷　（明）馮從吾撰　關學
續編三卷　（清）王爾緝撰　清光緒十七年
（1891）灃西草堂刻本　四冊

630000－1301－0003621　05655
倭文端公遺書不分卷　（清）倭仁撰　清刻本
　二冊　存爲學大指、嘉善錄、史治輯要、莎
車行紀

630000－1301－0003622　05656
太華山人詩存五卷　（清）王益謙撰　清同治
元年（1862）廣州刻本　二冊

630000－1301－0003623　05657
木蘭書齋詩鈔不分卷　（清）王治平刪稿　清
咸豐九年（1859）刻本　一冊

630000－1301－0003624　05659
昭烈忠武陵廟志十卷首一卷　（清）潘時彤纂
輯　清道光九年（1829）成都愛樹山房刻本
八冊

630000－1301－0003625　05662
實政錄七卷　（明）呂坤撰　清同治七年
（1868）湖北崇文書局刻本　四冊

630000－1301－0003626　05665
輶軒使者絕代語釋別國方言十三卷　（清）戴
震撰　清光緒八年（1882）汗青簃刻微波榭本
　四冊

630000－1301－0003627　05666
鶴汀詩草不分卷　（清）王佩鍾撰　清道光五
年（1825）刻本　一冊

630000－1301－0003628　05667
嶼浮閣賦集十四卷　（清）溫日知撰　清咸豐

七年（1857）宏道書院刻本　二冊

630000－1301－0003629　05668
船山詩草二十卷　（清）張問陶撰　清嘉慶二
十年（1815）刻本　四冊

630000－1301－0003630　05669
毛詩詁訓傳三十卷　（漢）鄭玄注　（唐）陸德
明音義　（唐）孔穎達疏　清刻本　十九冊
缺第一冊

630000－1301－0003631　05670
春在堂全書三十四種四百九十卷　（清）俞樾
撰　清光緒二十五年（1899）刻本　一百六
十冊

630000－1301－0003632　05672
晉略六十六卷　（清）周濟撰　清光緒二年
（1876）江蘇周氏味雋齋刻本　十冊

630000－1301－0003633　05678
普天忠憤全集十四卷首一卷　（清）魯陽生編
　清光緒二十一年（1895）石印本　十二冊

630000－1301－0003634　05680
通商條約章程成案彙編三十卷附一卷　（清）
李鴻章編　清光緒十二年（1886）鉛印本　十
二冊

630000－1301－0003635　05681
後紅樓夢三十二卷首一卷　（清）曹霑撰　清
刻本　十二冊

630000－1301－0003636　05682
續紅樓夢三十卷　（□）□□撰　清嘉慶四年
（1799）抱甕軒刻本　十冊

630000－1301－0003637　05683
三公奏議二十卷補選一卷　盛宣懷選　清光
緒二年（1876）思補樓刻本　二十冊

630000－1301－0003638　05687
沈文肅公政書七卷首一卷　（清）沈葆楨撰
清光緒六年（1880）刻本　六冊

630000－1301－0003639　05688
林文忠公政書三十七卷　（清）林則徐撰　事
略一卷　（清）李元度撰　清刻本　十二冊

630000－1301－0003640　05689

林文忠公政書三十七卷　（清）林則徐撰　事略一卷　（清）李元度撰　清刻本　十冊

630000－1301－0003641　05690

徐雨峰中丞勘語四卷　（清）徐士林撰　清光緒三十二年（1906）武進李氏聖譯樓刻本　四冊

630000－1301－0003642　05691

石渠餘紀六卷　（清）王慶雲撰　清光緒刻朱印本　六冊

630000－1301－0003643　05692

富國策三卷　（清）汪鳳藻譯　清光緒八年（1882）上海美華書館鉛印本　三冊

630000－1301－0003644　05694

津門雜記三卷　（清）張燾輯　清光緒十年（1884）刻本　三冊

630000－1301－0003645　05699

江楚會奏變法三摺不分卷　（清）劉坤一（清）張之洞撰　清光緒二十七年（1901）兩湖書院刻本　一冊

630000－1301－0003646　05700

紅樓夢圖詠四卷　（清）改琦繪　清光緒十年（1884）刻本　四冊

630000－1301－0003647　05702

陸子全書十三種七十二卷　（清）陸隴其撰　清光緒十六年（1890）宗培等刻本　二十冊

630000－1301－0003648　05704

湯子遺書十卷續編二卷潛菴先生擬明史稿二十卷乾坤兩卦解一卷洛學編五卷首一卷（清）湯斌撰　清同治九年（1870）本祠堂刻本　三十一冊

630000－1301－0003649　05705

八史經籍志十種三十卷　（日本）□□輯　清光緒九年（1883）鎮海張壽榮刻本　十六冊

630000－1301－0003650　05709

壹是紀始二十二卷補遺一卷　（清）魏崧撰　清道光刻本　十二冊

630000－1301－0003651　05712

靖康要錄十六卷　（□）□□撰　清刻本　六冊

630000－1301－0003652　05722

聖武記十四卷　（清）魏源撰　清光緒二十五年（1899）正記書局石印本　六冊

630000－1301－0003653　05724

新鐫繡像後宋慈雲太子逃難走國全傳八卷（□）□□撰　清四美堂刻本　八冊

630000－1301－0003654　05725

增像第六才子書五卷首一卷　（元）王實甫撰　（清）金人瑞評　清光緒十五年（1889）上海鴻寶齋石印本　四冊

630000－1301－0003655　05726

天雨花三十回　（清）陶貞懷撰　清嘉慶九年（1804）有遺音齋刻本　三十二冊

630000－1301－0003656　05728

新鐫繡像後宋慈雲太子逃難走國全傳八卷（□）□□撰　清嘉慶二十五年（1820）成都二友堂刻本　一冊　存一卷（一）

630000－1301－0003657　05729

花月痕十六卷　（清）魏秀仁撰　清光緒三十三年（1907）上海石印本　四冊

630000－1301－0003658　05730

笑笑錄六卷　題（清）獨逸窩退士編　清光緒申報鉛印本　四冊

630000－1301－0003659　05731

精訂綱鑑廿四史通俗衍義二十六卷　（清）呂撫輯　清光緒十六年（1890）廣百宋齋鉛印本　六冊

630000－1301－0003660　05732

中西兵略指掌二十四卷首一卷　（清）陳龍昌撰　清光緒二十三年（1897）東山草堂石印本　八冊

630000－1301－0003661　05734

醫門法律六卷寓意草一卷尚論篇四卷首一卷（清）喻昌撰　清同文堂刻本　十二冊

630000 – 1301 – 0003662　05735

疑難急症簡方四卷　（清）羅越峰輯　清光緒二十二年(1896)刻本　四冊

630000 – 1301 – 0003663　05743

閑情偶寄十六卷　（清）李漁撰　清刻笠翁秘書第一種本　八冊

630000 – 1301 – 0003664　05744

涑水記聞十六卷　（宋）司馬光撰　清刻武英殿本　四冊

630000 – 1301 – 0003665　05745

歷代長術輯要十卷附古今推步諸術考二卷　（清）汪曰楨撰　清同治六年(1867)蔣氏刻本　六冊

630000 – 1301 – 0003666　05746

洴澼百金方十四卷首一卷　（清）袁宮桂編　清咸豐五年(1855)恬愛吾廬刻三書寶鑑本　六冊

630000 – 1301 – 0003667　05747

天文示斯十四卷　（清）洞微子輯　清光緒四年(1878)陝西松仙閣刻本　十冊

630000 – 1301 – 0003668　05748

欽定授時通考七十八卷首一卷　（清）張廷玉等撰　清道光六年(1826)四川藩署刻本　二十四冊

630000 – 1301 – 0003669　05749

重刊救荒補遺書二卷　（宋）董煟撰　（元）張光大新增　（明）朱熊補遺　清同治八年(1869)湖北崇文書局刻本　二冊

630000 – 1301 – 0003670　05750

圜天圖說三卷續編二卷　（清）李明徹述　清嘉慶二十四年(1819)松梅軒刻本　五冊

630000 – 1301 – 0003671　05751

漢藏滿蒙四體文鑑八卷文鑑總綱八卷　（清）□□編　清刻本　十冊

630000 – 1301 – 0003672　05752

皇清經解一百七十三種一千四百○九卷　（清）阮元輯　清道光九年(1829)廣東學海堂

刻咸豐十一年(1861)補刻本　三百五十一冊

存一百七十種一千三百九十卷(左傳杜解補正三卷,音論一卷,易音三卷,詩本音十卷,日知錄二卷,四書釋地一卷續一卷又續一卷三續一卷,孟子生卒年月考一卷,潛邱劄記二卷,禹貢錐指二十卷例畧圖一卷,學禮質疑二卷,學春秋隨筆十卷,毛詩稽古編三十卷,仲氏易三十卷,春秋毛氏傳三十六卷,春秋簡書刊誤二卷,春秋屬辭比事記四卷,經問十四卷補一卷,論語稽求篇七卷,四書賸言四卷補二卷,詩說三卷附錄一卷,湛園札記一卷,經義雜記十卷,解春集二卷,尚書地理今釋一卷,易說六卷,禮說十四卷,春秋說十五卷,白田草堂存稿一卷,周禮疑義舉要七卷,深衣考誤一卷,春秋地理考實四卷,羣經補義五卷,鄉黨圖考十卷,儀禮章句十七卷,觀象授時十四卷,經史問答七卷,質疑一卷,注疏考證六卷,周官祿田考三卷,尚書小疏一卷,儀禮小疏八卷,春秋左傳小疏一卷,果堂集一卷,周易述二十一卷,古文尚書考二卷,春秋左傳補註六卷,九經古義十六卷,春秋正辭十一卷春秋舉例一卷春秋要指一卷,鍾山札記一卷,龍城札記一卷,尚書集注音疏十三卷尚書經師系表一卷,尚書後案三十一卷,周禮軍賦說四卷,十駕齋養新錄三卷餘錄一卷,潛研堂文集六卷,四書考異三十六卷,尚書釋天六卷,讀書脞錄二卷續編二卷,弁服釋例八卷,釋繒一卷,爾雅正義二十卷,宗法小記一卷,儀禮喪服文足徵記一至三,考工創物小記四卷,磬折古義一卷,溝洫疆理小記一卷,禹貢三江考三卷,水地小記一卷,解字小記一卷,聲律小記一卷,九穀考四卷,釋草小記一卷,釋蟲小記一卷,禮箋三卷,毛鄭詩考正四卷,杲溪詩經補注二卷,考工記圖二卷,戴東原集二卷,古文尚書撰異三十二卷,毛詩故訓傳三十卷,詩經小學四卷,周禮漢讀考六卷,儀禮漢讀考一卷,說文解字注一至三、五至十五,六書音均表五卷,經韻樓集六卷,廣雅疏證十卷,春秋公羊通義四至十二,禮學卮言六卷,大戴禮記補注十三卷,經學卮言六卷,溉亭述古錄二卷,羣經識小八卷,經讀考異八卷,尚書今古文注疏三十九卷,問字堂集一卷,儀禮釋官九卷,禮經釋例一至六,劉氏遺書一卷,述學二卷,經義知新記一卷,大戴禮記正誤一卷,曾子注釋四卷,十三經注疏校勘記二百四十八卷,考工記車制圖解二卷,積古齋鐘鼎彝器欵識二卷,疇人傳九卷,挲經室集七卷,撫本禮記鄭注考異二卷,易章句十二卷,易通釋二十卷,易圖略八卷,孟子正義三十卷,周易補疏二卷,尚書補疏二卷,毛詩補疏五卷,禮記補疏三卷,春秋左傳補疏五卷,論語補疏二卷,周易述補四卷,拜經日記八卷,拜經文集一卷,瞥記一卷,經義述聞二十八卷,經傳釋詞十卷,周易虞氏義九卷,周易虞氏消息二卷,虞氏易禮二卷,周易鄭氏義二卷,周易荀氏九家義一卷,易義別錄十四卷,五經異義疏證三卷,左海經辨二卷,左海文集二卷,鑑止水齋集二卷,爾雅義疏十九卷,春秋左傳補注三卷,春秋公羊經何氏釋例十卷,公羊春秋何氏解詁箋一卷,發墨守評一卷,穀梁廢疾申何二卷,左氏春秋考證二卷,箴膏肓評一卷,論語述何二卷,燕寢考三卷,研六室雜著一卷,春秋異文箋十三卷,寶甓齋札記一卷,寶甓齋文集一卷,夏小正疏義四卷異字記一卷釋音一卷,秋槎雜記一卷,吾亦廬稿四卷,論語偶記一卷,經書算學天文攷一卷,四書釋地辨證二卷,毛詩紬義六至二十四,公羊禮說一卷,禮說四卷,孝經義疏一卷,經傳攷證八卷,甓齋遺稿一卷,說緯一卷,經義叢鈔三十卷,國朝石經攷異一卷,漢石經攷異一卷,魏石經攷異一卷,唐石經攷異易一卷,蜀石經攷異一卷,北宋石經攷異一卷,三家詩異文疏證二卷,首一卷)

630000－1301－0003673　05755

則古昔齋算學十三種二十四卷　（清）李善蘭撰　清同治六年(1867)金陵刻本　六冊

630000－1301－0003674　05756

幾何舉隅六卷首一卷　（英國）託咸都輯（清）鄭毓英譯述　清光緒二十四年(1898)董氏家墉刻本　三冊

630000－1301－0003675　05757

幾何舉隅六卷首一卷　（英國）託咸都輯（清）鄭毓英譯述　清光緒二十四年(1898)董氏家墉刻本　三冊

630000－1301－0003676　05758

籌蒙芻議二卷　（清）姚錫光撰　清光緒三十四年(1908)京師廎齋刻本　二冊

630000－1301－0003677　05764

元豐九域志十卷　（宋）王存等撰　清光緒八年(1882)金陵書局刻本　四冊

630000－1301－0003678　05766

安瀾紀要二卷迴瀾紀要二卷　（清）徐端撰　清光緒十四年(1888)刻本　四冊

630000－1301－0003679　05767

三角數理十二卷　（英國）海麻士輯　（英國）傅蘭雅口譯　（清）華蘅芳口譯　清刻本　六冊

630000－1301－0003680　05768

蠶桑萃編十五卷首一卷　（清）衛杰編　清光緒二十六年(1900)湖南蠶桑總局刻本　八冊

630000－1301－0003681　05771

農蠶輯要七卷　（元）司農司撰　清刻武英殿本　二冊

630000－1301－0003682　05773

西域水道記五卷新疆賦一卷　（清）徐松撰　清道光四年(1824)刻本　六冊

630000－1301－0003683　05775

北洋海軍章程不分卷　（清）奕譞等編　清光緒十四年(1888)刻本　六冊

630000－1301－0003684　05778

約章成案匯覽甲篇十卷乙篇四十二卷　（清）北洋洋務局纂輯　清光緒三十一年(1905)上海點石齋石印本　二十三冊　存二十八卷（甲篇一至五、七至十,乙篇一至三、五至七、十六至二十四、三十三至三十六）

630000－1301－0003685　05779

光緒政要三十四卷　（清）沈同生輯　清宣統元年(1909)上海崇義堂石印本　十冊

630000－1301－0003686　05780

痛史二十一種四十二卷附九種十卷　題樂天
居士輯　清宣統三年(1911)上海商務印書館
鉛印本　二十九冊　存十九種三十八卷附九
種十卷[福王登極實錄一卷,哭廟記略一卷,
丁酉北闈大獄記一卷,莊氏史案一卷,研堂見
聞雜記一卷,思文大紀一至二、五至八,弘光
實錄鈔四卷,淮城紀事一卷,崇禎長編二卷,
嘉定縣乙酉紀事一卷,江上孤忠錄一卷,啓禎
記聞錄八卷,海上見聞錄二卷,蜀記一卷,鹿
樵紀聞三卷,隆武遺事一卷,客滇述一卷,守
郧紀略一卷,國變難臣鈔一卷;附(過江七事
一卷,金陵紀略一卷附南征記一卷,秋思草堂
遺集一卷,揚州變略一卷,京口變略一卷,大
梁守城記一卷,崇禎甲申燕都紀變實錄一卷,
甲申三月忠逆諸臣紀事一卷,紀錢牧齋遺事
一卷)]

630000－1301－0003687　05781

周易義海撮要十二卷　(宋)李衡撰　清康熙
通志堂刻本　四冊

630000－1301－0003688　05783

傅氏眼科審視瑤函六卷首一卷　(明)傅仁宇
輯　清光緒四年(1878)六也樓刻本　二冊

630000－1301－0003689　05785

女科二卷產後編二卷　(清)傅山撰　清同治
八年(1869)湖北崇文書局刻本　二冊

630000－1301－0003690　05787

涑水記聞十六卷　(宋)司馬光撰　清光緒九
年(1883)解梁書院刻本　三冊

630000－1301－0003691　05793

冷廬雜識八卷　(清)陸以湉撰　清咸豐六年
(1856)刻本　八冊

630000－1301－0003692　05796

宋本小兒藥證直訣注三卷　(宋)錢乙撰
(清)張驥集　清光緒四年(1878)張氏汲古書
院刻本　三冊

630000－1301－0003693　05803

里堂學算記十六卷　(清)焦循撰　清嘉慶四

年(1799)刻焦氏叢書本　六冊

630000－1301－0003694　05804

代微積拾級十八卷　(美國)羅密士撰　(英
國)偉烈亞力口譯　(清)李善蘭筆述　清咸
豐九年(1859)墨海刻本　三冊

630000－1301－0003695　05805

本草衍義二十卷目錄一卷　(宋)寇宗奭撰
校記一卷　(清)柯逢時撰　清宣統二年
(1910)武昌醫館刻元本　二冊

630000－1301－0003696　05806

觀象廬叢書二十八種一百十二卷　(清)呂調
陽撰　清光緒十四年(1888)葉長高刻本　五
十四冊　存二十五種一百〇四卷(易一貫六
卷、六書十二聲傳十二卷解字贅言一卷、大學
節訊一卷、中庸節訓一卷、洪範原數一卷、釋
天一卷、重訂談天正議一卷、三代紀年攷一
卷、周官司徒類攷一卷、攷工記攷一卷圖一
卷、羣經釋地六卷、古史釋地三卷、諸子釋地
一卷、詩序議四卷、史表號名通釋三卷、古律
呂考一卷、曰若編七卷、五藏山經傳五卷海內
經附傳一卷、漢地理志詳釋四卷、穆天子傳釋
一卷、逸經釋一卷、齊民要術十卷、論孟疑義
一卷、重訂越南圖說六卷、輿地今古圖攷二十
二卷)

630000－1301－0003697　05807

李氏五種二十八卷　(清)李兆洛撰　清光緒
十四年(1888)掃葉山房刻本　十二冊

630000－1301－0003698　05825

富強齋叢書續全集一百二十九種(三種嗣出)
三百〇四卷　(清)袁俊德輯　清光緒二十七
年(1901)小倉山石印本　六十四冊

630000－1301－0003699　05849

禹貢會箋十二卷　(清)徐文靖輯　清同治十
三年(1874)慈谿何氏刻本　四冊

630000－1301－0003700　05855

平臺紀略不分卷　(清)藍鼎元撰　清刻本
一冊

630000－1301－0003701　05863

拳匪紀略八卷前編二卷後編二卷 （清）僑析生撰 清光緒二十九年（1903）上洋書局石印本 六冊

630000－1301－0003702 05934
野穫編三十卷首一卷補遺四卷 （明）沈德符撰 （清）錢枋輯 清同治八年（1869）校刻道光七年（1827）錢塘姚氏扶荔山房本 二十冊

630000－1301－0003703 05935
史姓韻編六十四卷 （清）汪輝祖撰 清光緒十年（1884）上海中西書局石印本 四冊

630000－1301－0003704 05937
冷廬雜識八卷 （清）陸以湉撰 清咸豐六年（1856）刻本 八冊

630000－1301－0003705 05943
竹柏山房十五種八十四卷 （清）林春溥撰 清嘉慶至咸豐竹柏山房刻本 四十冊

630000－1301－0003706 05944
太史升菴全集八十一卷目錄二卷 （明）楊慎撰 清刻乾隆六十年（1795）養拙山屋刻本 二十六冊

630000－1301－0003707 05944
升菴外集一百卷 （明）楊慎撰 清道光二十四年（1844）桂湖影明刻本 與普查號3706合函

630000－1301－0003708 05946
河工簡要四卷 （清）邱步洲輯 清光緒十三年（1887）刻本 二冊

630000－1301－0003709 05947
三魚堂文集十二卷附錄一卷賸言十二卷外集六卷附錄一卷 （清）陸隴其撰 清宣統三年（1911）掃葉山房石印本 八冊

630000－1301－0003710 05948
乙巳年交涉要覽三卷 （清）北洋洋務局輯 清光緒二十六年（1900）北洋官報局鉛印本 五冊

630000－1301－0003711 05949
救荒百策不分卷 （清）奇湘漁父輯 清光緒

十年（1884）甘肅秦州署刻本 一冊

630000－1301－0003712 05950
清秘述聞十六卷 （清）法式善編 清嘉慶四年（1799）刻本 六冊

630000－1301－0003713 05951
槐廳載筆二十卷 （清）法式善撰 清嘉慶十四年（1809）刻本 六冊

630000－1301－0003714 05952
[道光]吉林外紀十卷 （清）薩英額纂 清光緒二十一年（1895）刻漸西村舍彙刻本 四冊

630000－1301－0003715 05953
微積溯源八卷 （英國）華里司輯 （英國）傅蘭雅口譯 （清）華蘅芳筆述 清刻本 六冊

630000－1301－0003716 05954
農類譯叢三卷 （清）李煜瀛輯 清光緒三十二年（1906）濟南農務學堂石印本 一冊

630000－1301－0003717 05955
知本提綱十卷 （清）楊屾撰 清光緒三十年（1904）刻乾隆十二年（1747）崇本齋本 八冊

630000－1301－0003718 05956
十朝聖訓九百二十二卷 （清）□□編 清光緒石印本 一百冊

630000－1301－0003719 05958
欽定四庫全書總目二百卷首四卷 （清）紀昀等撰 清刻本 八十四冊

630000－1301－0003720 05962
明史三百三十二卷目錄四卷 （清）張廷玉等撰 清乾隆四年（1739）刻本 一百十二冊

630000－1301－0003721 05968
盛京典制備考八卷首一卷 （清）崇厚撰 清光緒四年（1878）盛京軍督府刻本 六冊

630000－1301－0003722 05969
隸釋二十七卷隸續二十一卷 （宋）洪适撰 汪本隸釋刊誤一卷 （清）黃丕烈撰 清同治十年至十一年（1871－1872）皖南洪氏晦木齋摹刻本 八冊

630000－1301－0003723　05970

女科二卷産後編二卷　（清）傅山撰　清光緒十六年(1890)吉安李大文堂刻本　三冊

630000－1301－0003724　05971

[光緒]川沙廳志十四卷首一卷末一卷　（清）陳方瀛修　（清）俞樾等纂　清光緒五年(1879)刻　六冊

630000－1301－0003725　05972

三家醫案合刻醫三卷附醫效秘傳三卷温熱贅言一卷　（清）吳金壽輯　清道光十一年(1831)吳氏貯春僊館刻本　六冊

630000－1301－0003726　05973

曾子家語六卷　（清）王定安輯　清光緒十六年(1890)金陵刻本　二冊

630000－1301－0003727　05974

折獄龜鑑八卷首一卷　（宋）鄭克撰　清光緒元年(1875)陝西湖廣會館刻本　二冊

630000－1301－0003728　05975

中州集十卷中州樂府一卷　（金）元好問集　清光緒七年(1881)讀書山房刻本　十一冊

630000－1301－0003729　05978

眉綠樓詞不分卷　（清）顧文彬撰　清光緒十年(1884)吳下刻本　四冊

630000－1301－0003730　05979

篋中詞六卷續四卷　（清）譚獻撰　清光緒八年(1882)刻本　三冊　存九卷(詞六卷、續一至三)

630000－1301－0003731　05980

清芬集十卷　（清）劉寶楠撰　清道光刻本　四冊

630000－1301－0003732　05981

雪浪齋詩賸一卷　（清）許誦宣撰　清光緒十二年(1886)刻本　一冊

630000－1301－0003733　05982

范伯子詩集十九卷　（清）范當世撰　清光緒三十四年(1908)刻本　四冊

630000－1301－0003734　05983

西國近事彙編□□卷(同治二年至□□年)　(美國)金楷理口譯　（清）姚棻筆述　清刻本　二冊　存二卷(一至二)

630000－1301－0003735　05984

顏魯公文集三十卷首一卷補遺一卷　（唐）顏真卿撰　（清）黃本驥編　年譜一卷　（宋）留元剛撰　清道光二十六年(1846)刻　十二冊

630000－1301－0003736　05985

憶園詩鈔六卷　（清）陳燮撰　清刻本　二冊

630000－1301－0003737　05986

砲規圖說一卷　（清）陳瑒撰　清刻本　一冊

630000－1301－0003738　05987

陶彭澤集六卷　（晉）陶潛撰　清退補齋刻本　一冊

630000－1301－0003739　05988

竹簾館詞一卷　（清）王樹藩撰　（清）朱孫懷選　清宣統元年(1909)朱氏刻本　一冊

630000－1301－0003740　05989

求福居詩鈔一卷詩餘一卷　（清）汪清撰　清光緒二十九年(1903)刻本　一冊

630000－1301－0003741　05990

龍井見聞錄十卷附宋僧元淨外傳二卷　（清）汪孟鋗纂　清光緒十年(1884)錢塘丁氏嘉惠堂刻本　三冊

630000－1301－0003742　05991

句股邊角圖說一卷　（清）胡炳文撰　清光緒二十三年(1897)刻本　一冊

630000－1301－0003743　05992

水滸後傳十卷首一卷　（明）陳忱撰　清大道堂刻本　十冊

630000－1301－0003744　05996

讀史方輿紀要一百三十卷輿圖要覽四卷　（清）顧祖禹撰　清嘉慶龍萬育成都敷文閣本　五十七冊　存一百十九卷(紀要一至五十一、六十六至一百三十,要覽一至三)

630000－1301－0003745　06000

沈文肅公政書七卷首一卷　（清）沈葆楨撰
清光緒六年(1880)刻本　十二冊

630000－1301－0003746　06001

水心先生文集二十九卷補遺一卷　（宋）葉適
撰　清光緒八年(1882)瑞安孫氏校刻明正統
本　十二冊

630000－1301－0003747　06002

黑龍江述略六卷　（清）徐宗亮纂　清光緒刻
本　二冊

630000－1301－0003748　06003

覆瓿詩草六卷詞草一卷雜著一卷　（清）陳本
直撰　燼餘詞草一卷　（清）陳安詩撰　清同
治十三年(1874)廣州刻本　四冊

630000－1301－0003749　06005

海琴儂館詩鈔六卷　（清）成占春撰　清光緒
二十三年(1897)刻本　二冊

630000－1301－0003750　06007

知本提綱十卷　（清）楊屾撰　清光緒三十年
(1904)刻乾隆十二年(1747)崇本齋刻本
八冊

630000－1301－0003751　06008

石臼集前集九卷後集七卷　（清）邢昉撰　清
光緒十八年(1892)刻乾隆十五年(1750)初印
本　六冊

630000－1301－0003752　06009

澄瀛園詩選十二卷　（清）張廷玉撰　清光緒
十七年(1891)金陵刻本　四冊

630000－1301－0003753　06010

玉搔頭傳奇二卷　（清）李漁撰　清刻本
一冊

630000－1301－0003754　06011

歷代職官表六卷　（清）黃本驥撰　清光緒八
年(1882)上海王氏刻本　三冊

630000－1301－0003755　06012

縉雲文徵二十卷補編一卷　（清）湯成烈編
清光緒二年(1876)刻本　八冊

630000－1301－0003756　06014

廿一史戰略考三十三卷　（清）茅元儀輯　清
光緒二十五年(1899)成都志古堂刻本　八冊

630000－1301－0003757　06016

東周列國全志八卷　（清）蔡元放評點　清光
緒三十一年(1905)上海章福記書局石印本
八冊

630000－1301－0003758　06017

李氏五種二十八卷　（清）李兆洛撰　清光緒
二十四年(1898)掃葉山房石印本　八冊

630000－1301－0003759　06024

欽定滿洲源流考二十卷首一卷　（清）阿桂等
纂　清光緒十九年(1893)杭州便益書局石印
本　四冊

630000－1301－0003760　06025

萬山綱目二十一卷　（清）李誠纂　清光緒二
十六年(1900)長沙刻本　八冊

630000－1301－0003761　06026

彭剛直公奏稿八卷　（清）彭玉麟撰　清光緒
十七年(1891)吳下刻本　四冊

630000－1301－0003762　06027

吳學士文集四卷　（清）吳蕡撰　（清）梁肇煌
（清）薛時雨編訂　清光緒八年(1882)江寧
藩署刻本　四冊

630000－1301－0003763　06028

吳學士詩集五卷　（清）吳蕡撰　（清）梁肇煌
（清）薛時雨編訂　清光緒八年(1882)江寧
藩署刻本　二冊

630000－1301－0003764　06029

于湖題襟集詩集六卷文集三卷　（清）袁昶輯
清光緒二十一年(1895)刻本　四冊

630000－1301－0003765　06030

客窗閑話八卷　（清）吳熾昌撰　清光緒元年
(1875)敦仁堂刻本　四冊

630000－1301－0003766　06031

續客窗閑話八卷　（清）吳熾昌撰　清光緒元
年(1875)敦仁堂刻本　四冊

630000－1301－0003767　06033

增訂西學富強叢書八十九種四百二十三卷
（清）上海日新社編　清光緒二十七年（1901）上海日新社石印本　六十四冊　存八十七種四百十八卷（勾股六術一卷、算式集要四卷、九數外錄一卷、衍元要義一卷、弧田問率一卷、直積回求一卷、割圜連比例術圖解三卷首一卷、橢圓求周術一卷、斜弧三邊求角補術一卷、堆垛積術一卷、三統術衍補一卷、周冪知裁一卷、器像顯真四卷附圖一卷、重學二十卷、電學綱目一卷、電學十卷首一卷、化學鑑原六卷、化學鑑原續編二十四卷、化學鑑原補編六卷附一卷、化學體積分劑一卷、化學材料中西名目表一卷、聲學八卷、光學二卷、視學諸器圖說一卷、談天十八卷附表一卷、測候叢談四卷、地學淺釋三十八卷、列國歲政計要十二卷首一卷、光緒戊戌年列國歲計表一卷、萬國總說三卷、俄史輯譯四卷、東方交涉記十二卷、各國交涉公法論初集四卷、各國交涉公法論二集四卷、各國交涉公法論三集八卷、各國交涉公法論校勘記一卷、英國水師律例四卷、開煤要法十二卷、井礦工程三卷、銀礦指南一卷附圖一卷、冶金錄三卷、鍊鋼要言一卷、金石識別十二卷、金石識別中西名目表一卷、汽機必以十二卷首一卷附一卷、汽機新製八卷、鍊石編三卷附圖一卷、海塘輯要十卷首一卷、行軍鐵路工程二卷附圖一卷、匠誨與規三卷、造管之法一卷、回熱爐法一卷、鎔金類罐一卷、造硫強水法一卷、色相留真一卷、水衣全論一卷、坑焢致美一卷、製肥皂法二卷、製油燭法一卷、電學鍍金四卷、電氣鍍鎳一卷、製玻璃法二卷、鐵船針向一卷、機動圖說一卷、列國陸軍製九卷、臨陣管見九卷附圖一卷、營城揭要二卷附圖一卷、英國水師考一卷、法國水師考一卷、美國水師考一卷、俄國水師考一卷、海軍調度要言三卷附圖一卷、輪船布陣十二卷首一卷附圖一卷、製火藥法三卷、兵船礮法六卷、回特活德鋼礮一卷、克虜伯礮準心法一卷附圖一卷、克虜伯礮說四卷、克虜伯礮操法四卷、克虜伯礮表八卷、開地道轟藥法三卷附圖一卷、攻守礮法一卷、克虜伯腰箍礮說一卷附圖一卷、克虜伯螺繩礮架一卷附圖一卷、克虜伯礮架說一卷附圖一卷、克虜伯船礮操法一卷、南北花旗戰紀十八卷）

630000－1301－0003768　06035
孟亭詩集四卷　（清）王箴興撰　清同治十二年（1873）福建撫署刻本　二冊

630000－1301－0003769　06037
聖武記十四卷　（清）魏源撰　清道光二十二年（1842）古微堂刻本　十冊（合訂二冊）

630000－1301－0003770　06038
兩漢刊誤補遺十卷　（宋）吳仁傑撰　清同治七年（1868）金陵書局刻本　二冊

630000－1301－0003771　06039
鐵橋漫稿八卷　（清）嚴可均撰　清光緒十一年（1885）長洲蔣氏刻本　四冊

630000－1301－0003772　06043
新刻張太岳文集四十七卷　（明）張居正撰　清刻本　十六冊

630000－1301－0003773　06045
灊山集三卷補遺一卷附錄一卷　（宋）朱翌撰　清吳興抱經樓抄本　三冊

630000－1301－0003774　06046
陶山集十六卷　（宋）陸佃撰　清吳興抱經樓抄本　四冊

630000－1301－0003775　06047
李衛公會昌一品集二十卷別集十卷外集四卷補遺一卷　（唐）李德裕撰　清光緒河北謙德堂刻畿輔叢書本　四冊

630000－1301－0003776　06052
科學叢書第一集八種十一卷附一種四卷　（清）樊炳清譯　清光緒二十七年（1901）教育世界出版所石印本　九冊　存七種九卷（萬國地誌三卷、倫理書一卷、心理學一卷、博物教科書一卷、理化示教上篇、植物教科書一卷、小物理學一卷）

630000－1301－0003777　06053
浩然齋雅談三卷　（宋）周密撰　清刻乾隆武英殿本　三冊

630000－1301－0003778　06054

鶴林玉露十六卷補遺一卷　（宋）羅大經撰
清光緒二十五年(1899)泰和蕭氏刻本　四冊

630000－1301－0003779　06055

浮溪集三十二卷　（宋）汪藻撰　清刻乾隆武
英殿本　八冊

630000－1301－0003780　06057

**道古堂文集四十八卷詩集二十六卷集外詩一
卷文一卷軼事一卷**　（清）杭世駿撰　清光緒
十四年(1888)汪氏振綺堂補刻乾隆本　十
六冊

630000－1301－0003781　06058

明大司馬盧公集十二卷首一卷　（明）盧象昇
撰　清光緒元年(1875)刻本　八冊

630000－1301－0003782　06059

正氣集十卷　（清）王式輯　清宣統三年
(1911)不讀非道書齋鉛印本　四冊

630000－1301－0003783　06060

西臺集二十卷　（宋）畢仲游撰　清光緒十九
年(1893)福建刻武英殿本　七冊

630000－1301－0003784　06061

陶菴集二十二卷首一卷末一卷　（明）黃淳耀
撰　清光緒五年(1879)刻本　八冊

630000－1301－0003785　06063

蠹菴集三十卷　（清）楊承禧撰　清刻本
五冊

630000－1301－0003786　06064

毛詩要義二十卷　（宋）魏了翁撰　清光緒獨
山莫氏上海影刻宋本　十二冊

630000－1301－0003787　06065

說郛一百二十弓一千三百四十九卷　（元）陶
宗儀輯　清順治三年(1646)兩浙學署周南李
際期宛委山堂刻本　四冊　存四十一卷(雞
林類事一卷、古杭夢遊錄一卷、汴都平康記一
卷、侍兒小名錄一卷、侍兒小名錄一卷、侍兒
小名錄一卷、侍兒小名錄一卷、思陵書畫記一
卷、琴曲譜錄一卷、本朝茶法一卷、宣和北苑
貢茶錄一卷、北苑別錄一卷、品茶要錄一卷、
桯史一卷、虜廷事實一卷、燕北錄一卷、北邊
備對一卷、蒙韃備錄一卷、艮嶽記一卷、于役
志一卷、六朝事迹一卷、文會談叢一卷、聞燕
常談一卷、錢塘瑣記一卷、從駕記一卷、東巡
記一卷、避亂錄一卷、異聞記一卷、白獺髓一
卷、清夜錄一卷、梁溪漫志一卷、暘谷謾錄一
卷、春渚紀聞一卷、曲洧舊聞一卷、摭青雜說
一卷、玉壺清話一卷、睽車志一卷、睽車志一
卷、括異志一卷、乾道庚寅奏事錄一卷、儒林
公義一卷)

630000－1301－0003788　06066

**三魚堂文集十二卷外集六卷賸言十二卷日記
十卷讀禮志疑一卷**　（清）陸隴其撰　**年譜一
卷**　（清）吳光西編　清同治七年(1868)武林
薇署刻本　十六冊

630000－1301－0003789　06068

**傳樸堂詩稿四卷補遺一卷附錄一卷竹樊山莊
詞一卷**　（清）葛金烺撰　**弢華館詩稿一卷**
（清）葛嗣溁撰　清光緒二十一年(1895)刻本
二冊

630000－1301－0003790　06069

薇省詞鈔十卷附錄一卷　（清）況周儀撰　清
光緒二十四年(1898)廣陵刻本　四冊

630000－1301－0003791　06071

凝香室鴻雪因緣圖記三集六卷　（清）麟慶撰
清道光十八年(1838)雲蔭堂刻本　六冊

630000－1301－0003792　06072

儆居集十四卷　（清）黃式三撰　清光緒刻本
四冊

630000－1301－0003793　06075

勵志錄二卷　（清）沈近思撰　**沈端恪公年譜
二卷**　（清）沈曰富撰　清同治十二年(1873)
浙江書局刻本　二冊

630000－1301－0003794　06077

毛詩稽古編三十卷　（清）陳啟源撰　**附考一
卷**　（清）費雲倬撰　清嘉慶二十年(1815)刻
本　八冊

630000 – 1301 – 0003795　06081

璞齋集詩七卷詞一卷　（清）諸可寶撰　清光緒二十二年(1896)諸氏自刻本　三冊

630000 – 1301 – 0003796　06084

鐵華館叢書六種四十五卷　（清）蔣鳳藻輯　清光緒中長洲蔣氏影刻本　十六冊

630000 – 1301 – 0003797　06086

世宗憲皇帝上諭内閣一百五十九卷　（清）允祿等編　清光緒浙江書局刻本　三十二冊

630000 – 1301 – 0003798　06087

初學集一百十卷有學集五十卷補遺二卷投筆集一卷　（清）錢謙益撰　（清）錢曾箋註　清宣統二年(1910)邃漢齋鉛印本　四十冊

630000 – 1301 – 0003799　06088

善本書室藏書志四十卷　（清）丁丙撰　附錄一卷　（清）丁立中撰　清光緒二十七年(1901)丁氏刻本　十六冊

630000 – 1301 – 0003800　06090

讀史方輿紀要十卷　（清）顧祖禹撰　清道光三十年(1850)黃冕刻本　十冊

630000 – 1301 – 0003801　06093

今世說八卷　（清）王晫撰　清光緒二十九年(1903)蘇城怡文閣刻本　二冊

630000 – 1301 – 0003802　06094

藝苑滑稽叢話十卷聯話六卷楹聯佳話二卷（清）陳琰輯　清宣統三年(1911)古今圖書館石印本　四冊

630000 – 1301 – 0003803　06095

小知錄十二卷　（清）陸鳳藻輯　清同治十二年(1873)淮南書局刻本　四冊

630000 – 1301 – 0003804　06097

因樹屋書影十卷　（清）周亮工撰　清士林精舍石印本　六冊

630000 – 1301 – 0003805　06098

壯悔堂文集十卷遺稿一卷四憶堂詩集六卷遺稿一卷首一卷　（清）侯方域撰　清宣統元年(1909)中國圖書公司鉛印本　四冊

630000 – 1301 – 0003806　06100

三家醫案合刻醫三卷附醫效秘傳三卷　（清）吳金壽輯　清道光笠澤吳氏刻本　五冊

630000 – 1301 – 0003807　06102

痘疹定論四卷　（清）朱純嘏輯　清咸豐二年(1852)刻本　二冊

630000 – 1301 – 0003808　06103

笛漁小稾十卷　（清）朱昆田撰　清光緒十五年(1889)會稽陶闓刻本　二冊

630000 – 1301 – 0003809　06105

幼科醫學指南四卷　（清）周震撰　清刻本　四冊

630000 – 1301 – 0003810　06106

女科經綸八卷　（清）蕭壎撰　清光緒十六年(1890)掃葉山房刻本　四冊

630000 – 1301 – 0003811　06107

虛齋名畫錄十六卷　龐元濟撰　清宣統元年(1909)烏程龐氏申江刻本　十六冊

630000 – 1301 – 0003812　06108

靈鶼閣叢書五十七種一百卷　（清）江標輯　清光緒中元和江氏湖南使院刻本　四十八冊

630000 – 1301 – 0003813　06109

古歡堂集十卷　（清）田雯撰　清刻本　四冊

630000 – 1301 – 0003814　06110

左傳紀事本末五十三卷　（清）高士奇撰　清光緒二十六年(1900)廣雅書局刻本　十二冊

630000 – 1301 – 0003815　06113

孝肅奏議十卷　（宋）包拯撰　清同治二年(1863)省心閣刻本　四冊

630000 – 1301 – 0003816　06114

大生要旨五卷　（清）唐千頃纂　清咸豐七年(1857)維揚文成堂刻本　二冊

630000 – 1301 – 0003817　06115

名學部甲八卷首一卷　（英國）穆勒約翰撰　嚴復譯　清光緒二十八年(1902)金粟齋鉛印本　二冊

630000－1301－0003818　06116

雨香館詩草四卷　（清）駱崇禧撰　清光緒鉛印本　四冊

630000－1301－0003819　06118

傷寒附翼二卷　（清）柯琴編　清姑蘇刻本　二冊

630000－1301－0003820　06119

痧脹玉衡書三卷後卷一卷　（清）郭志邃撰　清刻本　四冊

630000－1301－0003821　06122

滄浪詩話一卷　（清）嚴羽撰　清光緒二十四年(1898)樵川書院刻本　一冊

630000－1301－0003822　06123

太華山紫金鎮兩世修行劉香寶卷全集二卷　（□）□□撰　清同治九年(1870)上海翼化堂刻本　二冊

630000－1301－0003823　06124

嚴永思先生通鑑補正略三卷　（清）張敦仁彙抄　清道光四年(1824)峭帆樓刻本　三冊

630000－1301－0003824　06129

羅昭諫集八卷　（唐）羅隱撰　清同治刻本　二冊(合訂一冊)

630000－1301－0003825　06132

倦圃曹先生尺牘二卷　（清）曹溶撰　（清）胡恭選　清含暉閣刻本　二冊

630000－1301－0003826　06134

天中記六十卷　（明）陳耀文纂　清道光林則徐校刻本　六十冊

630000－1301－0003827　06135

陶山詩錄十二卷　（清）唐仲冕撰　清嘉慶十六年(1811)江南通州酌民言堂刻本　三冊

630000－1301－0003828　06136

增訂本草備要十一卷醫方集解三卷圖象本草醫方合編一卷　（清）汪昂撰　清嘉慶二十二年(1817)文安堂刻本　六冊

630000－1301－0003829　06137

金匱玉函經二註二十二卷補方一卷　（宋）趙以德衍義　（清）周揚俊補註　清同治二年(1863)養恬齋刻本　六冊

630000－1301－0003830　06138

胎產金針三卷　（清）何榮撰　**胎產續要一卷**　（清）劉萊輯　清光緒七年(1881)滬上刻本　二冊

630000－1301－0003831　06139

瘟疫明辨四卷方一卷　（清）戴麟郊撰　清光緒二十一年(1895)澹雅局刻本　二冊

630000－1301－0003832　06140

疫喉淺論二卷治驗一卷　（清）夏春農撰　清光緒五年(1879)存吾春齋刻本　二冊

630000－1301－0003833　06141

史餘二十卷補錄一卷補注一卷　（清）陳堯松撰　（清）慶颺註　清同治三年(1864)竹平安齋刻本　二冊

630000－1301－0003834　06142

林和靖詩集四卷拾遺一卷詩話一卷　（宋）林逋撰　清同治十二年(1873)刻本　二冊

630000－1301－0003835　06143

婦嬰新說一卷　（英國）合信　（清）管茂材撰　清咸豐八年(1858)江蘇上海仁濟醫館刻本　一冊

630000－1301－0003836　06144

覆瓿集續刻六種十一卷　（清）張文虎撰　清光緒十三年至十九年(1887－1893)刻本　四冊

630000－1301－0003837　06146

妙英寶卷不分卷　（□）□□撰　清光緒二十五年(1899)上海翼化堂刻本　一冊

630000－1301－0003838　06147

蠶桑說一卷　（清）沈練撰　清光緒十四年(1888)溧陽沈氏刻本　一冊

630000－1301－0003839　06148

長沙方歌括六卷　（清）陳念祖撰　清光緒二十九年(1903)湖南益元書局刻本　三冊

630000－1301－0003840　06149

達生編二卷　題(清)亟齋居士撰　廣達生編一卷保嬰碎事一卷　(清)周毓編　附幼科一卷　(清)汪炳森撰　清光緒十四年(1888)鎮江善化堂刻本　一冊

630000－1301－0003841　06151

淮海秋笳集不分卷　(清)李肇曾輯　清咸豐十年(1860)遲雲山館刻本　一冊

630000－1301－0003842　06153

夢園叢說內篇八卷附聯語一卷外篇八卷　(清)方濬頤撰　清光緒揚州刻本　二冊　存九卷(內篇五至八、附聯語一卷、外篇一至四)

630000－1301－0003843　06154

武林藏書錄三卷首一卷末一卷　(清)丁申撰　清光緒二十六年(1900)嘉惠堂刻本　二冊

630000－1301－0003844　06155

金淵集六卷　(元)仇遠撰　清刻武英殿本　二冊

630000－1301－0003845　06156

藤陰雜記十二卷　(清)戴璐撰　清刻本　四冊

630000－1301－0003846　06157

金忠節公文集八卷　(明)金聲撰　清光緒十四年(1888)黟邑李氏刻本　六冊

630000－1301－0003847　06158

津門古文所見錄四卷　(清)郭筠孫輯　清光緒十八年(1892)刻　四冊

630000－1301－0003848　06159

不用刑審判書六卷　(清)魏息園輯　清光緒三十三年(1907)商務印書館鉛印本　二冊

630000－1301－0003849　06160

西泠五布衣遺著三十一卷　(清)丁丙輯　清同治至光緒錢塘丁氏當歸草堂刻本　七冊　存五種二十四卷(臨江鄉人詩四卷拾遺一卷、硯林詩集四卷拾遺一卷附三丁詩文拾遺一卷硯林印款一卷、冬心先生集四卷續集一卷拾遺一卷三體詩一卷、柳洲遺稿二卷、冬花庵燼餘稿三卷)

630000－1301－0003850　06161

養一齋文集二十卷詩集四卷附一卷　(清)李兆洛撰　清光緒四年(1878)刻本　十冊

630000－1301－0003851　06162

名疑集四卷劄記一卷　(明)陳士元撰　清光緒十七年(1891)三餘草堂刻本　二冊

630000－1301－0003852　06163

宮閨小名錄五卷　(清)尤侗撰　清康熙刻西堂全集本　一冊

630000－1301－0003853　06164

鴻雪聯吟一卷　(清)林昌彝撰　清同治七年(1868)廣州刻本　一冊

630000－1301－0003854　06166

盤洲文集八十卷首一卷末一卷校記一卷　(宋)洪适撰　(清)洪汝濂撰　清光緒十年(1884)涇縣藤谿洪氏刻本　十二冊

630000－1301－0003855　06167

潛虛先生文集十四卷遺集一卷　(清)宋潛虛撰　年譜一卷　清道光刻本　六冊

630000－1301－0003856　06168

海峰先生文十卷詩六卷　(清)劉大櫆撰　清同治十三年(1874)刻本　六冊

630000－1301－0003857　06169

桐城吳先生文集四卷詩集一卷　(清)吳汝綸撰　吳先生行狀一卷　(清)賀濤撰　清光緒三十年(1904)賀濤等刻本　四冊

630000－1301－0003858　06170

紅粟山莊詩六卷　(清)朱寶善撰　清同治九年(1870)福州刻本　二冊

630000－1301－0003859　06173

拙尊園叢稿六卷　(清)黎庶昌撰　清光緒鉛印本　四冊

630000－1301－0003860　06174

倭文端公遺書八卷首二卷末一卷　(清)倭仁撰　清光緒元年(1875)六安求我齋刻本　四冊

630000－1301－0003861　06177

于湖小集三卷 （清）袁昶撰 清光緒二十年（1894）水明樓刻本 二冊

630000－1301－0003862 06178

經傳釋詞十卷 （清）王引之撰 清道光二十七年（1847）刻本 六冊

630000－1301－0003863 06179

字典考證十二卷 （清）王引之撰 清江蘇愛日堂刻本 八冊

630000－1301－0003864 06181

道古堂文集四十八卷詩集二十六卷集外詩一卷文一卷軼事一卷 （清）杭世駿撰 清光緒十四年（1888）汪氏振綺堂補刻乾隆本 十六冊

630000－1301－0003865 06183

子藥準則一卷 （清）丁友雲撰 清同治十三年（1874）金陵軍需局刻本 一冊

630000－1301－0003866 06184

博物志十卷 （晉）張華撰 （清）汪士漢校
續博物志十卷 （晉）李石撰 （清）汪士漢校 清刻本 二冊

630000－1301－0003867 06185

城北草堂詩鈔四卷詩餘二卷詞餘一卷 （清）顧變撰 清光緒十四年（1888）刻本 一冊存詩鈔四卷

630000－1301－0003868 06186

六如居士集七卷補遺一卷 （明）唐寅撰 清光緒十一年（1885）鎮江文成堂刻本 四冊

630000－1301－0003869 06187

笛漁小稾十卷 （清）朱昆田撰 清刻本 一冊

630000－1301－0003870 06188

金源紀事詩八卷 （清）湯運泰撰 清同治十二年（1873）淮南書局刻本 四冊

630000－1301－0003871 06191

切問齋文鈔三十卷 （清）陸燿輯 清光緒十九年（1893）合肥李氏刻本 十冊

630000－1301－0003872 06192

續碑傳集八十六卷首二卷 繆荃孫輯 清宣統二年（1910）江楚編譯書局刻本 二十四冊

630000－1301－0003873 06193

城北集八卷 （清）高士奇撰 清刻本 二冊

630000－1301－0003874 06194

遊道堂集四卷 （清）朱彬撰 清光緒二年（1876）刻同治七年（1868）本 二冊

630000－1301－0003875 06195

種蕉館詩集六卷 （清）郭堃撰 補遺一卷附錄一卷 （清）郭振鵬輯 清嘉慶舫樓刻本 二冊

630000－1301－0003876 06197

蜀秀集九卷 （清）譚宗浚輯 清光緒五年（1879）成都試院刻本 八冊

630000－1301－0003877 06198

俞俞齋詩稿初集二卷詩餘一卷文稿初集四卷 （清）史念祖撰 清光緒三十二年（1906）廣陵刻本 六冊

630000－1301－0003878 06199

荊駝逸史五十二種八十三卷 （清）陳湖逸士輯 清宣統三年（1911）上海錦章圖書局石印本 十六冊

630000－1301－0003879 06201

辛丑紀聞一卷 （清）□□撰 寒夜叢談三卷 （清）沈赤然撰 清趙氏又滿樓刻本 一冊

630000－1301－0003880 06202

紫泥日記一卷（光緒十五年七月二十四日至八月三十日） （清）黃彭年撰 清光緒十五年（1889）陶樓刻本 一冊

630000－1301－0003881 06203

明江南治水記一卷 （清）陳士鑛編 浮梁陶政志一卷 （清）吳允嘉述 清刻本 一冊

630000－1301－0003882 06204

顧鳳翔遺集一卷 （清）顧騄撰 清光緒三十二年（1906）江寧刻本 一冊

630000－1301－0003883 06205

新刻十供神仙修真寶傳因果全部一卷 （□）

□□編　清光緒五年（1879）護國庵刻本
一冊

630000－1301－0003884　06206
太華山紫金鎮兩世修行劉香寶卷全集二卷
（□）□□撰　清光緒二十五年（1899）刻本
一冊

630000－1301－0003885　06207
書畫鑑影二十四卷首一卷　（清）李佐賢輯
清同治十年（1871）利津李氏刻本　八冊

630000－1301－0003886　06210
同治中興京外奏議約編八卷　（清）陳弢輯
清光緒元年（1875）篋劍囊琴之室刻本　八冊

630000－1301－0003887　06211
嘯竹詩鈔四卷　（清）袁承福撰　清嘉慶刻本
二冊

630000－1301－0003888　06212
曩餘詩鈔四卷　（清）徐步雲撰　清嘉慶刻本
一冊

630000－1301－0003889　06213
西醫略論三卷　（英國）合信　（清）管茂材撰
清咸豐七年（1857）江蘇上海仁濟醫館刻本
一冊

630000－1301－0003890　06220
謫麐堂遺集文二卷詩二卷　（清）戴望撰　清
宣統三年（1911）歸安陸氏刻會稽趙氏本
二冊

630000－1301－0003891　06221
茗柯文初編一卷二編二卷三編一卷四編一卷
（清）張惠言撰　清刻本　二冊

630000－1301－0003892　06222
奉使車臣汗記程詩三卷　（清）延清撰　清宣
統元年（1909）鉛印本　二冊　存二卷（一、
三）

630000－1301－0003893　06224
觀物博異八卷　（法國）普謝撰　（英國）季理
斐成章譯詞　（清）李鼎星述　清光緒三十年
（1904）上海廣學會鉛印本　一冊

630000－1301－0003894　06225
全體闡微三卷　（美國）柯爲良撰　清光緒三
十一年（1905）惜陰書屋刻本　四冊

630000－1301－0003895　06228
中西關係略論四卷續編一卷　（美國）林樂知
撰　清光緒十八年（1892）上海格致書室刻本
一冊

630000－1301－0003896　06229
高子別集八卷　（明）高攀龍撰　清光緒二十
四年（1898）刻本　三冊

630000－1301－0003897　06232
碎金集四卷　（清）張道超輯　清嘉慶十五年
（1810）晴雪山房刻本　四冊

630000－1301－0003898　06233
醉芸館詩集一卷　（清）李經世撰　清光緒二
十九年（1903）皖城刻本　一冊

630000－1301－0003899　06234
題襟館倡和集四卷　（清）方濬頤輯　清同治
十一年（1872）兩淮運署刻本　二冊

630000－1301－0003900　06237
曉夢春紅詞一卷　（清）潘介繁撰　清同治刻
本　一冊

630000－1301－0003901　06238
香雪亭新編耆英會記二卷　（清）喬萊撰　清
道光十年（1830）刻本　二冊

630000－1301－0003902　06239
澤雅堂文集八卷　（清）施補華撰　清光緒刻
本　二冊

630000－1301－0003903　06241
徐州二遺民集十卷　（清）馮煦輯　清光緒十
九年（1893）臨川桂中行刻本　五冊

630000－1301－0003904　06242
中藏經八卷附華佗内照法一卷　（漢）華佗撰
（清）徐舜山重校　清光緒六年（1880）上虞
徐氏刻本　二冊

630000－1301－0003905　06243
痘症精言四卷　（清）袁句撰　清刻本　一冊

630000 – 1301 – 0003906　06244

日知錄之餘四卷　（清）顧炎武撰　清宣統二年(1910)吳中刻本　二冊

630000 – 1301 – 0003907　06245

緝古筭經細草三卷　（清）張敦仁撰　清嘉慶八年(1803)蕷學軒刻本　一冊

630000 – 1301 – 0003908　06246

昭代名人尺牘續集二十四卷　陶湘輯　清宣統三年(1911)天寶石印局影印本　二十四冊

630000 – 1301 – 0003909　06250

增訂童氏本草備要八卷　（清）汪昂輯　（清）李保常增輯　清光緒二十二年(1896)上海圖書集成印書局石印本　二冊

630000 – 1301 – 0003910　06256

天雨花三十回　（清）陶貞懷撰　清道光二十一年(1841)敬書堂刻本　三十冊

630000 – 1301 – 0003911　06259

種福堂公選溫熱論醫案一卷公選醫案四卷　（清）葉桂撰　清刻本　二冊

630000 – 1301 – 0003912　06260

格致鏡原一百卷　（清）陳元龍編　清光緒二十二年(1896)積山書局石印本　十六冊

630000 – 1301 – 0003913　06261

增補醫方一盤珠全集十卷　（清）洪金鼎撰　清文奎堂刻本　六冊

630000 – 1301 – 0003914　06262

石室秘錄留六卷　（清）陳士鐸撰　清經元堂刻本　六冊

630000 – 1301 – 0003915　06263

集驗良方六卷　（清）年希堯輯　清乾隆十四年(1749)喻義堂刻本　六冊

630000 – 1301 – 0003916　06264

里棄十卷　（清）許奉恩撰　清刻本　十冊

630000 – 1301 – 0003917　06265

右台仙館筆記十二卷　（清）俞樾撰　清光緒刻本　六冊

630000 – 1301 – 0003918　06266

石屏詩集十卷　（宋）戴復古撰　清嘉慶二十二年(1817)臨海宋氏刻本　四冊

630000 – 1301 – 0003919　06267

桐彝三卷　（明）方學漸撰　清光緒九年(1883)皖垣鉛印本　一冊

630000 – 1301 – 0003920　06268

墨井集五卷　（清）吳歷撰　清宣統元年(1909)徐家滙印書館鉛印本　一冊

630000 – 1301 – 0003921　06269

石船居古今體詩賸槀十二卷　（清）李超瓊撰　清光緒二十二年(1896)石船居賸槀木活字印本　一冊　存三卷(鴻城集三卷)

630000 – 1301 – 0003922　06271

醫學十書二十二卷　（清）陳璞重輯　清光緒七年(1881)羊城雲林閣刻本　十六冊

630000 – 1301 – 0003923　06272

蜀典十二卷　（清）張澍輯　清道光十四年(1834)安懷堂刻本　六冊

630000 – 1301 – 0003924　06273

句股割圜記三卷策算一卷　（清）戴震撰　（清）吳思孝注　清乾隆中微波榭刻戴氏遺書本　二冊

630000 – 1301 – 0003925　06276

籌濟編三十二卷首一卷　（清）楊景仁輯　清刻本　六冊

630000 – 1301 – 0003926　06277

分湖小識六卷　（清）柳樹芳輯　清道光二十七年(1847)勝谿草堂刻本　二冊

630000 – 1301 – 0003927　06278

徐州詩徵八卷　（清）桂中行輯　清光緒十七年(1891)刻本　四冊

630000 – 1301 – 0003928　06282

淮海英靈集甲集四卷乙集四卷丙集四卷丁集四卷戊集四卷壬集一卷癸集一卷　（清）阮元輯　清嘉慶三年(1798)小琅嬛僊館刻本　十冊

630000－1301－0003929　06283

晚香館遺詩一卷　（清）陳菊貞撰　（清）蔣宗城輯　元配陳宜人行略一卷　（清）蔣宗城撰　清吳縣蔣氏刻本　一冊

630000－1301－0003930　06284

十國宮詞一卷　（清）吳省蘭撰　清同治十二年（1873）淮南書局刻本　一冊

630000－1301－0003931　06285

雪鴻吟館詞一卷　（清）韓聞南撰　清同治十三年（1874）杭州刻本　一冊

630000－1301－0003932　06286

小迦陵舘文集不分卷　（清）陳寶撰　清宣統二年（1910）浙江官報兼印刷局鉛印本　一冊

630000－1301－0003933　06288

皮膚證治十一卷　（美國）聶會東口譯　（清）尚寶臣筆述　清光緒二十八年（1902）上海美華書館鉛印本　一冊

630000－1301－0003934　06289

愼疾芻言一卷　（清）徐大椿撰　清道光十八年（1838）蔡氏涵虛閣刻本　一冊

630000－1301－0003935　06290

神授急救異痧奇方不分卷　（清）陳念祖評　清光緒二十九年（1903）湖南書局刻本　一冊

630000－1301－0003936　06291

產科心法二卷附方一卷　（清）汪喆撰　清光緒六年（1880）江都龍川槐蔭書屋刻本　二冊

630000－1301－0003937　06292

傷寒補天石二卷續二卷　（明）戈維城撰　清汲綆齋刻本　四冊

630000－1301－0003938　06293

藥性賦直解八卷末一卷　（清）羅必煒訂　四言舉要一卷　（宋）崔嘉彥撰　（明）李言聞刪補　清光緒三十年（1904）寶慶勸學書舍刻本　四冊

630000－1301－0003939　06295

子良詩錄十卷　（清）馮詢撰　清同治十一年（1872）江南省寓刻本　四冊

630000－1301－0003940　06296

格致餘論一卷局方發揮一卷　（元）朱震亨撰　清羊城雲林閣刻本　一冊

630000－1301－0003941　06297

醫書八種十八卷　（清）徐大椿撰　清光緒四年（1878）刻掃葉山房本　十冊　存七種十七卷（難經經釋二卷、神農本草經百種錄一卷、傷寒論類方一卷、醫學源流論二卷、醫貫砭二卷、蘭臺軌範八卷、洄溪醫案一卷）

630000－1301－0003942　06298

水流雲在館試帖二卷詩鈔十卷　（清）周天麟撰　清光緒二十一年（1895）刻本　二冊

630000－1301－0003943　06299

遂園詩鈔六卷　（清）夏味堂撰　清咸豐元年（1851）刻本　二冊

630000－1301－0003944　06300

騙術奇談四卷　（清）雷君曜編　清宣統元年（1909）上海掃葉山房石印本　四冊

630000－1301－0003945　06302

文苑英華選五十八卷行狀一卷誄一卷　（清）宮夢仁輯　清刻本　四冊　存二十八卷（一至二十八）

630000－1301－0003946　06306

左傳事緯十二卷字釋一卷　（清）馬驌撰　清光緒四年（1878）敏德堂刻本　十冊

630000－1301－0003947　06307

一漚吟館選集二卷　（清）陳炤撰　清宣統二年（1910）懷荃室刻本　二冊

630000－1301－0003948　06309

盤洲文集八十卷首一卷末一卷校記一卷　（宋）洪适撰　（清）洪汝濂撰　清光緒十年（1884）涇縣藤谿洪氏刻本　十二冊

630000－1301－0003949　06310

觀世音菩薩本行經二卷　（宋）釋普明編集　清同治十一年（1872）上海翼化堂善書局刻本　二冊

630000－1301－0003950　06312

封泥攷略十卷　（清）吳式芬　（清）陳介祺輯
清光緒三十年(1904)刻本　十冊

630000－1301－0003951　06314

曝書亭集八十卷附錄一卷目錄一卷　（清）朱
彝尊撰　笛漁小稾十卷　（清）朱昆田撰　清
光緒十五年(1889)寒梅館刻本　十六冊

630000－1301－0003952　06315

紀文達公文集十六卷詩集十六卷　（清）紀昀
撰　清道光三十年(1850)小嫏嬛山館刻本
十六冊

630000－1301－0003953　06316

小知錄十二卷　（清）陸鳳藻輯　清同治十二
年(1873)淮南書局刻本　四冊

630000－1301－0003954　06318

御製耕織圖二卷　（清）聖祖玄燁撰　（清）焦
秉貞繪圖　清光緒十一年(1885)上海文瑞樓
石印本　二冊

630000－1301－0003955　06322

宸垣識略十六卷圖一卷　（清）吳長元輯　清
光緒二年(1876)刻本　八冊

630000－1301－0003956　06323

列國變通興盛記四卷　（英國）李提摩太撰
清光緒二十四年(1898)上海廣學會鉛印本
一冊

630000－1301－0003957　06325

江右隨宦紀事二卷　（清）扈斯撰　清光緒石
印本　二冊

630000－1301－0003958　06331

義和拳教門源流考一卷　勞乃宣撰　清光緒
刻本　一冊

630000－1301－0003959　06336

顧華陽集三卷附子非熊詩一卷　（唐）顧況撰
（明）顧名端輯　顧華陽集補遺一卷　（清）
顧履成輯　清咸豐五年(1855)雙峯堂刻本
二冊

630000－1301－0003960　06342

江楚會奏變法三摺不分卷　（清）劉坤一

（清）張之洞撰　清光緒二十七年(1901)兩湖
書院刻本　一冊

630000－1301－0003961　06343

雁門集編注十四卷附卷一卷　（元）薩都剌撰
（清）薩龍光編注　雁門集倡和錄一卷別錄
一卷　（清）薩龍光輯　清光緒三年(1877)福
州慶遠堂刻本　六冊

630000－1301－0003962　06344

金文雅十六卷作者攷一卷　（清）莊仲方編
清光緒十七年(1891)江蘇書局刻本　四冊

630000－1301－0003963　06349

幼科鐵鏡六卷　（清）夏鼎撰　清光緒二十一
年(1895)貴池劉氏刻本　四冊

630000－1301－0003964　06352

悔餘菴集三種三十一卷　（清）何栻撰　清同
治四年(1865)鳩江戎幄刻本　十冊　存三種
二十七卷（詩稿十三卷文稿九卷、餘辛集三
卷、衲蘇集二卷）

630000－1301－0003965　06358

瀕湖脉學一卷奇經八脉考一卷　（明）李時珍
撰　清光緒二十一年(1895)揚州文富堂刻本
二冊

630000－1301－0003966　06362

理瀹駢文摘要一卷附一卷　（清）吳師機撰
清光緒元年(1875)江蘇書局刻本　二冊

630000－1301－0003967　06365

鐵琴銅劍樓藏書目錄二十四卷　（清）瞿鏞撰
清光緒二十四年(1898)常熟瞿氏家塾刻本
十冊

630000－1301－0003968　06369

鵠泉山館詞一卷　（清）潘觀保撰　清光緒十
五年(1889)復始堂刻本　一冊

630000－1301－0003969　06371

江蘇水利圖說不分卷　（清）李慶雲撰　清宣
統二年(1910)刻續纂水利全案本　二冊

630000－1301－0003970　06374

梅氏叢書輯要六十二卷　（清）梅文鼎撰　清

光緒十三年（1887）上海鴻文書局石印本
六冊

630000－1301－0003971　06376
心史二卷　（宋）鄭思肖撰　清刻本　四冊

630000－1301－0003972　06377
鏡花緣二十卷圖像一卷　（清）李汝珍撰　清
道光二十二年（1842）英德堂刻本　二十二冊

630000－1301－0003973　06378
兩漢雋言十六卷　（宋）林越輯　（明）淩迪知
校　清光緒六年（1880）八杉齋刻本　五冊

630000－1301－0003974　06379
海道圖說十五卷長江圖說附卷一卷　（英國）
金約翰輯　（英國）傅蘭雅口譯　（美國）金楷
理口譯　（清）王德均筆述　清光緒二十二年
（1896）上海書局石印本　八冊

630000－1301－0003975　06381
五軍道里表不分卷　（清）明亮等纂修　清同
治十一年（1872）湖北讞局刻本　二冊

630000－1301－0003976　06382
三流道里表不分卷　（清）唐紹祖輯　清同治
十一年（1872）湖北讞局刻本　二冊

630000－1301－0003977　06383
淮揚水利圖說不分卷　（清）馮道立撰　清道
光十九年（1839）西園刻本　一冊

630000－1301－0003978　06384
春秋或問六卷　（清）郜坦撰　清光緒二年
（1876）淮南書局刻本　一冊　存三卷（一至
三）

630000－1301－0003979　06384
春秋集古傳二十六卷　（清）郜坦撰　清光緒
元年（1875）刻本　與普查號3978合函　存
二十三卷（四至二十六）

630000－1301－0003980　06385
汪龍莊先生遺書四種十五卷　（清）汪輝祖撰
清光緒中山東書局刻本　六冊

630000－1301－0003981　06388
春秋比二卷　（清）郝懿行撰　清光緒十六年

（1890）崇寧譚氏尊經書局刻本　二冊

630000－1301－0003982　06393
真松閣詞六卷　（清）楊夔生撰　清光緒元年
（1875）心禪室刻本　二冊

630000－1301－0003983　06394
古今類傳歲時類四卷　（清）董穀士　（清）董
炳文輯　清康熙刻本　四冊

630000－1301－0003984　06395
王子安集註二十卷首一卷末一卷　（唐）王勃
撰　（清）蔣清翊註　清光緒九年（1883）江蘇
吳縣蔣氏雙唐碑館刻本　八冊

630000－1301－0003985　06398
蒿菴集三卷　（清）張爾岐撰　清嘉慶十八年
（1813）王賡言刻本　三冊

630000－1301－0003986　06399
管窺輯要八十卷　（清）黃鼎撰　清刻本　四
十冊

630000－1301－0003987　06400
廬陽三賢集三種十九卷　（清）張樹聲輯　清
光緒元年（1875）合肥張氏毓秀堂刻本　四冊

630000－1301－0003988　06401
道援堂詩集十三卷目錄一卷　（清）屈大均撰
清刻本　八冊

630000－1301－0003989　06402
虛白齋古近體詩二卷　（清）劉蘊輝撰　鋤月
山房遺稿一卷　（清）何湻撰　清同治十二年
（1873）刻本　一冊

630000－1301－0003990　06403
滄勤室詩六卷　（清）傅壽彤撰　清同治十年
（1871）大梁刻本　一冊

630000－1301－0003991　06404
瀛海攀轅錄一卷　（清）邱步瓊輯　清道光刻
本　一冊

630000－1301－0003992　06405
七國地理考七卷　（清）顧觀光撰　清光緒五
年（1879）刻本　二冊

630000－1301－0003993　06406

存素堂詩彙十二卷　（清）錢寶琛撰　清刻本
三冊

630000－1301－0003994　06407

光緒通商列表一卷　（清）楊楷撰　清光緒十
三年(1887)刻本　一冊

630000－1301－0003995　06409

黑龍江外紀八卷　（清）西清纂　清光緒漸西
村舍彙刻本　二冊

630000－1301－0003996　06410

湖北省江蘇同官錄不分卷　（清）□□撰　清
光緒十年(1884)刻本　二冊

630000－1301－0003997　06411

倪雲林先生清閟閣詩集五卷　（元）倪瓚撰
（明）蹇曦編　清光緒二年(1876)刻本　二冊

630000－1301－0003998　06412

籌洋芻議一卷　（清）薛福成撰　清光緒十三
年(1887)醉六堂刻本　一冊

630000－1301－0003999　06413

憶園詩鈔六卷　（清）陳燮撰　清刻本　二冊

630000－1301－0004000　06415

長白先生奏議二卷　（清）寶廷撰　年譜一卷
（清）壽富編　清宣統二年(1910)鉛印本
一冊

630000－1301－0004001　06422

戴簡恪公遺集八卷　（清）戴敦元撰　戴簡恪
公紀略一卷　（清）陳奐撰　清道光二十六年
(1846)浙江督學使署刻本　二冊

630000－1301－0004002　06424

百老吟一卷　（清）錢溯耆輯　清宣統二年
(1910)太倉錢氏刻本　一冊

630000－1301－0004003　06425

定山堂詩集四十三卷詩餘四卷目錄一卷
（清）龔鼎孳撰　清光緒九年(1883)聽彝書屋
刻本　十六冊

630000－1301－0004004　06426

寶存四卷　（清）胡式鈺撰　清道光二十一年

(1841)刻本　二冊

630000－1301－0004005　06430

瑞芍軒詩鈔四卷詞稿一卷　（清）許乃穀撰
清同治七年(1868)刻本　二冊

630000－1301－0004006　06431

擁書堂詩集四卷　（清）張璿華撰　清光緒二
十四年(1898)刻本　一冊

630000－1301－0004007　06431

傳硯堂詩存一卷　（清）張允垂撰　清光緒十
五年(1889)刻本　與普查號4006合冊

630000－1301－0004008　06432

聲玉山齋詩集十卷　（清）鄒熊撰　清刻本
二冊

630000－1301－0004009　06433

純甫古文鈔六卷　（清）戴楫撰　清同治九年
(1870)刻本　一冊

630000－1301－0004010　06434

邵位西遺文一卷　（清）邵懿辰撰　（清）方存
之　（清）張銘齋輯　清同治四年(1865)望三
益齋刻本　一冊

630000－1301－0004011　06437

唐柳河東集四十五卷附錄一卷遺文一卷外集
五卷　（唐）柳宗元撰　（明）蔣之翹輯注　清
乾隆五十二年(1787)楊廷理雙梧居刻本　二
十冊

630000－1301－0004012　06438

潤州事蹟詩鈔不分卷　（清）解爲斡編　清同
治九年(1870)藍埜山莊刻本　十冊

630000－1301－0004013　06440

天文地球圖說三卷　（清）華蘅芳筆述　清光
緒二十四年(1898)上海石印本　三冊

630000－1301－0004014　06441

繪圖增像西遊記一百回　（明）吳承恩撰
（清）陳士斌解　（清）煥文書局增批　清光緒
十九年(1893)上海煥文書局石印本　八冊

630000－1301－0004015　06442

繡像後西遊記六卷　（清）□□撰　清光緒二

十一年（1895）上海書局石印本　四冊

630000－1301－0004016　06443

金瘡鐵扇散醫案一卷　（清）沈大潤述　清光緒三十四年（1908）揚州務本堂刻同治九年（1870）金陵方氏本　一冊

630000－1301－0004017　06444

欽定滿洲源流考二十卷首一卷　（清）阿桂等纂　清光緒十九年（1893）杭州便益書局石印本　四冊

630000－1301－0004018　06446

胎產合璧三卷　（清）永思堂校　清永思堂刻本　一冊

630000－1301－0004019　06447

新刊醫林狀元壽世保元十卷　（明）龔廷賢編　清刻本　十冊

630000－1301－0004020　06449

樊榭山房集十卷續集十卷文集八卷　（清）厲鶚撰　清光緒七年（1881）嶺南述軒刻本　六冊

630000－1301－0004021　06450

李養一先生文集二十四卷石經考一卷端溪研坑記一卷　（清）李兆洛撰　清咸豐元年（1851）維風堂刻本　十冊

630000－1301－0004022　06451

畿輔通志三百卷首一卷　（清）李鴻章等修（清）黃彭年等纂　清光緒十年（1884）古蓮華池刻本　二百四十冊

630000－1301－0004023　06453

儒門事親十五卷　（金）張從正撰　（明）吳勉學校　清宣統二年（1910）上海千頃堂石印本　六冊

630000－1301－0004024　06455

湘綺樓文集八卷詩十四卷箋啟八卷　王闓運撰　清宣統二年（1910）上海國學扶輪社石印本　十二冊

630000－1301－0004025　06458

鐵琴銅劍樓藏書目錄二十四卷　（清）瞿鏞撰

清光緒二十四年（1898）常熟瞿氏家塾刻本十冊

630000－1301－0004026　06459

重刊校正唐荊川先生文集十二卷補遺五卷外集三卷附錄一卷　（明）唐順之撰　清光緒三十年（1904）江南書局刻本　十冊

630000－1301－0004027　06460

頻羅庵遺集十六卷　（清）梁同書撰　清刻本五冊

630000－1301－0004028　06461

冷廬醫話五卷　（清）陸以湉撰　清光緒二十三年（1897）烏程龐氏刻本　四冊

630000－1301－0004029　06462

瘍醫大全四十卷　（清）顧世澄輯　清光緒二十七年（1901）上海圖書集成印書局石印本十六冊

630000－1301－0004030　06465

鼎鍥幼幼集成六卷　（清）陳復正輯　清光緒二十八年（1902）上海醉六堂石印本　六冊

630000－1301－0004031　06471

四聖心源十卷　（清）黃元御撰　清宣統元年（1909）上海江左書林石印本　一冊

630000－1301－0004032　06479

浪跡叢談十一卷　（清）梁章鉅撰　清刻本四冊

630000－1301－0004033　06482

自疆芻議一卷　（□）□□撰　清光緒二十七年（1901）刻本　二冊

630000－1301－0004034　06488

湘騑紀程四卷　（清）王金策撰　清道光元年（1821）諸城王氏香杜花軒刻本　一冊

630000－1301－0004035　06490

重燕鹿鳴詩徵二卷　（清）王廣業撰　清光緒六年（1880）刻本　一冊

630000－1301－0004036　06491

明三十家詩選初集八卷二集八卷　（清）汪端輯　清同治十二年（1873）蘊蘭吟館刻本　八冊

630000－1301－0004037　06492

濂亭遺詩二卷遺文五卷　（清）張裕釗撰　清光緒二十一年(1895)遵義黎氏刻本　二冊

630000－1301－0004038　06493

太師誠意伯劉文成公集二十卷首一卷　（明）劉基撰　清乾隆十一年(1746)梧芝南田果育堂刻本　十六冊

630000－1301－0004039　06495

皇朝政典摯要八卷　（日本）增田貢撰　（清）毛淦補編　清光緒二十八年(1902)鉛印本　四冊

630000－1301－0004040　06496

新譯列國政治通攷二百二十卷目錄一卷　（清）楊士鈞輯　清光緒二十九年(1903)上海蜚英書局石印本　二十四冊

630000－1301－0004041　06497

通鑑答問五卷　（宋）王應麟撰　清光緒二十八年(1902)石印本　二冊

630000－1301－0004042　06498

十一朝聖武記二十卷　（清）張睿輯　清光緒二十九年(1903)上海鴻寶齋石印本　六冊

630000－1301－0004043　06502

南岡草堂文存二卷　（清）秦際唐撰　清光緒刻本　二冊

630000－1301－0004044　06503

道古堂集外詩二卷附錄一卷　（清）杭世駿撰　清光緒十三年(1887)錢塘丁氏刻本　一冊

630000－1301－0004045　06504

柯山集五十卷　（宋）張耒撰　清道光十年(1830)刻武英殿聚珍本　十冊

630000－1301－0004046　06505

約園詞四卷　（清）劉淇年撰　清光緒十二年(1886)揚城刻本　二冊

630000－1301－0004047　06506

三十二蘭亭室詩存八卷續刻二卷　（清）劉淇年撰　清光緒元年(1875)羊城刻本　三冊

630000－1301－0004048　06514

沈氏三先生文集六十二卷　（清）吳允嘉輯　清光緒二十二年(1896)浙江書局刻本　十冊　存五十三卷(一至四十二、五十二至六十二)

630000－1301－0004049　06515

通齋集五卷外集一卷文集二卷南行紀程一卷　（清）蔣超伯撰　清同治三年(1864)高涼郡齋刻本　三冊

630000－1301－0004050　06516

白香亭詩三卷　（清）鄧輔綸撰　清光緒十九年(1893)東河督署校刻本　二冊

630000－1301－0004051　06518

定香亭筆談四卷　（清）阮元撰　清光緒二十五年(1899)浙江書局刻本　四冊

630000－1301－0004052　06519

周濂溪先生全集十三卷　（宋）周敦頤撰　（清）張伯行輯　清同治五年(1866)福州正誼書局刻本　五冊

630000－1301－0004053　06520

西陂類稿五十卷目錄一卷　（清）宋犖撰　清刻康熙五十年(1711)本　十九冊

630000－1301－0004054　06521

續刻受祺堂文集四卷　（清）李因篤撰　清道光十年(1830)刻本　四冊

630000－1301－0004055　06523

白華入蜀文鈔五卷白華詩鈔十三卷　（清）吳省欽撰　清刻本　四冊

630000－1301－0004056　06524

蜀水考四卷　（清）陳登龍撰　（清）朱錫穀補注　（清）陳一津分疏　清道光五年(1825)綿竹楊氏清泉精舍刻本　二冊

630000－1301－0004057　06526

讀詩鏡古編三十二卷　（清）潘世恩輯　清同治十三年(1874)冶城飛霞閣刻本　六冊

630000－1301－0004058　06527

江蘇海塘新志八卷　（清）李慶雲纂　清光緒十六年(1890)刻本　四冊

630000－1301－0004059　06528

直齋書錄解題二十二卷　（宋）陳振孫撰　清光緒九年（1883）江蘇書局刻本　六冊

630000－1301－0004060　06529

陳文肅公遺集一卷　（清）陳大受撰　（清）陳文駿輯　清光緒十六年（1890）浯湘求志書局鉛印本　一冊

630000－1301－0004061　06531

本草述鉤元三十二卷　（清）楊時泰輯　清道光二十二年（1842）毘陵涵雅堂刻本　十六冊

630000－1301－0004062　06532

醫原二卷　（清）石壽棠撰　清咸豐十一年（1861）留耕書屋刻本　四冊

630000－1301－0004063　06533

醫宗說約四卷　（清）蔣示吉撰　清刻本　四冊

630000－1301－0004064　06534

串雅内篇四卷　（清）趙學敏輯　（清）吳庚生補註　清光緒十四年（1888）榆園刻本　二冊

630000－1301－0004065　06536

陋軒詩十二卷續二卷　（清）吳嘉紀撰　清刻本　五冊

630000－1301－0004066　06537

醫學指歸二卷　（清）趙術堂輯　清同治元年（1862）旌孝堂刻本　二冊

630000－1301－0004067　06538

喉科杓指四卷　（清）包永泰撰　清道光三年（1823）文英堂刻本　四冊

630000－1301－0004068　06539

清異錄二卷　（宋）陶穀撰　清光緒元年（1875）陳氏庸聞齋刻本　一冊

630000－1301－0004069　06540

喉科指掌六卷　（清）張宗良撰　清經經堂刻本　二冊

630000－1301－0004070　06541

女科要旨四卷　（清）陳念祖撰　清光緒二十九年（1903）益元書局刻本　二冊

630000－1301－0004071　06542

銀海精微四卷　（唐）孫思邈輯　清宏道堂刻本　四冊

630000－1301－0004072　06544

萬氏醫貫六卷目錄一卷　（明）萬咸撰　清同治十年（1871）鷺門印心書屋刻本　六冊

630000－1301－0004073　06545

怪疾奇方一卷　（清）費伯雄撰　清光緒十年（1884）眾宏室刻本　一冊

630000－1301－0004074　06546

良方集腋二卷　（清）謝元慶撰　清道光二十二年（1842）留耕堂刻本　二冊

630000－1301－0004075　06547

脈因證治四卷　（元）朱震亨撰　清光緒十七年（1891）池陽周氏刻本　二冊

630000－1301－0004076　06548

本草便讀四卷　（清）張秉成集選　清光緒二十二年（1896）毗陵張氏刻本　四冊

630000－1301－0004077　06549

潘公免災救難寶卷三卷　（□）□□撰　清咸豐八年（1858）姑蘇元妙觀内得見齋書坊刻本　一冊

630000－1301－0004078　06550

醫學心悟六卷　（清）程國彭撰　清光緒六年（1880）掃葉山房刻本　六冊

630000－1301－0004079　06551

急救痧症全集三卷　（清）費山壽輯　清光緒九年（1883）笠澤三者書屋刻本　一冊

630000－1301－0004080　06553

備用藥物一卷經驗簡便良方一卷　（□）□□輯　清刻本　一冊

630000－1301－0004081　06555

福幼編一卷附救臍風法一卷　（清）莊一夔撰　清光緒二十九年（1903）揚州集賢齋刻本　一冊

630000－1301－0004082　06557

花鏡六卷　（清）陳淏子輯　清慎德堂刻本　六冊

630000－1301－0004083　06559

角山樓增補類腋六十七卷　（清）姚培謙撰
（清）趙克宜增輯　清光緒十二年（1886）上海
文瑞樓石印本　六冊

630000－1301－0004084　06561

萬物炊累室類稿四種十七卷　（清）沈同芳撰
清宣統三年（1911）鉛印本　五冊

630000－1301－0004085　06562

安吳四種三十六卷　（清）包世臣撰　清同治
十一年（1872）包誠刻本　十六冊

630000－1301－0004086　06569

經韻樓集十二卷附儀禮漢讀考一卷　（清）段
玉裁撰　清道光元年（1821）七葉衍祥堂刻本
六冊

630000－1301－0004087　06571

環遊地球新錄四卷　（清）李圭撰　清光緒四
年（1878）刻本　四冊

630000－1301－0004088　06572

二酉堂叢書二十一種三十一卷　（清）張澍輯
清道光元年（1821）武威張氏二酉堂刻本
八冊

630000－1301－0004089　06573

蜀典十二卷　（清）張澍輯　清光緒二年
（1876）四川尊經書院刻本　四冊

630000－1301－0004090　06574

東晉彊域志四卷　（清）洪亮吉撰　清嘉慶元
年（1796）京師刻本　二冊

630000－1301－0004091　06575

後知不足齋叢書四十七種一百七十六卷
（清）鮑廷爵輯　清光緒中常熟鮑氏刻本　二
冊　存四種七卷（州縣提綱四卷、輿地形勢論
一卷、九邊圖論一卷、海防圖論一卷）

630000－1301－0004092　06576

元豐九域志十卷　（宋）王存等撰　清光緒八
年（1882）金陵書局刻本　四冊

630000－1301－0004093　06578

小方壺齋輿地叢鈔十二帙一千一百九十九種
一千二百〇三卷　（清）王錫祺輯　清光緒十
七年（1891）上海著易堂鉛印本　八十冊

630000－1301－0004094　06579

寧都三魏全集三種五十九卷集首一卷附三種
二十四卷　（清）林時益輯　清易堂刻本　五
十冊

630000－1301－0004095　06580

六朝唐賦讀本不分卷　（清）馬傳庚選注　清
光緒二年（1876）京都松竹齋刻本　四冊

630000－1301－0004096　06581

續海塘新志四卷　（清）琅玕等編　清道光刻
本　四冊

630000－1301－0004097　06584

內科摘要二卷　（明）薛己撰　清刻本　一冊

630000－1301－0004098　06585

女科輯要二卷　（清）沈文彭撰　（清）徐政杰
補注　清同治元年（1862）刻本　二冊

630000－1301－0004099　06586

難經本義二卷　（元）滑壽注　（明）薛己校
清刻薛氏醫案本　二冊

630000－1301－0004100　06587

綠陰山館吟稿二卷　（清）喬應守撰　清同治
十一年（1872）刻本　二冊

630000－1301－0004101　06589

大清一統志表不分卷　（清）陳蘭森撰　清乾
隆五十八年（1793）刻本　八冊

630000－1301－0004102　06590

吳郡圖經續記三卷　（宋）朱長文撰　清同治
十三年（1874）江蘇書局刻本　一冊

630000－1301－0004103　06591

通鑑地理通釋十四卷　（宋）王應麟撰　清光
緒九年（1883）浙江書局刻玉海本　三冊

630000－1301－0004104　06607

西泠閨咏十六卷　（清）陳文述撰　清光緒十
三年（1887）西泠翠螺閣刻本　四冊

630000－1301－0004105　06608

六部例限圖說六卷附二卷 （清）徐鉞輯 清
光緒刻本 四冊

630000－1301－0004106 06609
欽定大清會典一百卷首一卷圖二百七十卷首
一卷事例一千二百二十卷目錄八卷 （清）崑
岡等纂 清光緒十二年至二十五年（1886－
1899）石印本 四百九十四冊

630000－1301－0004107 06610
方輿紀要簡覽三十四卷附驛站路程一卷
（清）顧祖禹原撰 （清）潘鐸輯 清咸豐八年
（1858）紅杏書屋刻本 十一冊 存三十一卷
（一至十四、十八至三十四）

630000－1301－0004108 06611
通鑑摘錄十四卷 （清）春帆撰 清光緒七年
（1881）松雲書屋刻本 八冊

630000－1301－0004109 06612
晚邨先生八家古文精選不分卷 （清）呂留良
輯 清刻本 六冊

630000－1301－0004110 06613
鑑撮四卷附讀史論略一卷 （清）曠敏本編
清同治十三年（1874）琉璃廠二酉齋刻本
五冊

630000－1301－0004111 06614
鑑撮四卷附使奉紀勝一卷讀史論略一卷
（清）曠敏本編 清道光十九年（1839）四宜堂
刻本 八冊

630000－1301－0004112 06615
綠野仙踪八十回 （清）李百川撰 清道光十
年（1830）京都刻本 十八冊 存七十二回
（一至三十八、四十四至六十一、六十五至八
十）

630000－1301－0004113 06616
光緒會計表四卷 （清）劉嶽雲撰 清光緒二
十七年（1901）教育世界社石印本 四冊

630000－1301－0004114 06617
瑞士變政三卷附錄一卷 （清）趙秀偉譯 清
光緒上海大同譯書局石印本 一冊

630000－1301－0004115 06618
河工簡要四卷 （清）邱步洲輯 清光緒十三
年（1887）刻本 二冊

630000－1301－0004116 06619
欽定熙朝雅頌集一百○六卷首集二十六卷餘
集二卷 （清）鐵保纂輯 清嘉慶九年（1804）
刻本 二十四冊

630000－1301－0004117 06622
衡陽彭剛直公行狀一卷 王闓運撰 清光緒
退省盦刻本 一冊

630000－1301－0004118 06623
鄉兵管見三卷 （清）李東撰 清刻本 一冊

630000－1301－0004119 06624
西行日記一卷 （清）馮焌光撰 清光緒七年
（1881）上海刻本 一冊

630000－1301－0004120 06628
學詁齋文集二卷 （清）薛壽撰 清光緒十五
年（1889）廣雅書局刻本 一冊

630000－1301－0004121 06632
也是園詩鈔五卷 （清）吳毓芬撰 清光緒二
十四年（1898）俞樾署檢本 二冊

630000－1301－0004122 06633
宛陵先生文集六十卷 （宋）梅堯臣撰 清宣
統二年（1910）上海石印本 十冊

630000－1301－0004123 06636
湘谷初稿八卷吟稿四卷 （清）謝庭蘭撰 清
光緒七年（1881）刻本 四冊

630000－1301－0004124 06638
汝東判語六卷 （清）董沛輯 清光緒刻本
二冊

630000－1301－0004125 06639
平山堂圖志十卷首一卷 （清）趙之璧纂錄
清光緒九年（1883）歐陽利見刻本 四冊

630000－1301－0004126 06640
江蘇海塘新志八卷 （清）李慶雲纂 清光緒
十六年（1890）刻本 四冊

630000－1301－0004127　06641

蜀道驛程記二卷　（清）王士禎撰　清刻王漁洋遺書本　二冊

630000－1301－0004128　06642

心白日齋集六卷　（清）尹耕雲撰　清光緒刻本　四冊

630000－1301－0004129　06643

東坡奏議八卷　（宋）蘇軾撰　清刻本　四冊

630000－1301－0004130　06647

習苦齋畫絮十卷　（清）戴熙撰　（清）惠年輯　清光緒十九年(1893)刻本　四冊

630000－1301－0004131　06648

墨緣彙觀四卷　（清）安岐撰　清光緒二十六年(1900)鉛印本　四冊

630000－1301－0004132　06649

廣快書五十種五十卷　（明）何偉然（明）吳從先輯　明崇禎二年(1629)序刻本　一冊　存四種四卷(獨鑒錄一卷、善易者言一卷、讀五胡載記一卷、蒲團上語一卷)

630000－1301－0004133　06650

大日本中興先覺志二卷　（日本）岡本監輔撰　清光緒二十七年(1901)開導社刻本　二冊

630000－1301－0004134　06656

轉徙餘生記一卷　（清）方濬頤撰　奉使英倫記一卷　（清）黎庶昌撰　清光緒二十年(1894)刻振綺堂叢書本　一冊

630000－1301－0004135　06657

定香亭筆談四卷　（清）阮元撰　清光緒二十五年(1899)浙江書局刻本　四冊

630000－1301－0004136　06658

謫麐堂遺集文二卷詩二卷　（清）戴望撰　清光緒元年(1875)刻本　二冊

630000－1301－0004137　06660

英傑歸真一卷　（清）洪仁玕撰　清光緒三年(1877)蟫隱廬石印本　一冊

630000－1301－0004138　06665

毘陵周氏三種六卷　（清）周騰虎撰　清光緒三十一年(1905)長沙刻本　二冊

630000－1301－0004139　06667

唐文粹一百卷　（宋）姚鉉輯　清光緒九年(1883)江蘇書局刻本　十六冊

630000－1301－0004140　06668

洪度集一卷　（唐）薛濤撰　（清）陳矩校　清光緒三十二年(1906)靈峰草堂刻本　一冊

630000－1301－0004141　06669

黎文肅公遺書八種六十九卷　（清）黎培敬撰　清光緒十七年(1891)湘潭黎氏刻本　二十冊

630000－1301－0004142　06670

熙朝宰輔錄一卷　（清）潘世恩撰　（清）沈桂芳續補　清光緒三年(1877)刻本　一冊

630000－1301－0004143　06671

掌錄二卷　（清）陳祖范撰　清光緒十七年(1891)廣雅書局刻本　一冊

630000－1301－0004144　06672

新疆賦一卷　（清）徐松撰　清道光四年(1824)刻本　一冊

630000－1301－0004145　06673

合肥李勤恪公政書十卷首一卷　（清）李瀚章撰　（清）李經畬等編　清光緒二十六年(1900)石印本　十冊

630000－1301－0004146　06675

東周列國全志二十三卷　（清）蔡元放評點　清光緒九年(1883)上海築墅書屋刻本　二十四冊

630000－1301－0004147　06677

後紅樓夢三十二卷首一卷　（清）曹霑撰　清刻本　十六冊

630000－1301－0004148　06681

士材三書六卷附一種二卷　（明）李中梓撰　（清）尤乘增訂　清嘉慶九年(1804)金閶書業堂刻本　七冊

630000－1301－0004149　06682

金匱心典三卷　（漢）張機撰　（清）尤怡集注

清同治八年（1869）雙白燕堂陸氏刻本
三冊

630000－1301－0004150　06683
羣玉山房重校醫宗必讀十卷　（明）李中梓撰
清光緒九年（1883）羣玉山房刻本　六冊

630000－1301－0004151　06685
［同治十三年］［直隸州知州廣東從化縣知縣
李協中之祖父祖母父母之］誥命　（清）同治
十三年頒　清同治十三年（1874）刻本　一冊

630000－1301－0004152　06686
醫學五則五卷　（清）廖雲溪撰　清光緒十三
年（1887）興發堂刻本　五冊

630000－1301－0004153　06687
光緒丁酉科明經通譜不分卷　（清）□□撰
清光緒北京琉璃廠刻本　四冊

630000－1301－0004154　06688
宜稼堂叢書七種二百五十六卷　（清）郁松年
輯　清道光中上海郁氏刻本　五十四冊

630000－1301－0004155　06689
郎潛紀聞十四卷　（清）陳康祺撰　清光緒十
年（1884）琴川刻本　四冊

630000－1301－0004156　06690
壽山堂易說四卷　（唐）呂巖撰　清光緒十七
年（1891）蘇城瑪瑙經房刻本　六冊

630000－1301－0004157　06691
廣西省巡警教練所試辦宣統三年預算分冊不
分卷　（清）廣西清理財政局編　清宣統三年
（1911）抄本　九冊

630000－1301－0004158　06692
元和姓纂十卷　（唐）林寶撰　清光緒六年
（1880）金陵書局校刻本　四冊

630000－1301－0004159　06693
黃氏醫書八種八十卷　（清）黃元御撰　清咸
豐十年（1860）長沙燮蘇精舍刻本　十六冊

630000－1301－0004160　06694
述學內篇三卷外篇一卷補遺一卷別錄一卷附
錄一卷　（清）汪中撰　清嘉慶刻本　一冊

存三卷（補遺一卷、別錄一卷、附錄一卷）

630000－1301－0004161　06695
妙吉祥室詩鈔六卷　（清）蔣知讓撰　清嘉慶
刻本　二冊

630000－1301－0004162　06696
功甫小集十一卷　（清）潘曾沂撰　清同治八
年（1869）刻本　二冊

630000－1301－0004163　06698
英俄印度交涉書一卷續編一卷　（英國）馬文
撰　（英國）羅亨利　（清）瞿昂來譯　清光緒
江南製造局刻本　一冊

630000－1301－0004164　06699
李剛烈公碧血錄二卷　（清）李鎮衡編　清同
治刻本　一冊

630000－1301－0004165　06700
杜工部集二十卷首一卷　（唐）杜甫撰　（清）
盧坤編　清光緒二年（1876）粵東翰墨園刻五
色套印本　十冊

630000－1301－0004166　06701
半巖廬遺文一卷遺詩一卷　（清）邵懿辰撰
清光緒三十四年（1908）刻本　二冊

630000－1301－0004167　06702
江楚會奏變法三摺不分卷　（清）劉坤一
（清）張之洞撰　清光緒二十七年（1901）兩湖
書院刻本　一冊

630000－1301－0004168　06706
阮亭詩餘一卷　（清）王士禛撰　清刻本
一冊

630000－1301－0004169　06708
武場條例八卷首一卷　（清）□□纂修　清光
緒刻本　二冊

630000－1301－0004170　06709
中亞洲俄屬遊記二卷　（英國）蘭士德撰
（清）莫鎮藩譯　清光緒上海時務報館石印本
　二冊

630000－1301－0004171　06711
金陵歷代建置表一卷　（清）傅春官纂　清光

緒二十三年(1897)晦齋刻本　一冊

630000－1301－0004172　06726
地理三字經二卷　(清)程思樂撰　清宏道堂刻本　一冊

630000－1301－0004173　06727
錦上花四十八回　題(清)修目閣主人撰　清刻本　十一冊　存四十四回(五至四十八)

630000－1301－0004174　06728
醒睡錄初集十卷　(清)鄧文濱纂輯　清光緒申報館鉛印本　六冊

630000－1301－0004175　06729
來生福彈詞三十六回　題(清)橘中逸叟撰清同治九年(1870)資善堂刻本　二十冊

630000－1301－0004176　06730
繡像鳳凰山傳七十二卷　(□)□□輯　清刻本　二十四冊

630000－1301－0004177　06731
再造天十六卷　(清)侯芝撰　清同治八年(1869)香葉閣刻本　十六冊

630000－1301－0004178　06732
雪月梅十卷　(清)陳朗編　(清)董孟汾評釋　清聚錦堂刻本　十二冊

630000－1301－0004179　06733
唐王燾先生外臺秘要四十卷　(唐)王燾撰清同治十三年(1874)廣東翰墨園刻本　四十冊　存三十九卷(一至三、五至四十)

630000－1301－0004180　06734
新鐫全像武穆精忠傳八卷　(明)李贄評　清刻本　八冊

630000－1301－0004181　06735
增訂精忠演義說本全傳二十卷　(清)錢彩編　(清)金農增訂　清刻本　二十冊

630000－1301－0004182　06736
聊齋續編八卷　(清)柳春浦撰　清道光十年(1830)秋聲館刻本　六冊　存六卷(一、四至八)

630000－1301－0004183　06737
寶繪錄二十卷　(明)張泰階評訂　清知不足齋刻本　八冊

630000－1301－0004184　06739
時事新編初集六卷　(清)陳耀卿輯　清光緒鉛印本　六冊

630000－1301－0004185　06740
人海記二卷　(清)查慎行輯　清光緒七年(1881)刻本　二冊

630000－1301－0004186　06741
新編玉蟾記六卷　(清)黃石撰　清光緒元年(1875)刻本　六冊

630000－1301－0004187　06742
天寶圖十卷　(清)□□撰　清刻本　五冊存八卷(一至八)

630000－1301－0004188　06743
紅雪樓九種曲(清容外集)十三卷　(清)蔣士銓撰　清同人堂刻本　十冊

630000－1301－0004189　06744
繡像綠牡丹全傳六卷　(清)□□撰　清道光二十七年(1847)經綸堂刻本　六冊

630000－1301－0004190　06745
李文忠公事略四卷首一卷　梁啟超撰　清光緒二十七年(1901)石印本　二冊

630000－1301－0004191　06746
繡像鐵花仙史二十六回　題(清)雲封山人編　題(清)一嘯居士評點　清光緒十八年(1892)申浦石印本　四冊

630000－1301－0004192　06747
地畧十四卷　(清)馬冠羣輯　清光緒二十年(1894)蘇州文瑞樓石印中外輿地彙抄本四冊

630000－1301－0004193　06748
新刊鳳雙飛全傳五十二卷　(清)程蕙英撰清光緒二十五年(1899)上海書局石印本　二十六冊

630000－1301－0004194　06750

南宋志傳十卷北宋志傳十卷　（清）徐來琛訂正　清務本堂刻本　十冊

630000－1301－0004195　06753
四診抉微四卷　（清）林之翰撰　清光緒上海廣益書局石印本　一冊

630000－1301－0004196　06754
鍼灸易學三卷　（清）李守先撰　清光緒上海鑄記書局石印本　二冊

630000－1301－0004197　06758
歷代名臣言行錄二十四卷　（清）朱桓編輯　清光緒二十六年（1900）文瀾書局石印本　八冊

630000－1301－0004198　06760
海虞農家占驗一卷　（清）鄧琳輯　海虞物產志一卷　（清）龐鴻文輯　清光緒鉛印本　一冊

630000－1301－0004199　06761
中國歷代疆域沿革考不分卷　（日本）重野安澤　（日本）河田羆撰　（清）滌盦居士譯　清光緒二十八年（1902）上海商務印書館鉛印本　一冊

630000－1301－0004200　06762
歷代政治沿革考二卷　（清）趙城編　清光緒二十八年（1902）上海南洋七日報館石印本　一冊

630000－1301－0004201　06764
古本難經闡注二卷　（戰國）秦越人撰　（清）丁錦集注　清同治三年（1864）刻本　二冊

630000－1301－0004202　06765
皇朝謚法考五卷續編一卷補編一卷　（清）鮑康輯　續補編一卷　（清）徐士鑾輯　清同治三年至十一年（1864－1872）刻本　二冊

630000－1301－0004203　06767
顧端文公遺書十五種七十三卷　（明）顧憲成撰　清光緒三年（1877）涇里宗祠刻本　十六冊　存十四種六十五卷（小心齋劄記十八卷、東林會約一卷、東林商語二卷、虞山商語三卷、仁文商語一卷、南岳商語一卷、經正堂商語一卷、志矩堂商語一卷、當下繹一卷、證性編八卷、還經錄一卷、自反錄一卷、涇皋藏稿二十二卷、顧端文公年譜四卷）

630000－1301－0004204　06768
西域記八卷　（清）七十一撰　清嘉慶十九年（1814）刻本　一冊

630000－1301－0004205　06770
輿地碑記目四卷　（宋）王象之撰　清道光十年（1830）車氏刻本　二冊

630000－1301－0004206　06771
小山泉閣詩存八卷　（清）汪爲霖撰　清道光十三年（1833）刻本　四冊

630000－1301－0004207　06772
張橫渠先生文集十二卷　（宋）張載撰　（清）張伯行輯　清同治五年（1866）福州正誼書局刻本　四冊

630000－1301－0004208　06773
張陽和文選三卷　（明）張元汴撰　（清）張伯行輯　清同治五年（1866）福州正誼書局刻本　一冊

630000－1301－0004209　06778
史外八卷　（清）汪有典撰　清光緒三年（1877）廬陵劉氏刻本　八冊

630000－1301－0004210　06784
宋稗類鈔三十六卷　（清）潘永因輯　清宣統三年（1911）上海黎光社石印本　十二冊

630000－1301－0004211　06785
訓練操法詳晰圖說二十二卷　袁世凱撰　清光緒二十八年（1902）昌言報館石印本　十二冊

630000－1301－0004212　06787
聖武記十四卷　（清）魏源撰　清刻本　十二冊

630000－1301－0004213　06788
萬國近政考略十六卷　（清）鄒弢撰　清光緒二十二年（1896）借廬刻本　四冊

630000－1301－0004214　06791

重樓玉鑰二卷　（清）鄭梅澗撰　清光緒四年（1878）盛京鍾樓南彩盛刻字鋪刻本　二冊

630000－1301－0004215　06793

俄史輯略四卷　（清）徐景羅譯　清光緒二十四年（1898）上海富強齋鉛印本　二冊

630000－1301－0004216　06794

支那全史七卷　（日本）藤田久道編　（日本）增田貢續補　清光緒二十七年（1901）教育世界社石印本　六冊

630000－1301－0004217　06795

日本維新三十年史十二卷附錄一卷　（日本）博文館編輯　（清）廣智書局譯　清光緒二十九年（1903）上海廣智書局鉛印本　六冊

630000－1301－0004218　06799

友石軒印譜不分卷　（□）□□篆　清道光二十二年（1842）印本　八冊

630000－1301－0004219　06801

俄史輯略四卷　（清）徐景羅譯　清光緒二十四年（1898）上海富強齋鉛印本　二冊

630000－1301－0004220　06804

雍州金石記十卷記餘一卷　（清）朱楓撰　清道光至咸豐刻惜陰軒叢書本　一冊

630000－1301－0004221　06807

神僧傳九卷　（明）成祖朱棣撰　清宣統元年（1909）常州天甯寺刻本　四冊

630000－1301－0004222　06808

漢學商兌三卷　（清）方東樹撰　清刻本　六冊

630000－1301－0004223　06809

墨緣彙觀四卷　（清）安岐撰　清光緒二十六年（1900）鉛印本　六冊

630000－1301－0004224　06814

伏羌紀事詩一卷　（清）楊芳燦撰　**伏羌紀事詩和作一卷**　（清）陶廷珍撰　**伏羌紀事詩同人寄贈詩詞一卷**　（清）王昶撰　清光緒十八年（1892）朱印本　一冊

630000－1301－0004225　06816

繡像夢影緣四十八回　（清）鄭貞華撰　清光緒二十一年（1895）竹簡齋繪圖石印本　十六冊

630000－1301－0004226　06817

繪圖繪芳錄八卷　題（清）西泠野樵撰　清光緒二十年（1894）上海書局石印本　十冊

630000－1301－0004227　06818

繡像芙蓉洞十卷　（清）陳遇乾撰　清道光十六年（1836）刻本　十冊

630000－1301－0004228　06819

海道圖說十五卷長江圖說附卷一卷　（英國）金約翰輯　（英國）傅蘭雅口譯　（美國）金楷理口譯　（清）王德均筆述　清光緒二十二年（1896）上海書局石印本　八冊

630000－1301－0004229　06820

庸閒齋筆記十二卷首一卷　（清）陳其元撰　清光緒十五年（1889）上海檢古齋石印本　五冊

630000－1301－0004230　06821

梅氏叢書輯要六十二卷　（清）梅文鼎撰　清光緒石印本　六冊

630000－1301－0004231　06822

說文答問疏證六卷　（清）錢大昕撰　清道光十七年（1837）刻本　二冊

630000－1301－0004232　06823

劍客籤譔十四種一百○六卷　（清）毛乃庸撰　清光緒刻本　二冊　存四種九卷（駢文一卷、詩五卷、詞一卷、遼進士考二卷）

630000－1301－0004233　06824

千金裘二十七卷二集二十六卷　（清）蔣義彬纂　清道光十二年（1832）會賢堂刻本　八冊

630000－1301－0004234　06825

說文新坿攷六卷　（清）鄭珍記　**爾雅補郭二卷**　（清）翟灝學　清光緒七年（1881）刻本　四冊

630000－1301－0004235　06828

婦嬰至寶八卷　（清）徐尚慧輯　清刻本
二冊

630000－1301－0004236　06829

韻辨附文不分卷　（清）沈兆霖撰　清道光二
十三年(1843)宏道書院刻本　四冊

630000－1301－0004237　06830

醫方論四卷　（清）費伯雄撰　清同治五年
(1866)耕心堂刻本　四冊

630000－1301－0004238　06832

明史擬稾六卷　（清）尤侗撰　清康熙刻西堂
全集本　二冊

630000－1301－0004239　06833

治平大略四卷　（清）張秉直撰　清光緒元年
(1875)傳經堂刻本　二冊

630000－1301－0004240　06834

六圃沈新周先生地學二卷　（清）沈鎬撰　清
中期刻本　一冊　存一卷(一)

630000－1301－0004241　06835

詩集八卷附詞一卷　（清）周騰撰　清光緒十
九年(1893)木活字印本　四冊

630000－1301－0004242　06838

京畿金石考二卷　（清）孫星衍撰　（清）李錫
齡校　清刻惜陰軒叢書本　二冊

630000－1301－0004243　06840

詳註聊齋志異圖詠十六卷首一卷　（清）蒲松
齡撰　（清）呂湛恩註　清光緒十二年(1886)
上海同文書局石印鐵城廣百宋齋本　八冊

630000－1301－0004244　06841

增訂漢魏叢書九十六種四百七十四卷　（清）
王謨輯　清宣統三年(1911)上海大通書局石
印本　十六冊

630000－1301－0004245　06850

陸象山先生文集三十六卷　（宋）陸九淵撰
（清）李紱點次　附錄少湖徐先生學則辯一卷
（清）徐階撰　陸梭山公家制一卷　（清）
□□編　清宣統江左書林石印本　八冊

630000－1301－0004246　06851

資治通鑑地理今釋十六卷　（清）吳熙載撰
清光緒八年(1882)江蘇書局刻本　三冊

630000－1301－0004247　06852

癸巳類稿十五卷　（清）俞正燮撰　清道光十
三年(1833)求日益齋刻本　六冊

630000－1301－0004248　06853

風土記一卷　（清）周處撰　清刻本　一冊

630000－1301－0004249　06854

語石十卷　葉昌熾撰　清宣統元年(1909)自
刻本　四冊

630000－1301－0004250　06855

札迻十二卷　（清）孫詒讓撰　清光緒二十年
(1894)籀廎刻本　四冊

630000－1301－0004251　06857

尚書因文六卷　（清）武士選撰　清光緒十八
年(1892)關中書院刻本　四冊

630000－1301－0004252　06863

新鐫繡像列仙傳四卷　（明）洪應明撰　清道
光二十六年(1846)在茲堂刻本　四冊

630000－1301－0004253　06864

通鑑地理通釋十四卷詩地理攷六卷　（宋）王
應麟撰　清光緒十年(1884)成都志古堂刻玉
海本　八冊

630000－1301－0004254　06865

欽定四庫全書總目二百卷首一卷　（清）紀昀
等撰　清宣統二年(1910)存古齋石印本　三
十二冊

630000－1301－0004255　06868

東周列國全志二十三卷　（清）蔡元放評點
清榮茂堂刻本　二十四冊

630000－1301－0004256　06869

粵雅堂叢書一百八十四種一千三百〇六卷
（清）伍崇曜輯　清道光至光緒南海伍氏刻本
四百〇八冊

630000－1301－0004257　06873

玉函山房輯佚書五百九十四種七百四十一卷
（清）馬國翰輯　清光緒十年(1884)楚南書

局刻本　一百二十冊

630000－1301－0004258　06874
香屑集十八卷首一卷末一卷　（清）黃之雋撰
清宣統二年（1910）上海掃葉山房石印本
四冊

630000－1301－0004259　06879
校訂定盦全集十卷　（清）龔自珍撰　定盦年
譜藁本一卷　（清）黃守恆撰　清宣統二年
（1910）時中書局鉛印逯漢齋校訂本　八冊

630000－1301－0004260　06884
廣川書跋十卷　（宋）董逌撰　（明）毛晉訂
清刻毛氏汲古閣刻本　二冊

630000－1301－0004261　06885
湖山便覽十二卷　（清）翟灝　（清）翟瀚輯
清光緒元年（1875）刻本　六冊

630000－1301－0004262　06888
中國女史二十一卷　（清）王以銓　（清）金炳
麟輯　清宣統元年（1909）杭州中合公司鉛印
本　六冊

630000－1301－0004263　06890
柳選四家醫案八卷　（清）柳寶詒選　清光緒
三十年（1904）上海文瑞樓石印本　四冊

630000－1301－0004264　06894
欽定戶部則例一百卷　（清）載齡　（清）惠祥
等纂修　清同治十三年（1874）校刻本　六
十冊

630000－1301－0004265　06895
古泉匯六十四卷首一卷　（清）李佐賢撰　清
同治三年（1864）李氏石泉書屋刻本　十六冊

630000－1301－0004266　06896
續泉匯十四卷補遺二卷　（清）鮑康　（清）李
佐賢編　清光緒元年（1875）刻本　四冊

630000－1301－0004267　06897
漢藝文志考證十卷　（宋）王應麟撰　清光緒
九年（1883）浙江書局刻玉海本　二冊

630000－1301－0004268　06899
脩史試筆二卷　（清）藍鼎元纂　清雍正十年

（1732）刻鹿洲全集本　二冊

630000－1301－0004269　06900
日本國志四十卷首一卷　（清）黃遵憲編纂
清光緒二十四年（1898）滙文書局刻本　十
二冊

630000－1301－0004270　06901
［光緒］無錫金匱縣志四十卷首一卷附編六卷
　（清）裴大中　（清）倪咸生修　（清）秦緗
業等纂　清光緒七年（1881）刻本　十八冊

630000－1301－0004271　06902
普通百科全書一百卷目錄二卷　范迪吉譯
李思愼等編　清光緒二十九年（1903）上海會
文學社石印本　一百〇一冊

630000－1301－0004272　06903
增蠶桑雜說附圖說一卷　（清）葉佐清輯　清
光緒十三年（1887）刻本　一冊

630000－1301－0004273　06906
尚論篇四卷首一卷後篇四卷　（清）喻昌撰
清乾隆中黎川陳守誠刻喻氏醫書三種本
四冊

630000－1301－0004274　06907
［嘉慶］義烏縣志二十二卷首一卷　（清）諸自
穀修　（清）程瑜　（清）李錫齡纂　清嘉慶七
年（1802）刻本　十二冊

630000－1301－0004275　06908
畿輔水利議一卷滇軺紀程一卷荷戈紀程一卷
　（清）林則徐撰　清光緒二年至三年（1876
－1877）三山林氏刻林文忠公遺集本　二冊

630000－1301－0004276　06910
畿輔河道水利叢書八種十四卷　（清）吳邦慶
輯　清道光四年（1824）益津吳氏刻本　十冊

630000－1301－0004277　06912
［光緒］武進陽湖縣志三十卷首一卷　（清）王
其淦　（清）吳康壽修　（清）湯成烈等纂　清
光緒五年（1879）刻本　二十冊

630000－1301－0004278　06914
明張文忠公文集十一卷詩集六卷　（明）張居

正撰　清宣統三年（1911）醉古堂石印本
四冊

630000－1301－0004279　06916
增訂漢魏叢書九十六種四百七十四卷　（清）
王謨輯　清宣統三年（1911）上海大通書局石
印本　三十二冊

630000－1301－0004280　06917
桐陰論畫二卷首一卷附錄一卷畫訣一卷續一
卷二編二卷三編二卷　（清）秦祖永撰　清宣
統二年（1910）上海中國書畫會石印本　六冊

630000－1301－0004281　06921
習苦齋畫絮十卷　（清）戴熙撰　（清）惠年輯
　清光緒十九年（1893）上海文瑞樓石印本
四冊

630000－1301－0004282　06924
春暉堂叢書十一種三十六卷　（清）徐渭仁輯
　清道光至咸豐上海徐氏刻同治中補刻本
十冊

630000－1301－0004283　06925
胡敬齋先生文集三卷　（明）胡居仁撰　清同
治九年（1870）劉傳經堂刻本　二冊

630000－1301－0004284　06926
悔餘菴集三種三十一卷　（清）何栻撰　清同
治四年（1865）鳩江戎幄刻本　二冊　存一種
十三卷（詩稿十三卷）

630000－1301－0004285　06928
樂善堂全集定本三十卷　（清）高宗弘曆撰
清乾隆二年（1737）刻本　八冊

630000－1301－0004286　06937
泰西十八周史攬要十八卷　（英國）雅各偉德
元本　（英國）季理斐成章譯　（清）李鼎星述
稿　清光緒二十八年（1902）上海廣學會鉛印
本　六冊

630000－1301－0004287　06940
艷史叢鈔十二種三十卷　（清）王韜輯　清光
緒四年（1878）弢園鉛印本　七冊　存十種二
十六卷（吳門畫舫續錄三卷、續板橋雜記三

卷、雪鴻小記一卷補遺一卷、秦淮畫舫錄二
卷、畫舫餘談一卷、白門新柳記一卷補記一卷
附記一卷、十洲春語二卷、竹西花事小錄一
卷、海陬冶遊錄三卷附錄三卷餘錄一卷、花國
劇談二卷）

630000－1301－0004288　06944
杭氏七種十八卷　（清）杭世駿撰　清咸豐元
年（1851）長沙小嬛嬛山館刻本　六冊

630000－1301－0004289　06945
行素堂目覩書錄十編　（清）朱記榮撰　清光
緒十年（1884）古吳白堤孫谿槐廬家刻本
十冊

630000－1301－0004290　06946
南北史捃華八卷　（清）周嘉猷輯　清光緒十
年（1884）蕉心室刻本　四冊

630000－1301－0004291　06947
南巡盛典一百二十卷　（清）高晉等撰　清光
緒八年（1882）上海點石齋石印本　八冊

630000－1301－0004292　06973
長安獲古編二卷補一卷　（清）劉喜海撰　清
光緒三十一年（1905）東武劉氏補刻本　二冊

630000－1301－0004293　06974
通鑑地理今釋十六卷　（清）吳熙載撰　清光
緒八年（1882）江蘇書局刻本　三冊

630000－1301－0004294　06975
[萬曆]固原州志二卷　（明）劉敏寬　（明）
董國光纂修　明萬曆四十四年（1616）刻本
二冊

630000－1301－0004295　06976
地理初桄不分卷　（美國）卜舫濟譯　清光緒
十八年（1892）鉛印本　一冊

630000－1301－0004296　06977
晉太康三年地道記一卷　（晉）□□撰　（清）
畢沅輯　**王隱晉書地道記一卷**　（晉）王隱撰
　（清）畢沅輯　清光緒刻廣雅書局叢書本
一冊

630000－1301－0004297　06978

訓纂堂叢書六種十九卷　（清）楊調元輯　清光緒中貴築楊氏刻本　二冊

630000－1301－0004298　06979

合肥李勤恪公政書十卷首一卷　（清）李瀚章撰　（清）李經舍等編　清光緒三十二年（1906）石印本　十冊

630000－1301－0004299　06980

漢書地理志校本二卷　（清）汪遠孫撰　清道光二十八年（1848）汪氏振綺堂刻本　二冊

630000－1301－0004300　06981

小方壺齋輿地叢鈔十二帙一千一百九十九種一千二百〇三卷　（清）王錫祺輯　清光緒十七年（1891）上海著易堂鉛印本　六十四冊

630000－1301－0004301　06985

瀛環志略十卷　（清）徐繼畬撰　清道光三十年（1850）紅杏山房刻本　六冊

630000－1301－0004302　06986

陶齋吉金續錄二卷附補遺一卷　（清）端方輯　清宣統元年（1909）端氏金陵石印本　二冊

630000－1301－0004303　06987

陶齋吉金錄八卷　（清）端方輯　清光緒三十四年（1908）端氏金陵石印本　八冊

630000－1301－0004304　06990

[同治]上海縣志三十二卷首一卷補遺一卷叙錄一卷　（清）應寶時等修　（清）俞樾（清）方宗誠纂　清同治十一年（1872）上海文廟南園志局王承基等校正本　十六冊

630000－1301－0004305　06992

王文成公全書七種三十八卷　（明）王守仁撰　清同治至光緒刻本　二十四冊

630000－1301－0004306　06993

同治中興京外奏議約編八卷　（清）陳弢輯　清光緒元年（1875）簏劍囊琴之室刻本　八冊

630000－1301－0004307　06994

算經十書十一種三十七卷　（清）孔繼涵輯　清光緒十六年（1890）上海刻本　十冊

630000－1301－0004308　06997

讀例存疑五十四卷　（清）薛允升輯　清光緒三十一年（1905）京師刻本　四十冊

630000－1301－0004309　06998

金匱縣輿地全圖不分卷斗則簡明冊二卷（清）華湛恩纂　清光緒三十四年（1908）鵝湖華存裕堂義莊石印本　六冊

630000－1301－0004310　07002

大清一統志輯要五十卷　（清）洪亮吉撰　清光緒二十八年（1902）山左輿圖局石印本　十二冊

630000－1301－0004311　07003

重刊拜經樓叢書七種二十三卷　（清）吳騫輯　清光緒十一年（1885）會稽章氏鄂渚刻本　八冊

630000－1301－0004312　07004

揚州水道記四卷　（清）劉文淇撰　清淮南書局補刻本　二冊

630000－1301－0004313　07005

李氏遺書十一種十八卷　（清）李銳撰　清光緒十六年（1890）上海醉六堂刻本　六冊

630000－1301－0004314　07007

湘軍志十六卷　王闓運撰　清光緒十一年（1885）成都志古堂補刻本　四冊

630000－1301－0004315　07008

萬國通史前編十卷　（英國）李思倫白約翰輯　清光緒二十六年（1900）上海廣學會鉛印本　十冊

630000－1301－0004316　07009

紀效新書十八卷首一卷　（明）戚繼光撰　清道光十年（1830）京都刻本　五冊

630000－1301－0004317　07010

皇朝中外壹統輿圖中一卷南十卷北二十卷首一卷　（清）嚴樹森編　清同治二年（1863）湖北撫署景桓樓刻本　十二冊

630000－1301－0004318　07015

鐵華館叢書六種四十五卷　（清）蔣鳳藻輯　清光緒中長洲蔣氏影刻本　六冊

630000 – 1301 – 0004319　07022

藝槩六卷　（清）劉熙載撰　清同治十二年(1873)刻本　二冊

630000 – 1301 – 0004320　07023

蜀龜鑑七卷首一卷　（清）劉景伯輯　清刻本　四冊

630000 – 1301 – 0004321　07024

增補如面談新集十卷首一卷　（清）李光祚纂注　清藜照堂刻本　六冊

630000 – 1301 – 0004322　07025

奇字名十二卷　（清）李調元撰　清刻本　四冊

630000 – 1301 – 0004323　07035

漢志水道疏證四卷　（清）洪頤煊撰　清廣雅書局刻本　一冊

630000 – 1301 – 0004324　07038

湖北叢書三十種二百九十一卷　（清）趙尚輔輯　清光緒十七年(1891)三餘草堂刻本　一百冊

630000 – 1301 – 0004325　07040

歷代帝王年表三卷　（清）齊召南編　清光緒十二年(1886)蘇州掃葉山房刻本　三冊

630000 – 1301 – 0004326　07041

校正古今人表　（漢）班固撰　（唐）顏師古注　（清）翟雲升校　清刻本　一冊

630000 – 1301 – 0004327　07042

農政全書六十卷　（明）徐光啓撰　清光緒二十六年(1900)上海文海書局石印本　八冊

630000 – 1301 – 0004328　07044

河海崑崙錄四卷　（清）裴景福撰　清宣統元年(1909)上海文明書局鉛印本　四冊

630000 – 1301 – 0004329　07045

地學指略三卷　（英國）文教治口譯　（清）李慶軒筆述　清光緒七年(1881)益智書會刻本　一冊

630000 – 1301 – 0004330　07046

晉書地理志新補正五卷　（清）阮元撰　清光

緒十八年(1892)思賢講舍刻本　一冊

630000 – 1301 – 0004331　07049

使滇紀程不分卷　（清）晏端撰　清光緒十三年(1887)刻本　一冊

630000 – 1301 – 0004332　07050

百將圖傳二卷　（清）丁日昌撰　清刻本　二冊

630000 – 1301 – 0004333　07052

聖訓四篇綱領不分卷　（□）□□輯　清刻本　一冊

630000 – 1301 – 0004334　07053

治河方略十卷首一卷　（清）靳輔纂　清嘉慶安瀾堂刻本　十一冊

630000 – 1301 – 0004335　07054

四音釋義十二卷　（清）鄭長庚輯　清道光二十九年(1849)學德堂刻本　六冊

630000 – 1301 – 0004336　07058

士禮居藏書題跋六卷　（清）黃丕烈撰　清刻本　四冊

630000 – 1301 – 0004337　07059

粵雅堂叢書一百八十四種一千三百〇六卷　（清）伍崇曜輯　清道光至光緒南海伍氏刻本　四百冊

630000 – 1301 – 0004338　07063

雪青閣詩集四卷　（清）謝維藩撰　清光緒九年(1883)開封官廨刻本　四冊

630000 – 1301 – 0004339　07066

明史擬槀六卷　（清）尤侗撰　清康熙刻西堂全集本　二冊

630000 – 1301 – 0004340　07069

奏議初編十二卷　（清）張之洞撰　清光緒二十七年(1901)上海圖書集成印書局鉛印本　六冊

630000 – 1301 – 0004341　07073

新造崔鳴鳳子全歌十五卷　（□）□□輯　清潮州李萬利刻本　三冊

630000－1301－0004342　07074

禮記六十一卷尚書顧命解一卷　（清）孫希旦
集解　清同治三年（1864）獨山莫氏刻本　二
十冊

630000－1301－0004343　07076

嘯園叢書五十七種一百九十卷　（清）葛元煦
輯　清光緒九年（1883）序仁和葛氏刻本　三
十六冊

630000－1301－0004344　07077

缶廬詩四卷別存一卷　（清）吳俊撰　清光緒
十九年（1893）刻本　一冊

630000－1301－0004345　07078

深州風土記二十二卷附表五卷　（清）吳汝綸
纂　清光緒二十六年（1900）文瑞書院刻本
八冊

630000－1301－0004346　07080

大清律例彙輯便覽四十卷督捕則例附纂二卷
五軍道里表不分卷三流道里表不分卷　（清）
李瀚章等纂　（清）高澍等彙輯　清同治十一
年（1872）湖北臬局刻本　三十二冊

630000－1301－0004347　07081

駱文忠公奏議湘中稿十六卷四川奏議十一卷
　（清）駱秉章撰　附輶言錄一卷　（清）陳興
鉞輯　神道碑銘一卷　（清）蘇廷魁撰　行狀
一卷　（清）李光廷撰　清光緒刻本（四川奏
議卷十至十一爲補配本）　二十四冊

630000－1301－0004348　07082

平津館叢書三十八種二百六十五卷　（清）孫
星衍輯　清光緒十一年（1885）吳縣朱氏槐廬
家塾刻本　五十冊

630000－1301－0004349　07083

讀書雜志八十二卷餘編二卷　（清）王念孫撰
　清嘉慶十七年至道光十二年（1812－1832）
刻本　十八冊

630000－1301－0004350　07093

書經要義六卷　（清）王建常撰　清崇陽公署
刻本　六冊

630000－1301－0004351　07094

三流道里表不分卷　（清）唐紹祖輯　清刻本
四冊

630000－1301－0004352　07097

砥齋集十二卷　（清）王弘撰　清光緒二十年
（1894）敬義堂刻本　六冊

630000－1301－0004353　07100

東萊先生音註唐鑑二十四卷　（宋）范祖禹撰
　（宋）呂祖謙註　清光緒十六年（1890）柏經
正堂刻本　四冊

630000－1301－0004354　07117

香雪巢詩鈔五卷　（清）徐兆豐撰　清光緒刻
本　二冊

630000－1301－0004355　07118

思誤齋詩鈔二卷　（清）章簡撰　清光緒二十
六年（1900）刻本　二冊

630000－1301－0004356　07119

濂亭文集八卷　（清）張裕釗撰　清光緒八年
（1882）蘇州查氏木漸齋刻本　二冊

630000－1301－0004357　07120

杜清獻公集十九卷首一卷　（宋）杜範撰　附
錄一卷補遺一卷校勘記一卷　（清）王棻輯
清同治九年（1870）吳縣孫氏刻本　四冊

630000－1301－0004358　07121

火功備要三卷　（三國蜀）諸葛亮撰　清光緒
十年（1884）敦懷書屋刻本　三冊

630000－1301－0004359　07123

各國通商條約稅則章程不分卷　（清）吳毓麟
等纂　清山東書局刻本　十四冊

630000－1301－0004360　07125

華嶽志八卷首一卷　（清）李榕纂輯　清光緒
九年（1883）湘鄉楊昌浚補刻道光十一年
（1831）刻本　四冊

630000－1301－0004361　07126

［嘉靖］高陵縣志七卷　（明）呂柟纂修　清光
緒十年（1884）刻本　二冊

630000－1301－0004362　07128

文廟備考八卷　（清）趙映奎輯　清道光二十
七年(1847)德聚堂刻本　四冊

630000－1301－0004363　07129

雄雉齋選集四卷　（清）顧圖河撰　清刻本
一冊

630000－1301－0004364　07138

壬辰科直省同年錄不分卷　（□）□□編　清
道光二十六年(1846)龍文齋刻本　四冊

630000－1301－0004365　07142

[光緒]富平縣志稿十卷首一卷　（清）樊增祥
（清）劉錕修　（清）譚麐纂　清光緒十七年
(1891)刻本　十冊

630000－1301－0004366　07143

鍼灸大成十卷　（明）楊繼洲撰　（清）章廷珪
重修　清道光十四年(1834)郁文堂刻本
八冊

630000－1301－0004367　07144

顧亭林先生遺書十種二十七卷　（清）顧炎武
撰　清蓬瀛閣校刻本　十冊

630000－1301－0004368　07145

漆室吟八卷百柱堂詩薆八卷　（清）王柏心撰
清刻本　四冊

630000－1301－0004369　07148

語石十卷　葉昌熾撰　清宣統元年(1909)蘇
州護龍文學山房刻本　四冊

630000－1301－0004370　07150

凝香室鴻雪因緣圖記三集六卷　（清）麟慶撰
清道光二十七年(1847)揚州刻本　六冊

630000－1301－0004371　07151

通行章程四卷　（清）王汝礪輯　清光緒十八
年(1892)京都琉璃廠榮錄堂續刻本　四冊

630000－1301－0004372　07152

孫淵如先生全集二十一卷　（清）孫星衍撰
長離閣集一卷　（清）王采薇輯　清光緒二十
年(1894)湖南思賢書局刻本　十冊

630000－1301－0004373　07153

經心書院課程輿地學不分卷附戊戌遊記一卷

（清）姚炳奎撰　清光緒二十九年(1903)經
書院刻本　六冊　缺河南、湖北、江南、廣東、
廣西、貴州、雲南、甘肅、新疆、盛京、吉林、黑
龍江、臺灣等章

630000－1301－0004374　07154

聲玉山齋詩集十卷　（清）鄒熊撰　清嘉慶十
五年(1810)刻本　二冊

630000－1301－0004375　07155

爐餘詩草四卷　（清）張景渠撰　清光緒十七
年(1891)金陵刻本　二冊

630000－1301－0004376　07156

抱璞亭文集十卷　（清）張湘任撰　清光緒元
年(1875)刻本　二冊

630000－1301－0004377　07158

青溪舊屋文集十一卷　（清）劉文淇撰　清光
緒九年(1883)刻本　二冊

630000－1301－0004378　07159

四白齋詘稿二卷　（清）朱銘撰　清光緒二年
(1876)刻本　一冊

630000－1301－0004379　07166

樓山堂集二十七卷　（明）吳應箕撰　清宣統
二年(1910)鉛印本　六冊

630000－1301－0004380　07167

二林居集二十四卷　（清）彭紹升撰　清光緒
七年(1881)刻本　六冊

630000－1301－0004381　07168

荔雨軒文集六卷　（清）華翼綸撰　清光緒九
年(1883)華氏刻本　二冊

630000－1301－0004382　07169

王先生十七史蒙求十六卷　（宋）王令撰　蒙
求箋注十卷　（晉）李瀚撰　清光緒四年
(1878)元亨書坊刻本　六冊

630000－1301－0004383　07171

欽定天祿琳琅書目十卷　（清）于敏中等撰
後編二十卷　（清）彭元瑞等撰　清光緒十年
(1884)長沙王氏刻本　十冊

630000－1301－0004384　07177

清容居士集五十卷目錄二卷　（元）袁桷撰
重刻清容居士集札記一卷　（清）郁松年撰
清道光中上海郁氏刻宜稼堂叢書本　二十冊

630000－1301－0004385　07179
中國女史二十一卷　（清）王以銓　（清）金炳
麟輯　清宣統元年(1909)杭州中合公司鉛印
本　六冊

630000－1301－0004386　07183
農政全書六十卷　（明）徐光啟撰　清光緒二
十六年(1900)上海文海書局石印本　八冊

630000－1301－0004387　07188
建炎以來朝野襍記甲集二十卷乙集二十卷
（宋）李心傳撰　清光緒七年(1881)廣漢刻本
八冊

630000－1301－0004388　07192
畫學心印八卷　（清）秦祖永評輯　清光緒四
年(1878)刻朱墨印本　八冊

630000－1301－0004389　07193
桐陰論畫初編六卷二編二卷三編三卷　（清）
秦祖永撰　清光緒八年(1882)刻朱墨印本
四冊

630000－1301－0004390　07194
金匱縣輿地全圖不分卷附錄各圖原丈田數不
分卷　（清）華湛恩編　清光緒三十四年
(1908)華存裕堂義莊石印本　六冊

630000－1301－0004391　07195
十一朝東華約錄二百三十二卷　（清）王祖顯
編　清光緒二十七年(1901)石印本　二十
四冊

630000－1301－0004392　07198
凝香室鴻雪因緣圖記三集六卷　（清）麟慶撰
清光緒五年(1879)上海點石齋石印本
六冊

630000－1301－0004393　07201
通鑑總類二十卷　（清）讀我書齋校　清光緒
十七年(1891)讀我書齋刻本　二十冊

630000－1301－0004394　07202

公法便覽不分卷　（美國）丁韙良撰　清光緒
五年(1879)粵東羊城森寶閣鉛印本　六冊

630000－1301－0004395　07203
世界豪傑談不分卷　（清）鴻文書局編譯　清
光緒三十年(1904)上海鴻文印書局石印本
一冊

630000－1301－0004396　07204
尊經書院課藝合刊不分卷　題（清）多栽紅藥
館主人編　清光緒二年(1876)明茹古齋鉛印
本　十三冊

630000－1301－0004397　07205
[道光]汾陽縣志十四卷首一卷　（清）周貽纘
修　（清）曹樹穀纂　清道光三十年(1850)修
咸豐元年(1851)刻本　八冊

630000－1301－0004398　07207
輿地廣記三十八卷　（宋）歐陽忞撰　校勘輿
地廣記札記二卷　（清）黃丕烈撰　清光緒六
年(1880)金陵書局刻本　四冊

630000－1301－0004399　07209
脾胃論三卷　（金）李杲撰　清雲林閣刻本
二冊

630000－1301－0004400　07210
晁具茨先生詩集十五卷　（宋）晁冲之撰　清
光緒七年(1881)章氏知不足齋刻本　一冊

630000－1301－0004401　07211
大平御覽一千卷目錄十五卷　（宋）李昉等撰
清光緒十八年(1892)南海李氏刻本　一百
二十冊

630000－1301－0004402　07212
十萬卷樓叢書五十一種三百八十八卷　（清）
陸心源輯　清光緒中歸安陸氏刻本　一百
十冊

630000－1301－0004403　07214
甘泉鄉人稿二十四卷曝書雜記三卷　（清）錢
泰吉撰　年譜一卷行略一卷　（清）錢應溥撰
邠農偶吟稿一卷　（清）錢炳森撰　清光緒
十一年(1885)錢氏刻本　六冊　存二十四卷

（一至六、十至二十四,年譜一卷,行略一卷,
邠農偶吟稿一卷）

630000－1301－0004404　07215
三流道里表不分卷　（清）查克順等纂修　清
同治十一年(1872)江蘇書局刻本　二冊

630000－1301－0004405　07215
欽訂五軍道里表八卷　（清）明亮等纂修　清
同治十二年(1873)江蘇書局刻本　與普查號
4404合函　存七卷(一至二、四至八)

630000－1301－0004406　07216
枯生松齋詩存二卷　（清）倪子新撰　瑣尾集
一卷　（清）倪寶琛撰　清宣統二年(1910)刻
本　四冊

630000－1301－0004407　07217
香杜草二卷二集四卷三集一卷　（清）任昌運
撰　清光緒二十一年(1895)刻本　四冊

630000－1301－0004408　07218
麻科活人全書四卷　（清）謝玉瓊纂輯　清咸
豐八年(1858)刻本　四冊

630000－1301－0004409　07220
[嘉定]剡錄十卷　（宋）史安之修　（宋）高
似孫纂　清同治九年(1870)剡縣縣署刻本
二冊

630000－1301－0004410　07221
黔書二卷　（清）田雯撰　清刻本　二冊

630000－1301－0004411　07222
霍亂論二卷　（清）王士雄撰　清光緒二十九
年(1903)湖南書局刻本　一冊

630000－1301－0004412　07223
偶存集不分卷　（清）董貽清撰　清同治十一
年(1872)刻本　一冊

630000－1301－0004413　07224
松窗夢語八卷　（明）張瀚撰　清光緒二十三
年(1897)錢唐刻本　二冊

630000－1301－0004414　07226
青門簏稿十六卷旅稾六卷賸稾八卷　（清）邵
長蘅撰　清康熙青門草堂刻本　十二冊

630000－1301－0004415　07227
湖北輿圖不分卷　（清）石禮嘉編　清乾隆二
十九年(1764)刻本　一冊

630000－1301－0004416　07228
復堂類集文四卷詩十一卷詞二卷日記八卷
（清）譚獻撰　清光緒五年(1879)刻本　六冊

630000－1301－0004417　07230
東坡後集二十卷　（宋）蘇軾撰　清宣統二年
(1910)端方寶華盦刻明成化本　六冊

630000－1301－0004418　07232
出使美日秘崔日記十六卷　（清）崔國因撰
清光緒二十年(1894)刻本　十二冊

630000－1301－0004419　07234
詩八卷　（宋）朱熹集傳　清光德堂刻本
四冊

630000－1301－0004420　07235
爾雅註疏十一卷　（晉）郭璞註　（宋）邢昺疏
清竹恕堂刻本　三冊

630000－1301－0004421　07236
後山先生集二十四卷　（宋）陳師道撰　清光
緒十一年(1885)刻趙氏本　六冊

630000－1301－0004422　07238
[道光]重纂福建通志二百七十八卷輿圖一卷
首六卷補採福建全省列女附志一卷　（清）孫
爾準等修　（清）陳壽祺纂　（清）程祖洛等續
修　（清）魏敬中續纂　清同治十年(1871)正
誼書院刻本　一百七十九冊

630000－1301－0004423　07239
新安先集二十卷　（清）朱昌周等撰　清同治
十三年(1874)蘇州刻本　八冊

630000－1301－0004424　07240
練川名人畫家四卷附二卷　（清）程祖慶編
清道光二十八年(1848)嘉定程氏刻本　四冊

630000－1301－0004425　07241
吳郡名賢圖傳贊二十卷　（清）顧沅輯　清道
光九年(1829)長洲顧氏刻本　八冊

630000－1301－0004426　07243

忍草庵志四卷　（清）劉繼增撰　清光緒十三年(1887)錫山尤氏遂初堂木活字印本　一冊

630000－1301－0004427　07244

忠武公年譜不分卷　（清）楊國佐撰　清道光刻本　一冊

630000－1301－0004428　07247

勾股六術不分卷　（清）項名達撰　清道光十二年(1832)刻本　一冊

630000－1301－0004429　07248

割圓密率捷法四卷　（清）明安圖撰　清道光十九年(1839)石梁岑氏刻本　四冊

630000－1301－0004430　07250

八段錦坐功一卷　題（清）青萊真人撰　八段錦立功一卷　（清）婁杰撰　清光緒二年(1876)芳草軒刻本　一冊

630000－1301－0004431　07251

司空表聖文集十卷　（唐）司空圖撰　清光緒三十一年(1905)仁和朱氏刻結一廬朱氏賸餘叢書本　一冊

630000－1301－0004432　07252

史略提綱六卷　（清）羅繡文編　清咸豐二年(1852)崇邑洗心莊刻本　四冊

630000－1301－0004433　07255

恆軒所見所藏吉金錄不分卷　（清）吳大澂撰　清光緒十一年(1885)吳縣吳氏刻本　四冊

630000－1301－0004434　07256

御纂性理精義十二卷　（清）李光地等撰　清刻本　六冊

630000－1301－0004435　07257

雅雨堂藏書十三種一百三十八卷　（清）盧見曾輯　清乾隆二十一年(1756)德州盧氏刻本　六冊　存四種五十二卷(北夢瑣言二十卷、摭言十五卷、封氏聞見記十卷、文昌雜錄六卷補遺一卷)

630000－1301－0004436　07259

澄蘭室古緣萃錄十八卷　（清）邵松年輯　清光緒二十九年(1903)上海鴻文書局石印本　六冊

630000－1301－0004437　07264

夢中緣傳奇四卷　（清）邯鄲夢醒人撰　清光緒十一年(1885)刻本　四冊

630000－1301－0004438　07265

記事珠十卷　（清）張以謙輯　清嘉慶二十一年(1816)知不足齋刻本　十冊

630000－1301－0004439　07267

邵武徐氏叢書二集八種六十五卷　（清）徐幹輯　清光緒刻本　十冊

630000－1301－0004440　07268

大清律例增修統纂集成四十卷督捕則例附纂二卷　（清）吳煦輯　（清）陶念霖　（清）陶駿增譯　清光緒十七年(1891)珍芝書局鉛印本　二十四冊

630000－1301－0004441　07275

湘軍志十六卷　王闓運撰　清光緒五年(1879)刻本　四冊

630000－1301－0004442　07281

衍石齋記事藁十卷續稿十卷　（清）錢儀吉撰　清光緒六年(1880)錢氏刻本　十三冊

630000－1301－0004443　07285

廣治平略三十六卷續八卷　（清）蔡方炳撰　清光緒石印本　十冊

630000－1301－0004444　07286

新刻校正大字東拒先生珍珠囊藥性賦二卷　（清）太和堂訂正　清文發堂刻本　一冊

630000－1301－0004445　07288

新刻天花藏批評玉嬌梨不分卷　題（清）荻岸散人編　清大文堂刻本　四冊

630000－1301－0004446　07292

蘇沈良方八卷附拾遺二卷　（宋）蘇軾　（宋）沈括撰　清宣統元年(1909)上海煥文書局石印本　三冊

630000－1301－0004447　07303

孫真人備急千金要方三十卷　（清）張璐撰　清光緒三十四年(1908)上海久敬齋書莊鉛印本　十六冊

630000 – 1301 – 0004448　07304

關中金石文字存逸考十二卷　（清）毛鳳枝撰
清光緒二十七年（1901）會稽顧氏江西萍鄉
縣署刻本　十二冊

630000 – 1301 – 0004449　07305

品花寶鑑六十回　（清）劉森撰　清刻本　二
十四冊

630000 – 1301 – 0004450　07306

考察日本學校記十六卷附錄一卷　（清）李宗
棠編譯　清光緒二十八年（1902）石印本　十
八冊

630000 – 1301 – 0004451　07309

[道光]陝西志輯要六卷首一卷附關中漢唐存
碑跋一卷漢南游草一卷　（清）王志沂纂　秦
疆治略一卷　（清）盧坤撰　清道光七年
（1827）朝坂謝氏賜書堂刻本　九冊

630000 – 1301 – 0004452　07313

硃批諭旨不分卷　（清）世宗胤禛撰　清光緒
十三年（1887）上海點石齋刻朱墨印本　六
十冊

630000 – 1301 – 0004453　07314

[嘉慶]漢州志四十卷首一卷末一卷　（清）劉
長庚修　（清）侯肇元　（清）張懷泗纂　清嘉
慶十七年（1812）修二十二年（1817）刻本
八冊

630000 – 1301 – 0004454　07321

匋齋藏石記四十三卷附藏甎記二卷　（清）端
方撰　清宣統二年（1910）商務印書館鉛印本
十二冊

630000 – 1301 – 0004455　07323

[乾隆]汾陽縣志十四卷首一卷　（清）李文起
修　（清）戴震纂　清乾隆三十七年（1772）刻
本　八冊

630000 – 1301 – 0004456　07324

醫書八種十八卷　（清）徐大椿撰　清光緒四
年（1878）刻掃葉山房本　十冊

630000 – 1301 – 0004457　07328

俄國水師考等五種不分卷　（英國）百拉西撰
（英國）傅蘭雅　（清）李嶽蘅譯　清光緒鉛
印本　五冊

630000 – 1301 – 0004458　07329

吳氏醫學述第四種成方切用十二卷首一卷末
一卷　（清）吳儀洛輯　清乾隆二十六年
（1761）硤川利濟堂刻本　八冊

630000 – 1301 – 0004459　07330

新刊增補萬病回春原本八卷　（明）龔廷賢編
清嘉慶八年（1803）刻本　八冊

630000 – 1301 – 0004460　07332

胎產心法三卷　（清）閻純璽撰　清咸豐八年
（1858）刻本　五冊

630000 – 1301 – 0004461　07334

平山堂圖志十卷首一卷　（清）趙之壁纂錄
清光緒九年（1883）歐陽利見刻本　六冊

630000 – 1301 – 0004462　07335

松陽講義十二卷　（清）陸隴其撰　清貴文堂
刻本　六冊

630000 – 1301 – 0004463　07342

無益有益齋論畫詩二卷　（清）李葆恂撰　清宣
統元年（1909）漢口維新印書館鉛印本　一冊

630000 – 1301 – 0004464　07350

醫方集解不分卷　（清）汪昂撰　清光緒二十
年（1894）文奎堂刻本　六冊

630000 – 1301 – 0004465　07351

本草從新不分卷　（清）吳儀洛輯　清光緒六
年（1880）掃葉山房刻本　六冊

630000 – 1301 – 0004466　07352

吳醫彙講十卷　（清）唐大烈輯　清刻本
四冊

630000 – 1301 – 0004467　07354

本經逢原四卷　（清）張璐輯　清嘉慶六年
（1801）刻本　四冊

630000 – 1301 – 0004468　07355

醫經原旨六卷　（清）薛雪集註　清刻本
六冊

630000－1301－0004469　07356

三家醫案合刻醫三卷附醫效秘傳三卷溫熱贅言一卷　（清）吳金壽輯　清道光十一年(1831)吳氏貯春僊館刻本　六冊

630000－1301－0004470　07357

龍川文集三十卷首一卷　（宋）陳亮撰　清道光二十九年(1849)繡湖小宗祠刻本　六冊

630000－1301－0004471　07358

眉綠樓詞不分卷　（清）顧文彬撰　清光緒十年(1884)吳下刻本　四冊

630000－1301－0004472　07368

歸田瑣記八卷　（清）梁章鉅撰　清道光二十五年(1845)刻本　四冊

630000－1301－0004473　07370

[光緒]南匯縣志二十二卷首一卷末一卷　（清）金福曾　（清）顧思賢修　（清）張文虎等纂　清光緒五年(1879)刻本　十二冊

630000－1301－0004474　07373

除異錄不分卷　（□）□□撰　清光緒刻本　二冊

630000－1301－0004475　07374

嘉祐集二十卷　（宋）蘇洵撰　清道光十二年(1832)眉州三蘇祠刻本　六冊

630000－1301－0004476　07376

[嘉慶]四川通志二百〇四卷首二十二卷　(清)常明等修　（清）楊芳燦　（清）譚光祜等纂　清嘉慶二十一年(1816)刻本　一百六十冊

630000－1301－0004477　07378

景德鎮陶錄十卷　（清）藍浦撰　（清）鄭廷桂補輯　清光緒十七年(1891)京都書業堂刻本　四冊

630000－1301－0004478　07379

涷水記聞十六卷　（宋）司馬光撰　清光緒九年(1883)解梁書院刻本　四冊

630000－1301－0004479　07380

陸桴亭先生遺書二十二種七十五卷　（清）陸

世儀撰　清光緒二十五年(1899)京師刻本　二十八冊

630000－1301－0004480　07381

張子全書十五卷　（宋）張載撰　（宋）朱熹注　清同治九年(1870)鳳郡刻本　八冊

630000－1301－0004481　07382

芥子園畫傳初集五卷二集不分卷三集不分卷四集不分卷　（清）王槩等摹　圖章會纂一卷　（清）李漁纂輯　清嘉慶二十三年(1818)金陵芥子園刻本　十七冊

630000－1301－0004482　07383

海陵文徵二十卷　（清）夏荃輯　清道光二十三年(1843)刻本　十冊

630000－1301－0004483　07384

十子全書一百二十九卷　（清）王子興輯　清嘉慶九年(1804)姑蘇聚文堂刻本　二十四冊

630000－1301－0004484　07385

南澗甲乙稿二十二卷附遺文一卷　（宋）韓元吉撰　清刻武英殿本　九冊

630000－1301－0004485　07388

黎里志十六卷首一卷　（清）徐達源纂　清嘉慶九年(1804)禊湖書院刻本　四冊

630000－1301－0004486　07388

續志十六卷首一卷　（清）蔡丙圻纂　清光緒二十五年(1899)禊湖書院刻本　與普查號4485合函

630000－1301－0004487　07389

宦遊紀略二卷　（清）高廷撰　清刻本　一冊

630000－1301－0004488　07390

帶經堂詩話三十卷首一卷　（清）王士禛撰　(清)張宗柟彙纂　清光緒元年(1875)衡文會刻本　八冊

630000－1301－0004489　07391

河南先生文集二十七卷附錄一卷　（宋）尹洙撰　清宣統二年(1910)守政書局木活字印本　四冊

630000－1301－0004490　07392

讀史鏡古編三十二卷 （清）潘世恩輯 清同治十三年(1874)飛霞閣刻本 六冊

630000－1301－0004491 07393

吳詩集覽二十卷 （清）吳偉業撰 （清）靳榮藩輯 清乾隆四十年(1775)凌雲亭刻本 八冊

630000－1301－0004492 07395

歐陽文忠公五代史抄二十卷 （明）茅坤批評 清刻本 一冊 存十七卷(一至十七)

630000－1301－0004493 07398

古今創物志一卷 （清）羅荊璧纂輯 清嘉慶十八年(1813)桂園草堂刻本 一冊

630000－1301－0004494 07406

史鑑節要便讀六卷 （清）鮑東里撰 清光緒二十六年(1900)復邠學舍刻本 二冊

630000－1301－0004495 07408

讀書脞錄七卷 （清）孫志祖撰 清光緒十三年(1887)醉六堂刻本 二冊

630000－1301－0004496 07409

澗于日記[光緒四年十月至六年十月、十一年四月至二十一年三月] （清）張佩綸撰 清光緒豐潤澗于草堂張氏影印本 十四冊

630000－1301－0004497 07410

環遊地球新錄四卷 （清）李圭撰 清光緒四年(1878)刻本 四冊

630000－1301－0004498 07415

信好錄四卷 （清）賀瑞麟編 清光緒十六年(1890)柏經正堂刻本 三冊

630000－1301－0004499 07416

巾經纂二十卷 （清）宋宗元撰 清道光二十七年(1847)達觀樓刻本 五冊

630000－1301－0004500 07417

[光緒]泰興縣志二十六卷首一卷末一卷 （清）楊激雲修 （清）顧曾烜纂 清光緒十二年(1886)刻本 十冊

630000－1301－0004501 07420

濂亭文集八卷 （清）張裕釗纂 清光緒二十

四年(1898)關中刻本 二冊

630000－1301－0004502 07421

漢藝文志考證十卷 （宋）王應麟撰 清光緒九年(1883)浙江書局刻玉海本 二冊

630000－1301－0004503 07424

涇野子內篇二十七卷 （明）呂柟撰 清光緒七年(1881)景槐書院刻本 六冊

630000－1301－0004504 07425

[雍正元年正月至雍正十年十二月]上諭不分卷 （清）世宗胤禛撰 清刻本 二十二冊

630000－1301－0004505 07427

起黃質顧廣王不分卷 （清）吳光耀編 清宣統元年(1909)刻本 五冊

630000－1301－0004506 07431

[道光]遵義府志四十八卷首一卷 （清）平翰等修 （清）鄭珍 （清）莫友芝纂 清道光二十一年(1841)刻本 十冊

630000－1301－0004507 07432

庚戌科法官同年齒錄不分卷 （□）□□輯 清宣統二年(1910)刻本 二冊

630000－1301－0004508 07433

管窺輯要八十卷 （清）黃鼎撰 清光緒善成堂刻本 四十八冊

630000－1301－0004509 07435

小四書五卷 （明）朱升輯 （清）陸隴其校訂 清光緒十四年(1888)義興堂刻本 四冊

630000－1301－0004510 07436

欽定明鑑二十四卷首一卷 （清）胡敬等纂 清嘉慶刻本 八冊

630000－1301－0004511 07443

枝山文集四卷 （明）祝允明撰 清同治十三年(1874)祝氏刻光緒元年(1875)印本 二冊

630000－1301－0004512 07445

存素堂詩彙十二卷續集一卷 （清）錢寶琛撰 清同治七年(1868)刻本 二冊

630000－1301－0004513 07448

234

虛齋名畫錄十六卷　龐元濟撰　清宣統元年(1909)烏程龐氏申江刻本　十六冊

630000－1301－0004514　07450

鐵華盦印譜不分卷　（清）西泠印社輯　清光緒三十一年(1905)西泠印社鈐印本　六冊

630000－1301－0004515　07454

李氏五種二十八卷　（清）李兆洛撰　清光緒二十四年(1898)掃葉山房石印本　八冊

630000－1301－0004516　07456

延緑閣集十二卷　（清）華希閔撰　清光緒二十二年(1896)吉水官廨刻本　六冊

630000－1301－0004517　07457

陽明先生集要理學編四卷經濟編七卷文章編四卷　（明）王守仁撰　（明）施邦曜評輯　年譜一卷　（□）□□撰　清光緒五年(1879)黔南刻本　十六冊(合訂七冊)

630000－1301－0004518　07459

六官駢萃四卷　（清）張蔚春輯　清嘉慶九年(1804)六苟齋刻本　四冊

630000－1301－0004519　07460

薛子讀書錄摘要二卷胡子居業錄摘要二卷(清)鄭緒章輯　清嘉慶十二年(1807)敷文閣刻本　四冊

630000－1301－0004520　07461

傳習錄三卷　（明）王守仁撰　陽明先生年譜四卷　（明）錢德洪撰　觀感錄一卷　（清）李中孚編　清嘉慶三年(1798)刻王文成公集要本　六冊(合訂三冊)

630000－1301－0004521　07469

中州名賢文表三十卷　（明）劉昌撰　清光緒三十年(1904)上海鴻文書局石印本　六冊

630000－1301－0004522　07470

續中州名賢文表六十八卷　（清）邵松年編清光緒三十年(1904)上海鴻文書局石印本二十二冊

630000－1301－0004523　07474

佩文韻府一百○六卷　（清）張玉書等撰　韻府拾遺一百○六卷　（清）汪灝等撰　清嶺南潘氏海山仙館刻本　一百六十冊

630000－1301－0004524　07478

[同治]新繁縣志十六卷首一卷　（清）張文珍（清）李應觀修　（清）楊益豫等纂　清同治十二年(1873)刻本　八冊

630000－1301－0004525　07480

海塘新志六卷　（清）琅玕纂　續海塘新志四卷　（清）□□輯　清刻本　八冊

630000－1301－0004526　07481

甘泉鄉人稿二十四卷曝書雜記三卷　（清）錢泰吉撰　年譜一卷行略一卷　（清）錢應溥撰邠農偶吟稿一卷　（清）錢炳森撰　清光緒十一年(1885)錢氏刻本　十二冊　存二十一卷(一至六、十至二十四)

630000－1301－0004527　07482

西清古鑑四十卷錢錄十六卷　（清）梁詩正等撰　清光緒十四年(1888)上海鴻文書局石印本　二十四冊

630000－1301－0004528　07486

騎省集三十卷補遺一卷　（宋）徐鉉撰　校勘記一卷　（清）李英元纂　清光緒十九年(1893)黔南李氏刻本　八冊

630000－1301－0004529　07487

樊榭山房集十卷續集十卷文集八卷外詩三卷又一卷外詞四卷外曲二卷　（清）厲鶚撰　清光緒十年(1884)錢塘汪氏振綺堂刻本　六冊

630000－1301－0004530　07489

御纂醫宗金鑑十六卷首一卷　（清）吳謙等纂修　清刻本　八冊

630000－1301－0004531　07490

山西先生真文忠公讀書記四十卷　（宋）真德秀撰　清刻本　二十九冊　存三十八卷(二至三十九)

630000－1301－0004532　07491

歷代職官表六卷　（清）黃本驥撰　清光緒二十四年(1898)柏經正堂刻本　二冊

630000－1301－0004533　07492

溫熱經緯五卷　（清）王士雄撰　清光緒十一年(1885)松韻閣刻本　四冊

630000－1301－0004534　07494

[同治]黃縣志十四卷首一卷末一卷　（清）尹繼美纂修　清同治十年(1871)刻本　四冊

630000－1301－0004535　07495

新刻諸葛宗岳史四公文集三十卷　（清）劉質慧輯　清同治十二年(1873)三原劉氏述荊堂刻本　十四冊

630000－1301－0004536　07498

聲調譜一卷　（清）吳鎮編　清乾隆二十九年(1764)刻本　一冊

630000－1301－0004537　07499

遊宦紀聞十卷　（宋）張世南撰　清刻本　一冊

630000－1301－0004538　07500

繼雅堂詩集三十四卷　（清）陳僅撰　清道光二十七年(1847)刻本　六冊

630000－1301－0004539　07501

正誼堂文集十二卷道統錄二卷附錄一卷居濟一得八卷　（清）張伯行撰　程氏家塾讀書分年日程三卷綱領一卷　（元）程端禮編　清同治福州正誼書院刻本　十冊

630000－1301－0004540　07503

雙榆草堂詩一卷　（清）李協中撰　清光緒二年(1876)廣東以文堂刻本　一冊

630000－1301－0004541　07504

荒政輯要九卷首一卷　（清）汪志伊纂　清道光十二年(1832)來鹿堂刻本　四冊

630000－1301－0004542　07505

孫淵如先生全集二十二卷　（清）孫星衍撰　清光緒十一年(1885)吳縣朱氏槐廬家塾刻本　七冊　存十七卷(文集十二卷、詩錄一至五)

630000－1301－0004543　07508

太平寰宇記二百卷目錄二卷　（宋）樂史撰

清紅杏山房校本　三十六冊

630000－1301－0004544　07509

驗方新編十卷首一卷　（清）鮑相璈編　清光緒三十年(1904)揚州益智社鉛印本　十冊

630000－1301－0004545　07512

金索六卷首一卷石索六卷　（清）馮雲鵬（清）馮雲鵷輯　清光緒三十二年(1906)上海文新局石印本　二十四冊

630000－1301－0004546　07513

理氣圖說四卷　（清）周惇庸輯　清文奎堂刻本　四冊

630000－1301－0004547　07514

公餘偶談四卷　（清）俞樹風撰　清東甌郭博古齋刻本　四冊

630000－1301－0004548　07515

履園叢話二十四卷　（清）錢泳輯　清同治九年(1870)述德堂刻本　十冊

630000－1301－0004549　07518

道古堂文集四十八卷詩集二十六卷集外詩一卷文一卷軼事一卷　（清）杭世駿撰　清乾隆刻本　四冊　存二十六卷(詩集二十六卷)

630000－1301－0004550　07519

十三經集字摹本不分卷　（清）彭玉雯編　清道光二十九年(1849)彭氏刻本　八冊

630000－1301－0004551　07520

玉皇心印妙經真解不分卷　題（清）醒夢道人注　清道光十六年(1836)刻本　一冊

630000－1301－0004552　07526

[光緒]上虞縣志四十八卷首一卷末一卷　（清）唐煦春修　（清）朱士黻纂　清光緒十七年(1891)刻本　二十冊

630000－1301－0004553　07527

[淳熙]新安志十卷附錄一卷　（宋）羅願纂　清黟邑李氏刻本　四冊

630000－1301－0004554　07531

小檀欒室彙刻閨秀詞一百種一百十二卷　徐乃昌輯　清光緒二十一年至二十二年(1895

–1896）南陵徐氏刻本　　二十冊

630000－1301－0004555　07540

襪鈔不分卷　（清）來維禮輯　清末西寧來維
禮抄本　一冊

630000－1301－0004556　07543

羅鄂州小集六卷附羅郢州遺文一卷　（宋）羅
願撰　清光緒十九年（1893）黟縣李氏仿明洪
武本　二冊

630000－1301－0004557　07544

同仁堂藥目不分卷　（清）同仁堂編　清光緒
十五年（1889）同仁堂刻本　一冊

630000－1301－0004558　07545

遠西奇器圖說錄最三卷　（明）鄧玉函口授
（清）王徵譯　新製諸器圖說一卷　（清）王徵
撰　清道光十年（1830）來鹿堂刻本　四冊

630000－1301－0004559　07546

萬國藥方八卷　（美國）洪立提反譯　清光緒
二十二年（1896）鉛印本　八冊

630000－1301－0004560　07547

江氏音學十書（原缺三種）十一卷附一種一卷
　（清）江有誥撰　清嘉慶至道光刻本　八冊

630000－1301－0004561　07551

傳家寶不分卷　（清）石成金撰　清刻本　二
冊（合訂一冊）

630000－1301－0004562　07553

御製耕織圖二卷　（清）聖祖玄燁撰　（清）焦
秉貞繪圖　清光緒十一年（1885）上海文瑞樓
石印本　二冊

630000－1301－0004563　07556

歷代職官表六卷　（清）黃本驥撰　清光緒八
年（1882）上海王氏印本　三冊

630000－1301－0004564　07557

皇朝輿地韻編一卷略一卷　（清）李兆洛輯
清同治四年（1865）四知堂刻本　二冊

630000－1301－0004565　07560

通鑑地理通釋十四卷　（宋）王應麟撰　清光
緒九年（1883）浙江書局刻玉海本　三冊

630000－1301－0004566　07561

書目答問四卷附古今人箸述合刻叢書目一卷
別錄一卷國朝箸述諸家姓名略一卷　（清）張
之洞撰　清光緒十四年（1888）上海蜚英館石
印本　二冊

630000－1301－0004567　07562

綏寇紀略十二卷補遺三卷　（清）吳偉業纂輯
　清嘉慶張氏照曠閣刻本　十六冊

630000－1301－0004568　07563

玉井山館文略五卷詩十五卷詩餘一卷　（清）
許宗衡撰　清同治四年（1865）刻本　四冊

630000－1301－0004569　07566

綏寇紀略十二卷補遺三卷　（清）吳偉業纂輯
　清嘉慶張氏照曠閣刻本　三冊　存十二卷

630000－1301－0004570　07567

元書一百○二卷首一卷　（清）曾廉撰　清宣
統三年（1911）層漪堂刻本　二十冊

630000－1301－0004571　07571

喪服表一卷殤服表一卷　（清）孔繼汾輯　清
光緒元年（1875）退補齋刻本　一冊

630000－1301－0004572　07573

產孕集二卷　（清）張曜孫撰　清同治七年
（1868）蘊璞齋刻本　一冊

630000－1301－0004573　07574

竹林寺婦科秘方一卷　（清）竹林寺僧編　清
刻本　一冊

630000－1301－0004574　07578

西醫胎產舉要一卷　（美國）阿庶頓輯　（清）
尹端模譯　清光緒十九年（1893）羊城博濟醫
局刻本　二冊

630000－1301－0004575　07580

女科二卷　（清）傅山撰　清同治七年（1868）
濟南公廨刻本　二冊

630000－1301－0004576　07581

外科證治全生不分卷　（清）王維德撰　清咸
豐十一年（1861）武昌節署刻本　一冊

630000－1301－0004577　07582

產科心法二卷附方一卷　　（清）汪喆撰　清嘉慶九年（1804）刻本　一冊

630000－1301－0004578　07583

全體通考十八卷圖三卷　（英國）醫德貞子固撰　清光緒十二年（1886）鉛印本　十二冊

630000－1301－0004579　07584

吊腳痧方論不分卷　　（清）徐子默撰　清光緒二十一年（1895）悟雲草堂刻本　一冊

630000－1301－0004580　07585

怪疾奇方一卷　　（宋）夏德撰　清嘉慶六年（1801）古愚山房刻本　一冊

630000－1301－0004581　07586

推拿廣意三卷　（清）陳世凱重訂　（清）熊應雄纂輯　清掃葉山房刻本　二冊

630000－1301－0004582　07589

藏園九種曲十三卷　　（清）蔣士銓撰　清乾隆紅雪樓刻漁古堂印本　十二冊

630000－1301－0004583　07591

真理課選不分卷　　（□）□□編　清宣統元年（1909）漢口聖教書局印本　一冊

630000－1301－0004584　07593

陶齋吉金續錄二卷附補遺一卷　　（清）端方輯　清宣統元年（1909）端氏金陵石印本　二冊

630000－1301－0004585　07594

陶齋吉金錄八卷　　（清）端方輯　清光緒三十四年（1908）端氏金陵石印本　八冊

630000－1301－0004586　07596

江上小蓬萊吟舫詩存十卷　　（清）葉坤厚撰　清光緒九年（1883）陝西藩署刻本　十冊

630000－1301－0004587　07598

真理課選不分卷　　（□）□□編　清光緒二十二年（1896）漢鎮英漢書館鉛印本　一冊

630000－1301－0004588　07599

蠶尾集十卷續集二卷後集二卷　　（清）王士禛撰　清康熙三十五年（1696）刻王漁洋遺書本　六冊

630000－1301－0004589　07600

童山詩選五卷　　（清）李調元撰　清古棠書屋刻本　二冊

630000－1301－0004590　07601

淩谿先生集十八卷　　（明）朱應登撰　清道光十五年（1835）刻本　二冊

630000－1301－0004591　07602

[同治]祁門縣誌三十六卷首一卷　　（清）周溶修　（清）汪韻珊纂　清同治十二年（1873）刻本　十二冊

630000－1301－0004592　07603

玉淙詞一卷　　（清）潘曾瑋撰　清咸豐四年（1854）蘇城徐元圃局刻本　一冊

630000－1301－0004593　07607

西夏紀事本末三十六卷年表一卷　　（清）張鑑撰　清光緒十年（1884）江蘇書局刻本　四冊

630000－1301－0004594　07610

[同治]重修山陽縣志二十一卷圖一卷　　（清）張兆棟　（清）孫雲修　（清）何紹基　（清）丁晏等纂　清同治十二年（1873）刻本　八冊

630000－1301－0004595　07612

[光緒]平湖縣志二十五卷首一卷末一卷　（清）彭潤章等修　（清）葉廉鍔等纂　平湖殉難錄一卷　（清）彭潤章撰　清光緒十二年（1886）刻本　十三冊

630000－1301－0004596　07613

陔餘叢考四十三卷　　（清）趙翼撰　清刻本（第一冊卷一至二爲乾隆五十五年（1790）湛貽堂本）　十二冊

630000－1301－0004597　07616

暢園叢書甲函五種十二卷　　（清）張邁輯　清光緒二十年（1894）始豐張氏四明刻本　四冊

630000－1301－0004598　07617

漢官儀三卷　　（漢）劉攽撰　清道光四年（1824）影宋本　一冊

630000－1301－0004599　07618

藕香零拾三十九種一百〇二卷　　繆荃孫輯

清光緒至宣統刻本　三十二冊

630000－1301－0004600　07619

產寶不分卷　（清）倪枝維撰　清同治十年（1871）三自反齋刻本　一冊

630000－1301－0004601　07620

蒙古遊牧記十六卷　（清）張穆撰　清光緒二十年（1894）復古書局石印本　五冊　存十二卷（一至十二）

630000－1301－0004602　07623

疫痧草辨論章不分卷　（清）陳耕道撰　清道光十八年（1838）刻本　一冊

630000－1301－0004603　07624

治痧全編二卷　（清）高杲編　清光緒三十三年（1907）上海時中書局鉛印本　一冊

630000－1301－0004604　07628

經驗良方大全十卷首一卷　（清）黃伯垂撰（清）王孟英續編　清光緒二十年（1894）上海進步書局石印本　十冊

630000－1301－0004605　07631

曹集銓評十卷逸文一卷魏陳思王年譜一卷（清）丁晏撰　清同治十一年（1872）金陵書局刻本　二冊

630000－1301－0004606　07632

閨秀詞鈔十六卷補遺一卷　徐乃昌撰　清宣統元年（1909）小檀欒室刻本　八冊

630000－1301－0004607　07634

史外八卷　（清）汪有典撰　清光緒三年（1877）刻本　八冊

630000－1301－0004608　07637

清秘述聞十六卷　（清）法式善編　**續十六卷**（清）王家相編　**補一卷**　（清）錢維福編清光緒十三年（1887）刻本　八冊

630000－1301－0004609　07642

山谷詩集注二十卷外集詩註十七卷別集詩註二卷　（宋）黃庭堅撰　（宋）任淵等註　清宣統二年（1910）印光緒二十五年（1899）影宋本二十冊

630000－1301－0004610　07643

紉齋畫賸不分卷　（清）陳允升編　清光緒二年（1876）甬上陳氏得古觀室刻本　四冊

630000－1301－0004611　07645

湘軍記二十卷　（清）王定安撰　清光緒十五年（1889）江南書局刻本　十二冊

630000－1301－0004612　07647

江西全省輿圖十四卷　（清）□□等纂　清宣統元年（1909）官紙刷印所石印本　十四冊

630000－1301－0004613　07649

人壽金鑑二十二卷　（清）程得齡輯　清光緒元年（1875）湖北崇文書局刻本　六冊

630000－1301－0004614　07651

古逸叢書二十六種二百〇九卷　（清）黎庶昌編　清光緒中黎庶昌日本東京使署影刻本四十二冊

630000－1301－0004615　07661

資治通鑑地理今釋十六卷　（清）吳熙載撰清光緒八年（1882）江蘇書局刻本　三冊

630000－1301－0004616　07665

顧亭林先生年譜不分卷　（清）張穆編　清道光二十四年（1844）刻本　一冊

630000－1301－0004617　07666

半塘丁稿一卷戍稿一卷　（清）王鵬運撰　清光緒刻本　一冊

630000－1301－0004618　07667

明文明不分卷　（清）路德輯　清道光五年（1825）文筠堂刻本　一冊

630000－1301－0004619　07668

紅樓夢偶說二卷　（清）簀覆山房編　清光緒二年（1876）簀覆山房刻本　二冊

630000－1301－0004620　07669

高季迪先生集十八卷　（元）高啟撰　清光緒十四年（1888）刻本　六冊

630000－1301－0004621　07671

郡縣分韻考十卷　（清）黃本驥撰　清道光中湘陰蔣環刻光緒四年（1878）古香書閣印三長

物齋叢書本　三冊

630000－1301－0004622　07679

平定粵匪紀略十八卷附記四卷　（清）杜文瀾纂　清同治十年（1871）京都聚珍齋刻本十册

630000－1301－0004623　07681

儀顧堂集十六卷　（清）陸心源撰　清同治十三年（1874）福州刻本　四冊

630000－1301－0004624　07683

小謨觴館全集四種二十六卷　（清）彭兆蓀撰（清）孫元培　（清）孫長熙注　清同治十三年（1874）吳縣潘氏滂喜齋刻本　六冊　存一種十八卷（詩集八卷續集二卷詩餘一卷续一卷文集四卷續集二卷）

630000－1301－0004625　07699

康熙字典十二集三十六卷總目一卷檢字一卷辨似一卷等韻一卷補遺一卷備考一卷　（清）張玉書等編　清光緒二十二年（1896）上海瀛華書局銅活字印本　四冊

630000－1301－0004626　07701

全上古三代秦漢三國六朝文七百四十六卷（清）嚴可均輯　清光緒十九年（1893）廣州廣雅書局刻本　一百冊

630000－1301－0004627　07708

欽定滿洲源流考二十卷首一卷　（清）阿桂等纂　清光緒三十年（1904）中西書局石印本四冊

630000－1301－0004628　07722

婦女賢一說曉一卷　（□）□□撰　清巴川同文堂刻本　一冊

630000－1301－0004629　07730

[光緒]常昭合志稿四十八卷首一卷末一卷（清）鄭鍾祥　（清）張瀛修　（清）龐鴻文等纂　清光緒三十年（1904）木活字印本　十六冊

630000－1301－0004630　07730

校勘記一卷　（清）張守誠撰　清光緒三十四

年（1908）上海時中書局鉛印本　與普查號4629 合函

630000－1301－0004631　07731

汪龍莊先生遺書四種十五卷　（清）汪輝祖撰　清光緒中山東書局刻本　六冊

630000－1301－0004632　07732

經籍舉要不分卷　（清）龍啟瑞撰　清光緒十一年（1885）甘肅督學使刻本　一冊

630000－1301－0004633　07733

英國等國稅則條款不分卷　（清）吳毓麟等編清山東書局校刻本　十冊

630000－1301－0004634　07734

李義山詩集三卷詩譜一卷目錄一卷　（唐）李商隱撰　（清）朱鶴齡箋註　清刻三色套印本四冊

630000－1301－0004635　07736

李義山詩集三卷詩譜一卷目錄一卷　（唐）李商隱撰　（清）朱鶴齡箋註　清同治九年（1870）廣州刻三色套印本　四冊

630000－1301－0004636　07740

續富國策四卷　（清）陳熾編　清光緒二十二年（1896）刻本　四冊

630000－1301－0004637　07742

金剛經傳燈真解不分卷　題無量度世古佛撰題無極匯真子增批　清宣統二年（1910）蘭州刻本　一冊

630000－1301－0004638　07745

[同治]蘇州府志一百五十卷首三卷　（清）李銘皖　（清）譚鈞培修　（清）馮桂芬纂　清光緒八年（1882）江蘇書局刻本　八十冊

630000－1301－0004639　07749

本草述鈎元三十二卷　（清）楊時泰輯　清道光二十二年（1842）刻本　十冊

630000－1301－0004640　07755

蘇省輿地圖說不分卷　（清）丁日昌等纂　清同治七年（1868）刻本　四冊

630000－1301－0004641　07756

小謨觴館全集四種二十六卷 （清）彭兆蓀撰
（清）孫元培　（清）孫長熙注　清光緒中鎮
洋繆荃蓀刻三十二年（1906）彙印本　十七冊
　　存四種二十四卷（詩集三至八續集二卷詩
餘一卷續一卷文集四卷續集二卷、懺摩錄一
卷、潘瀾筆記二卷、附錄四卷補遺一卷）

630000－1301－0004642　07757
江蘇全省輿圖不分卷 （清）諸可寶纂　清光
緒二十一年（1895）江蘇書局刻本　三冊

630000－1301－0004643　07758
**武英殿聚珍版書一百四十九種二千九百四十
三卷** （清）金簡等撰　清光緒二十五年
（1899）廣雅書局刻本　七百○二冊　存一百
二十三種一千九百八十六卷（周易口訣義六
卷、易說六卷、吳園周易解九卷附錄一卷、易
原八卷、郭氏傳家易說十一卷總論一卷、誠齋
易傳二十卷、易象意言一卷、易學濫觴一卷、
易緯十二卷、禹貢指南四卷、禹貢說斷四卷、
尚書詳解五十卷、融堂書解二十卷、詩總聞二
十卷、續呂氏家塾讀詩記三卷、絜齋毛詩經筵
講義四卷、儀禮識誤三卷、儀禮集釋三十卷、
儀禮釋宮一卷、大戴禮記十三卷、春秋釋例十
五卷、春秋傳說例一卷、春秋經解十五卷、春
秋辨疑四卷、春秋攷十六卷、春秋集註四十
卷、鄭志三卷、論語意原四卷、輶軒使者絕代
語釋別國方言十三卷、兩漢刊誤補遺十卷、五
代史纂誤三卷、東觀漢記二十四卷、御選明臣
奏議四十卷、魏鄭公諫續錄二卷、元朝名臣事
略十五卷、鄰中記一卷、琉球國志略十六卷首
一卷、元和郡縣志四十卷、元豐九域志十卷、
輿地廣記三十八卷、水經注四十卷、嶺表錄異
三卷、麟臺故事五卷、五代會要三十卷、宋朝
事實二十卷、東漢會要四十卷、漢官舊儀二卷
補遺一卷、欽定武英殿聚珍版程式一卷、直齋
書錄解題二十二卷、絳帖平六卷總錄一卷、唐
書直筆四卷、傅子一卷、帝範四卷、公是弟子
記四卷、明本釋三卷、項氏家說十卷附錄二
卷、農桑輯要七卷、蘇沈良方八卷、小兒藥證
眞訣三卷、周髀算經二卷附音義一卷、九章算
術九卷附音義一卷、孫子算經三卷、海島算經
一卷、五曹算經五卷、夏侯陽算經三卷、五經

算術二卷、寶眞齋法書贊二十八卷、墨法集要
一卷、猗覺寮雜記二卷、能改齋漫錄十八卷、
雲谷雜記四卷首一卷末一卷、學林十卷、甕牖
閒評八卷、攷古質疑六卷、朝野類要五卷、欽
定四庫全書考證一百卷、澗泉日記三卷、敬齋
古今黈八卷、意林五卷、涑水記聞十六卷、唐
語林八卷、歸潛志十四卷、老子道德經二卷、
文子纘義十二卷、張燕公集二十五卷、文忠集
十六卷、南陽集六卷、元憲集三十六卷、景文
集六十二卷、文恭集四十卷、祠部集三十五
卷、華陽集四十卷、公是集五十四卷、彭城集
四十卷、淨德集三十八卷、忠肅集二十卷、山
谷內集詩注二十卷外集詩注十七卷別集詩注
二卷、後山詩十二卷、柯山集五十卷、陶山集
十六卷、學易集八卷、西臺集二十卷、浮沚集
九卷、毘陵集十六卷、浮溪集三十二卷、簡齋
集十六卷、茶山集八卷、文定集二十四卷、雪
山集十六卷、攻媿集一百十二卷、乾道稿二卷
淳熙稿二十卷章泉稿五卷、止堂集十八卷、絜
齋集二十四卷、南澗甲乙稿二十二卷、蒙齋集
二十卷、恥堂存稿八卷、拙軒集六卷、金淵集
六卷、文苑英華辨證十卷、悅心集五卷、歲寒
堂詩話二卷、碧溪詩話十卷、浩然齋雅談三
卷）

630000－1301－0004644　07765
英軺日記十二卷 （清）載振撰　清光緒二十
九年（1903）上海文明書局鉛印本　四冊

630000－1301－0004645　07766
秘書廿一種九十四卷 （清）汪士漢輯　清文
盛堂刻本　十六冊

630000－1301－0004646　07767
陳刻二種二十二卷 （清）陳世修輯　清光緒
元年至二年（1875－1876）陳氏刻本　四冊

630000－1301－0004647　07770
御纂性理精義十二卷 （清）李光地等撰　清
刻本　六冊

630000－1301－0004648　07774
**歐陽文忠公全集一百五十三卷年譜一卷附錄
五卷** （宋）歐陽修撰　清乾隆十一年（1746）

孝思堂刻本　四十八冊

630000－1301－0004649　07775

積學齋叢書二十種六十三卷　徐乃昌輯　清
光緒中南陵徐氏刻本　二十冊

630000－1301－0004650　07776

隨盦徐氏叢書初集十種五十二卷　徐乃昌編
　清光緒南陵徐氏影宋刻本　十二冊

630000－1301－0004651　07785

三十二蘭亭室詩存八卷續刻二卷　（清）劉湞
年撰　清光緒元年(1875)羊城刻本　一冊
存續刻二卷

630000－1301－0004652　07788

增注類說活人書二十二卷　（宋）朱肱撰
（明）吳勉學校　清光緒二十三年(1897)廣州
儒雅堂刻本　四冊

630000－1301－0004653　07796

忍冬盦詩集四卷　（清）汪坤撰　清刻本
四冊

630000－1301－0004654　07797

傷寒論六卷　（清）張志聰註釋　（清）高世栻
纂輯　清平遠樓刻本　六冊

630000－1301－0004655　07798

補注黃帝内經素問二十四卷　（唐）王冰注
（宋）林億等校正　**遺篇一卷**　（宋）劉温舒撰
　靈樞十二卷　（宋）史崧音撰　清光緒三年
(1877)浙江書局據明武陵顧氏影宋嘉祐刻本
（牌記爲手抄）　十六冊

630000－1301－0004656　07800

張仲景金匱要略論註二十四卷　（清）徐彬撰
　清光緒五年(1879)上海校經房成記書局刻
本　六冊

630000－1301－0004657　07810

皇清經解續編一千四百三十卷　王先謙輯
清光緒十四年(1888)南菁書院刻本　三百二
十冊

630000－1301－0004658　07811

水經注四十卷首一卷　（北魏）酈道元撰　**水**

242

經注附錄二卷　（清）趙一清錄　清光緒二十
三年(1897)新化三味書室據長沙王氏本刻本
　十六冊

630000－1301－0004659　07812

詩經詮義六卷首一卷　（清）汪烜纂集　清道
光二十三年(1843)世德堂刻本　七冊

630000－1301－0004660　07813

唐宋十大家全集錄五十四卷　（清）儲欣輯
清光緒八年(1882)江蘇書局刻本　三十二冊

630000－1301－0004661　07814

藏書記要一卷　（清）孫從添撰　清嘉慶十六
年(1811)刻士禮居黃氏叢書本　一冊

630000－1301－0004662　07818

青囊玉尺度金鍼集六卷　（清）舒鳳儀纂圖
（清）段喆著說　清光緒十六年(1890)徐州道
署刻本　六冊

630000－1301－0004663　07820

萬斛珠類編八卷　（明）王世貞撰　（清）秦錫
淳重編　清經笥堂刻本　六冊

630000－1301－0004664　07823

歷代名臣言行錄二十四卷　（清）朱桓編輯
清光緒十七年(1891)上海廣百宋齋鉛印本
十二冊

630000－1301－0004665　07825

輟畊錄三十卷　（元）陶宗儀撰　清刻本
十冊

630000－1301－0004666　07826

堯峰文鈔四十卷　（清）汪琬撰　（清）林佶編
　清宣統二年(1910)集成圖書公司石印本
四冊　存二十卷(一至二十)

630000－1301－0004667　07829

隋經籍志考證十三卷　（清）章宗源撰　清光
緒三年(1877)湖北崇文書局刻本　四冊

630000－1301－0004668　07830

五經經義合參二十二卷　（□）□□編　清刻
本　十六冊

630000－1301－0004669　07831

大清搢紳全書不分卷　（清）□□編　清光緒
二十年(1894)聚錦堂刻本　六冊

630000－1301－0004670　07833
明紀六十卷　（清）陳鶴撰　清同治十年
(1871)江蘇書局刻本　二十冊

630000－1301－0004671　07834
徐州二遺民集十卷　（清）馮煦輯　清光緒十
九年(1893)臨川桂中行刻本　五冊

630000－1301－0004672　07835
韓詩外傳十卷　（漢）韓嬰撰　清乾隆刻本
六冊

630000－1301－0004673　07836
重刊拜經樓叢書七種二十三卷　（清）吳騫輯
　清光緒十一年(1885)會稽章氏鄂渚刻本
六冊

630000－1301－0004674　07842
本草綱目五十二卷圖二卷奇經八脈考二卷目
錄一卷　（明）李時珍撰　本草萬方鍼線八卷
　（清）蔡烈先輯　清光緒十一年(1885)張氏
味古齋刻本　三十二冊

630000－1301－0004675　07843
本草綱目拾遺十卷　（清）趙學敏輯　清光緒
十一年(1885)張氏味古齋刻本　八冊

630000－1301－0004676　07846
[光緒]癸卯科直墨采真不分卷　（清）京都大
學堂評選　清光緒三十年(1904)京都大西堂
石印本　一冊

630000－1301－0004677　07847
勦逆圖說全玫二卷　（□）□□撰　清光緒二
十年(1894)上海書局石印本　二冊

630000－1301－0004678　07848
四裔製作全輿三卷　（清）歸曾祁編　清光緒
二十八年(1902)石印本　一冊

630000－1301－0004679　07856
葉天士眼科方一卷　（清）葉桂撰　清光緒三
十三年(1907)揚州趙聚賢齋刻書補刻本
一冊

630000－1301－0004680　07857
秘傳花鏡六卷圖一卷　（清）陳淏子撰　清刻
本　四冊

630000－1301－0004681　07867
宋本十三經註疏四百十六卷附校勘記四百十
六卷附一種四卷　校勘記(清)阮元撰　（清）
盧宣旬摘錄　清光緒十三年(1887)上海脈望
仙館石印本　三十二冊

630000－1301－0004682　07871
文選樓叢書三十一種四百八十卷　（清）阮亨
輯　清嘉慶至道光儀徵阮氏刻本　一百四十
二冊

630000－1301－0004683　07872
許文正公遺書十二卷首一卷末一卷　（元）許
衡撰　清光緒十三年(1887)傳經堂刻西京清
麓叢書本　四冊

630000－1301－0004684　07873
胭脂牡丹尺牘六卷　（清）韓鄂輯錄　清咸豐
十年(1860)右文堂刻本　六冊

630000－1301－0004685　07874
重訂廣事類賦四十卷　（清）華希閔撰　清嘉
慶六年(1801)劍光閣刻本　六冊

630000－1301－0004686　07878
永嘉叢書十三種一百九十一卷　（清）孫衣言
輯　清同治至光緒瑞安孫氏詒善祠塾刻本
四十三冊　存十種一百五十五卷(集韻考正
十卷、劉給諫文集五卷、劉左史文集四卷、橫
塘集二十卷、艮齋先生薛常州浪語集三十五
卷、竹軒雜著六卷、止齋先生文集五十二卷附
錄一卷、水心先生別集十六卷、蒙川先生遺稿
四卷補遺一卷、開禧德安守城錄一卷）

630000－1301－0004687　07880
元經薛氏傳十卷　（隋）王通經　（唐）薛牧撰
　清刻本　二冊

630000－1301－0004688　07882
宋忠定趙周王別錄八卷奏議四卷　葉德輝編
　清宣統二年(1910)葉氏觀古堂刻本　六冊

630000－1301－0004689　07883

國朝御史題名不分卷滿洲蒙古御史題名不分卷　（清）黃叔璥編　清道光十七年（1837）刻本　三冊

630000－1301－0004690　07884

桯史十卷附錄一卷　（宋）岳珂撰　清嘉慶十年（1805）張氏照曠閣刻本　四冊

630000－1301－0004691　07886

歷朝法華持驗紀二卷　（清）周克復纂　清光緒十年（1884）刻本　一冊

630000－1301－0004692　07887

蜀典十二卷　（清）張澍輯　清光緒二年（1876）四川尊經書院刻本　四冊

630000－1301－0004693　07892

東塾讀書記二十五卷　（清）陳澧撰　清光緒八年（1882）刻本（十三至十四、十七至二十、二十二至二十五未刻）　五冊　存十五卷（一至十二、十五至十六、二十一）

630000－1301－0004694　07893

四六叢話三十三卷選詩叢話一卷　（清）孫梅輯　清光緒七年（1881）吳下刻本　十二冊

630000－1301－0004695　07896

詞林分類次韻便讀三字錦九卷末一卷　（清）趙暄輯　清道光二十二年（1842）刻本　八冊

630000－1301－0004696　07897

康熙字典十二集三十六卷總目一卷檢字一卷辨似一卷等韻一卷補遺一卷備考一卷　（清）張玉書等撰　清康熙五十五年（1716）刻本　四十冊

630000－1301－0004697　07899

昌黎先生集四十卷外集十卷遺文一卷　（唐）韓愈撰　（唐）李漢編　韓集點勘四卷　（清）陳景雲撰　清宣統三年（1911）石印本　十冊

630000－1301－0004698　07901

重訂廣事類賦四十卷　（清）華希閔撰　清光緒二年（1876）三義會刻本　三十冊

630000－1301－0004699　07904

書經六卷　（宋）蔡沈集傳　清宣統元年（1909）上海掃葉山房石印本　四冊

630000－1301－0004700　07905

新刊醫林狀元壽世保元十卷　（明）龔廷賢編　清嘉慶九年（1804）集成堂刻本　十冊

630000－1301－0004701　07906

瘟疫論二卷附一卷　（明）吳有性撰　清刻本　二冊

630000－1301－0004702　07907

詞林分類次韻便讀三字錦九卷末一卷　（清）趙暄輯　清道光二十二年（1842）刻本　六冊（合訂三冊）

630000－1301－0004703　07908

試策便覽十六卷　（清）王綜　（清）王誥撰　清乾隆三十六年（1771）對山樓刻本　八冊（合訂四冊）

630000－1301－0004704　07910

大學衍義四十三卷　（宋）真德秀輯　清雍正五年（1727）刻本　八冊

630000－1301－0004705　07911

歸愚文鈔餘集八卷　（清）沈德潛撰　清乾隆寫刻本　四冊

630000－1301－0004706　07914

乾隆府廳州縣圖志五十卷　（清）洪亮吉撰　清光緒二十三年（1897）新化三味書室刻本　二十冊

630000－1301－0004707　07915

林文忠公政書三十七卷　（清）林則徐撰　事略一卷　（清）李元度撰　清刻本　十冊

630000－1301－0004708　07926

西藏圖考八卷首一卷　（清）黃沛翹輯　清光緒十七年（1891）讀我書齋刻本　四冊

630000－1301－0004709　07928

苗防備覽二十二卷　（清）嚴如熤撰　清道光二十三年（1843）紹義堂刻本　十冊

630000－1301－0004710　07936

太白山人槲葉集五卷南遊草一卷　（清）李柏

撰　補遺一卷　（清）王心敬等撰　清光緒二
十四年（1898）刻本　六冊

630000－1301－0004711　07940
西漢會要七十卷目錄一卷　（宋）徐天麟撰
清乾隆三十九年（1774）武英殿聚珍版刻本
十四冊

630000－1301－0004712　07941
出使美日秘崔日記十六卷　（清）崔國因撰
清光緒二十年（1894）刻本　十二冊

630000－1301－0004713　07946
經傳釋詞十卷　（清）王引之撰　清嘉慶二十
四年（1819）刻本　四冊

630000－1301－0004714　07947
劍俠傳四卷　（□）□□編　（清）任熊畫像
（清）王齡校　清咸豐八年（1858）王氏養和堂
刻本　一冊

630000－1301－0004715　07948
全滇紀要不分卷　（清）雲南課吏館編　清光
緒三十一年（1905）刻本　十冊

630000－1301－0004716　07949
練兵實紀九卷雜集六卷　（明）戚繼光撰　清
咸豐四年（1854）光霽堂刻本　五冊

630000－1301－0004717　07953
史姓韻編六十四卷　（清）汪輝祖撰　清光緒
十年（1884）慈谿耕餘樓刻本　十六冊

630000－1301－0004718　07957
興平縣鄉土志六卷　張元際編　清光緒三十
三年（1907）木活字本　六冊

630000－1301－0004719　07959
皇朝輿地略不分卷　（清）六承如撰　清同治
二年（1863）刻本　一冊

630000－1301－0004720　07961
西陲總統事略十四卷　（清）汪廷楷輯　清嘉
慶十四年（1809）刻本　八冊

630000－1301－0004721　07979
鄂省州縣驛傳全圖不分卷綠營汛地全圖不分
卷荊州駐防牧廠全圖不分卷　（清）□□編

清末刻本　四冊

630000－1301－0004722　07980
長江圖說十二卷首一卷　（清）馬徵麟撰　清
同治十年（1871）湖北崇文書局刻本　五冊

630000－1301－0004723　07981
歷代輿地沿革險要圖說不分卷　楊守敬　饒
敦秩撰　清光緒二十四年（1898）上海文賢閣
石印本　一冊

630000－1301－0004724　07982
長江圖說十二卷首一卷　（清）馬徵麟撰　清
同治十年（1871）湖北崇文書局刻本　五冊

630000－1301－0004725　07983
長江圖說十二卷首一卷　（清）馬徵麟撰　清
同治九年（1870）金陵提署刻本　十二冊

630000－1301－0004726　07985
廣東輿地全圖不分卷　（清）張人駿等撰　清
光緒二十三年（1897）廣州石經堂石印本
二冊

630000－1301－0004727　07986
三省黃河全圖不分卷　（清）吳大澂等修　清
光緒十六年（1890）上海鴻文書局石印本
五冊

630000－1301－0004728　07987
廣東輿地全圖不分卷　（清）張人駿等撰　清
光緒二十三年（1897）廣州石經堂石印本
二冊

630000－1301－0004729　07988
峽江圖考不分卷　（清）江國璋撰　清光緒二
十年（1894）上洋袖海山房書局石印本　二冊

630000－1301－0004730　07989
補三國疆域志二卷　（清）洪亮吉撰　清光緒
十七年（1891）廣雅書局刻本　二冊

630000－1301－0004731　07990
湖北輿地圖四卷　（清）湖北營務處編　清光
緒二十七年（1901）湖北善後局石印本　四冊

630000－1301－0004732　07991
江蘇全省輿圖不分卷　（清）諸可寶編　清光

緒二十一年（1895）江蘇書局刻本　三冊

630000－1301－0004733　07998

歷代輿地沿革險要圖不分卷　楊守敬　饒敦
秩撰　清光緒五年（1879）東湖饒氏刻本
一冊

630000－1301－0004734　08002

歷代輿地沿革險要圖說不分卷　楊守敬　饒
敦秩撰　清光緒五年（1879）東湖饒氏刻本
一冊

630000－1301－0004735　08006

大方廣佛華嚴經八十卷　（唐）釋實義難陀譯
　大方廣佛華嚴經一卷　（唐）釋般若譯　明
永樂十七年（1419）刻本　七十八冊　存八十
卷（一至二十二、二十四至八十一）

630000－1301－0004736　08007

大般涅槃經四十卷　（北涼）釋曇無讖譯　**大
般涅槃經後兩卷**　（唐）釋若那跋陀羅等譯
清康熙南京見子橋曾鋪印本　四十二冊

630000－1301－0004737　08008

妙法蓮華經七卷　（後秦）釋鳩摩羅什譯　明
姑蘇中街路東經坊陸道山刻本　七冊

630000－1301－0004738　08009

妙法蓮華經七卷　（後秦）釋鳩摩羅什譯　清
刻本　七冊

630000－1301－0004739　08010

妙法蓮華經七卷　（後秦）釋鳩摩羅什譯　清
康熙印本　七冊

630000－1301－0004740　08011

妙法蓮華經七卷　（後秦）釋鳩摩羅什譯　清
康熙印本　七冊

630000－1301－0004741　08012

妙法蓮華經七卷　（後秦）釋鳩摩羅什譯　清
刻本　七冊

630000－1301－0004742　08013

妙法蓮華經七卷　（後秦）釋鳩摩羅什譯　清
康熙印本　六冊　存六卷（二至七）

630000－1301－0004743　08014

妙法蓮華經七卷　（後秦）釋鳩摩羅什譯　清
康熙印本　四冊　存四卷（二至四、六）

630000－1301－0004744　08015

慈悲道場懺法十卷　（南朝梁）武帝蕭衍等集
　清康熙印本　十冊

630000－1301－0004745　08016

慈悲道場懺法十卷　（南朝梁）武帝蕭衍等集
　清康熙印本　十冊

630000－1301－0004746　08017

慈悲道場懺法十卷　（南朝梁）武帝蕭衍等集
　清康熙印本　十冊

630000－1301－0004747　08018

慈悲道場懺法十卷　（南朝梁）武帝蕭衍等集
　清康熙印本　十冊

630000－1301－0004748　08019

慈悲道場懺法十卷　（南朝梁）武帝蕭衍等集
　清康熙印本　十冊

630000－1301－0004749　08020

慈悲道場懺法十卷　（南朝梁）武帝蕭衍等集
　清康熙印本　十冊

630000－1301－0004750　08021

慈悲道場懺法十卷　（南朝梁）武帝蕭衍等集
　清康熙印本　十冊

630000－1301－0004751　08022

慈悲道場懺法十卷　（南朝梁）武帝蕭衍等集
　清康熙印本　八冊　存八卷（二至八、十）

630000－1301－0004752　08023

慈悲道場懺法十卷　（南朝梁）武帝蕭衍等集
　清康熙江南聚寶門外經房周君賢刻本
十冊

630000－1301－0004753　08024

慈悲道場懺法十卷　（南朝梁）武帝蕭衍等集
　清康熙江南聚寶門外經房周君賢刻本
十冊

630000－1301－0004754　08025

慈悲道場懺法十卷　（南朝梁）武帝蕭衍等集
　清康熙江南聚寶門外經房周君賢刻本　九

冊　存九卷(一至四、六至十)

630000－1301－0004755　08026
慈悲道場懺法十卷　（南朝梁）武帝蕭衍等集
　　清康熙江南聚寶門外經房周君賢刻本　五
冊　存五卷(五至七、九至十)

630000－1301－0004756　08028
金光明最勝王經十卷　（唐）釋義淨譯　清康
熙印本　十冊

630000－1301－0004757　08029
大乘本生心地觀經八卷　（唐）釋般若等譯
清康熙印本　八冊

630000－1301－0004758　08030
大方便佛報恩經七卷　（□）釋□□譯　清康
熙印本　七冊

630000－1301－0004759　08031
三劫三千佛緣起一卷　（南朝宋）畺良耶舍譯
　　現在賢劫千佛名經一卷　（□）□□譯　未
來星宿劫千佛名經一卷　（□）□□譯　清康
熙十六年(1677)西安府三原縣清東坊刻本
三冊

630000－1301－0004760　08032
三劫三千佛緣起一卷　（南朝宋）畺良耶舍譯
　　現在賢劫千佛名經一卷　（□）□□譯　未
來星宿劫千佛名經一卷　（□）□□譯　清康
熙十六年(1677)西安府三原縣清東坊刻本
三冊

630000－1301－0004761　08033
三劫三千佛緣起一卷　（南朝宋）畺良耶舍譯
　　現在賢劫千佛名經一卷　（□）□□譯　未
來星宿劫千佛名經一卷　（□）□□譯　清康
熙十六年(1677)西安府三原縣清東坊刻本
三冊

630000－1301－0004762　08034
三劫三千佛緣起一卷　（南朝宋）畺良耶舍譯
　　現在賢劫千佛名經一卷　（□）□□譯　未
來星宿劫千佛名經一卷　（□）□□譯　清康
熙十六年(1677)西安府三原縣清東坊刻本
三冊

630000－1301－0004763　08035
三劫三千佛緣起一卷　（南朝宋）畺良耶舍譯
　　現在賢劫千佛名經一卷　（□）□□譯　未
來星宿劫千佛名經一卷　（□）□□譯　清康
熙十六年(1677)西安府三原縣清東坊刻本
三冊

630000－1301－0004764　08036
三劫三千佛緣起一卷　（南朝宋）畺良耶舍譯
　　現在賢劫千佛名經一卷　（□）□□譯　未
來星宿劫千佛名經一卷　（□）□□譯　清康
熙十六年(1677)西安府三原縣清東坊刻本
一冊　存未來星宿劫千佛名經一卷

630000－1301－0004765　08037
慈悲水懺法三卷　（南朝梁）武帝蕭衍等集
清康熙姑蘇皋橋東經坊陳奉山子季宣刻本
三冊

630000－1301－0004766　08038
慈悲水懺法三卷　（南朝梁）武帝蕭衍等集
清康熙姑蘇皋橋東經坊陳奉山子季宣刻本
三冊

630000－1301－0004767　08041
大佛頂如來密因修證了義諸菩薩萬行首楞嚴
經十卷　（唐）釋般刺密帝　（唐）釋彌伽釋迦
譯　明隆慶元年(1567)姜溢等刻本　三冊
存三卷(二、六、九)

630000－1301－0004768　08043
大方廣佛華嚴經三昧懺法五卷　（元）釋德異
集　清刻本　一冊　存一卷(五)

630000－1301－0004769　08047
急救應驗良方不分卷　（清）費山壽纂輯　清
光緒六年(1880)徐氏刻本　一冊

630000－1301－0004770　08048
產科心法二卷附方一卷　（清）汪喆撰　清道
光十四年(1834)上洋王氏曙海樓刻本　一冊

630000－1301－0004771　08049
唐五代宋元詞綜三十八卷　（清）朱彝尊輯
明詞綜十二卷國朝詞綜四十八卷二集八卷
（清）王昶輯　清光緒二十八年(1902)金匱浦

氏刻本　二十四冊

630000－1301－0004772　08054

歷代奸庸殷鑑錄三十二卷　（清）開智書局輯
　清光緒三十年（1904）上海開智書局石印本
　八冊

630000－1301－0004773　08055

滄靜齋文鈔六卷詩鈔六卷祭儀攷四卷說課二
卷邠風說二卷離騷箋二卷　（清）龔景瀚撰
清道光六年（1826）恩錫堂刻本　十冊

630000－1301－0004774　08056

經字正蒙八卷　（清）李文沂撰　清光緒十一
年（1885）粵東萃經堂刻本　八冊

630000－1301－0004775　08058

西夏紀事本末三十六卷首二卷　（清）張鑑撰
　清光緒十一年（1885）金陵刻本　三冊

630000－1301－0004776　08059

正蒙必讀初編六卷二編二卷三編四卷　（清）
陈蔚文編　清光緒三十一年（1905）刻本
六冊

630000－1301－0004777　08060

賦學指南十卷二集六卷　（清）余丙照輯　清
咸豐四年（1854）敬書堂刻本　八冊

630000－1301－0004778　08068

禹貢指南四卷　（宋）毛晃撰　清光緒九年
（1883）成都刻本　二冊

630000－1301－0004779　08072

三劫三千佛緣起一卷　（南朝宋）畺良耶舍譯
　現在賢劫千佛名經一卷　（□）□□譯　未
來星宿劫千佛名經一卷　（□）□□譯　清光
緒元年（1875）金陵刻經處刻本　一冊

630000－1301－0004780　08074

申質堂先生詩集不分卷　（清）申廷鑾撰
(清)王佩鍾編　清道光二十年（1840）刻本
一冊

630000－1301－0004781　08076

禹貢因不分卷　（清）沈練撰　清光緒十八年
（1892）歸案縣署刻本　一冊

630000－1301－0004782　08077

圖民錄四卷　（清）袁守定撰　清道光十四年
（1834）袁氏刻本　二冊

630000－1301－0004783　08079

州縣提綱四卷　（宋）陳襄撰　**捕蝗攷一卷**
（清）陳芳生撰　清咸豐四年（1854）刻長恩書
室叢書本　一冊

630000－1301－0004784　08081

補不足齋雜著四卷　（清）黃家鼎撰　清光緒
六年（1880）勤縣黃氏刻本　二冊

630000－1301－0004785　08083

胎產護生篇不分卷　（清）李長科纂　清道光
九年（1829）刻本　一冊

630000－1301－0004786　08085

桂宮梯八卷　（清）徐謙輯　清道光二十五年
（1845）湖南刻本　四冊

630000－1301－0004787　08086

增廣試帖詩海三十二卷　題（清）經訓堂主人
輯　清光緒十五年（1889）石印本　八冊

630000－1301－0004788　08087

子史輯要詩賦題解四卷續編四卷　（清）胡本
淵編　夏小正四卷　（清）任兆麟註　清文德
堂刻本　四冊

630000－1301－0004789　08088

傳家寶四集八卷　（清）石成金撰　清刻本
八冊

630000－1301－0004790　08093

增訂一夕話新集六卷　題（清）咄咄夫原本
清桂林堂刻本　二冊

630000－1301－0004791　08094

雲樣集八卷　（清）高陳謨編　清嘉慶二年
（1797）刻本　四冊

630000－1301－0004792　08095

綏寇紀略十二卷補遺三卷　（清）吳偉業纂輯
　清嘉慶張氏照曠閣刻本　六冊　存十二卷

630000－1301－0004793　08098

耳食錄十二卷二編八卷　（清）樂鈞撰　清同

治十年(1871)敦仁堂刻本　　六冊　存十七卷
(耳食録一至九、二編八卷)

630000 – 1301 – 0004794　08099

分類賦學雞跖集三十卷附錄一卷　（清）張維
城輯　清同治十三年(1874)粲花吟館刻本
三冊　存十四卷(一至十四)

630000 – 1301 – 0004795　08101

策學總纂大全四十八卷目錄二卷　（清）蔡壽
祺原輯　題（清）湖湘欝人補　清光緒八年
(1882)刻本　　二十四冊

630000 – 1301 – 0004796　08106

算經十書十一種三十七卷　（清）孔繼涵輯
清光緒十六年(1890)上海刻本　　九冊　存十
一種三十四卷(周髀算經二卷附音義一卷、九
章算術一至七附策算一卷、海島算經一卷、孫
子算經三卷、五曹算經五卷、夏侯陽算經三
卷、張丘建算經三卷、五經算術二卷附考證一
卷、緝古算經一卷、數術記遺一卷、句股割圜
記三卷)

630000 – 1301 – 0004797　08107

**湯子遺書十卷續編二卷潛菴先生擬明史稿二
十卷乾坤兩卦解一卷洛學編五卷首一卷**
(清)湯斌撰　清同治九年(1870)本祠堂刻本
　　十六冊　　存十一卷(湯子遺書十卷、首一
卷)

630000 – 1301 – 0004798　08110

訓俗遺規摘鈔四卷　（清）陳弘謀編　清光緒
十六年(1890)陝西求友齋刻本　　二冊

630000 – 1301 – 0004799　08111

**白香山詩長慶集二十卷後集十七卷別集一卷
補遺二卷**　（唐）白居易撰　（清）汪立名輯
年譜舊本一卷　（宋）陳振孫撰　**年譜一卷**
(清)汪立名撰　清康熙汪氏一隅草堂刻本
十二冊

630000 – 1301 – 0004800　08112

四書典制類聯三十三卷　（清）閻其淵輯　清
靜致書屋刻本　　十二冊

630000 – 1301 – 0004801　08113

胡文忠公遺集八十六卷首一卷　（清）胡林翼
撰　（清）鄭敦謹　（清）曾國荃編　清同治六
年(1867)刻本　　三十六冊

630000 – 1301 – 0004802　08114

新刊性理大全八卷　（宋）周敦頤等撰　（宋）
朱熹註　**性理體註補訓解備旨合參八卷**
(清)張道升　（清）仇廷桂纂輯　清咸豐元年
(1851)京都琉璃廠刻本　　四冊

630000 – 1301 – 0004803　08116

醫效秘傳二卷　（清）葉桂撰　（清）吳金壽校
　清道光十一年(1831)吳氏貯春僊館刻本
一冊

630000 – 1301 – 0004804　08118

響泉集詩十七卷文一卷詞二卷　（清）顧光旭
撰　清宣統二年(1910)無錫顧氏刻本　　四冊

630000 – 1301 – 0004805　08130

新編吏治縣鏡八卷　（清）徐文弼輯　清乾隆
三十年(1765)徐氏刻本　　六冊　存六卷(一
至三、五至七)

630000 – 1301 – 0004806　08131

詩韻集成十卷　（清）余照輯　**詞林典腋十卷**
　（□）□□輯　清道光二十七年(1847)書業
堂刻朱墨印本　　四冊(合訂三冊)

630000 – 1301 – 0004807　08132

少岊賦草四卷　（清）夏思沺撰　清刻本
四冊

630000 – 1301 – 0004808　08134

西北地理五種十六卷　（清）施世杰編　清光
緒二十三年(1897)鄑鄭學廬刻本　　四冊　存
四種十五卷(元秘史山川地名攷十二卷、西遊
錄注一卷、和林詩并注一卷、朔方備乘札記一
卷)

630000 – 1301 – 0004809　08135

鳳求鳳傳奇二卷　（清）李漁撰　清刻本
二冊

630000 – 1301 – 0004810　08136

類類聯珠初編三十二卷二編十二卷　（清）李

青海省圖書館古籍普查登記目錄

堃編　清同治十一年(1872)京都琉璃廠刻本
六冊

630000－1301－0004811　08137

壺舟詩存乙集一卷戊集一卷己集一卷庚集一
卷　(清)黄濬撰　清道光四年(1824)謙六堂
刻本　二冊

630000－1301－0004812　08138

九通序不分卷　(清)□□輯　清光緒二十八
年(1902)新學書社鉛印本　三冊

630000－1301－0004813　08139

銅竹齋詩賦鈔二卷　(清)王驤衢撰　清同治
十三年(1874)刻本　一冊

630000－1301－0004814　08140

天禄閣外史八卷　(漢)黄憲撰　清刻本　二
冊(合訂一冊)

630000－1301－0004815　08149

歷代輿地沿革險要圖說不分卷　楊守敬　饒
敦秩撰　清光緒二十四年(1898)上海石印本
一冊

630000－1301－0004816　08150

甌乘拾遺二卷　(清)洪守一輯　清道光三十
年(1850)舜吾堂刻本　一冊

630000－1301－0004817　08152

楚漢諸侯疆域志三卷　(清)劉文淇撰　清光
緒二年(1876)金陵刻本　一冊

630000－1301－0004818　08155

西湖志四十八卷　(清)傅王露等纂　清光緒
四年(1878)浙江書局刻本　二十冊

630000－1301－0004819　08156

道德經評註二卷　(漢)河上公章句　清嘉慶
九年(1804)姑蘇聚文堂刻本　二冊

630000－1301－0004820　08157

南華眞經十卷　(戰國)莊周撰　(晉)郭象註
(唐)陸德明音義　清嘉慶九年(1804)姑蘇
聚文堂刻本　六冊

630000－1301－0004821　08167

宦海指南五種八卷　(清)許乃普輯　清咸豐

九年(1859)錢塘許氏刻本　六冊

630000－1301－0004822　08171

阿富汗土耳基斯坦志一卷阿富汗斯坦志一卷
附新志一卷土耳基斯坦志一卷東土耳基斯坦
志一卷　(清)學部圖書局編　清光緒三十三
年(1907)學部圖書局鉛印本　一冊

630000－1301－0004823　08177

地理辨正箋二卷首一卷　(清)陳光在撰　清
宣統三年(1911)蘭州官報書局鉛印本　一冊

630000－1301－0004824　08180

載詠樓重鎸硃批孟子二卷　(宋)蘇洵撰　清
嘉慶元年(1796)玉軸樓刻朱墨印本　二冊

630000－1301－0004825　08181

載詠樓重鎸硃批孟子二卷　(宋)蘇洵撰　清
嘉慶元年(1796)慎詒堂刻朱墨印本　二冊
(合訂一冊)

630000－1301－0004826　08182

續黔書八卷　(清)張澍撰　清刻本　一冊

630000－1301－0004827　08183

休庵詩集不分卷　(明)王竑撰　(清)張和選
清道光三十年(1850)刻本　一冊

630000－1301－0004828　08184

歷代地理沿革圖不分卷　(清)馬徵麟編　清
同治十年(1871)金陵刻朱墨印本　一冊

630000－1301－0004829　08185

行船免撞章程一卷附一卷　(清)鍾天緯
(英國)傅蘭雅譯　清光緒二十一年(1895)江
南機器製造總局刻本　一冊

630000－1301－0004830　08187

官話字母不分卷　(清)京師大學堂編　清光
緒三十二年(1906)京師大學堂石印本　一冊

630000－1301－0004831　08188

韻法直圖一卷　(明)梅膺祚撰　橫圖一卷
(明)李世澤撰　清刻本　一冊

630000－1301－0004832　08189

海門摘抄春聯新譜不分卷　(清)□□摘抄
清全義堂刻本　一冊

630000－1301－0004833　08190

龍文鞭影二卷　（清）隆豐塲編　清光緒十一年(1885)正興堂刻本　一冊

630000－1301－0004834　08191

司空詩品註釋一卷　（唐）司空圖撰　清咸豐七年(1857)琉璃廠刻本　一冊

630000－1301－0004835　08193

中國度支攷不分卷附印度監法攷一卷　（清）上海廣學會譯　清光緒二十九年(1903)上海商務印書館鉛印本　一冊

630000－1301－0004836　08194

新鐫海門聯譜八卷　（清）丁應鼎撰　清乾隆三年(1738)刻本　一冊

630000－1301－0004837　08199

中興名臣事略八卷　（清）朱孔彰撰　清光緒二十七年(1901)上海書局石印本　四冊

630000－1301－0004838　08203

地方自治淺說五卷　孟森編纂　清宣統二年(1910)上海商務印書館鉛印本　一冊

630000－1301－0004839　08204

醫方捷徑指南全書二卷　（清）王宗顯輯　清大有堂刻本　一冊　存一卷(上)

630000－1301－0004840　08206

課幼賦程不分卷　（清）康濬撰　清樂天書社刻本　一冊

630000－1301－0004841　08208

痘症精言四卷　（清）袁句撰　清乾隆五十九年(1794)大盛堂刻本　一冊

630000－1301－0004842　08209

國朝明文大小題精選二卷　（清）郭楷撰　清嘉慶二十三年(1818)甘州刻本　二冊

630000－1301－0004843　08210

中華二十二省地理誌要四卷　（清）高徽嵋撰　清宣統元年(1909)石印本　四冊

630000－1301－0004844　08211

積古齋鐘鼎彝器款識十卷　（清）阮元撰　清光緒三十三年(1907)上海醉六堂石印本　五冊

630000－1301－0004845　08212

經餘必讀八卷　（清）雷琳等輯　清道光二十二年(1842)三多齋刻本　四冊

630000－1301－0004846　08213

曾文正公大事記四卷　（清）王定安撰　清同治十三年(1874)文元堂刻本　二冊

630000－1301－0004847　08214

女孝經二卷　（清）嚴衡撰　清羊城古經閣刻本　一冊

630000－1301－0004848　08215

新刻時用通俗雲箋四卷　（明）李贄纂　清大盛堂刻本　一冊

630000－1301－0004849　08216

對聯新裁二卷　（清）鄒梧風輯　清刻本　一冊

630000－1301－0004850　08219

閱微草堂筆記五種二十四卷　（清）紀昀撰　清光緒十三年(1887)上海廣百宋齋鉛印本　四冊

630000－1301－0004851　08220

牡丹亭還魂記二卷　（明）湯顯祖編　清光緒三十四年(1908)石印本　一冊

630000－1301－0004852　08222

說說草一卷　（清）李協中撰　清光緒二年(1876)廣州以文堂刻本　一冊

630000－1301－0004853　08223

雙榆草堂四子書楹帖不分卷　（清）李協中撰　清光緒二年(1876)廣州以文堂刻本　一冊

630000－1301－0004854　08224

西湖佳話古今遺蹟十六卷首一卷　題（清）墨浪子輯　清金陵刻本　二冊

630000－1301－0004855　08225

歸去來集不分卷　（清）孫慶蘭撰　清道光二十三年(1843)刻本　一冊

630000－1301－0004856　08226

蒙古史二卷　（日本）河野元三述　歐陽瑞驊譯　清宣統三年(1911)江南圖書館刻本　二冊

630000 – 1301 – 0004857　08227

臨川夢二卷　（清）明新正譜　（清）蔣士銓填
詞　清刻本　二冊（合訂一冊）

630000 – 1301 – 0004858　08228

產後編二卷　（清）傅山撰　清粵東羊城刻本
一冊

630000 – 1301 – 0004859　08229

醫林改錯二卷　（清）王清任撰　清咸豐十年
（1860）竹園刻本　二冊

630000 – 1301 – 0004860　08230

靈寶心印經一卷　（明）孫玉清注　清同治九
年（1870）山丹縣王家莊刻本　一冊

630000 – 1301 – 0004861　08231

求己錄三卷　題（清）盧涇遊士編　清光緒二
十二年（1896）刻本　三冊

630000 – 1301 – 0004862　08232

關帝明聖真經不分卷　（□）□□編　清粵東
省城學院前麟書閣刻朱墨印本　一冊

630000 – 1301 – 0004863　08233

篆字彙十二卷　（清）佟世男編　清咸豐二年
（1852）漁古山房刻本　十二冊（合訂七冊）

630000 – 1301 – 0004864　08241

孟子注疏解經十四卷　（漢）趙岐注　（宋）孫
奭疏　孟子注疏校勘記十四卷　（清）阮元撰
（清）盧宣旬摘錄　清嘉慶二十年（1815）南
昌府學刻重刊宋本十三經註疏附校勘記本
六冊

630000 – 1301 – 0004865　08242

監本附釋音春秋公羊注疏二十八卷　（漢）何
休撰　（唐）陸德明音義　春秋公羊傳注疏校
勘記二十八卷　（清）阮元撰　（清）盧宣旬摘
錄　清嘉慶二十年（1815）南昌府學刻重刊宋
本十三經註疏附校勘記本　八冊

630000 – 1301 – 0004866　08245

東方時局論略一卷　（高麗）鄧鏗撰　清光緒
二十五年（1899）鉛印本　一冊

630000 – 1301 – 0004867　08246

為學次第書六卷　（清）張沐撰　清康熙刻本
一冊

630000 – 1301 – 0004868　08253

摘注聖武記城守篇不分卷　（清）魏源撰　清
光緒二十一年（1895）刻本　一冊

630000 – 1301 – 0004869　08254

湖海文傳七十五卷　（清）王昶輯　清道光十
七年（1837）經訓堂刻本　十六冊

630000 – 1301 – 0004870　08258

天方三字經一卷清真醒世歌一卷　（清）劉智
撰　（清）馬德新註　祝天大贊一卷　（清）馬
德新譯　清光緒十一年（1885）王占超刻本
一冊

630000 – 1301 – 0004871　08262

政治學門經不分卷　（清）徐仁鑄撰　清光緒
二十七年（1901）新學書局刻本　一冊

630000 – 1301 – 0004872　08263

公門果報法戒錄一卷　（清）宋氏輯　清光緒
六年（1880）西蜀柏署刻本　一冊

630000 – 1301 – 0004873　08272

質學課本五卷　（英國）伊那楞木孫撰　（清）
曾宗鞏譯　清光緒三十二年（1906）學部編譯
書局鉛印本　五冊

630000 – 1301 – 0004874　08273

力學課編八卷首一卷　（英國）馬格訥斐文撰
（清）嚴文炳譯　清光緒三十二年（1906）學
部編譯書局鉛印本　四冊

630000 – 1301 – 0004875　08276

日本明治小學教育沿革不分卷　（清）京師學
部編譯書局編　清光緒三十二年（1906）京師
學部編譯書局鉛印本　一冊

630000 – 1301 – 0004876　08277

重訂選擇集要七卷　（清）黃一鳳編　清道光
二十一年（1841）刻本　一冊

630000 – 1301 – 0004877　08278

新語二卷　（漢）陸賈撰　清光緒元年（1875）
湖北崇文書局刻本　一冊

630000 – 1301 – 0004878　08282

靜用堂偶編十卷　（清）涂天相著　清康熙刻本　一冊　存五卷（六至十）

630000 – 1301 – 0004879　08283

太上老君說常清靜經一卷　題太上老君撰　清光緒二十六年（1900）甘肅昌泰刻本　一冊

630000 – 1301 – 0004880　08284

東坡題跋二卷　（宋）蘇軾撰　（清）溫一貞錄
　山谷題跋三卷　（宋）黃庭堅撰　（清）溫一貞錄　清光緒十一年（1885）又賞齋刻本
五冊

630000 – 1301 – 0004881　08285

韻辨附文不分卷　（清）沈兆霖編　清道光二十三年（1843）宏道書院刻本　五冊

630000 – 1301 – 0004882　08286

四書課童詩不分卷　（清）吳鎮撰　清道光二十二年（1842）蘭山書院刻本　一冊

630000 – 1301 – 0004883　08287

程氏家塾讀書分年日程三卷　（元）程端禮述　清光緒元年（1875）蘭州督學刻本　二冊

630000 – 1301 – 0004884　08298

重刊辨正通俗文字一卷　（清）成世瑄編　清道光十六年（1836）蘭州學署刻本　一冊

630000 – 1301 – 0004885　08299

餘暉錄一卷　題（清）八十老人桐閣時齋氏編　清刻本　一冊

630000 – 1301 – 0004886　08301

勸誡淺語十六條一卷　（清）曾國藩識　清光緒十三年（1887）新疆藩署刻本　一冊

630000 – 1301 – 0004887　08302

讀性理敬述不分卷　（清）佟景文撰　清道光七年（1827）寶翰樓書坊刻本　一冊

630000 – 1301 – 0004888　08303

安樂銘一卷　（宋）蘇洵撰　（清）石成金增補
　長生法一卷　（清）石成金撰　清刻本
一冊

630000 – 1301 – 0004889　08305

義烏朱鼎甫先生示兒書一卷　（清）趙鋐錄　清光緒二十五年（1899）蘭州官書局鉛印本　一冊

630000 – 1301 – 0004890　08306

慎疾芻言一卷　（清）徐大椿撰　清刻本　一冊

630000 – 1301 – 0004891　08308

澹緣齋初稿一卷　（清）夏紀釗撰　清光緒五年（1879）刻本　一冊

630000 – 1301 – 0004892　08311

學治要言一卷　（清）長順輯　清同治十一年（1872）刻本　一冊

630000 – 1301 – 0004893　08313

朔方備乘六十八卷首十二卷　（清）何秋濤撰　清咸豐十年（1860）刻本　七冊　存七十九卷（一至六十七、首十二卷）

630000 – 1301 – 0004894　08314

歷代名人書劄續編四卷　吳曾祺撰　清上海商務印書館鉛印本　三冊　存三卷（一上下、二上）

630000 – 1301 – 0004895　08316

琴學簡言一卷　（清）顏鴻都撰　清咸豐十年（1860）刻本　一冊

630000 – 1301 – 0004896　08317

曾文正公榮哀錄四卷　（清）黃翼升撰　清同治十二年（1873）辜集慶堂刻本　一冊

630000 – 1301 – 0004897　08318

光緒九年癸未科會試同年齒錄不分卷　（清）□□編　清光緒九年（1883）琉璃廠龍文齋刻本　二冊

630000 – 1301 – 0004898　08321

琴學入門二卷　（清）張鶴輯　清刻本　一冊　存一卷（下）

630000 – 1301 – 0004899　08322

五知齋琴譜八卷　（清）周魯封撰　清乾隆十一年（1746）懷德堂刻本　一冊　存一卷（一）

630000 – 1301 – 0004900　08323

輶軒語書目答問不分卷　（清）張之洞撰　清光緒六年(1880)文琳堂刻本　一冊

630000－1301－0004901　08324

關聖帝君法戒編不分卷　（□）□□編　清道光二十七年(1847)甘肅西寧府刻本　一冊

630000－1301－0004902　08325

土耳基國志一卷附新志一卷　（清）學部編譯圖書局編纂　清光緒三十三年(1907)學部編譯圖書局鉛印本　一冊

630000－1301－0004903　08326

[左孝威]行略一卷附墓志奏疏輓聯一卷（清）左孝寬等纂　清刻本　一冊

630000－1301－0004904　08327

[光緒二十年甲午科]山西鄉試錄不分卷（清）□□編　清光緒二十年(1894)刻本　一冊

630000－1301－0004905　08328

[光緒十四年戊子科]江南鄉試硃卷（江衡標卷）　（清）□□編　清光緒刻本　一冊

630000－1301－0004906　08331

資治通鑑地理今釋十六卷　（清）吳熙載撰　清光緒八年(1882)江蘇書局刻本　三冊

630000－1301－0004907　08338

天津南段巡警總局現行章程不分卷　（清）吳逢源編　清光緒三十三年(1907)中東石印局石印本　一冊

630000－1301－0004908　08342

御纂歷代三元甲子編年不分卷（天命九年至道光十五年）　（清）劉茂吉撰　御定萬年書不分卷　（清）□□編　清刻本　四冊

630000－1301－0004909　08343

續增學政全書四卷　（清）禮部編　清刻本　三冊　存三卷(一至三)

630000－1301－0004910　08344

勸學篇二卷　（清）張之洞撰　清光緒二十四年(1898)甘肅藩署刻本　一冊

630000－1301－0004911　08345

臨文便覽不分卷　（清）□□編　清光緒刻本　一冊　存一冊

630000－1301－0004912　08347

[光緒戊子科]江南鄉試硃卷（王禮培卷）（清）□□編　清光緒十八年(1892)刻本　一冊

630000－1301－0004913　08348

自紀年譜不分卷　題（清）端隣居士撰　清道光元年(1821)刻本　一冊

630000－1301－0004914　08350

百獸圖說不分卷　（清）韋門道撰　清光緒八年(1882)益智書會刻本　一冊

630000－1301－0004915　08354

皇清誥授光祿大夫贈太子少保予諡勤肅頭品頂戴兵部尚書都察院右都御史兩廣總督顯考方之府君（陶模）行述一卷　（清）陶葆廉（清）陶保霖述　清光緒刻本　一冊

630000－1301－0004916　08355

甘肅己卯科鄉試同闈錄不分卷　（清）□□編　清光緒五年(1879)刻本　一冊

630000－1301－0004917　08356

清光緒三十五年歲次己酉時憲書不分卷（清）□□編　清宣統元年(1909)刻本　一冊

630000－1301－0004918　08357

[順治三年丙戌科至光緒三年丁丑科]皇清陝西歷科進士錄不分卷　（清）王承烈（清）衛子頊創修　清康熙五十二年(1713)刻雍正至光緒遞補本　一冊

630000－1301－0004919　08359

十八空論一卷　（南朝陳）釋真諦譯　百論二卷　題提婆菩薩造　題婆藪開士釋（後秦）釋鳩摩羅什譯　廣百論本一卷　題聖天菩薩造　（唐）釋玄奘譯　清宣統三年(1911)常州天寧寺刻本　一冊

630000－1301－0004920　08362

雜阿含經五十卷　（南朝宋）釋求那跋陀羅譯清光緒十四年(1888)常熟刻經處刻本　七

冊　存二十八卷(二十三至五十)

630000－1301－0004921　08370

說詩樂趣類編二十卷　（清）伍涵芬編　清會
成堂刻本　六冊

630000－1301－0004922　08371

頂批金丹眞傳六卷　（明）孫汝忠撰　（清）傅
金銓頂批　周易參同契分章註解三卷　（漢）
魏伯陽撰　（清）傅金銓頂批　清刻本　二冊

630000－1301－0004923　08373

三場程式一卷　（清）蔣益澧輯　清光緒元年
(1875)刻本　一冊

630000－1301－0004924　08374

大乘大集地藏十輪經十卷　（唐）釋玄奘譯
清刻本　二冊　存六卷(一至六)

630000－1301－0004925　08375

輶軒語七卷　（清）張之洞撰　清光緒三年
(1877)濠上書齋刻本　一冊

630000－1301－0004926　08377

醫學篇四卷　（清）曾懿撰　清光緒刻古歡室
全集本　一冊

630000－1301－0004927　08378

曾文正公家書十卷家訓二卷　（清）曾國藩撰
清光緒五年(1879)傳忠書局刻本　二冊
存家訓二卷

630000－1301－0004928　08379

刪註脈訣規正二卷　（清）沈鏡刪註　清刻本
二冊

630000－1301－0004929　08380

圖註八十一難經辨真四卷　（戰國）秦越人撰
（明）張世賢圖註　（清）沈鏡刪註　清愛日
堂刻本　二冊

630000－1301－0004930　08381

淳化帖釋文十六卷　（清）徐朝弼撰　清嘉慶
十七年(1812)刻本　一冊

630000－1301－0004931　08382

朱子原訂近思錄十四卷　（清）江永集註
（清）王鼎校　清刻本　二冊

630000－1301－0004932　08383

欽定重刻淳化閣帖十卷　（清）于敏中等撰
清道光十五年(1835)刻本　二冊

630000－1301－0004933　08384

武闈三子全書析疑大全不分卷　（清）張權時
輯　孫子一卷　（戰國）孫武撰　吳子一卷
（戰國）吳起撰　司馬法一卷　（戰國）司馬穰
苴撰　清光緒七年(1881)文會堂刻本　三冊

630000－1301－0004934　08385

基督言行九卷　（□）□□編　清宣統元年
(1909)上海美華書館鉛印本　一冊

630000－1301－0004935　08386

聖諭廣訓不分卷　（清）世宗胤禛撰　清陝西
刻雍正二年(1724)本　一冊

630000－1301－0004936　08387

聖諭廣訓不分卷　（清）世宗胤禛撰　清陝西
刻雍正二年(1724)本　一冊

630000－1301－0004937　08389

讀畫齋叢書四十六種二百〇二卷　（清）顧修
輯　清嘉慶四年(1799)銅川顧氏刻本　三十
一冊　存七種五十八卷(隱居通議二十九卷、
五代春秋二卷、北牕炙輠二卷、文淵閣書目二
十卷、學治說贅一卷、蕉窗日記二卷、娛書堂
詩話二卷)

630000－1301－0004938　08390

御纂醫宗金鑑九十卷　（清）吳謙等纂修　清
刻本　六冊　存十五卷(二至三、六至七、十
八至十九、二十八至三十一、三十二至三十
四、五十一至五十二)

630000－1301－0004939　08391

玉海二百卷　（宋）王應麟撰　清刻本　二十
二冊　存四十五卷(四、九至十、六十至八十
一、一百四十三至一百六十二)

630000－1301－0004940　08392

蘭山課業松厓詩錄二卷　（清）吳鎮撰　清乾
隆刻本　二冊

630000－1301－0004941　08393

頒發條例不分卷（嘉慶十年至十二年、道光二十五年至二十九年）　（清）□□編　清刻本　二十四冊

630000－1301－0004942　08397
百名家詩選不分卷　（清）魏憲輯　清康熙枕江堂刻本　二冊

630000－1301－0004943　08399
壕塹私議一卷　（清）劉光蕡撰　清光緒二十一年(1895)陝西味經售書處刻本　一冊

630000－1301－0004944　08403
省庵法師語錄二卷　（清）彭際清重訂　清同治十二年(1873)刻本　一冊　存一卷(上)

630000－1301－0004945　08404
經濟特科章程一卷　（清）政務處編　清光緒二十八年(1902)刻本　一冊

630000－1301－0004946　08405
橘中心語不分卷　（清）賴家園撰　清咸豐十年(1860)刻光緒十五年(1889)印本　一冊

630000－1301－0004947　08407
清真典禮闡義四卷　（清）穆汝奎撰　清道光十七年(1837)梓蔭堂刻本　一冊

630000－1301－0004948　08415
黃石公素書三卷留侯世家一卷　（清）賀仲璐輯　清道光十九年(1839)刻本　一冊

630000－1301－0004949　08420
雜病證治類方八卷　（明）王肯堂輯　明刻六科證治準繩本　二冊　存二卷(五、八)

630000－1301－0004950　08422
沈文肅公等手札不分卷　（清）沈葆楨等書　清岵瞻堂摹刻本　一冊

630000－1301－0004951　08423
傳家寶四集不分卷　（清）石成金撰　清康熙本衙刻本　九冊

630000－1301－0004952　08424
聲律啓蒙撮要二卷　（清）車萬育撰　清同治十三年(1874)大道堂刻本　一冊

630000－1301－0004953　08425
御史題名不分卷［清乾隆三年至道光二十四年］　（清）□□輯　清刻本　一冊

630000－1301－0004954　08426
諸子品節五十卷　（明）陳深輯　明刻本　三冊（合訂一冊）　存三卷(十、十三至十四)

630000－1301－0004955　08427
諸子彙函二十卷　（明）歸有光輯　明末刻本　八冊　存七卷(二十至二十六)

630000－1301－0004956　08428
芥子園書畫不分卷　（清）李漁撰　清文瑞堂刻本　二冊

630000－1301－0004957　08429
關中同官錄不分卷　（清）胡延校訂　清光緒二十七年(1901)續刻本　六冊

630000－1301－0004958　08430
二十五子彙函三百四十四卷　（清）鴻文書局編　清光緒十九年(1893)上海鴻文書局石印本　十五冊　存二十五種三百十九卷(孔子集語十七卷、老子二卷附音義一卷、管子二十四卷、墨子十六卷、列子八卷、尸子二卷存疑一卷、莊子十卷、晏子春秋七卷附音義二卷校勘記二卷、鶡冠子三卷、孫子十家註十三卷附敘錄一卷遺說一卷、鬼谷子一卷、荀子二十卷附校勘補遺一卷、文子纘義十二卷、商君書五卷附攷一卷、呂氏春秋二十六卷附攷一卷、韓非子二十卷附識誤三卷、尉繚子二卷、竹書紀年統箋十二卷前編一卷雜述一卷、淮南子二十一卷、董子春秋繁露十七卷附錄一卷、揚子法言十三卷附音義一卷、賈子新書十卷、文中子中說十卷、黃帝內經靈樞十二卷、山海經十八卷)

630000－1301－0004959　08431
蘭山詩草一卷　（清）吳鎮撰　清乾隆五十五年(1790)蘭州蘭山書院刻本　一冊

630000－1301－0004960　08436
郭子翼莊一卷　（晉）郭象撰　（明）高登纂（清）李調元校　古今同姓名錄二卷　（南朝

梁)元帝蕭繹撰　(唐)陸善經續　(元)葉森補　(清)李調元校　清光緒七年(1881)廣漢味蘭齋刻函海本　一冊

630000－1301－0004961　08438

資治通鑑外紀十卷　(宋)劉恕編　(清)胡克家注補　清光緒二十八年(1902)上海積山書局石印本　一冊

630000－1301－0004962　08439

御批歷代通鑑輯覽一百二十卷　(清)傅恆等撰　清光緒二十八年(1902)上海寶善書局石印本　二十冊(合訂三冊)

630000－1301－0004963　08442

測地繪圖教科書五卷　(清)魏蘭撰　清光緒三十二年(1906)上海會文學社石印本　一冊

630000－1301－0004964　08443

筆算數學三卷　(美國)狄考文輯　(清)鄒立文述　清光緒二十四年(1898)上海美華書館鉛印本　三冊

630000－1301－0004965　08450

最新中國歷史教科書三卷　姚祖義編　清光緒三十四年(1908)上海商務印書館鉛印本　三冊

630000－1301－0004966　08451

最新地理教科書四卷　(日本)長尾槇太郎　徐仁鏡　張元濟校訂　清光緒三十一年(1905)上海商務印書館鉛印本　一冊　存一卷(一)

630000－1301－0004967　08453

最新小學數學教科書二卷　(清)□□編　清光緒三十一年(1905)上海商務印書館鉛印本　一冊　存一卷(上)

630000－1301－0004968　08459

初等小學體操教科書不分卷　(清)學部圖書局編　清光緒三十四年(1908)學部圖書局石印本　一冊　存一冊(一)

630000－1301－0004969　08460

國民必讀刻本甲編二卷乙編二卷　(清)學部圖書局編　清宣統二年(1910)學部圖書局鉛印本　四冊

630000－1301－0004970　08461

初等小學國文教科書不分卷　(清)學部圖書局編　清光緒三十三年至宣統元年(1907－1909)學部圖書局印本　四冊　存四冊(二至三、五至六)

630000－1301－0004971　08462

初等小學算術教科書不分卷　(清)學部圖書局編　清光緒三十四年至宣統元年(1908－1909)學部圖書局鉛印本　六冊　存六冊(二至四、七至八、十)

630000－1301－0004972　08463

初等小學手工教科書不分卷　(清)學部圖書局編　清光緒三十三年(1907)學部圖書局石印本　二冊　存二冊(二至三)

630000－1301－0004973　08464

初等小學修身教科書不分卷　(清)學部圖書局編　清光緒三十二年至宣統元年(1906－1909)學部圖書局石印本　六冊　存六冊(一至六)

630000－1301－0004974　08466

平涼府固原州憲網事宜冊一卷　(清)□□編　清咸豐六年抄本　一冊

630000－1301－0004975　08468

四書大全不分卷　(清)汪份增訂　清康熙四十一年(1702)文盛堂、致和堂刻本　三十冊

630000－1301－0004976　08471

階州直隸州續志三十三卷　(清)葉恩沛修　(清)呂振南纂　清光緒十二年(1886)刻本　二冊　存三卷(三十一至三十三)

630000－1301－0004977　08476

御定萬年書不分卷(□□年至□□年)　(清)欽天監編　清刻本　一冊　存清康熙元年至嘉慶三十九年(1662－1834)

630000－1301－0004978　08478

恭祝湟中張母崔安人壽詩一卷　(清)吳鎮撰

清乾隆五十一年（1786）蘭山書院刻本
一冊

630000－1301－0004979　08479

自剽錄外編四卷　（清）吳栻撰　清刻本　一
冊　存一卷（四）

630000－1301－0004980　08482

洮州廳志十八卷首一卷　（清）張彥篤修
（清）包永昌纂　清光緒三十三年（1907）刻本
二冊　存五卷（一、六至八，首一卷）

630000－1301－0004981　08485

萬充宗先生經學五書十九卷　（清）萬斯大撰
清辨志堂刻本　四冊　存三種十三卷（學
禮質疑二卷、周官辨非一卷、學春秋隨筆十
卷）

630000－1301－0004982　08486

崆峒山志二卷　（清）張伯魁纂修　清刻本
一冊　存一卷（上）

630000－1301－0004983　08489

關帝志四卷　（清）張鎮編　清刻本　一冊
存一卷（三）

630000－1301－0004984　08491

小四書五卷　（明）朱升輯　（清）陸隴其校訂
清恆德堂刻本　二冊　存四卷（一至四）

630000－1301－0004985　08492

義烏朱鼎甫先生示兒書一卷　（清）趙鉉錄
清光緒二十五年（1899）蘭州官書局鉛印本
一冊

630000－1301－0004986　08493

四書大全不分卷　（清）陸隴其輯　清乾隆元
年（1736）三魚堂刻本　三十二冊

630000－1301－0004987　08494

達生篇一卷　題（清）亟齋居士輯　清光緒三
十三年（1907）蘭州官書局鉛印本　一冊

630000－1301－0004988　08495

續增科場條例不分卷（咸豐朝）　（清）禮部纂
修　清刻本　一冊　存咸豐元年至五年

630000－1301－0004989　08496

板橋集六卷　（清）鄭燮撰　清刻本　三冊

630000－1301－0004990　08497

五塘詩草六卷雜爼二卷　（清）許印芳撰　清
刻本　三冊

630000－1301－0004991　08498

春秋類對賦一卷　（宋）徐晉卿撰　春秋諸國
統紀六卷　（元）齊履謙撰　清康熙通志堂刻
通志堂經解本　一冊

630000－1301－0004992　08499

千家姓篆文儒林最要圖不分卷　（□）□□編
清道光十二年（1832）文發堂刻本　一冊

630000－1301－0004993　08500

竹譜不分卷　（□）□□編　清刻本　二冊

630000－1301－0004994　08501

[乾隆]新修慶陽府志四十二卷　（清）趙本植
纂修　清乾隆二十六年（1761）刻本　四冊
存二十九卷（一至二十九）

630000－1301－0004995　08502

皇清開國方略三十二卷首一卷　（清）阿桂等
撰　清光緒十五年（1889）上海廣百宋齋鉛印
本　六冊

630000－1301－0004996　08503

字學四種四卷　（□）□□編　清安康張鵬飛
來鹿堂刻本　一冊

630000－1301－0004997　08506

煙霞萬古樓詩殘薰不分卷　（清）王曇撰　清
光緒二十六年（1900）有正書局鉛印本　一冊

630000－1301－0004998　08508

韻法直圖一卷　（明）梅膺祚撰　橫圖一卷
（明）李世澤撰　清刻本　一冊

630000－1301－0004999　08517

呂子呻吟語節鈔六卷　（明）呂坤撰　清同治
十年（1871）刻本　二冊（合訂一冊）

630000－1301－0005000　08518

同仁堂藥目不分卷　（清）同仁堂編　清光緒
十五年（1889）同仁堂刻本　一冊

630000－1301－0005001　08519

增訂七言三字經一卷　（□）□□編　清光緒三十一年（1905）全義堂刻本　一冊

630000－1301－0005002　08521

蒙學讀本全書六卷　（清）無錫三等公學堂編　清光緒二十八年（1902）上海文瀾書局石印本　一冊　存一卷（六）

630000－1301－0005003　08522

曾惠敏公遺集四種十七卷　（清）曾紀澤撰　清光緒二十年（1894）上海石印曾惠敏公全集本　四冊

630000－1301－0005004　08524

孝節錄六卷首一卷　（清）□□編　清刻本　一冊

630000－1301－0005005　08528

古今濡削選章四十卷　（明）李國祥選　明刻本　一冊　存四卷（十八、二十八至三十）

630000－1301－0005006　08529

新刻世史類編四十五卷　（明）李純卿草創（明）謝遷補遺　（明）王守仁覆詳　（明）王世貞會纂　（明）李槃增修　明萬曆三十四年（1606）書林余彰德刻本　一冊　存五卷（十一至十五）

630000－1301－0005007　08530

續增科場條例不分卷（乾隆朝）　（清）禮部纂修　清刻本（乾隆四十五年至五十八年爲補配）　六冊

630000－1301－0005008　08531

續增科場條例不分卷（嘉慶朝）　（清）禮部纂修　清刻本　二冊　存嘉慶十三年至十五年、嘉慶二十二年至二十四年

630000－1301－0005009　08532

續增科場條例不分卷（道光朝）　（清）禮部纂修　清刻本（道光二十年至二十三年爲補配）　五冊　存道光十五年至二十四年、二十六年至二十九年

630000－1301－0005010　08533

續增科場條例不分卷（咸豐朝）　（清）禮部纂修　清刻本　一冊　存咸豐元年至二年

630000－1301－0005011　08536

核訂現行刑律不分卷　（清）沈家本等纂　清宣統元年（1909）鉛印本　一冊

630000－1301－0005012　08537

地理孝思集古青囊經註二卷　（清）舒鳳儀撰　清康熙四十七年（1708）刻本　一冊　存二卷（一上下、二上）

630000－1301－0005013　08539

夢里尋真一卷　（清）□□撰　清光緒稿本　一冊

630000－1301－0005014　08542

古賦首選不分卷　（清）梁藥譜輯　清同治八年（1869）梁鏡古堂家刻本　一冊

630000－1301－0005015　08544

遊西山詩藁不分卷　（清）章寶蓮撰　清嘉慶刻本　一冊

630000－1301－0005016　08545

錢秋試詩一卷　（清）路德撰　清光緒八年（1882）西寧周錫齡刻本　一冊

630000－1301－0005017　08546

靑在堂菊譜二卷　（清）王槩等摹　清刻本　一冊

630000－1301－0005018　08549

新編古今事文類聚續集二十八卷　（宋）祝穆輯　明德壽堂刻本　一冊　存三卷（八至十）

630000－1301－0005019　08550

張三丰先生全集道言類不分卷　（清）李西月輯　清刻本　一冊

630000－1301－0005020　08551

泊菴先生文集十六卷　（明）梁潛撰　清初刻本　二冊　存四卷（三至四、六至七）

630000－1301－0005021　08552

類經三十二卷圖翼十一卷附翼四卷　（明）張介賓撰　清刻明天啟本　四冊　存七卷（圖翼五至十一）

630000－1301－0005022　08553

雲林別墅新輯酬世錦囊書啟合編初集八卷
（清）謝梅林　（清）鄒可庭訂　（清）鄒景揚
輯　清大德堂刻本　四冊

630000－1301－0005023　08560

青在堂菊譜二卷　（清）王槩等摹　清嘉慶五
年(1800)芥子園煥記刻本　一冊

630000－1301－0005024　08561

李文清公遺書八卷　（清）李棠階撰　清刻本
三冊

630000－1301－0005025　08563

隨軺筆記四卷　吳宗濂撰　清光緒二十八年
(1902)著易堂鉛印本　三冊

630000－1301－0005026　08566

燕山外史註釋八卷　（清）陳球撰　清光緒三
十二年(1906)上海海左書局石印本　一冊

630000－1301－0005027　08570

聲調譜一卷八病說一卷　（清）吳鎮編　清乾
隆五十三年(1788)刻本　一冊

630000－1301－0005028　08572

春秋世論五卷　（清）王夫之撰　清光緒二十
七年(1901)簡青書局石印本　一冊

630000－1301－0005029　08573

史論五種十一卷　（清）李祖陶撰　清光緒二
十八年(1902)上海鴻文書局石印本　二冊

630000－1301－0005030　08575

增訂教案彙編五卷首一卷　（清）程宗裕編
清光緒二十八年(1902)寔學書社鉛印本　三
冊　存四卷(一、三、五,首一卷)

630000－1301－0005031　08577

隨園三十八種二百七十三卷　（清）袁枚撰
清光緒十八年(1892)勤裕堂鉛印本　九冊
存七種五十九卷(小倉山房詩集二十至二十
六、三十二至三十七、補遺二卷,袁太史時文
一卷,隨園詩話六至十六、補遺十卷,續同人
集一至十三,隨園八十壽言六卷,隨園瑣記二
卷,涉洋管見一卷)

630000－1301－0005032　08579

分類詳註飲香尺牘四卷首一卷　題（清）飲香
居士輯　題（清）白下慵隱子箋釋　清大文堂
刻本　四冊

630000－1301－0005033　08581

紀氏嘉言四卷　（清）紀昀撰　（清）徐瑜摘錄
清道光二十六年(1846)琉璃廠斌陞齋刻本
三冊　存三卷(一、三至四)

630000－1301－0005034　08584

東西洋考十二卷　（明）張燮撰　清光緒二十
二年(1896)長沙刻惜陰軒叢書本　二冊　存
六卷(一至六)

630000－1301－0005035　08588

丁未年交涉要覽下篇一卷　（清）北洋洋務局
纂輯　清光緒鉛印本　一冊

630000－1301－0005036　08589

丙午年交要覽下篇一卷　（清）北洋洋務局纂
輯　清光緒鉛印本　一冊

630000－1301－0005037　08590

林巖文鈔三卷　（清）國學扶輪社編　清宣統
元年(1909)國學扶輪社鉛印本　三冊

630000－1301－0005038　08593

在官法戒錄四卷　（清）陳弘謀編　清乾隆八
年(1743)培遠堂刻本　一冊　存二卷(一至
二)

630000－1301－0005039　08595

[新安]朱氏宗譜不分卷　（清）朱廷相等撰修
清道光十一年(1831)刻本　一冊

630000－1301－0005040　08597

金石例十卷　（元）潘昂霄撰　清乾隆二十年
(1755)刻金石三例本　一冊　存六卷(一至
六)

630000－1301－0005041　08599

仁宗御製詩不分卷　（清）仁宗顒琰撰　清刻
本　一冊

630000－1301－0005042　08603

韻字同異辨二卷　（清）胡文炳輯　清刻本

一冊　存一卷(下)

630000－1301－0005043　08605

新訂王氏羅經透解二卷　（清）王道亨輯　清道光三年(1823)刻本　一冊　存一卷(一)

630000－1301－0005044　08606

重訂選擇集要七卷　（清）黃一鳳編　清刻本　一冊

630000－1301－0005045　08607

有正味齋試帖一卷　（清）吳錫麒撰　**芝音閣試帖一卷**　（清）梁上國撰　**存素堂試帖一卷**　（清）法式善撰　**方雪齋試帖一卷**　（清）何元烺撰　**桑寄生齋試帖一卷**　（清）王蘇撰　清嘉慶七年(1802)刻本　二冊

630000－1301－0005046　08608

重刻荳元奇門遁甲句解煙波釣叟歌不分卷　（宋）趙普撰　清經元堂刻本　一冊

630000－1301－0005047　08609

四書琳琅冰鑑四卷　（清）高其闊註　清正誼堂刻本　一冊

630000－1301－0005048　08610

教務紀略四卷　（清）周馥撰　清光緒三十年(1904)鉛印本　二冊

630000－1301－0005049　08611

外國竹枝詞不分卷　（清）尤侗撰　（清）尤珍注　清康熙二十年(1681)刻西堂全集本　一冊

630000－1301－0005050　08613

板屋吟詩草一卷　（清）吳簡默撰　清乾隆五十七年(1792)叔松厓老人序刻本　一冊

630000－1301－0005051　08614

新鐫千家詩五言絕句四卷　（清）益興堂書林輯　清光緒四年(1878)西安益興堂刻本　一冊

630000－1301－0005052　08615

椒山遺囑一卷　（明）楊繼盛撰　清道光刻本　一冊

630000－1301－0005053　08616

山海經十八卷　（晉）郭璞撰　（清）吳任臣註　清海清樓刻本　一冊　存一卷(二)

630000－1301－0005054　08617

聲律啓蒙撮要二卷　（清）車萬育撰　清刻本　一冊

630000－1301－0005055　08618

新疆圖考不分卷　（清）□□繪　清經費局刻本　一冊

630000－1301－0005056　08619

硃批七家詩註□卷　（清）張熙宇評選　清道光二十六年(1846)崇順堂刻本　三冊　存四卷(一至四)

630000－1301－0005057　08620

兵鏡備考十三卷　（清）鄧廷羅纂輯　清刻本　二冊　存二卷(十至十一)

630000－1301－0005058　08621

晚唐詩鈔二十六卷　（清）查克弘　（清）凌紹乾選　清康熙四十二年(1703)十千詩塢刻本　二冊　存八卷(五至八、十二至十五)

630000－1301－0005059　08622

韻法直圖一卷　（明）梅膺祚撰　**橫圖一卷**　（明）李世澤撰　清刻本　一冊

630000－1301－0005060　08623

印譜不分卷　（□）□□輯　清光緒鈐印本　一冊

630000－1301－0005061　08625

皇朝武功紀盛四卷附簷曝雜記六卷　（清）趙翼撰　清乾元堂刻本　二冊

630000－1301－0005062　08626

嘯亭雜錄八卷續錄二卷　（清）昭槤撰　清刻本　四冊　存三卷(雜錄五、續錄二卷)

630000－1301－0005063　08627

輓聯合編六卷　題（清）管窺居士編　清光緒十年(1884)寧鄉謝萃堂刻本　一冊

630000－1301－0005064　08628

河洛理數七卷　（宋）陳摶撰　（宋）邵雍注　（明）史應選重訂　清刻本　三冊

630000－1301－0005065　08634

般若波羅密多心經直解一卷呂純陽祖師降壇三十二次偈一卷般若波羅密多心經一卷　（清）吳栻錄　清嘉慶十年（1805）吳氏刻本　一冊

630000－1301－0005066　08637

癸卯東遊日記一卷　張謇撰　清光緒二十九年（1903）江蘇通州翰墨林書局鉛印本　一冊

630000－1301－0005067　08639

新鐫重刻真草隸篆千家詩不分卷　（清）顏宗孔草書　（清）陶仁隸篆　清刻本　一冊

630000－1301－0005068　08640

身理啓蒙不分卷　（英國）艾約瑟譯　清光緒二十四年（1898）石印本　一冊

630000－1301－0005069　08642

真教自證不分卷　（意大利）晁德蒞撰　清同治十一年（1872）上海慈母堂刻本　一冊

630000－1301－0005070　08649

新編詩料調音對典明註不分卷　（清）王企屺　（清）李地渥編　清乾隆二十四年（1759）刻本　一冊

630000－1301－0005071　08650

遂生編一卷福幼編一卷　（清）莊一夔撰　達生編二卷　題（清）亟齋居士撰　清同治七年（1868）羊城維經堂刻本　一冊

630000－1301－0005072　08651

靈寶畢法三卷　（唐）鍾離權撰　清光緒純陽宮刻本　一冊

630000－1301－0005073　08652

貞壽集言不分卷　（清）黃釗撰　清道光十三年（1833）刻本　一冊

630000－1301－0005074　08653

五言排律依永集□卷　（清）張九鉞等釋　清刻本　三冊　存五卷（三至五）

630000－1301－0005075　08654

小題初集啓蒙一卷二集式法二卷三集行機二卷四集參變二卷　（清）王步青評　（清）王士

龜編　清敦復堂刻本　十一冊

630000－1301－0005076　08655

禪林寶訓二卷　（宋）釋妙喜　（宋）釋竹菴輯　（宋）釋淨善重輯　明刻本　一冊　存一卷（一）

630000－1301－0005077　08656

禪林寶訓二卷　（宋）釋妙喜　（宋）釋竹菴輯　（宋）釋淨善重輯　明天啟三年（1623）刻本　一冊　存一卷（上）

630000－1301－0005078　08657

槑萵寡過箴言錄不分卷　（清）邱若愚輯　清光緒五年（1879）聚德堂刻本　一冊

630000－1301－0005079　08659

調琴飼鶴齋雜體詩存不分卷　（清）呂鑑煌撰　清光緒三年（1877）刻本　一冊

630000－1301－0005080　08661

周官精義十二卷　（清）連斗山撰　清刻本　一冊　存一卷（十二）

630000－1301－0005081　08663

左文襄公榮哀錄不分卷　左孝寬撰　清光緒刻本　一冊

630000－1301－0005082　08665

紫藤花室駢體文鈔四卷　（清）洪良品撰　清光緒十八年（1892）刻本　一冊

630000－1301－0005083　08666

附刊寶鑑編一卷　（清）姚德豫撰　附刊石香秘錄一卷　（清）仲振履撰　附刊洗冤錄解一卷　（□）□□撰　清刻本　一冊

630000－1301－0005084　08667

聖諭廣訓黜異端從崇正學四言韻文一卷　（清）慎毓林書　清刻本　一冊

630000－1301－0005085　08669

文昌帝君四字孝經一卷　（□）□□編　清光緒三年（1877）慶餘堂刻本　一冊

630000－1301－0005086　08670

史約不分卷　（清）查興佐補注　清道光二十六年（1846）來鹿堂刻本　一冊

630000 – 1301 – 0005087　08671

處分則例圖要六卷　（清）蔡逢年撰　清刻本
　二冊

630000 – 1301 – 0005088　08672

炮法畫譜不分卷　（清）丁乃文撰　清光緒二
十一年（1895）刻本　一冊

630000 – 1301 – 0005089　08677

新鐫紹聞堂精選古文覺斯八卷　（清）過珙評
選　清刻本　三冊（合訂一冊）　存四卷（一
至二、四至五）

630000 – 1301 – 0005090　08680

太師誠意伯劉文成公集二十卷首一卷　（明）
劉基撰　清乾隆十一年（1746）栝芝南田果育
堂刻本　十六冊

630000 – 1301 – 0005091　08683

闡道規箴不分卷　（清）□□編　清同治九年
（1870）刻本　一冊

630000 – 1301 – 0005092　08684

錢秋試詩一卷　（清）路德撰　清光緒八年
（1882）西寧周錫齡刻本　一冊

630000 – 1301 – 0005093　08685

**[乾隆十七年壬申科]恩科陝西鄉試硃卷（馮
世和卷）**　（清）□□編　清刻本　一冊

630000 – 1301 – 0005094　08686

**[道光十一年辛卯恩科]陝西鄉試硃卷（張域
卷）**　（清）□□編　清道光刻本　一冊

630000 – 1301 – 0005095　08687

**[咸豐九年己未恩科]順天鄉試硃卷（徐致祥
卷）**　（清）□□編　清咸豐刻本　一冊

630000 – 1301 – 0005096　08688

**[咸豐十一年辛酉科]陝甘鄉試硃卷（宋芳椿
卷）**　（清）宋芳椿編　清咸豐十一年（1861）
刻本　一冊

630000 – 1301 – 0005097　08689

[同治十年辛未科]會試硃卷（李聯芳卷）
（清）□□編　清同治刻本　一冊

630000 – 1301 – 0005098　08690

**[光緒三年丁丑科]會試硃卷（劉永亨卷）[光
緒二年丙子科]甘肅鄉試硃卷（劉永亨卷）**
（清）□□編　清光緒刻本　一冊

630000 – 1301 – 0005099　08691

[光緒三年丁丑科]會試硃卷（呂鳳岐卷）
（清）□□編　清光緒刻本　一冊

630000 – 1301 – 0005100　08692

[光緒五年己卯科]甘肅鄉試硃卷（金文同卷）
（清）□□編　清光緒刻本　一冊

630000 – 1301 – 0005101　08693

[光緒六年庚辰科]會試硃卷（戴彬元卷）
（清）□□編　清光緒刻本　一冊

630000 – 1301 – 0005102　08694

[光緒六年庚辰科]會試硃卷（金文同卷）
（清）□□編　清光緒刻本　一冊

630000 – 1301 – 0005103　08695

**[光緒九年癸未科]會試硃卷[光緒二年丙子
科]甘肅鄉試硃卷（張琦卷）**　（清）□□編
清光緒刻本　一冊

630000 – 1301 – 0005104　08696

[光緒九年癸未科]會試硃卷（來維禮卷）
（清）□□編　清光緒刻本　一冊

630000 – 1301 – 0005105　08697

**[光緒十一年乙酉科]山西鄉試硃卷（崔文衡
卷）**　（清）□□編　清光緒刻本　一冊

630000 – 1301 – 0005106　08698

勦逆圖説全攷二卷　（清）□□編　清光緒二
十年（1894）上海書局石印本　二冊

630000 – 1301 – 0005107　08699

稟啓稿一卷　（清）孔□□撰　清道光稿本
一冊

630000 – 1301 – 0005108　08700

慈陵子天人通一卷　（清）曾純陽撰　清宣統
三年（1911）闇章齋刻本　一冊

630000 – 1301 – 0005109　08701

[洮洲]丁氏家譜不分卷　（清）丁裕謙纂修
清光緒稿本　一冊

書名筆畫字頭索引

265

266

十一畫

十二畫

十三畫

273

十五畫

書名筆畫索引

三畫

四畫

285

五畫

289

六畫

298

七畫

302

303

九畫

311

十畫

319

十一畫

十二畫

十三畫

十四畫

339

十五畫

十六畫

十七畫

十八畫

十九畫

二十五畫

三十畫